Peter Kaiser und Corinna Onnen-Isemann

Psychologie für den Alltag

Peter Kaiser und Corinna Onnen-Isemann

Psychologie für den Alltag

Wie man Probleme wirklich bewältigen kann

mvg Verlag

Bibliografische Information der Deutschen Nationalbibliothek
Die Deutsche Nationalbibliothek verzeichnet diese Publikation in der Deutschen Nationalbibliografie. Detaillierte bibliografische Daten sind im Internet über http://dnb.d-nb.de abrufbar.

www.mvg-verlag.de

Konzeption und Realisation: Ariadne-Buch, Christine Proske, München
Redaktion: Cornelia Rüping, München
Umschlaggestaltung: Atelier Seidel - Verlagsgrafik, Teising
Umschlagabbildung: Masterfile, Düsseldorf (© masterfile / Anne Domdey)
Satz: Redline GmbH, Jürgen Echter
Druck: Himmer, Augsburg
Bindearbeiten: Thomas, Augsburg
Printed in Germany
ISBN 978-3-636-06286-4

INHALT

Einleitung

Jeder Mensch – ob jung oder alt, ob Frau oder Mann – möchte in den verschiedenen Bereichen und Situationen des Lebens erfolgreich sein, sich möglichst gut fühlen und gesund bleiben. Jeder möchte mit Schwierigkeiten zurechtkommen, sich schützen und sein Gesicht wahren.

Zu den meisten Fragen der Gestaltung und Bewältigung des Alltags hat die Psychologie in ihrer mehr als hundertjährigen Geschichte Erkenntnisse und Strategien entwickelt. Diese Ressourcen werden nach unseren Erfahrungen aber im Alltag in Beruf und Familie, im Freundes- und Bekanntenkreis oder in der Freizeit immer noch viel zu wenig genutzt. Zwar sind die Medien voll von psychologischen Tipps, doch oft können Sie als Leser nicht erkennen, wie fundiert und seriös die Informationen sind und in welchen Zusammenhängen Sie diese sehen müssen. So erreichen Sie viele psychologische Anregungen, mit denen Sie häufig jedoch nicht genügend anfangen können, um für Ihre Lebenspraxis zu profitieren.

Um psychologische Erkenntnisse gewinnbringend umsetzen zu können, ist zunächst ein umfassenderes Verständnis der fraglichen Lebenszusammenhänge und der beteiligten psychischen und sozialen Mechanismen erforderlich. Erst wenn wir ausreichend verstanden haben, worum es geht und wo geeignete Ansatzpunkte für das weitere Vorgehen liegen, können wir fundiertere Entscheidungen treffen und souverän handeln. Sicher haben Sie längst erkannt, dass *wissen* und *können* nicht dasselbe sind. Allzu oft sind uns *Emotionen* im Weg, die uns hindern, so zu handeln, wie wir eigentlich möchten: Wir trauen uns nicht, wir sind zu nervös, wollen anderen nichts zumuten oder haben andere Gründe, warum wir nicht das tun, was wir wollen. Manches entgeht uns, weil wir wichtige Aspekte nicht (rechtzeitig) bemerken oder „vergessen“ haben. Manchmal verhalten sich Menschen anders, als es für sie vorteilhaft wäre, weil sie „nicht anders können“, ihnen nichts Besseres einfällt oder sie zu wenig wissen, worauf es überhaupt ankommt. So kommt es vor, dass wir uns selber zum Rätsel werden oder mit uns selbst unzufrieden sind.

Um wirklich weiterzukommen, also so zu *werden, wie wir sein möchten,* reicht es nicht aus, einen Ratgeber zu kaufen. Wir benötigen zusätzlich Wissen und Anleitung, wie die Inhalte darin in konkreten Fällen umzusetzen sind und wie psychische Prozesse ablaufen und zu beeinflussen sind. Erst dann lassen sich individuelle Strategien entwickeln, um die eigenen Vorhaben umzusetzen. Da das Erreichen von Zielen in den wenigsten Fällen nur von einem Menschen selbst abhängt, ist immer zu klären, welche Ressourcen er benötigt, welche Hindernisse im Weg stehen und in welche übergeordneten sozialen und gesellschaftlichen Systemkontexte er eingebunden ist. Hier treffen soziologische und psychologische Perspektiven aufeinander.

Auf der Basis unserer jahrzehntelangen Erfahrung in der Psychotherapie mit unterschiedlichen Patientengruppen sowie der Beratung von Paaren und Familien, von Fach- und Führungskräften, in Forschung, Lehre und Weiterbildung haben wir ein Kompendium zusammengestellt, von dem wir glauben, dass es Sie auf dem Weg zur besseren Gestaltung und Bewältigung des Alltagslebens unterstützen kann. Unser Buch lässt sich auf sehr unterschiedliche Weise nutzen. Sie können

- sich über einzelne Themen informieren und finden Beispiele zur Veranschaulichung sowie zahlreiche Literaturhinweise zur Vertiefung;
- anhand der gebotenen Informationen und Anleitungen eigene Fragen klären und zu einem tieferen Problemverständnis gelangen;

- psychologische Strategien und Kompetenzen kennen und anwenden lernen und auf diese Weise Ihr Repertoire an Möglichkeiten des Handelns und Erlebens erweitern;
- die für Sie interessanten Themen mit Nahestehenden gemeinsam erarbeiten, darüber ins Gespräch und gemeinsam weiterkommen. Diese Vorgehensweise eignet sich besonders dazu, zwischenmenschliche Beziehungen zu verbessern.

Bei der Anwendung psychologischen Wissens und der hier beschriebenen professionellen Strategien gegenüber anderen Menschen sind bestimmte *Grundhaltungen* wie Verantwortungs- und Taktgefühl ebenso wichtig wie Wertschätzung der jeweiligen persönlichen Individualität Ihres Gegenübers. Verwechseln Sie dies aber nicht mit Kritiklosigkeit (siehe dazu Kapitel F und G).

Wir haben unser Buch in acht Abschnitte gegliedert, die durch ein umfangreiches Literaturverzeichnis ergänzt werden.

Kapitel A stellt wesentliche grundlegende psychische Funktionen wie Wahrnehmung, Handeln/Denken/Problemlösen, Lernen und Gedächtnis, Motive und Motivation, Persönlichkeit, das Selbst, Lebenskonzepte/Modellvorstellungen, Emotionen, Kompetenzen und Kommunikation dar. Sie sind die Basis für das Verständnis psychosozialer Phänomene. Die Funktionen werden erklärt und anhand praktischer Beispiele veranschaulicht.

Kapitel B spannt einen Bogen über den Verlauf des menschlichen Lebens von der frühesten Entwicklung bis hin zum Alter. In diesem Abschnitt werden die grundlegenden Bedürfnisse ebenso erklärt wie Fakten über das körperliche Altern oder die geistige Leistungsfähigkeit. Besonderen Stellenwert haben dabei die Strukturen und Prozesse, die für das Wohlbefinden und die Lebensqualität wichtig sind.

In *Kapitel C* geht es um zwischenmenschliche Beziehungen im sozialen Leben. Sowohl Familie als auch Funktionsweisen verschiedener Familienkonstellationen kommen hier zur Sprache, ebenso die (zum Teil unbewussten) Partnerwahlmechanismen oder die Gestaltung von Freundschaften oder nachbarschaftlichen Beziehungen.

Kapitel D widmet sich verschiedenen Aspekten des Arbeitslebens. Dabei geht es um das systemische Verständnis betrieblicher Strukturen und Prozesse, verschiedene Leistungs- oder Führungskonstellationen bis hin zu den Themen Mobbing am Arbeitsplatz und Work-Life-Balance. Damit Sie Ihr eigenes Arbeitsfeld besser verstehen lernen, führen wir in das psychologische Verfahren der Systemischen Mehrebenenanalyse ein.

Einen großen Bereich nimmt das *Kapitel E* ein, das sich mit Gesundheit und Krankheit beschäftigt. Gesundheit wird hier als Kompetenz und Entwicklungsaufgabe begriffen, die viel mehr umfasst als die Abwesenheit von Krankheit. Wir zeigen Ihnen Möglichkeiten auf, wie Gesundheit gefördert und Krankheit durch Vorsorge vermieden werden kann. Auch das breite Spektrum psychischer Störungen behandeln wir ausführlich.

Praktische Anleitungen zur Verbesserung der Lebensqualität finden Sie in *Kapitel F.* Hier stellen wir verschiedene Methoden für die Lebensplanung, das Zeitmanagement, die Sensibilisierung für die eigenen Gefühle (Focusing), eine bessere Entspannung und das Selbstmanagement dar. Zudem besprechen wir ausführlich die Erfolgsfaktoren, die bei der Alltagsgestaltung eine Rolle spielen, zum Beispiel Feinfühligkeit, Wertschätzung oder Konfliktmanagement.

Im letzten *Kapitel G* stellen wir Möglichkeiten professioneller psychologischer Hilfe vor. Wir gehen nicht nur auf verschiedene Methoden und Strategien ein, sondern geben auch Hinweise dazu, wie Sie geeignete Fachleute und Einrichtungen finden.

Lassen Sie sich nun anregen zu einem Spaziergang durch die verschiedenen Bereiche der menschlichen Psyche und des Zusammenlebens. Menschenkenntnis ist keine Hexerei, sondern lässt sich weitestgehend erlernen. Je besser Sie sich selbst und andere verstehen lernen, desto besser werden Ihr „Durchblick“ und Ihre Chancen, Ihre Lebensqualität und Ihr Wohlbefinden zu optimieren!

A Grundlagen

1 Wahrnehmung

Wahrnehmen heißt, Informationen aus der Umwelt über die Sinnesorgane aufzunehmen und zu verarbeiten. Darüber orientieren wir uns und können so Gefahren vermeiden und dafür sorgen, dass unsere Bedürfnisse befriedigt beziehungsweise nicht verletzt werden. Dabei sind bewusste, so genannte *explizite* Wahrnehmungen zu unterscheiden, die geistig verarbeitet werden, und *implizite* Wahrnehmungen, die nicht bis ins Bewusstsein vordringen, aber dennoch das Verhalten steuern und im Gedächtnis gespeichert werden. Die leise und eingängige Musik im Supermarkt zum Beispiel soll unser Einkaufsverhalten positiv beeinflussen und wird von uns meistens nicht direkt wahrgenommen – sie steuert aber unser Verhalten. Im Gegensatz dazu richtet sich unsere Wahrnehmung auf die Musik aus, wenn wir zu Hause bewusst eine CD anhören.

Charakteristika menschlicher Wahrnehmung

Wahrnehmung unterliegt bestimmten Gesetzmäßigkeiten, die im Alltag wichtig sind. Sie ist nicht passive Aufnahme von Reizen oder Informationen, sondern immer *aktive Verarbeitung* dieser. Ein Beispiel dafür: Sie grüßen einen Nachbarn, der antwortet nicht. Daraufhin sind Sie verstimmt, weil Sie erwarten, dass die Höflichkeitsregel, einen Gruß zu erwidern, eingehalten wird. Später erfahren Sie, dass Ihr Nachbar kurzsichtig und schwerhörig ist. Nun haben Sie eine andere Erklärung und sehen sein Verhalten in einem anderen Licht. Es stellt sich also die Frage, was und wie wir eigentlich wahrnehmen. Psychologische Forschungen auf diesem Gebiet haben ergeben, dass sich Wahrnehmung nicht nur an Realitäten, sondern auch an unseren psychischen Strukturen und Grundbedürfnissen orientiert.

Die Grundbedürfnisse sind in den Strukturen des Gehirns verankert: Wir streben danach, Lust zu erfahren sowie Unlust oder auch Schmerz zu vermeiden, nach Selbstwertbestätigung oder Geborgenheit und persönlichen Bindungen. Und auch die Wünsche nach Orientierung und Kontrolle gelten als Grundbedürfnisse. Aus diesen Bedürfnissen ergeben sich in jeder Lebenssituation bestimmte *Ziele*, die wir verfolgen. Kurz gesagt: Wir streben bestimmte Zustände an und versuchen, andere zu vermeiden (Motivation; siehe unten). Daran richtet sich auch unsere Wahrnehmung aus.

Wahrnehmungsfilter (Selektion von Informationen)

Die Informationsflut, der wir ausgesetzt sind, ist so groß, dass wir mit den begrenzten Möglichkeiten unseres Gehirns niemals alle Umweltreize zugleich verarbeiten können. In der Regel sind Situationen zu komplex, um auf alles achten zu können. Wir sind also gezwungen, auszuwählen: Man kann nicht gleichzeitig nach vorne und nach hinten schauen, nicht auf alle Situationsaspekte gleichermaßen achten, sondern muss die richtige Auswahl der Aspekte treffen, auf die geachtet werden soll. Hinzu kommt, dass diejenigen Informationen, auf die es ankommt, oft nicht so leicht zugänglich sind und erst zusammengesucht werden müssen. Dies können wir aber nur, wenn wir *wissen,* was gerade wichtig ist, der Wahrnehmungsfilter muss richtig eingestellt sein. Menschen nehmen in der Regel nur wahr, was sie kennen und was ihre *Aufmerksamkeit* erregt. Wenn wir zum Beispiel durch eine fremde Stadt gehen, bemerken wir die Hauptsehenswürdigkeiten oft gar nicht, wenn uns niemand darauf hinweist. Oft wählt unser Gehirn für uns aus und orientiert sich dabei an bereits vertrauten Reizen. Meist bemerken wir diesen Auswahlvorgang gar nicht, wir lassen uns ablenken. Wir achten dann nicht auf die unbekannten Sehenswürdigkeiten, sondern auf den Bratwurstduft, der uns in die Nase steigt. Unsere Wahrnehmung ist also immer gefiltert (selektiv; Goldstein, 2002).

Perspektiven der Wahrnehmung

Wahrnehmung geht immer von einer bestimmten Perspektive aus: Sie stehen entweder vor oder hinter einer anderen Person, ganz in der Nähe oder weiter weg. Aus der Nähe nehmen Sie andere Aspekte wahr als aus der Ferne, wo Sie zum Beispiel nur eine Gestalt oder Bewegungen erkennen können. Aus der Nähe nehmen Sie im Gegensatz dazu zum Beispiel Gerüche oder Details der Kleidung oder der Haut auf.

Stets kommt es auf die Situation an, in der wir jemandem begegnen. Wer gestresst ist, kann nur noch begrenzt Informationen aufnehmen und verarbeiten. Doch wer Kontakt sucht, zum Beispiel im Urlaub oder in einer Disco, hält aktiv Ausschau nach Menschen, die ihn interessieren könnten. Dabei werden bestimmte Merkmale beachtet, die uns wichtig sind (Alter, Geschlecht, Attraktivität etc.). Zugleich hängt von der Situation ab, was wir wahrnehmen (Goldstein, 2002): Ein Fußballfeld stellt sich außerhalb der Spielzeit völlig anders dar als zum Beispiel während der WM. Oder: Dieselbe Person gibt und verhält sich anders, wenn sie Ihre Nähe sucht oder Sie meiden möchte. Wenn wir müde oder krank sind, bekommen wir weniger mit, weil wir stärker mit uns selbst beschäftigt sind. Wer mit Spannung auf etwas sehr Ersehntes wartet, dem kann die Zeit lang werden. Eine glückliche Zeit geht hingegen meist viel zu schnell vorüber. Wir nehmen das Vergehen der Zeit unterschiedlich wahr. Andere Personen nehmen wir als vertrauenswürdig wahr, wenn sie bestimmte Merkmale wie seriöse Kleidung und gutes Auftreten zeigen. Dabei fallen wir leicht auf Täuschung und Betrug herein (Argyle, 1979). Doch nicht nur von anderen Menschen lassen wir uns täuschen, sondern auch durch Mechanismen innerhalb unserer eigenen Psyche.

Abwehrmechanismen

Unbequeme Informationen, die nicht mit dem eigenen Selbstbild vereinbar sind oder das Selbstwertgefühl bedrohen, versucht das Gehirn „auszusortieren". So bleibt es uns erspart zu bemerken, dass wir vielleicht gar nicht so perfekt sind, wie wir uns gerne darstellen, oder dass das Leben nicht so ungefährlich ist, wie wir es gerne hätten. Die Risiken des Sonnenbadens zum Beispiel werden einfach ausgeblendet, wenn wir an den Strand gehen, und kaum einer denkt an Unfallgefahren, wenn er eine Reise antritt. Wir verdrängen oder „vergessen" bisweilen solche Bedrohungen, um unsere Stimmung zu schützen. Manche Risiken oder Verstöße verharmlosen oder verleugnen wir sogar, weil wir sonst anders handeln müssten. Verstöße gegen Verkehrsregeln oder Steuergesetze werden gerne als „Kavaliersdelikte" oder gar als sportliche Herausforderung umdefiniert, um auf diese Weise ihre Strafwürdigkeit zu vertuschen. Geraten wir mit jemandem in Streit, ist selbstverständlich der andere schuld, wir schieben ihm auch die Verantwortung und Motive zu, die wir eigentlich selbst haben. In der Psychologie heißt dies „Projektion" (Thomä/Kächele, 2006).

Besonders kompliziert wird es, wenn die an einer Situation Beteiligten ihre „Altlasten" einbringen. Werden alte Kränkungen oder Ängste aus früheren Lebensabschnitten in einer aktuellen Situation aktiviert, vermischen sich Vergangenheit und Gegenwart leicht auf verwirrende Weise. Empirische Forschungen haben zum Beispiel ergeben, dass Untergebene gegenüber Vorgesetzten oft ihre Autoritätsprobleme aus der Schulzeit abarbeiten und ihre Arbeitskraft blockieren, indem sie sich „bockig" stellen. Solche *Übertragungen* können die Zusammenarbeit erheblich erschweren. In Familie und Partnerschaft reißen aktuelle Begebenheiten leicht alte Wunden auf, was Auseinandersetzungen schnell eine völlig andere Richtung gibt. Daher ist es sehr interessant, eigene und fremde Übertragungen möglichst schnell und präzise zu erkennen. Nur so können Situationen wieder auf ihren aktuellen Gehalt reduziert und Eskalationen verhindert werden (Thomä/Kächele, 2006). Wie dies zu machen ist, wird uns noch ausführlich beschäftigen (siehe Kapitel A10).

Ist Wahrnehmung gleich Wahrheit?

Wie wir sehen, nimmt Wahrnehmung also weniger die Wahrheit auf, sondern konstruiert ein Bild, das wir *für wahr nehmen*. In der Psychologie unterscheiden wir daher zwischen objektiv feststellbaren Realitäten in unserer Umwelt und deren subjektiver Verarbeitung, die wir als individuelle *Lebenswelt* bezeichnen (Kaiser, 1982). Wie nützlich und zuträglich unser Bild ist, das wir uns von einer Realität machen, muss immer wieder überprüft und gegebenenfalls ausgehandelt werden. Im Zusammenleben mit anderen Menschen oder innerhalb von sozialen Systemen (zum Beispiel in der Familie oder im Betrieb) ist ein Abgleich der verschiedenen Wahrnehmungen und Sichtweisen wichtig, weil dieselbe Situation von jedem Beteiligten unterschiedlich gesehen und gewichtet wird. Da sich viele Menschen ganz selbstverständlich mit ihrer Sichtweise der Welt und der Dinge identifizieren und diese als Bestandteil ihres Selbstbildes empfinden, kommt es schnell zu Konflikten, wenn sich Wahrnehmungen unterscheiden. Wie man dann konstruktiv reden und zu gemeinsamen Realitätsdefinitionen kommen kann, wird uns noch ausführlich beschäftigen.

Schauen wir uns aber erst einmal die einzelnen Wahrnehmungskanäle genauer an. Man unterscheidet nach den durch Umweltreize aktivierten Sinnesorganen folgende Wahrnehmungen (Oerter/Montada, 2002):

1. Sehen: Mit den Augen erkennen wir Farben, Helligkeit und Kontraste, Formen, Gestalten und Linien sowie Bewegungen. Auf diese Weise können wir auch räumliche Zusammenhänge wahrnehmen. Wir erkennen andere Menschen

am Gesicht und an ihren Bewegungen. Wir verständigen uns mit anderen visuell über
- Verhalten
- Blicke
- Bewegungen
- Mimik
- Gesten
- Hautverfärbungen
- Kleidung

2. Hören: Mit dem Gehör nehmen wir Schallwellen auf, auch wenn wir dies nicht wollen, denn das Gehör ist – im Gegensatz zu den Augen – nicht zu verschließen. Das Gehör ist relevant zum Beispiel
   - bei der Verständigung im Gespräch,
   - um akustische Signale und Hinweisreize zu erkennen (Wecker, Herannahen eines Zuges),
   - um Töne, Melodien und Rhythmen zu unterscheiden (Sprache, Musik),
   - wenn wir unter Lärm leiden, wodurch die Gesundheit beeinträchtigt werden kann oder wichtige Informationen nicht mehr von unwichtigen zu unterscheiden sind.
3. Tasten: Mit dem Tastsinn der Haut registrieren wir über so genannte Rezeptoren
   - Unterschiede zwischen hart und weich, rau und glatt, heiß und kalt (mittels der Temperaturrezeptoren)
   - Bewegungen, Geschwindigkeit, Druck/Stöße, Zug, Luftzug (mittels des Trigeminus-Nervs, der im Gesicht verläuft)
   - Vibrationen
   - Berührungen (zum Beispiel bei der Säuglingspflege oder anderem Körperkontakt)
   - Druck beziehungsweise Widerstand von Materialien, was uns zum Beispiel vor Quetschungen schützt oder beim Umgang mit Geräten wichtig ist.

4. Schmecken: Mit den Geschmacksknospen der Zunge können wir in gewissem Umfang
   - die Qualität der Nahrung prüfen,
   - uns vor Vergiftungen schützen oder
   - genießen.
5. Riechen mit der Nasenschleimhaut: Geruchsempfindungen sind eng mit Gefühlen verbunden. So zum Beispiel
   - Gefühle von Anziehung oder Attraktivität, Brutpflege, Erotik, die über körpereigene Duftstoffe (Pheromone) gesteuert werden, sowie Appetit auf Nahrungsmittel ebenso wie
   - Ekel, zum Beispiel vor Fäulnis, der vor Gefahren für die Gesundheit warnen soll.
6. Wahrnehmung der eigenen Köperbewegung und -haltung sowie der Stellung der Glieder (kinästhetische Wahrnehmung) über Rezeptoren in einzelnen Köperteilen.
7. Zeitwahrnehmung: Die Zeitwahrnehmung erfolgt durch kognitiven Bezug von Informationen aufeinander. Wahrgenommen werden können auf diese Weise
   - zeitliche Abfolgen von Ereignissen (sequentielle Wahrnehmung),
   - Zeitintervalle zwischen Ereignissen und
   - Zeitspannen, das heißt die Dauer von Zuständen und Geschehnissen.

Zu ergänzen ist noch ein Spezialfall der Wahrnehmung, nämlich die Selbst- und die Fremdwahrnehmung.

Selbst- und Fremdwahrnehmung

Alles, was Sie bereits über die Stör- und Täuschungsanfälligkeit der menschlichen Wahrnehmung gelesen haben, trifft ganz besonders auf die Wahrnehmung der eigenen Person zu. Dies hat mehrere Gründe: Erstens können wir wegen der Konstruktion des Gehirns wichtige Bereiche unseres Selbst gar nicht bewusst wahrnehmen. Hierzu gehören genetische und frühkindliche Prägungen, beispielsweise bestimmter Persönlichkeitseigenschaften, des Bindungsstils und neuropsychischer Schemata. Wer sich aufgrund bestimmter Hirnstrukturen leichter erregen und irritieren lässt, nimmt auch anders wahr. Diese Faktoren bestimmen unser Selbst und unser Leben. Da wir nicht wissen, wie es dazu kommt, und wir kein anderes Selbst zum Vergleich ausprobieren können, ist es kaum vorstellbar, dass „man" auch anders sein kann (LeDoux, 2003).

Zweitens ist das Bild, das wir uns von der eigenen Person machen, geprägt von unseren Grundbedürfnissen und Zielen sowie von Sollvorstellungen, die sozialen/familialen Idealbildern entsprechen. Welche Erfahrungen wir real mit uns machen und wie wir diese bewerten, ergibt ein *Realbild*, das wir mit dem *Idealbild* vergleichen. Dabei ist das Realbild unseren bisherigen Feststellungen entsprechend nicht besonders verlässlich, weil wir dazu neigen, uns selbst sehr selektiv und tendenziös zu betrachten. Das Idealbild aber hängt von sozialen Klischees ab, die uns unsere Umgebung nahe bringt und die ebenfalls selektiv und tendenziös sind. So stehen sich bei dem Vergleich von Real- und Idealbild zwei Bilder gegenüber, die beide nicht sehr tragfähig sind (Schütz, 2003). So könnte sich zum Beispiel eine Mutter mit zwei kleinen Kindern durch Erziehung und Alltagsgestaltung völlig überfordert fühlen. Sie lässt die Kleinen deshalb häufig fernsehen, damit sie selbst ein bisschen zur Ruhe kommt. Das Idealbild einer Mutter sieht aber anders aus: Gefühle der Überforderung und Kapitulationen bei der Erziehung passen da nicht hinein; die überforderte Mutter aus unserem Beispiel wird sich deshalb im Freundeskreis möglicherweise vehement gegen zu viel Fernsehen für Kinder aussprechen. Das Idealbild unterscheidet sich oft stark vom Realbild.

Fremdbeurteilungen der eigenen Person sind in vielem zuverlässiger, weil unsere Mitmenschen uns durchaus mit anderen vergleichen und beobachten können, wie wir uns in gewissen

Situationen unter bestimmten Bedingungen verhalten. Menschen, die in regem sozialen Austausch mit anderen stehen und viele Rückmeldungen erhalten, lernen sich daher selbst besser kennen und können sich meist differenzierter wahrnehmen (zum Beispiel Schauspieler, Politiker). Selbstwahrnehmung ist auf Feedback aus wohlwollender Fremdwahrnehmung angewiesen. Auf Idealbilder und typische Rollenbilder werden wir später noch genauer eingehen (siehe Kapitel A6).

Zusammenfassung

Wahrnehmung ist aktive Auseinandersetzung mit der Umwelt und spiegelt die objektive Realität nicht unbedingt korrekt wider. Sie ist immer beeinflusst von unbewussten neuropsychischen Voreinstellungen, subjektiven Bewertungen und Umgebungsbedingungen. Wahrnehmungsfilter und der jeweilige Blickwinkel (Perspektive) beeinflussen das Handeln wie auch die Wahrnehmung weiterer Situationen. Wahrnehmung ist niemals objektiv.
Ob Wahrnehmungen zutreffend, nützlich und konstruktiv sind, muss im Dialog mit anderen Menschen und unter Einsatz von Prüfverfahren immer wieder geklärt werden. Der Augenschein kann leicht trügen.

2 Handeln, Denken und Problemlösen

Handeln unterscheidet sich von Verhalten durch seine Sinnhaftigkeit und Zielgerichtetheit. Wenn Handeln auf andere Menschen bezogen ist, spricht man von sozialem Handeln, da es am Verhalten anderer ausgerichtet und dadurch sinnhaft wird. Soziologisch betrachtet handeln Menschen immer sinnhaft. Der Sinn einer Handlung ergibt sich durch die Absicht oder das Ziel, das der Handlung zugrunde liegt. Soziales Handeln kann auch an abstrakten und allgemein verbindlichen Regeln (Normen, Gesetzen) ausgerichtet werden – in diesem Fall spricht man von Gesellschaftshandeln.

Anders verhält es sich mit dem Denken. Es kann, muss aber nicht unbedingt im Dienste des Handelns stehen. Denken heißt zu überlegen, mit welchen Mitteln sich ein Ziel erreichen oder ein Problem lösen lässt. Wenn wir den Weg zum Ziel schon kennen, müssen wir uns vielleicht nur mit Einzelheiten beschäftigen, damit alles gut organisiert ist. Dann spricht man von *reproduktivem* Denken, weil dabei auf vorhandenes Wissen zurückgegriffen werden kann (Funke, 2006). Bei schwierigeren Aufgaben, deren Lösung wir noch nicht kennen, müssen wir hingegen *produktiv* nachdenken, um Mittel und Wege für die Zielerreichung zu finden. Die psychologische Forschung befasst sich schon sehr lange mit dem menschlichen Denken und hat eine Menge Ergebnisse vorzuweisen. So wissen wir heute recht gut darüber Bescheid, wie effektives kreatives Denken funktioniert und was dabei beachtet werden muss (Dörner, 1989).

Erfolgsbedingungen beim Denken und Problemlösen

Um beim Denken und Problemlösen erfolgreich zu sein, ist die richtige Abfolge geeigneter Schritte wichtig (Goldfried/D'Zurilla, 1969). Der erste Schritt besteht darin, die Ausgangssituation zu analysieren. Wer nicht weiß, von welchen Voraussetzungen er auszugehen hat und wo er steht, kann nicht sinnvoll planen. Zunächst ist also eine möglichst genaue Bestandsaufnahme der Situation oder des Problems vonnöten. Geht es zum Beispiel um eine Führungsentscheidung in einem Betrieb, heißt dies, sich folgende Fragen zu stellen:

- Um was für einen Betrieb oder für eine Abteilung geht es?
- Welche Systemeigenschaften hat der Betrieb/die Abteilung?
- Welche Aufgaben sind hier zu erfüllen?
- Welches Anforderungsprofil ergibt sich daraus für die einzelnen Mitarbeiter?
- Sind die Rollen und Aufgaben so verteilt und abgestimmt, dass alle Aufgaben erfolgreich und ökonomisch erledigt werden können?
- Wie gut sind die Mitarbeiter ihren Aufgaben und ihrer jeweiligen Rolle gewachsen?
- Wie sieht die Hierarchie aus? Wer hat was zu bestimmen und darf daher nicht übergangen werden?
- Welche Mittel/Ressourcen stehen zur Verfügung?
- Welche Eigendynamik hat der Betrieb/die Abteilung? Welche Besonderheiten gilt es bei der Belegschaft zu beachten?
- Sind die Mitarbeiter vielleicht untereinander zerstritten, sodass sie gar nicht an einem Strang ziehen (können)?

Zu einer Bestandsaufnahme gehört darüber hinaus, künftige Entwicklungen abzuschätzen. Viele Ereignisse und Konstellationen kündigen sich lange vorher an und lassen sich mit den dann zu erwartenden verfügbaren Ressourcen in Verbindung bringen. Wenn sich eine Führungskraft über die Verhältnisse und Erkenntnisse in den betreffenden Bereichen gut informiert, kann sie – ohne in Spekulationen zu verfallen – meist recht verlässliche Zukunftsprognosen abgeben. Dabei handelt es sich zwar um *Wahrscheinlichkeitsannahmen*, jedoch sind diese oftmals recht zuverlässig. So ist zum Beispiel ohne größere Probleme vorherzusagen, wann (wenn überhaupt) bestimmte Mitarbeiter wahrscheinlich Kinder haben werden oder spätestens in Rente gehen oder wie hoch die Lebensdauer bestimmter Arbeitsgeräte ist. Viele dieser Entwicklungen liegen in der Struktur der Arbeitswelt begründet. Sie sind unabwendbar oder zumindest nicht individuell beeinflussbar – hierzu gehört zum Beispiel das Renteneintrittsalter. In der Psychologie wie auch in der Soziologie wird in diesem Zusammenhang vom *Mehrebenencharakter* von Realitäten gesprochen.

Systemisches Denken auf mehreren Ebenen

Täglich ist es in der Zeitung zu lesen: Das Ozonloch wächst, die Zahl der Rentner steigt, das Beitragsaufkommen der Sozialversicherung sinkt. Entwicklungen wie diese sind zwar nicht unmittelbar wahrzunehmen, wohl aber recht plausibel erklärbar. Die Folgen davon spüren wir ganz persönlich. Als Einzelne sind wir gegen solche Prozesse jedoch machtlos, weil sie auf einer *Makroebene* und in *Systemkontexten* ablaufen, die uns nicht zugänglich sind und die wir als Individuum nicht direkt beeinflussen können.

Ein System besteht aus eng aufeinander bezogenen Elementen. Die Einzelteile können aus einer übergeordneten Sicht als zweck- oder sinngebundene Einheiten angesehen werden, die sich gegenüber der Umgebung abgrenzen. Zusammengehalten werden Systeme durch Strukturen, das sind gewissermaßen die Muster der einzelnen Elemente sowie ihre Beziehungen und Abhängigkeiten zueinander. Diese Strukturen, wie sie zum Beispiel im Staat und in Ökosystemen, in Familien und auf dem Arbeitsmarkt vorherrschen, sind für das Individuum nicht leicht zu durchschauen. Systeme sind Gebilde, die eigenen Regeln folgen und eine besondere Dynamik haben. Zudem stehen sie in oft schwer erkennbaren Wechselbeziehungen, wie es zum Beispiel bei Staat und Ökosystem der Fall ist.

Auch Entwicklungen beispielsweise im Betrieb oder in der Gemeinde *(Mesoebene,* mittlere Ebene zwischen individueller [Mikro-]Ebene und Makroebene) können wir kaum direkt beeinflussen. Wir können uns aber bewusst machen oder in Erfahrung bringen, welche Auswirkungen die damit verbundenen Erscheinungen für uns haben und wie wir uns gegebenenfalls durch *vorausschauendes Denken* vor Nachteilen schützen können. Wer es geschickt anstellt, hat unter Umständen auch Chancen, die eigene Wirkung zu erhöhen, indem er sich zum Beispiel in Parteien, Verbänden oder Initiativen engagiert. So kann er sich an geeigneter Stelle Gehör verschaffen und Einfluss nehmen. Es ist auch möglich, sich an Abgeordnete oder Gerichte zu wenden, die weiter reichenden Einfluss haben (Kaiser, 1993).

Auf jeden Fall muss zuerst einmal der richtige Ansatzpunkt ausfindig gemacht werden, um sich Einfluss auf höherer Ebene zu verschaffen. Wo besteht überhaupt ein Zugang zum betreffenden System? Ein solches Denken, das Systeme durchschaut und entsprechende Schlussfolgerungen ermöglicht, nennt man *„systemisches Denken"*. Im modernen Leben wird diese Art zu denken immer wichtiger. Eine Analyse von Systemzusammenhängen verschiedener Ebenen nennt man *„Systemische Mehrebenenanalyse"* (Kaiser, 1993). Damit lassen sich Arbeitshypothesen über eine Situation entwickeln, aus denen sich Wahrscheinlichkeitsannahmen über weitere Entwicklungen ableiten lassen. Wenn Sie genauer hinschauen, erkennen Sie, dass das Leben mithilfe solcher Wahrscheinlichkeitsannahmen im großen Ganzen viel überschaubarer ist, als wir oft meinen. Zudem schadet es ja nicht, über alternative Szenarien zu verfügen, falls sich die Dinge anders entwickeln. Es lohnt sich, wenn Sie künftig für alle wichtigen Bereiche von Zeit zu Zeit eine Bestandsaufnahme machen und ermitteln, wohin Entwicklungen führen, wenn Sie nicht gezielt eingreifen. Je differenzierter und umfassender Ihre Analyse ausfällt, desto besser ist die Grundlage für weitere Entscheidungen. Dabei können Sie folgendermaßen vorgehen (Kaiser, 2007; vgl. Kapitel C):

1. Entwickeln Sie eine Zukunftsvision: Meist wird vieles leichter, wenn Sie zügig zu der Frage kommen, was an die Stelle der Probleme treten soll und wie eine angenehme(re) Zukunft aussehen könnte. Wenn Sie den Blick darauf richten, hat das zudem den Vorteil, dass durch die Vorfreude wieder angenehme Gefühle möglich werden. So verringern sich auch die Konfliktrisiken. Um aus der Verstrickung in aktuelle Probleme herauszukommen, denken Sie zunächst über übergeordnete Ziele nach, die weiter in der Zukunft liegen. Versuchen Sie zu skizzieren, wie ein für Sie optimales Leben in drei bis fünf Jahren aussehen könnte. Ziel dabei ist es, Visionen optimaler Szenarien für die relevanten Lebensbereiche zu formulieren und Fernziele zu klären, die die Richtung angeben. In der Psychologie gehen wir davon aus, dass Menschen ihre grobe Zielrichtung kennen müssen, damit sie bewusst ihr Leben entsprechend gestalten können.
   Es ist also sinnvoll, nach und nach die wichtigen Ober-Ziele für das (Zusammen-)Leben in den einzelnen Lebensbereichen (Karriere, Beziehung, Hobbys usw.) zu formulieren sowie Qualitätskriterien für das Erreichen dieser festzulegen. Die Ziele sollten so klar definiert werden, dass am Ende der Grad der Zielerreichung beurteilt werden kann. Hierzu empfiehlt es sich, die einzelnen Aspekte möglichst präzise aufzuschlüsseln und nach den Prioritäten anderer Beteiligter zu fragen (Partner, Angehörige, Kollegen etc.). Dabei stellt sich meist ziemlich schnell heraus, wie breit die gemeinsame Basis für eine zufriedenstellende Zukunft ist. Gegebenenfalls wäre nach Zielen zu suchen, die allen reizvoll erscheinen. Wo keine Einigung zu finden ist und sich die Probleme nicht lösen lassen, könnte sich ein Nachdenken über einen Rückzug anschließen.
2. Legen Sie Zielprioritäten fest: Erst wenn die langfristigen Ober-Ziele für die wichtigsten Bereiche abgestimmt und in eine Rangreihe gebracht sind, ist es sinnvoll, über mittelfris-

tige (Zwischen-)Ziele zu sprechen. Sonst besteht die Gefahr, dass Sie nachrangige Ziele formulieren, die nicht mit den Ober-Zielen zusammenpassen und daher auf Abwege führen.

3. Sammeln Sie Vorgehensmöglichkeiten (Brainstorming): Sobald Sie die lang- und mittelfristigen Ziele für die wichtigsten Bereiche formuliert haben, ist zu klären, wie diese zu erreichen sind. Auch hier empfiehlt es sich, Schritt für Schritt zu erörtern und auszuarbeiten, welche Ressourcen und welche Schritte erforderlich sind: Widerstände bearbeiten, den Beteiligten Grenzen setzen, achtsamer vorgehen usw.
4. Schätzen Sie die Folgen ab: Wenn Sie herausgefunden haben, wie Sie vorgehen wollen, ist zu prüfen, welche persönlichen Kosten, Risiken und Nebenwirkungen dabei zu erwarten sind. Diese können mittel- und längerfristig recht unterschiedlich ausfallen (zum Beispiel könnte häufiges Reisen negativ für das Familienleben, zugleich aber positiv für die Karriere sein).
5. Wie ist es um die Ressourcen bestellt? Im nächsten Schritt ist zu klären, welche Ressourcen zur Verfügung stehen, welche zu beschaffen wären und welche ausbaufähig sind.
6. Kümmern Sie sich um fehlende Ressourcen: Fehlen Kenntnisse oder Kompetenzen, können Sie auf eine Reihe international erprobter Verfahren und Programme zurückgreifen (siehe Kapitel F2). Stimmen die Unterstützung, materielle oder zeitliche Voraussetzungen nicht, ist es wichtig, rechtzeitig zu klären, woher die fehlenden Ressourcen kommen werden.
7. Prozessfeedback und die Bewältigung von Problemen: Je differenzierter der Prozess der Zielentwicklung von allen verfolgt wird, umso leichter können sie auch kleinste Erfolge würdigen sowie Abweichungen erkennen und korrigieren. Sind die Beteiligten unsicher, kommt es leichter zu Widerständen und Konflikten, die mit geeigneten Methoden zu bearbeiten sind (siehe Kapitel F7).

Zusammenfassung

Denken und Problemlösen sind Bestandteile sozialen Handelns. Reproduktives Denken bezieht sich auf eine bekannte Wissensbasis, produktives Denken ist die kreativere Variante. Dabei sind einige Verfahrensschritte zu beachten, die helfen, das Denken zu strukturieren. Nachdem die Ausgangssituation analysiert wurde, erfolgt stets die Abschätzung zukünftiger und wahrscheinlicher Entwicklungen sowie der Risiken und Nebenwirkungen eigenen (Nicht-)Handelns. Gesellschaftliche Realitäten haben immer mehrere Ebenen, die im Rahmen von „systemischem Denken" zu berücksichtigen sind. Wer erfolgreich Probleme lösen will, braucht Zukunftsvisionen, Zielprioritäten, muss sich mit möglichen Alternativen auseinandersetzen und die Folgen seiner Entscheidung abschätzen.

3 Lernen und Gedächtnis

Lernen heißt Erfahrungen zu machen, die im Gedächtnis gespeichert werden. Das Gehirn lernt unablässig, ohne dass wir es bemerken müssen. Nach neueren Erkenntnissen scheint das Gedächtnis vor allem zu speichern, was die meiste Aufmerksamkeit auf sich zieht. Dies ist nicht unbedingt das, worauf wir achten oder was wir lernen sollen, sondern was uns ganz individuell im Moment besonders anspricht. Dabei sind für die Aufnahme von Informationen andere neuronale Strukturen zuständig als für die Erinnerung. Gedächtnisinhalte werden in unterschiedliche Bereiche des Gehirns verteilt. Je höher die persönliche Bedeutung, desto intensiver prägen sie sich ein (Spitzer, 2002).

Aufgenommene Informationen gelangen zunächst in das *sensorische Register,* das zwar viel aufnehmen, dies aber nur kurzfristig speichern kann. Anschließend wird eine Auswahl wichtigerer Informationen ins *Kurzzeitgedächtnis* überführt, dessen Kapazität jedoch gering ist. Es kann gleichzeitig etwa sieben Elemente circa 18 Sekunden lang speichern. Die Kapazität kann mithilfe von *Merkhilfen* erhöht werden, die die Aufmerksamkeit auf sich ziehen. Ein Satz, der sich reimt, unterstützt zum Beispiel das akustische Gedächtnis. So haben sich Generationen von Schülern das Jahr des Sieges von Alexander dem Großen über die Perser bei Issos im Jahr 333 vor Christus mit folgenden Reim gemerkt: „Drei drei drei – bei Issos Keilerei" („Eselsbrücken"). Auch Suchstrategien *(Heuristiken)* helfen dem Gedächtnis und der Orientierung: In einem Buch ist es zum Beispiel leichter, eine bestimmte Stelle zu finden, wenn man im Inhalts- oder Stichwortverzeichnis nachschaut, als das ganze Buch durchzublättern. Namen sind besser zu merken, wenn man ein bestimmtes Bild oder eine Geschichte mit ihnen verknüpft: Lernen wir einen „Herrn Merkel" kennen, können wir uns seinen Namen besser merken, wenn wir uns zum Beispiel die deutsche Bundeskanzlerin dazudenken und den Namen in eine interessante Geschichte einbetten, die unsere Phantasie anregt.

Sind Informationen in Gruppen sortiert, können circa sieben Gruppen (Chunks) behalten werden: Wer weiß, welche Gegenstände zu einer bestimmten Sportausrüstung oder in einen Verbandskasten gehören, braucht sich nicht die Einzelheiten zu merken. Es genügt, an die Stichwörter „Tennisausrüstung" oder „Verbandskasten" zu denken.

Wichtige Informationen und Ereignisse, die wir ausreichend oft oder als genügend bedeutsam erleben, prägen sich ins *Langzeitgedächtnis* ein und werden hier in einer Art Ordner abgelegt, in dem sie immer wiederzufinden sind. Wir haben etwas *gelernt*. Wenn Lernen so verstanden wird, bedeutet vergessen im Umkehrschluss nicht, dass das Gelernte gelöscht wird. Vielmehr bestehen unklare Zuordnungen und Schwierigkeiten, die Informationen wiederzufinden.

Es werden verschiedene Langzeitgedächtnissysteme unterschieden, die untereinander verbunden und nicht alle bewusst zugänglich *(explizit)* sind (siehe Abb. 1).

Das *episodische* Gedächtnis, das Bilder oder Sprache speichern kann, enthält Informationen über spezifische, raumzeitlich lokalisierbare Ereignisse, die in die eigene Biographie eingeordnet werden, zum Beispiel persönlich bedeutsame Szenen mit Bezugspersonen. Zudem ist es für Erinnerungen an Ereignisse in der eigenen Vergangenheit zuständig.

Im *Wissensgedächtnis* werden Informationen über die Umwelt und erworbene Kenntnisse gespeichert. Es wird auch als *semantisches* Gedächtnis für die Speicherung von Bedeutungen, Begriffen, Namen oder Kenntnissen bezeichnet. Hier kann auch hochorganisiertes Faktenwissen gespeichert werden. Mit zunehmender Entwicklung eines Kindes werden die Erfahrungen im Alltag sprachlich erfasst und gedanklich verarbeitet. Sind Erinnerungen sprachlich erfasst, können sie leicht abgerufen und später auch verbalisiert werden.

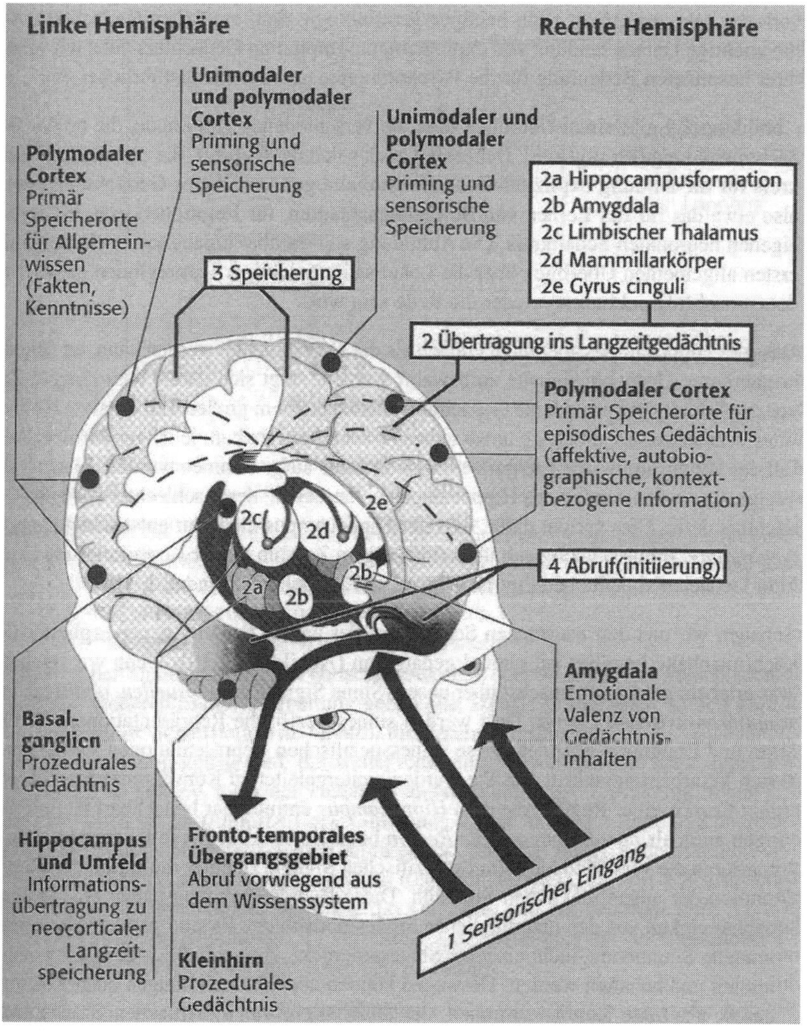

Abb. 1: Hirnregionen und Gedächtnissysteme (Markowitsch 2002, 104)

Im *prozeduralen* Gedächtnis werden motorische Fertigkeiten und Handlungsabfolgen sowie die zugehörigen Regeln gespeichert. Auf diese Weise merken wir uns Abläufe und die Koordination von Handlungen, zum Beispiel beim Klavierspielen, Autofahren oder Babywickeln.

Das *Priming* speichert wahrgenommene Muster oder Gemeinsamkeiten erlebter Situationen: So wissen wir zum Beispiel, dass wir immer schnell reagieren müssen, wenn etwas anbrennt oder wenn wir Schmerz empfinden.

Konditionierungen erfolgen entweder über instrumentelles oder über Reiz-Reaktions-Lernen.

Instrumentelles Lernen basiert auf den Konsequenzen unseres Handelns, die wir anstreben oder vermeiden wollen. Diese operante Konditionierung erfolgt auf vier Ebenen:

a) Erfolg und Belohnung wirken auf unser Verhalten verstärkend.
b) Werden Beeinträchtigungen erleichtert, wirkt dies auf unser Verhalten verstärkend („negative Verstärkung“).
c) Ein Ausbleiben von Erfolg lässt unsere Aktivitäten erlahmen, wir stellen unser Verhalten ein („Löschung“).
d) Unangenehme Erfahrungen oder Strafe führen zur Unterdrückung des Verhaltens, solange Strafe droht. Bleibt sie aus, zeigt sich das Verhalten oft wieder, wie am Beispiel von Parkverboten gut zu beobachten ist.

Beim *Reiz-Reaktions-Lernen* (klassische Konditionierung) tritt ein neutraler Reiz (zum Beispiel ein Lichtsignal) gleichzeitig mit einem Auslöser (zum Beispiel Nahrung, Schmerz) auf. Nach mehrmaliger Erfahrung genügt der neutrale Reiz, um eine bestimmte Reaktion auszulösen (Speichelfluss, Flucht etc.). Um sich möglichst gut zu schützen, lernt der Organismus, auch bislang neutrale Hinweisreize in das Frühwarnsystem einzubeziehen. So reagieren wir nach kurzer Zeit auch auf

Reize aus der Umgebung von Gefahrenherden, diese werden als konditionierte Reize bezeichnet.

Bekannt wurde dieser Vorgang durch den berühmten Versuch von Iwan Pawlow, der den Speichelreflex bei seinen Hunden binnen kurzer Zeit statt mit Futter auch mit Lichtsignalen auslösen konnte. Die Werbung nutzt diesen Effekt, indem sie uns zum Beispiel angenehme Situationen vorführt, während zugleich das angepriesene Produkt gezeigt wird. Nach kurzer Zeit löst auch das Produkt selbst die wohligen Gefühle aus.

Das unbewusste Gedächtnis

Wie bereits erläutert, führen Erfahrungen zu bestimmten neuronalen Verschaltungen und zum Aufbau neuronaler Netzwerke im Gehirn. Dies geschieht bereits im Mutterleib, wo das Ungeborene über den Anschluss an den mütterlichen Organismus auch an den Erfahrungen der Mutter teilhat. Regt sie sich auf, erlebt auch der Fötus den Stress, das heißt die körperliche Aufregung und Anspannung. Je häufiger und intensiver dies geschieht, desto besser werden die zugehörigen neuronalen Netzwerke gebahnt. Solche Menschen werden besonders empfänglich für bedrohliche Reize, sie „hören das Gras wachsen" und reagieren viel früher und heftiger als andere (Grawe, 2004).

Das menschliche Gehirn organisiert sich für einige Anforderungen in bestimmter Weise. Alles, was wir mit hoher Intensität und häufig tun, wird im Gehirn besonders gut gespeichert und die Aktivierung des entsprechenden Verhaltens automatisiert. Was uns in Fleisch und Blut übergegangen ist, können wir wie im Schlaf ausführen. Diese Automatisierung kommt durch den Aufbau *neuropsychischer Schemata* zustande, die durch minimale Hinweisreize ausgelöst werden und selbsttätig ablaufen, indem die untergeordneten Programme aufgerufen werden. Die für den Aufbau und die Auslösung verantwortlichen körperlichen

Prozesse laufen unbewusst *(implizit)* ab und sind deshalb bewusster Erinnerung nicht zugänglich. Wir bemerken nur, dass wir auf bestimmte Situationen besonders stark reagieren.

Warum dies so ist, ist allenfalls durch Rekonstruktion der Ereignisse, nicht aber durch Erinnerungsarbeit oder durch psychotherapeutische Methoden aufzuklären. Wer besonders leicht in Unruhe gerät, wird bei Recherchen über die eigene Vergangenheit vielleicht feststellen, dass die Mutter während der Schwangerschaft schweren Belastungen ausgesetzt war. So hat bereits der Fötus „gelernt", sich schnell auf Bedrohung einzustellen und sich in Alarmzustand zu versetzen. Eine solche „Programmierung" kann später meist nur mithilfe geeigneter psychologischer Verfahren und einer gezielten Lebensweise verändert werden (Bauer, 2002; siehe Kapitel F). Wichtig ist zu wissen, dass dabei zwar neue günstige neuropsychische Schemata aufgebaut, aber die alten ungünstigen nicht gelöscht, sondern nur deaktiviert werden. Geraten wir in entsprechende Situationen, können die alten Muster wieder auftauchen. Wer durch frühe Traumatisierungen leicht irritierbar ist, tut also gut daran, auf eine achtsame, ruhige Lebensweise zu achten und sich von aufregenden Konstellationen möglichst fernzuhalten.

Lernen durch Beobachtung

Wie sich gezeigt hat, müssen wir nicht alle Erfahrungen selbst machen, sondern können auch aus denen anderer lernen. Diese Form nennt man Lernen am Modell. Beobachtete Beispiele können uns animieren, es anderen gleichzutun, oder sie können uns abschrecken. So gibt es mittlerweile viele Belege dafür, dass Gewaltdarstellungen in Filmen die Gewaltbereitschaft der Zuschauer erhöhen (Pfeiffer, 2005). Dies gilt umso mehr, wenn solche Filme häufiger gesehen werden und Gewalt als normale Form der Problemlösung erscheint oder von attraktiven Vorbildern gebraucht wird (Mietzel, 2001).

Lern- und Gedächtnistraining

Um Gedächtnisleistungen zu optimieren, ist zunächst zu fragen, wie wichtig uns der einzuprägende Stoff ist und welche *Vorbehalte* wir dagegen haben. Das Gehirn lernt nämlich permanent und spielerisch – aber eben nur das, was seine Aufmerksamkeit erregt. Wenn wir etwas anderes spannender finden als den Lernstoff, müssen wir daher immer unsere Prioritäten überprüfen. Nur was individuell als bedeutsam erlebt wird, weil es uns positiv anzieht oder aus Furcht alarmiert, zieht unsere Aufmerksamkeit auf sich. Als Reaktion darauf wird das Hormon *Dopamin* in ausreichender Menge ausgeschüttet, was die Reizleitung in den Nervenbahnen fördert und Lernen erst ermöglicht. Sind wir aufmerksam, können wir diesen Zustand durch intensive Beschäftigung mit dem momentanen Thema unter angenehmen Bedingungen steigern. Derartige Achtsamkeit erfordert aber auch, weniger Wichtiges beiseite zu lassen und sich nicht zu verzetteln. Nicht umsonst schotten sich Mönche aller Religionen seit Jahrtausenden ab, um in ihrer Konzentration auf das Wesentliche nicht gestört zu werden. Für die Befriedigung der Grundbedürfnisse gibt es dabei stets genau festgelegte Orte und Zeiten.

Wichtig beim Lernen ist auch ein *Belohnungssystem.* Sie können komplexe Lernstoffe in überschaubare Portionen aufteilen, damit Sie für jeden Tag und jede Woche ein überschaubares Pensum vor sich haben. Gliedern Sie dieses in sinnvolle Einheiten wie die Kapitel eines Buches. Jedem Abschnitt und jedem Kapitel wird ein Zeitkontingent zugeordnet. Planen Sie dabei ausreichend Pufferzeiten für Unvorhergesehenes zwischendurch sowie für Wiederholungen und Korrekturen am Ende ein. Wer im Zeitplan bleibt, hat jederzeit ein gutes Gefühl und ein Erfolgserlebnis auch vor dem Abschluss der ganzen Arbeit (Schraeder-Naef, 1994). Diese Freude ist mit der Ausschüttung von Dopamin verbunden, was den eigentlichen Belohnungswert ausmacht. Werden Menschen nur gut bei Laune gehalten, strengen sie sich auch ohne reale Belohnung an und lassen sich auf diese Weise oft ausnutzen.

Um sich selbst bei guter Laune zu halten, ist neben klaren Prioritäten wichtig, die eigenen Grundbedürfnisse fest im Blick zu behalten. Bleiben Sie also nicht bis zur völligen Übermüdung bei der Arbeit, sondern hören Sie auf, solange Sie noch Freude empfinden. Das am Ende empfundene Gefühl bleibt in Erinnerung und entscheidet darüber, ob Sie beim nächsten Mal gern oder ungern wieder anfangen.

Wollen wir Gelerntes möglichst gut behalten, ist es am günstigsten, nach dem Lernen schlafen zu gehen und keine ablenkenden Aktivitäten zu beginnen. Dies könnte die Überführung des Gelernten in den Langzeitspeicher stören oder verhindern. Deshalb ist es so wichtig, sich in Arbeitspausen möglichst keine Ablenkung zu suchen, sondern sich ausschließlich auf die körperliche Erholung zu konzentrieren. Pausen sollten zudem rechtzeitig eingelegt werden, *bevor* sich Ermüdung einstellt. Aus der Beanspruchungsforschung wissen wir, dass die Konzentration spätestens nach 45 Minuten nachlässt. Deshalb sollte die Pause vorher eingelegt werden. Ist die Anstrengung besonders groß oder der Stoff besonders schwierig, kann eine Unterbrechung auch schon nach zehn Minuten fällig sein. Eine neurophysiologisch optimale Pause besteht darin, Flüssigkeit aufzunehmen (zwei Liter Wasser am Tag), sich körperlich zu entspannen und zu bewegen (vor allem bei sitzender Tätigkeit). Sie sollte drei bis vier Minuten dauern. Dann geht es weiter, um nicht in Ablenkung zu verfallen.

Man sollte keinesfalls andere ablenkende Tätigkeiten beginnen, die weitere Aufmerksamkeit auf sich ziehen, sondern sich psychohygienisch zum Beispiel gegen Telefon, Radio usw. abschirmen. Solche attraktiven Alternativaktivitäten sollten Sie optimalerweise an das Ende des Arbeitstags verlegen und als „Belohnung“ vorsehen – aber erst, wenn Sie Ihr Tagespensum erfüllt haben!

Der Lern- und Behaltenseffekt lässt sich steigern, indem Sie das Gelernte regelmäßig ausprobieren und mit anderen über den Lernstoff sprechen. So überprüfen Sie, ob Sie alles behalten und richtig verstanden haben. Durch derlei *Feedback* erfahren wir, ob wir Fortschritte gemacht haben, und setzen uns Anreize, alles immer noch besser zu machen und den Zeitplan einzuhalten.

Zusammenfassung

Werden Erfahrungen kurz- oder langfristig im Gehirn gespeichert, wird dies Lernen genannt. Es verhilft zu strukturiert gespeichertem Wissen, das sich jederzeit abrufen lässt. Wenn dieses Wissen nicht abrufbar ist, kann das Gehirn keine Zuordnungen vornehmen; hier spricht man von Vergessen. Dem Individuum bewusst zugänglich sind verschiedene Langzeitgedächtnissysteme: das episodische, das Wissens-, das prozedurale Gedächtnis sowie das Priming. Lernen selbst erfolgt auf verschiedenen Ebenen: Das instrumentelle Lernen basiert auf unserem Handeln, das Reiz-Reaktions-Lernen als klassische Konditionierung auf Reizen, die im unbewussten Gedächtnis gespeichert werden. Auch durch Beobachtungen kann man lernen und mit einem geeigneten Belohnungssystem sogar das Lernen selbst trainieren und die Lernfähigkeit verbessern.

4 Grundbedürfnisse, Motive/Motivation

Motive sind zeitlich stabile Bedürfnisse, die befriedigt werden wollen und Ziele vorgeben. Die primären Motive sind angeborene Bedürfnisse nach Nahrung, Flüssigkeit, Leben und Unversehrtheit, Temperaturregulation, Fortpflanzung und Brutpflege. Damit im Zusammenhang stehen psychische Grundbedürfnisse sowie weitere Motive. Unterschieden werden *sinnbildende* und *instrumentelle* Motive. Zu den Ersteren zählen soziales Verantwortungsgefühl oder das Streben nach Selbstverwirklichung. Instrumentelle Motive richten sich darauf, Mittel und Wege zu finden, um ein wichtiges Ziel zu erreichen, zum Beispiel arbeiten wollen, um leben zu können (Hacker, 2005).

Wird ein Motiv aktiviert, entscheidet die aktuelle *Motivation* darüber, ob das damit verbundene Ziel angesteuert wird. Auch wenn wir unseren Beruf lieben, weil er uns Selbstbestätigung gibt und den Lebensunterhalt sichert, haben wir trotzdem nicht immer gleich viel Lust zur Arbeit: Die aktuelle Motivationslage kann durch andere Motive und Motivationen, zum Beispiel, etwas mit der Familie unternehmen oder einfach ausruhen zu wollen, beherrscht sein. Dann wird die Leistungsmotivation durch *Gegenmotivationen* aufgehoben.

Motivation, die auf eigene innere Motive zurückgeht, bezeichnet man als *intrinsisch,* durch äußere Anreize und Verlockungen entstehende Motivation als *extrinsisch* (Rheinberg, 2004). Letztere verflüchtigt sich leicht, wenn die Anreize entfallen.

Psychische Grundbedürfnisse

Die psychischen Grundbedürfnisse sind im Gehirn in eigenen neuronalen Schaltkreisen verankert. Diese sind untereinander vernetzt und aktivieren sich gegenseitig, wenn ein Grundbedürfnis bedroht ist (Grawe, 2004). Man unterscheidet

- das Bedürfnis nach Orientierung und Kontrolle,
- das Bedürfnis nach Lust und Unlustvermeidung,
- das Bedürfnis nach Selbstbestätigung,
- das Bedürfnis nach Bindung.

Die psychischen Funktionen sind lebenslang grundlegend darauf ausgerichtet, diese Bedürfnisse zu befriedigen. Stimmen eingehende Informationen mit den Erwartungen überein, erleichtern Dopaminneuronen über neue synaptische Verbindungen das Lernen. Dopamin ist ein Neurotransmitter (Botenstoff), der die Weiterleitung von Reizen im Gehirn fördert und aktivierend wirkt. Unangenehme Überraschungen dagegen aktivieren das Kontrollbedürfnis und führen zur Hemmung der Dopaminneuronen.

Um Grundbedürfnisse zu befriedigen und uns vor Enttäuschung zu schützen, entwickeln wir *neuropsychische Schemata* als „Steuersoftware", die ausgerichtet ist auf

a) positive Ziele und Befriedigung *(Annäherungsschemata)*: Wenn zum Beispiel jemand freundlich auf uns zukommt, freuen wir uns darüber und nehmen Kontakt auf. Wir brauchen dann nicht lange zu überlegen, wir lächeln, sagen und tun automatisch das Richtige. Mit den Bedürfnissen nach Bindung/Kontakt und Selbstbestätigung verbundene neuropsychische Schemata sorgen für das Weitere. Wir empfinden solches Verhalten als „spontan" und „natürlich", das unsere unbewusst wirksamen Annäherungsschemata üblicherweise auslösen.
b) Vermeidung von Verletzungen, Enttäuschung oder Bedrohung *(Vermeidungsschemata)*: Wenn uns zum Beispiel jemand bedrohlich oder mürrisch erscheint, weichen wir intuitiv, das heißt aufgrund eines aktivierten Vermeidungsschemas, zurück und schützen uns auf diese Weise vor Selbstwertbeschädigung, Kontrollverlust und Unlust- oder Schmerzerfahrungen (Kaiser, 2007).

Zu den einzelnen neuropsychischen Schemata gehören entsprechende Erwartungen und Verhaltensrepertoires sowie die passenden Verschaltungen im Gehirn, die im Lauf der Entwicklung immer weiter ausdifferenziert werden. Wenn die individuellen Bedürfnisse bereits von Kindheit an befriedigt werden, entwickelt der Betreffende überwiegend *Annäherungsschemata* und macht damit ermutigende Erfolgserfahrungen. Diese Erlebnisse tragen sehr zu günstiger Entwicklung, Wohlbefinden und Gesundheit bei. Hingegen entwickeln Menschen in einem bedrohlichen oder enttäuschenden familialen Umfeld *Vermeidungsschemata,* werden misstrauisch und verschließen sich. Starke Vermeidungsschemata können später die positive Bedürfnisbefriedigung auch in solchen Situationen behindern, in denen gar keine Beeinträchtigung droht. Davon Betroffene sind eher unzugänglich, lassen Kontaktmöglichkeiten eher vorbeiziehen oder „müssen" gute Beziehungen (zer-)stören, weil sie die Nähe nicht aushalten können. Dies geschieht nicht aus bösem Willen, sondern ist durch unbewusste neuropsychische Vermeidungsschemata gesteuert. Man spricht hier von *Bindungsstörungen,* von denen in unterschiedlicher Ausprägung mehr als ein Drittel der Normalbevölkerung und praktisch alle depressiven Menschen betroffen sind (Grawe, 2004; siehe Kapitel E6). Wir können uns viele Enttäuschungen und Verletzungen ersparen, wenn wir solche Neigungen rechtzeitig und klar genug erkennen. Auf den Umgang mit solch schwierigen Mitmenschen kommen wir noch ausführlich zu sprechen (siehe Kapitel F7).

Häufige Frustrationen führen zu starken negativen Emotionen und entsprechenden physiologischen, hormonellen und neuronalen Reaktionen. Unabgesättigte Bedürfnisspannungen – gewissermaßen die Kluft zwischen Bedürfnis und realer Erfahrung – bilden die Grundlage für *Vermeidungslernen.* Der oder die Betroffene wird versuchen, es sich leichter zu machen, indem er oder sie Kontakte schnell beendet oder von vornherein vermeidet. Je stärker sich Vermeidungsschemata entwickeln, desto mehr ist aber die Befriedigung der emotionalen Bedürfnisse infrage gestellt (Grawe, 2004).

Frühe Erfahrungen beeinflussen in hohem Maße die nachfolgenden Lebensabschnitte. Hohe Reizbarkeit, Stress- und Ärgeranfälligkeit sowie schlechte Regulation der Gefühle gehen einher mit schlechter Bewältigung von Lebenssituationen, einseitig negativer Wahrnehmung, starken negativen Gefühlen und Gedanken. Dadurch entwickeln sich im Gehirn mit der Zeit komplexe neuronale Erregungsmuster, die zu stark gebahnten neuropsychischen Schemata werden. Diese verselbstständigen sich zunehmend und tragen zu psychischen Störungen bei (zum Beispiel Depressionen, siehe Kapitel E6).

Bedeutung von Genen und Entwicklung

Es gibt genetische Anlagen, die eine erhöhte Erregbarkeit und erschwerte Beruhigbarkeit verursachen. Solche Veranlagungen müssen aber nicht zwangsläufig zu Fehlentwicklungen führen. Ob Gene sich auf die Entwicklung auswirken *(Genexpression)*, hängt oft von äußeren Voraussetzungen und Erfahrungen im Lauf der Entwicklung ab (LeDoux, 2003).

Menschliche Entwicklung beginnt bereits im Mutterleib. Die genetische Anlage zu einem „Vermeidungstemperament" prägt sich zum Beispiel aus, wenn sich die Schwangere unwohl fühlt und damit auch das Ungeborene unter Stress gerät. Dies geschieht vor allem, wenn zum Beispiel die Schwangerschaft unerwünscht ist oder Konflikte mit dem Partner oder in der Familie auftreten. Dann werden in den Nervenzellen von Mutter und Kind die Stressgene angeschaltet und beider Organismen in Alarmzustand versetzt. Wenn dies häufig und intensiv passiert, pendelt sich ein hohes Erregungsniveau als Dauerzustand ein. So können durch überstarke Adrenalin- und Cortisolausschüttung Hirnschädigungen entstehen, die wiederum eine erhöhte Erregbarkeit und Stressanfälligkeit bedingen. Während der Schwangerschaft *(pränatal)* oder im

Lauf der Geburt *(perinatal)* kommt es zudem nicht selten durch mechanische Einwirkungen, Unterbrechung der Sauerstoffzufuhr, Stress oder ähnliche Komplikationen zu Schädigungen des Fötus. Diese können sich später als besondere Empfindlichkeit bemerkbar und den Umgang mit dem Kind schwierig machen („Schreikinder"; Petermann et al., 2004). Davon betroffene Kinder haben noch Chancen, *wenn* sich eine fähige, feinfühlige Mutter zuverlässig und liebevoll um sie kümmert und sich durch das unangenehme Schreien nicht irritieren lässt. Da das Gehirn flexibel reagieren und sich auch in späteren Jahren wieder verändern kann, bewirken gute freudvolle Bindungserfahrungen selbst bei Erwachsenen in fortgeschrittenem Alter oft noch eine Wendung zum Guten. Neue Erfahrungen lassen neue positive neuropsychische Schemata entstehen. Die alten Schemata werden aber nicht gelöscht, sondern nur deaktiviert. Sie leben bei erneuten unguten Erfahrungen möglicherweise wieder auf (Grawe, 2004). Traumatisierte Menschen bleiben besonders empfindlich und sollten sehr sorgfältig auf sich achten und sorgsam behandelt werden.

Motivationsverlust

Bei Misserfolgserlebnissen in persönlich wichtigen Bereichen wie Arbeit oder Partnerschaft werden die Bedürfnisse nach Selbstbestätigung, Kontrolle und Unlustvermeidung frustriert. Geschieht dies fortlaufend, reagieren wir zunehmend mit Entmutigung, die Motivation nimmt ab. Dieser Prozess wird auch als „innere Kündigung" bezeichnet (siehe Abb. 2). Dabei kommt es zu charakteristischen Abläufen: Rückschläge im Umgang und Konflikte mit Kollegen lassen die Arbeitssituation in einem immer ungünstigeren Licht erscheinen. Wenn man nur an die Arbeit denkt, wird einem schon schlecht – es kommen immer mehr ungute Gefühle hoch. So entsteht immer mehr Distanz, der Betroffene blockt innerlich ab.

Zunehmend meint er, sich zu erinnern, dass die Arbeit, der Betrieb und die Kollegen von Anfang an problematisch waren. Positive Erinnerungen werden immer mehr ausgeblendet, die Geschichte wird neu und negativ geschrieben. So wird der sich verstärkende innere Rückzug gerechtfertigt und der Ausstieg vorbereitet. Ähnliche Prozesse laufen ab, wenn man von *zwischenmenschlichen* Beziehungen enttäuscht ist und sich entfremdet (siehe Kapitel C7).

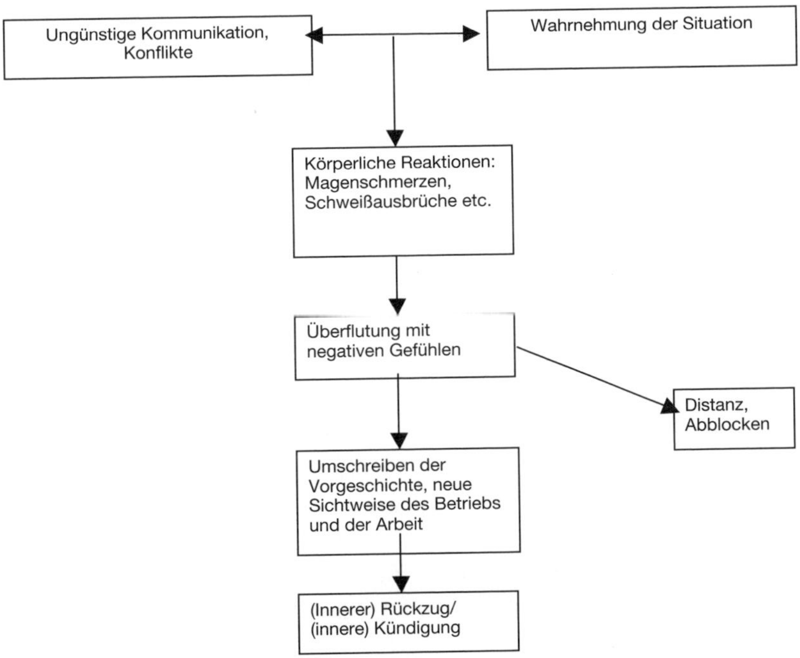

Abb. 2: Befunde zum Prozess der (inneren) Kündigung (Kaiser, 2002; in Anlehnung an Schneewind, 2002)

Umgang mit Lustlosigkeit und Motivationsblockaden

Arbeit und Lernen gelingen am besten, wenn dabei die Grundbedürfnisse berücksichtigt und die Inhalte mit den individuellen Interessen und aktuellen Befindlichkeiten abgeglichen werden. Hat man einmal keine Lust oder spürt Widerstände, ist es folglich sinnvoll, sofort und rechtzeitig genauer nachzuforschen, was es damit auf sich hat. Hierfür gibt es ein einfaches Rezept: Fragen Sie sich von Anfang an immer wieder, ob die gesetzten Ziele wirklich mit Ihren und den Grundbedürfnissen aller Beteiligten vereinbar sind. Nehmen Sie Papier und Bleistift und notieren Sie, inwieweit Ihre aktuelle Situation den einzelnen Grundbedürfnissen gerecht wird. Überlegen Sie, wie dies optimalerweise sein müsste und wo Sie am leichtesten ansetzen können.

Eine dauerhaft hohe Motivation entwickelt sich nur, wenn es gelingt, Leben und Beziehungen so einzurichten, dass ein möglichst hohes Maß an Befriedigung aller wichtigen Grundbedürfnisse erreicht wird. Dies kommt allen zugute, da innere Ausgeglichenheit und Gesundheit der Beteiligten wiederum die Beziehungen fördern. In diesem Zusammenhang ist ein wertschätzender, ermutigender Umgang mit sich selbst und anderen besonders wichtig.

Zur Optimierung der eigenen Motivation und Psychohygiene empfehlen sich zum Beispiel regelmäßige Versenkungsübungen (siehe F4, Focusing). Dabei können Sie zunächst sammeln, welche Bedürfnisse (Motivationen) Sie momentan haben und welche am wichtigsten sind. Nach dieser Bestandsaufnahme lässt sich leichter entscheiden, wie Sie Ihre Prioritäten setzen wollen. Dabei ist zu beachten, wie Ihre mittel- und längerfristigen Ziele aussehen und wie wichtig Sie diese nehmen (siehe Kapitel A2).

Wenn Sie sich selbst klar darüber geworden sind, was Sie wollen oder brauchen und was nicht, sollten Sie die anderen Beteiligten (Angehörige, Kollegen, Freunde etc.) nach ihren Bedürfnissen und Wünschen fragen und erst danach die Ihrigen benennen. Signalisieren Sie den anderen Akzeptanz und Verständnis und versuchen Sie dann, zu einem Abgleich der Wünsche und Interessen aller zu kommen. Dabei ist es wichtig, das Gespräch so zu führen, dass Sie Gemeinsamkeiten mit Ihren Gesprächspartnern herausfinden und diese sich von Ihnen als Personen wertgeschätzt fühlen – auch und gerade, wenn Sie in einzelnen Bereichen unterschiedliche Ziele und Bedürfnisse haben.

Zusammenfassung

Bedürfnisse beeinflussen unser Handeln und Erleben wesentlich. Dabei sind stabile Motive und Bedürfnisse, die sich auf dauerhafte Ziele richten, von vorübergehenden Motivationszuständen zu unterscheiden. Von Letzteren hängt ab, was wir aktuell wollen oder vermeiden. Für Gesundheit und Wohlbefinden ist es bedeutsam, in der Lebensführung die wichtigen Bedürfnisse zu berücksichtigen und Stress zu vermeiden.

5 Persönlichkeit

Der Begriff „Persönlichkeit“ ist von dem lateinischen Wort „persona“ abgeleitet, das so viel wie Rolle, Maske oder Charakter bedeutet. Im antiken Theater traten die Schauspieler mit Masken auf, die für bestimmte Rollen und Charaktere typisch waren. So versteht man in der Psychologie unter Persönlichkeit die Gesamtheit der stabilen psychischen Eigenschaften, die ein Individuum von anderen unterscheidet. Hierzu gehören die Kennzeichen des Denkens und Handelns, Gefühle, Vorlieben und Abneigungen sowie Einstellungen. Andererseits wirkt sich die Persönlichkeit in Form von Einstellungen, Modellvorstellungen und Verhaltensweisen darauf aus, wie die Umwelt wahrgenommen wird (Backhaus, 2004). Persönlichkeit ist als einzigartige Kombination von Ausprägungen zentraler Eigenschaften zu verstehen (Asendorpf, 2004).

Das derzeit anerkannteste Modell der Persönlichkeit ist das Fünf-Faktoren-Modell. Es umfasst Kategorien, die in vielen Kulturen verwendet werden, um Menschen zu beschreiben (Amelang/Bartussek, 2006; siehe Abb. 3). Diese fünf Faktoren haben sich ergeben, indem Tausende von Menschen mit umfangreichen Fragebögen befragt und die Antworten mithilfe einer statistischen Methode (Faktorenanalyse) ausgewertet wurden (McCrae/Costa, 1999; siehe Abb. 3). Aufwändige Untersuchungen in unterschiedlichen Ländern haben die kulturübergreifende Gültigkeit dieses Modells gezeigt. Andere bekannte Persönlichkeitsmodelle lassen sich in die Struktur des Big-Five-Modells als universaler Theorie der Persönlichkeit integrieren. Die fünf wichtigsten Persönlichkeitseigenschaften sind:

Neurotizismus Gegenpol: emotionale Stabilität		**Extraversion** Gegenpol: Introversion		**Offenheit** Auch „Intellekt“ oder „Kultiviertheit“ genannt		**Verträglichkeit**		**Gewissenhaftigkeit**	
Ausprägung mit charakteristischen Eigenschaften									
Positiv	*Negativ*	*Positiv*	*Negativ*	*Positiv*	*Negativ*	*Positiv*	*Negativ*	*Positiv*	*Negativ*
Gespannt	Stabil	Gesprächig	Still	Breit	Gewöhnlich	Mitfühlend	Kalt	Organisiert	Sorglos
Ängstlich	Ruhig	Bestimmt	Reserviert	interessiert	Einseitig	Nett	Unfreundlich	Sorgfältig	Unordentlich
Nervös	Zufrieden	Aktiv	Scheu	Einfallsreich	interessiert	Bewundernd	Streitsüchtig	Planend	Leichtsinnig
Launisch		Energisch	Zurückgezogen	Phantasievoll	Einfach	Herzlich	Hartherzig	Effektiv	Unverantwortlich
Besorgt		Offen		Intelligent	Ohne	Weichherzig	Grausam	Verantwortlich	Unzuverlässig
Empfindlich		Dominant		Originell	Tiefgang	Warm	Undankbar	Zuverlässig	Vergesslich
Reizbar		Enthusiastisch		Wissbegierig	Unintelligent	Großzügig	Knickrig	Genau	
Furchtsam		Sozial		Intellektuell		Vertrauensvoll		Praktisch	
Selbstbemitleidend		Abenteuerlustig		Künstlerisch		Hilfsbereit		Vorsichtig	
Instabil		Gesellig		Gescheit		Nachsichtig		Überlegt	
Mutlos		Großzügig		Erfinderisch		Freundlich		Gewissenhaft	
Verzagt		Impulsiv		Geistreich		Kooperativ		Verlässlich	
Emotional				Weise		Feinfühlig		Verantwortungsbewusst	
Deprimiert				Kultiviert		Höflich		Planvoll	
Verlegen				Vielseitig		Flexibel		Leistungsorientiert	
Ärgeranfällig				Aufgeschlossen		Tolerant		Ausdauernd	
Unsicher				Ästhetikbetont		Versöhnlich			
				Unkonventionell					

Abb. 3: Fünf-Faktoren-Modell der Persönlichkeit (Schuler 2004, 304)

- emotionale Irritierbarkeit (Neurotizismus),
- Extraversion, Umgänglichkeit und Kontaktfreudigkeit, Existenz und Ausdruck positiver Emotionen sowie Geltungsbedürfnis,
- Offenheit für neue Erfahrungen, Kultiviertheit,
- Verträglichkeit und
- Gewissenhaftigkeit.

Die individuelle Ausprägung jedes Merkmals kann sich zwischen „extrem niedrig“ und „extrem hoch“ bewegen. Persönlichkeitseigenschaften entwickeln sich auf der Grundlage genetischer Dispositionen in Interaktion mit der Umwelt wesentlich in den ersten Lebensjahren und bleiben danach relativ stabil. Dennoch können sich einzelne Persönlichkeitseigenschaften weiterentwickeln. Srivastava et al. (2003) haben gezeigt, dass Menschen mit zunehmendem Alter verträglicher, gewissenhafter und emotional stabiler werden. Andererseits gehen Extraversion und Offenheit im Alter zurück. Die Veränderungen jenseits des 30. Lebensjahrs fallen jedoch deutlich moderater aus als die in Kindheit und Jugend.

Die Ausprägung der Persönlichkeitseigenschaften unterscheidet sich auch bei den Geschlechtern: Frauen beschreiben sich in Persönlichkeitstests im Allgemeinen als verträglicher, Männer als emotional stabiler. Da Persönlichkeitstests mit Selbstbeschreibungen arbeiten, sind keine Aussagen darüber möglich, inwieweit dies den Tatsachen entspricht. Entscheidend ist, dass Frauen und Männer sich unterschiedlich darstellen (Backhaus, 2004).

Der Persönlichkeitsentwicklung zugute kommen vor allem eine fördernde und gut funktionierende Familie sowie gute Beziehungen zu Gleichaltrigen. Auch Umweltfaktoren wie das Klima wirken sich auf Persönlichkeitsmerkmale aus: So stellten Oliver John und seine Mitarbeiter an der Universität Berkeley fest, dass die Menschen in Regionen mit häufig schlechtem Wetter emotional irritierbarer sind (John, 2005). In dichter bevölkerten Gegenden sind die Menschen zwar offener und kultivierter, dafür aber weniger umgänglich und ungeduldiger. Wo es eine Vielfalt ethnischer Gruppen gibt, sind die Menschen aufgeschlossener. So beeinflusst die Umwelt anscheinend die Ausprägung von Persönlichkeitsmerkmalen. Auf der anderen Seite suchen wir solche Umgebungen, die zu unserer Persönlichkeit passen. Anscheinend neigen besonders offene Menschen verstärkt dazu, in dicht bevölkerte, ethnisch vielfältige Gebiete zu ziehen. In vielen Untersuchungen hat sich gezeigt, dass Menschen sich solche Umgebungen aussuchen, die ihren Veranlagungen und ihrem Selbstbild entsprechen und ihnen einen Belohnungswert bieten *(Person-Umwelt-Passung)*. Menschen unterscheiden sich aber nicht nur in den Ausprägungen bestimmter Persönlichkeitsmerkmale, sondern auch in der Art und Weise, wie sie Informationen verarbeiten. Individuelle Unterschiede lassen sich etwa durch Intelligenztests erfassen. Der eine hat zum Beispiel ein besonders gutes räumliches Vorstellungsvermögen, der andere eine hohe sprachliche Kompetenz.

Je nachdem, welche Persönlichkeitseigenschaften im Vordergrund stehen, entwickelt sich das *Selbstkonzept* unterschiedlich. Hohe emotionale Irritierbarkeit, Introversion und Schüchternheit gelten als *Risikofaktoren* zum Beispiel für weniger Erfolg bei der Partnersuche und in der Paarbeziehung. Eine Partnerschaft stabilisiert die positive Entwicklung der Persönlichkeit, was wiederum der Beziehung zugute kommt. Neyer und Asendorpf (2001) zeigten in einer repräsentativen Langzeitstudie, dass junge Erwachsene, die in einer festen Paarbeziehung leben, emotional stabiler und selbstsicherer sowie kontaktfreudiger und gewissenhafter wurden. Dieser Effekt blieb auch nach einer Trennung stabil. Keine oder unbefriedigende Beziehungen dagegen destabilisieren die Persönlichkeit. Die emotionale Irritierbarkeit steigt, was die gesundheitliche Prognose und auch die Lebenserwartung ungünstig beeinflusst (Horwitz et al., 1996).

Für Frauen und Männer stellen sich die Befunde zur Verknüpfung von Persönlichkeit und Beziehungsqualität unterschiedlich dar: Während Extraversion und emotionale Stabilität beider Partner für den Kommunikationsstil in der Partnerschaft relevant sind, kommen bei den Männern zusätzlich deren Verträglichkeit und Gewissenhaftigkeit hinzu. Dabei kommt es sehr auf die partnerschaftsrelevanten Kompetenzen wie Kommunikationsfähigkeit und Feinfühligkeit an (Kaiser, 2007).

Starken Einfluss hat die Persönlichkeit auch auf den Erziehungserfolg von Eltern. Reife, psychisch gesunde Eltern können ihre Rolle am besten wahrnehmen. Sie sind mit einem hohen Maß an Empathie am ehesten in der Lage, ihren Kindern eine warme und verantwortungsvolle, an klaren, in sich stimmigen Regeln und Strukturen orientierte *(autoritative)* sowie wachstumsfördernde Erziehung zuteil werden zu lassen. Selbstbewusste, souveräne Eltern pflegen eher einen konstruktiven Umgangsstil und zeigen mehr Wärme, Akzeptanz und Unterstützung, was eine positive Bindung des Kindes fördert. Dagegen wurde wiederholt festgestellt, dass depressive Mütter ihren Kindern mit weniger Empathie begegnen. Sie sind inkonsequenter bei ihrer Erziehung und neigen dazu, die Kinder mehr und härter zu bestrafen. Bei einer Konfrontation mit dem Kind ziehen sie sich eher zurück. Darüber hinaus sind depressive Mütter häufiger schlechter Stimmung. Darauf reagieren Kinder zunehmend mit negativen Gefühlen und Gereiztheit.

Viele Untersuchungen haben wesentliche Zusammenhänge zwischen den fünf wichtigen Persönlichkeitseigenschaften und berufsrelevanten Kompetenzen gezeigt. Daher werden Persönlichkeitstests immer häufiger im Rahmen psychologischer Personalauswahlmethoden verwendet.

Zusammenfassung

„Persönlichkeit" umfasst sämtliche stabilen Eigenschaften eines Menschen, die sich im Verlauf des Lebens nur wenig verändern. Persönlichkeitseigenschaften werden aufgrund genetischer Anlagen und früher Erfahrungen entwickelt und verfestigen sich durch Erfahrungen im Lauf der Entwicklung. Sie werden meist mittels eines Fünf-Faktoren-Modells ermittelt.

Die Persönlichkeit ist in ihrer Merkmalskombination einzigartig. Persönlichkeitsmerkmale haben großen Einfluss auf die zwischenmenschlichen Beziehungen und die Bindungen von Menschen untereinander.

6 Selbst, Selbstbild und Selbstwertgefühl

Das *Selbst* umfasst alles, was einen Menschen ausmacht, seine Persönlichkeit, real praktizierte Lebenskonzepte, innere Modelle und Schemata und vieles mehr. In Interaktion mit der Umwelt entwickelt es sich ständig weiter. Dieses Selbst ist von anderen beobachtbar, in seiner Komplexität der Person selbst jedoch nur ausschnitthaft bewusst. Andere nehmen uns anders und meist vielschichtiger wahr, als uns selbst dies möglich ist. So erklären sich Diskrepanzen zwischen Selbstbild und Fremdbild. *Selbsterkenntnis* ist von jeher ein menschliches Anliegen. So fordert zum Beispiel eine Inschrift am Apollo-Tempel im griechischen Delphi aus dem 4. Jahrhundert vor Christus die Pilger auf: „Erkenne dich selbst!" Durch Selbstreflexion sind wir in der Lage, zu einer komplexeren Sichtweise der eigenen Person, zu einem erweiterten Bild von uns selbst *(Selbstbild)* zu gelangen und uns neue Handlungsspielräume zu erschließen. Hier liegen auch die Möglichkeiten von Selbsterfahrung und Psychotherapie (siehe Kapitel G).

Das Selbstbild entwickelt sich besonders über Rückmeldungen von anderen Menschen, zunächst vor allem innerhalb der Familie. Zum Selbstbild gehören Sollwerte, die zur Bewertung von Erfahrungen mit der eigenen Person herangezogen werden. Werden die Kriterien erfüllt, erfährt das Kind von seinen Eltern Bestätigung und kann sich dieses Gefühl später selbst geben. Daraus entwickelt sich allmählich eine gefühlsmäßige Einstellung zur eigenen Person. Je nach Rückmeldung und Kriterien kommt es zu Bewertungen wie

- „Ich bin zu dick."
- „Ich bin nicht der Schnellste im Rechnen."
- „Ich müsste im Tennis besser sein."
- „Beim Skifahren bin ich eine der Besten meiner Gruppe."

Diese Sätze zeigen, dass sich das Selbstbild immer auf bestimmte Bereiche wie Körper, Schulfächer oder eine Sportart bezieht. Geht es um Fähigkeiten und Fertigkeiten, spricht man auch von *Kompetenzbewusstsein* oder *Selbstwirksamkeitserleben* (Bandura, 1977). Die Selbstbilder und das Selbstwertgefühl sind also je nach Bereich verschieden. Es gelten jeweils spezielle Standards, die wir oftmals übernehmen, ohne zu prüfen, ob sie auch zu uns passen. So wenden wir leicht Kriterien an, die für unsere persönlichen Verhältnisse gar nicht geeignet sind. Wenn wir uns mit Supermodels und Hochleistungssportlern vergleichen, können die meisten von uns nur schlecht abschneiden. Ein überzogener Anspruch ist einerseits unrealistisch und andererseits für unser Grundbedürfnis nach Selbstbestätigung nachteilig. Die sorgfältige Auswahl von Bewertungskriterien hat auch etwas mit der Achtung und der Achtsamkeit zu tun, mit der wir uns selbst und anderen begegnen. Wenn wir übertrieben hohe Anforderungen stellen, verhalten wir uns nicht fair und entmutigen uns selbst und andere leicht. Psychohygienisch günstiger ist es, wenn wir herausfordern, ohne zu überfordern.

Aus der Summe der Selbstbilder ziehen wir als Resümee ein gesamtes Selbstbild, und als Fazit der Selbstbewertungen in den einzelnen Lebensbereichen ergibt sich eine generelle Bewertung, die als Selbstwertgefühl bezeichnet wird. Zudem ist Selbstachtung für unser seelisches Wohlbefinden, unsere Zufriedenheit und unsere Lebensqualität sehr wichtig. Wer sich selbst achtet, lässt sich einem Forschungsüberblick von Reinhard Tausch zufolge nicht so schnell entmutigen, lügt und schummelt in Leistungssituationen weniger, ist weniger misstrauisch und auf Macht aus. Jugendliche mit stärkerer Selbstachtung gehen länger auf höhere Schulen und kommen seltener mit dem Gesetz in Konflikt. Ihre Beziehungen in der Familie und zu Gleichaltrigen sind besser.

Starke Selbstachtung äußert sich zum Beispiel, wenn eine Person zu sich selbst sagen kann (vgl. Tausch, 1998):

- „Ich finde, dass ich ein wertvoller Mensch bin.“
- „Ich habe einige Qualitäten.“
- „Ich achte mich.“
- „Im Allgemeinen komme ich gut zurecht.“
- „Ich fühle mich frei und habe keine Angst, ich selbst zu sein.“
- „Ich fühle mich in meinen Beziehungen zu anderen Menschen gut und sicher.“
- „Ich respektiere mich, auch wenn ich nicht perfekt bin.“
- „Ich kann nicht erwarten, dass andere alles gut finden, was ich mache.“

Werden Bindungs- und Kontrollbedürfnisse in der Kindheit verletzt, kann dies die Entwicklung des Selbstbildes stark beeinflussen. Dies lässt sich daraus schließen, dass Menschen, die als Kinder Entbehrungserfahrungen machen mussten, zur Selbstabwertung neigen. Sie ziehen sich sogar aus Beziehungen zurück, in denen sie positive Rückmeldung erhalten, und versuchen, ihr Negativbild ständig zu bestätigen. Derart verunsicherte Kinder ermöglichen ihren Bezugspersonen wenige Erfolgserlebnisse im Umgang, was leicht ablehnende Reaktionen auslöst. Diese wiederum tragen dazu bei, dass das negative Selbstbild des Kindes sich verschärft. Gleichwohl haben auch Menschen mit negativem Selbstbild das heimliche Bedürfnis nach Selbstbestätigung. In Experimenten zeigte sich, dass sie andere Personen mit ähnlichen Merkmalen besonders positiv, sich selbst aber negativ bewerten. Zugleich neigen sie dazu, sich aufzuwerten, indem sie sich mit starken Vorbildern oder Ideologien identifizieren. Swann und seine Kollegen (1990) ließen in einem Experiment ihre Probanden unter hohem Zeitdruck einen Kooperationspartner wählen; alle wählten solche Personen aus, von denen sie zuvor positiv bewertet worden waren. Hier kam ihr heimliches Bedürfnis nach Selbstbestätigung zum Vorschein. Standen sie nicht unter Zeitdruck, wählten Probanden mit niedrigem Selbstwertgefühl Partner, von denen sie zuvor negativ bewertet worden waren. Damit bestätigten sie sich ihre negative Selbsteinschätzung.

Zusammenfassung

Sämtliche persönlichen Eigenschaften bestimmen das individuelle „Selbst“. Die Art, wie ein Mensch sich wahrnimmt, hängt entscheidend von der Sichtweise der Mitmenschen und deren Rückmeldung ab. Darüber ergeben sich die Selbstbilder, die wiederum im Selbstwertgefühl münden. Das Selbstwertgefühl kann durch achtsamen Umgang mit den eigenen Bedürfnissen gepflegt und entwickelt werden.

7 Lebenskonzepte und Modellvorstellungen

Besondere Bedeutung für die Lebensqualität und für Beziehungen haben unsere alltäglich praktizierten *Lebenskonzepte* und *Modellvorstellungen*. Das Gesamte unserer Lebenskonzepte und Modellvorstellungen lässt sich als unsere persönliche Kultur verstehen. Lebenskonzepte beziehen sich auf einzelne Bereiche, Abschnitte oder Ausschnitte des Lebens. Sie enthalten gesellschaftlich und kulturell beeinflusste familiale Auffassungen zu allen wesentlichen Fragen. Ähnlich wie Drehbücher umfassen sie Wertvorstellungen und Prioritäten, Annahmen über Rollen und Aufgaben, Hierarchien und Rituale. Zu unterscheiden ist zwischen real praktizierten Konzepten und Wunschbildern, die nicht unbedingt mit der Wirklichkeit übereinstimmen (Kelly, 1986). Um konsistentes Handeln und Erleben zu ermöglichen, müssen Lebenskonzepte und Modellvorstellungen möglichst widerspruchsfrei sein und zugleich Wege vorsehen, wie mit den unvermeidlichen Ambivalenzen des postmodernen Lebens umzugehen ist.

Das real praktizierte Menschenbild entscheidet zum Beispiel darüber, wie unsere Umgangskultur und Achtung voreinander im Alltag aussehen. Die Zuträglichkeit der Lebenskonzepte bemisst sich danach, wie sehr sie geeignet sind, ein gedeihliches Zusammenleben und zugleich die Befriedigung der wesentlichen Grundbedürfnisse aller am Zusammenleben Beteiligten zu ermöglichen. Je besser und stimmiger die Lebenskonzepte auf dieses Ziel zugeschnitten sind, desto günstiger ist dies sowohl für das Wohlergehen als auch die Lebensqualität.

Gesellschaftliche und kulturelle Modelle sowie staatliche Ordnungen und Gesetze beeinflussen diese Lebenskonzepte, stehen zum Teil aber auch im Gegensatz dazu: So werden körperliche Züchtigung nach familiärem Verständnis bisweilen durchaus als legitim betrachtet, obschon sie gesellschaftlich immer weniger anerkannt, zudem nach staatlichem Recht verboten und für die betroffenen Kinder äußerst abträglich sind.

Lebenskonzepte kommen oft in *Traditionen und Ritualen* zum Ausdruck. Bei einer Befragung von mehr als 2.000 Jugendlichen und jungen Erwachsenen stießen Busch und Scholz (2006) zum Beispiel auf hohe Zustimmung zu tradierten Partnerschafts- und Familienformen. So hielten die meisten der Probanden das Konzept der romantischen Liebe für die elementare Grundlage einer Partnerschaft. Fast zwei Drittel wünschten sich sogar ein kirchliches Ritual. Eine spätere Scheidung wurde dabei nicht grundsätzlich ausgeschlossen. Als Kriterien für eine gute Ehe galten den Teilnehmern Toleranz, gegenseitiger Respekt, emotionale und sexuelle Treue sowie ein partnerschaftliches Verhältnis, das der Frau eine eigene Berufstätigkeit ermöglicht.

Angehörige einer Familie oder Mitarbeiter eines Betriebes können sich den Vorgaben durch Lebens-/Kooperationskonzepte und Modellvorstellungen ihrer Umgebung oft nur schwer entziehen: Verstöße führen leicht zu Konflikten, Scham- und Schuldgefühlen. Umgekehrt hängen Differenziertheit und Angemessenheit der Modellvorstellungen davon ab, was die Befragten selbst zu deren Entwicklung und Umsetzung beitragen.

Lebens- und Kooperationskonzepte enthalten Modelle für eine Handlungsorganisation und Steuerung, die darauf ausgerichtet sind, die gemeinsamen Bedürfnisse zu erfüllen und Ziele zu erreichen. So wird die nötige Anpassungsfähigkeit im alltäglichen Umgang mit der Außenwelt möglich. Soziale Systeme müssen die internen Strukturen den Erfordernissen flexibel anpassen können. Machtverhältnisse, Rollenstrukturen oder Rituale zum Beispiel orientieren sich in funktionsfähigen Systemen immer wieder neu an den Gegebenheiten und Herausforderungen: So werden zum Beispiel in der Familie im Krankheitsfall Aufgaben an andere Angehörige übertragen, im

Betrieb erhalten Mitarbeiter mit zunehmender Erfahrung mehr Selbstständigkeit.

Wenn neue Konstellationen entstehen, bedeutet dies nicht, dass alte Lebens- oder Rollenkonzepte automatisch verändert oder außer Kraft gesetzt werden. Deshalb kann es auch schwierig werden, wenn zum Beispiel Mitarbeiter unterschiedliche oder sich widersprechende Arbeitskonzepte und Modellvorstellungen in einen Betrieb einbringen. Sind Modellvorstellungen nicht realistisch und differenziert genug, steigt die Anfälligkeit für Enttäuschungen, weil sich die daraus abgeleiteten Erwartungen nicht erfüllen. Zusammenarbeit und Zusammenleben beruhen im Wesentlichen auf gemeinsamen Konzepten und Modellvorstellungen. Kollegen und Vorgesetzte erwarten zum Beispiel Loyalität und Unterstützung voneinander und führen über ihre Erfahrungen eine Art „Beziehungs-Kontobuch“ (Boszormenyi-Nagy & Spark, 1982).

Von unseren Klienten und Patienten hören wir sehr oft, dass sie sich weder im Betrieb noch zu Hause ausreichend austauschen. Das hängt oft mit Ritualen zusammen, die den Dialog ersetzen und zugleich von den Beteiligten als selbstverständlich anerkannt werden sollen. Passend zu den eingeschliffenen Gewohnheiten und Ritualen in der Familie entwickeln Einzelpersonen bereits früh dazu passende neuropsychische Schemata. Diese entstehen, indem Erfahrungen zu komplexen neuropsychischen Netzwerken verbunden werden. Sie entstehen bereits vor und nach der Geburt und werden später meist implizite und damit nichtbewusste Bestandteile von Lebenskonzepten und inneren Modellen. Wie eine Art Software steuern sie das An- und Abschalten mancher Gene *(Genexpression)*, die Erregungsbereitschaft und neuronale Bahnungen in verschiedenen Bereichen des Gehirns – und damit das psychophysische Geschehen.

Zusammenfassung

Lebenskonzepte setzen sich aus verschiedenen real praktizierten Modellen einerseits und Idealvorstellungen andererseits zusammen. Unbewusst führen im Hintergrund oft neuropsychische Schemata Regie, die vor allem die Anfälligkeit für bestimmte Emotionen, zum Beispiel Stress, steuern. Häufig praktizierte Lebens- und Verhaltensgewohnheiten werden als Lebenskonzepte gespeichert, das heißt, sie werden so stark automatisiert, dass sie kritischer Reflexion nicht mehr ohne Weiteres zugänglich sind. Modellvorstellungen sind oft beeinflusst von gesellschaftlichen und religiösen Normen und Wertvorstellungen.

8 Emotionen und Gefühle

Gefühle sind nach Auffassung vieler Forscher *bewusste* Anteile von Emotionen. Emotionale Prozesse laufen aufgrund ihrer angeborenen Strukturen teilweise *unbewusst* ab. Emotion ist also das Gesamtphänomen, Gefühl der bewusst erlebte und gedanklich bewertete Teil davon. In unserem Gehirn gibt es – wie bei allen höheren Säugetieren – ein Annäherungs- und ein Vermeidungssystem, die sich auf die Ziele beziehen, die durch die Grundbedürfnisse festgelegt sind. Das *Annäherungssystem* sorgt dafür, dass Bedürfnisse befriedigt werden. Hingegen ist das *Vermeidungssystem* für den Erhalt von Leben und Unversehrtheit zuständig, indem Bedrohungen und Gefahren vermieden werden. Erfahrungen, die bedürfnisgerecht sind, lösen angenehme Emotionen aus, während bedürfniswidrige Erlebnisse unangenehme Emotionen zur Folge haben. Emotionen und Gefühle können also *positiv* oder *negativ* und unterschiedlich *intensiv* empfunden werden. Emotionen führen ein ausgeprägtes Eigenleben, weil sie durch unbewusste und dem Bewusstsein teilweise nicht direkt zugängliche neuronale Strukturen gesteuert werden. Sie sind neuropsychische Syndrome, die auf bestimmte Auslöser hin *eigendynamisch,* wie ein Film, ablaufen und währenddessen nicht zu stoppen sind. Da hilft auch kein Appell, sich nicht aufzuregen, oder Ähnliches. Emotionale Hygiene muss deshalb auf präventive Steuerung setzen, damit unangenehme Gefühle überhaupt nicht aufkommen. Hierfür gibt es bewährte psychologische Methoden (siehe Kapitel F und G).

Die Eigendynamik von Emotionen ist für das Überleben notwendig, weil wir bei Gefahr blitzschnell reagieren müssen und nicht lange überlegen können. Deshalb benötigen wir zum Beispiel Fluchtreflexe, die automatisch ausgelöst werden. Wenn eine Nervenzelle (Neuron) aktiviert wird, scheidet sie den Botenstoff Glutamat aus, der die Reizleitung verbessert (deshalb wird vielen Nahrungsmitteln Glutamat zugefügt, weil damit das Geschmackserlebnis „intensiviert" wird). Ist die Reizung stark genug, werden im Zellkern Gene angeschaltet, die eine weitere Aktivierung veranlassen. So können sich nebeneinanderliegende Neurone gegenseitig aktivieren (Hebb'sche Plastizität). Das Gehirn leitet „verdächtige" Informationen, zum Beispiel einen Knall, den Anblick einer Schlange oder eine Berührung am Auge, in Millisekunden zum *sensorischen Thalamus* und *sensorischen Cortex* und von dort zur „Alarmzentrale" des Gehirns, zur *Amygdala* weiter. Dort werden gemeinsam mit dem *Hippocampus*, der für die räumliche Orientierung zuständig ist, Sofortmaßnahmen koordiniert, die den Organismus flucht- oder kampfbereit machen. Dies geschieht unter anderem über die Ausschüttung von Adrenalin und Cortisol. Dies führt dazu, dass sich die Reizleitung innerhalb der beteiligten neuronalen Netzwerke erhöht, Stressgene angeschaltet werden und sich die Durchblutung der Muskulatur durch Pulsschlag- und Blutdrucksteigerung vermehrt. Zugleich werden aktuell weniger wichtige Bereiche wie das Verdauungssystem heruntergefahren. All dies läuft ab, bevor wir überhaupt gedanklich bewusst erfassen, was in und mit uns vor sich geht. Dies lässt sich mithilfe neurophysiologischer und bildgebender Verfahren recht gut zeigen. Wir reagieren also so, wie es durch die Evolution festgelegt ist, wenn wir uns zum Beispiel fürchten. Wir lernen lediglich, *wovor* wir uns zu fürchten haben.

Die Alarmzentrale Amygdala reagiert auf Gefahrensignale automatisch, besonders zum Beispiel auf Gesichter, die Angst, Wut oder Ärger auszudrücken scheinen, was nicht einmal bewusst wahrgenommen werden muss (Morris et al., 1996, 1999; Grawe, 2004). Das subjektive Gefühl der Bedrohung reicht hierzu aus. Diese Sensibilität scheint entwicklungsgeschichtlich bedeutsam, da es lebensrettend sein kann, wenn Gefahren rechtzeitig erkannt werden. So zeigte sich in Experimenten, dass vor allem ärgerliche Männergesichter besonders schnell erkannt werden (Williams, 2006). Die Flucht vor feindlichen Angreifern war ja im Verlauf der gesamten Menschheitsgeschichte lebenswichtig. Patienten mit geschädigter Amygdala verlieren ihre Sensibilität für nonverbale Signale anderer (Mimik, Gestik etc.) und damit ihre soziale Orientierungsfähigkeit. Bei intakter Amygdala kann jedes kleinste Zeichen im Ausdruck des Interaktionspartners, das auf Ärger oder Missfallen hindeutet, bereits einen Alarm auslösen (Merten, 1996). Passiert dies öfter und intensiv, kann der damit verbundene Dauerstress den Organismus nachhaltig schädigen (siehe Kapitel E4).

Um sich möglichst gut zu schützen, lernt der Organismus, bislang neutrale Hinweisreize in sein Frühwarnsystem einzubeziehen. So reagieren wir nach kurzer Zeit auch auf Reize aus der Umgebung von Gefahrenherden und sind alarmiert. Hier spricht man von konditionierten Reizen. Dieser Vorgang wurde bekannt durch den berühmten Versuch von Pawlow, der den Speichelreflex bei seinen Hunden binnen Kurzem statt mit Futter auch mit Lichtsignalen auslösen konnte (siehe Kapitel A3).

Nach dem ersten Alarm werden die Informationen in einem Netzwerk, das aus dem sensorischen Cortex, dem Hippocampus und dem präfrontalen Cortex besteht, genauer analysiert. Erfolgt von dort Entwarnung, gehen der Amygdala hemmende Signale zu. Der Organismus beruhigt sich wieder.

Implizit gesteuerte Erregungserfahrungen werden mit bewusst wahrgenommenen und verarbeiteten Informationen verknüpft und prägen sich besonders gut im Langzeitgedächtnis ein, weil die Aufmerksamkeit sehr hoch ist. Deshalb können wir uns sogar an belanglose Details in Situationen erinnern, die für uns sehr bewegend waren. Dies geschieht, indem die Amygdala durch spezielle Bahnungen das explizite Gedächtnis beeinflusst. So können wir uns in gehobener Stimmung auch eher an freudige Erlebnisse erinnern („Stimmungskongruenz“; LeDoux, 2003). Entspricht die Erinnerung nicht der aktuellen Stimmung, ist sie erschwert und die Wiedergabe eher verzerrt. Dies trägt dazu bei, dass unsere Erinnerungen oft nicht mit der historischen Wahrheit übereinstimmen. Auch Stress beeinträchtigt die Merkfähigkeit, da das Gehirn hierbei einseitig ausgerichtet ist. Durch das Stresshormon Cortisol wird der Hippocampus gehemmt und das explizite Gedächtnissystem daran gehindert, seine Erinnerungen zu formulieren. Der Hippocampus wird durch Dauerstress geschädigt und schrumpft, was zu Gedächtnisstörungen zum Beispiel nach traumatischen Erlebnissen beiträgt (retrograde Amnesie). Da auch der präfrontale Cortex durch Stresshormone gehemmt wird, kann man unter Stress schlecht denken und trifft daher leicht falsche Entscheidungen. Zugleich wird durch Rückmeldeschleifen die Amygdala weiter aktiviert, der Stress schaukelt sich auf. Durch die hohe Aufmerksamkeit den Stressoren gegenüber prägen sich diese und alle begleitenden Umstände besonders stark im Langzeitgedächtnis ein, es entwickelt sich leicht ein regelrechtes Stressgedächtnis mit hoher Empfänglichkeit für stressbezogene Hinweisreize (LeDoux, 2003). So kann sich Ängstlichkeit immer mehr steigern und krankhafte Formen annehmen, wie dies bei Menschen, die durch Vergewaltigung oder Folter traumatisiert sind, die Regel ist.

Wird die Amygdala durch bedrohliche Reize aktiviert und alarmiert sie das neuropsychische Vermeidungssystem, wird das Bewusstsein mit zunehmender Erregung immer stärker emotionalisiert. Man könnte hier von regelrechter Versklavung der Verstandesaktivität des lateralen, medialen und ventralen präfrontalen Cortex durch neuropsychische Prozesse sprechen. Diese Erregung fokussiert die Aufmerksamkeit auf bestimmte Reize, die selektiv und perspektivisch wahrgenommen werden – man blickt wie das Kaninchen auf die Schlange (siehe Kapitel A1). Dabei werden andere Informationen und Hinweisreize in der Situation mehr oder weniger ausgeblendet. Dies kann zu verhängnisvollen Fehlurteilen führen. Bei großer Prüfungsangst zum Beispiel ist die Fixierung auf die Angst vor dem Versagen unter Umständen so groß, dass die Fragen des Prüfers gar nicht mehr ankommen und deshalb auch nicht ausreichend beantwortet werden. So stellt Prüfungsangst her, was sie fürchtet. Hier spricht man von „sich selbst erfüllender Prophezeiung".

Während bei Emotionen, die mit dem Vermeidungssystem in Verbindung stehen, der Organismus auf Schadensverhütung/-minimierung eingestellt wird, geht es im Annäherungsmodus um Emotionen, die sich auf positive Ziele wie Lust, Liebe, Geborgenheit usw. richten (siehe Kapitel A4). Auch hier wird die Aufmerksamkeit durch neuropsychische Abläufe auf die Zielerreichung fokussiert. Wenn wir zum Beispiel hungrig sind und uns verlockende Essensdüfte in die Nase steigen, reagiert das Gehirn prompt, und wir können uns nicht mehr auf die Arbeit konzentrieren. Auch bei der Arbeit selbst achten wir nicht auf alle Details in gleicher Weise: Wo unsere Grundbedürfnisse nach Selbstbestätigung oder persönlichem Vorteil/Lustgewinn angesprochen sind, setzen wir automatisch Schwerpunkte, weil sich unsere Aufmerksamkeit viel stärker auf diese Aspekte richtet. Diskussionen werden immer dann unsachlich, wenn bei den Beteiligten eine neuropsychisch gesteuerte Aufmerksamkeitsfokussierung dazu führt, dass eine Emotionalisierung stattfindet. Denn dann geht es nicht mehr um die Sache, sondern um persönliche Befriedigung. Meist versuchen die Beteiligten, sachlich zu bleiben und mit Argumenten zu parieren, was nicht nur wirkungslos, sondern sogar schädlich ist, weil sich die Gegenseite immer weniger verstanden und akzeptiert fühlt. Wir pflegen im Alltag üblicherweise einen Rationalitätsmythos, der allem, was wir über die menschliche Neuropsychologie wissen, widerspricht. Die ist allgegenwärtig und kann gar nicht ausgeblendet werden. Daher empfiehlt es sich, mit den Realitäten menschlicher Emotionalität rational umzugehen und dabei sensibel auf die emotionalen Aspekte jeder zwischenmenschlichen Begegnung zu achten und offensiv damit umzugehen. Diese Haltung kann als *ganzheitlich* bezeichnet werden, weil zum Menschen eben auch seine Emotionen gehören.

Die Fähigkeit, bestimmte Emotionen zu entwickeln, ist individuell sehr unterschiedlich ausgeprägt. Je nach Veranlagung und frühen Erfahrungen bildet jeder Mensch ein anderes Temperament, unterschiedliche Persönlichkeitseigenschaften und neuropsychische Schemata aus. Waren seine Erfahrungen positiv, ist das Temperament eher ausgeglichen und die Persönlichkeit emotional stabil, gesellig, verträglich, verlässlich und offen. Die neuropsychischen Schemata sind auf positive Ziele ausgerichtet. Das hat damit zu tun, dass sich der Mensch im Lauf seiner Entwicklung Modellvorstellungen aufbaut, die die Erwartungen und Bewertungskriterien im Umgang bestimmen (siehe Kapitel A7), und zwar über sich selbst, seine Umwelt, das Zusammenleben usw.

Wo bewusste Modellvorstellungen und neuropsychische Schemata nicht zueinanderpassen, entstehen emotionale Konflikte und widersprüchliche Emotionen. Wer zum Beispiel genaue Vorstellungen über gutes Benehmen hat und dies von anderen auch einfordert, zugleich aber eine durch frühkindliche Erfahrungen bedingte Bindungsstörung aufweist und deshalb ängstlich-aggressiv auf andere Menschen reagiert, gerät leicht in Schwierigkeiten. Diese Widersprüche sind meist nicht bewusst, aber überaus verbreitet. Dieser Realität sollten wir uns zur eigenen Sicherheit im Umgang mit uns selbst und anderen stellen. Fragen Sie sich daher regelmäßig,

wie Sie emotional mit bestimmten Hinweisreizen (neuropsychischen Schemata) umgehen und ob Sie nicht eigentlich anders reagieren möchten (Modellvorstellungen);

was bestimmte Hinweisreize bei anderen auslösen;

wie andere behaupten zu reagieren (Selbstbild des Beteiligten);

welche Reaktionen anderer Sie für sich erwarten (Modellvorstellungen/daraus abgeleitete Erwartungen).

Sie können Ihre eigene Lebensqualität fördern, indem Sie sich solche Fragen im Rahmen kleiner Besinnungsphasen regelmäßig stellen und sich mit Vertrauten darüber austauschen. Auf diese Weise lassen sich falsche Erwartungen an uns selbst und an andere korrigieren, wodurch sich die Anfälligkeit für Enttäuschungen – eine der wichtigsten Ursachen für Ärger und anderen Stress (zum Beispiel Davies, 2002) – erheblich verringern lässt.

Zusammenfassung

Während Emotionen zum Teil als unbewusste Prozesse ablaufen, sind Gefühle bewusst und können gedanklich bewertet werden. Emotionen werden durch neuronale Strukturen im Gehirn unbewusst gesteuert und lösen bereits auf minimale Reize hin neuropsychische Schemata und entsprechende Reaktionen aus, die sich zu komplexen Syndromen verbinden können. So können zum Beispiel bestimmte Blicke oder ein Gesichtsausdruck Stress auslösen und eine Situation schlagartig verändern. Die Fähigkeit, Emotionen zu empfinden, ist durch die Veranlagung zu bestimmten Temperamenten und von Persönlichkeitseigenschaften beeinflusst.

9 Kompetenzen

Kompetenz wird in der Psychologie als erlernbare Fähigkeit definiert, Rollen, Lebensbereiche und Lebenssituationen zu überschauen und in befriedigender und sozialverträglicher Weise zu gestalten oder zu bewältigen (Kaiser, 1982). Im Gegensatz zu der ausufernden Einteilung in Inhalts-, Methoden-, Sozialkompetenz usw. erscheint es günstiger, sich an den Lebensrealitäten der Betroffenen zu orientieren und Kompetenzen an Anforderungen von Rollen sowie Lebens- oder Anwendungsbereichen auszurichten (siehe Abb. 4). Wie wir am Beispiel der Bindungsforschung gesehen haben, müssen Eltern gewisse Rollenanforderungen erfüllen, damit ihr Kind einen sicheren Bindungsstil entwickeln kann (Saarni, 2002). Hierfür benötigen sie bestimmte Kompetenzen, die entsprechende Persönlichkeitseigenschaften, einen eigenen positiven Bindungsstil, geeignete Wissensbestände und Fertigkeiten in Kombination voraussetzen. Dabei spielen auch körperliche Voraussetzungen eine Rolle. Wenn Menschen über diese Kompetenzen und entsprechende Bedingungen nicht hinreichend verfügen, können sie dieses Defizit ausgleichen, indem sie – zum Beispiel mit professioneller Unterstützung – Strategien erlernen, um ihre Rollenerfüllung zu optimieren (siehe Kapitel C). Wir gehen auf die Elemente menschlicher Kompenzen nachfolgend genauer ein.

Wichtige Strukturelemente individueller Kompetenzen

- Körperliche Eignung
- Persönlichkeitsmerkmale (Big Five, Intelligenz)
- Personmerkmale (zum Beispiel Optimismus, Anfälligkeit für Ärger, Stress)
- Resilienz
- Gesundheitszustand
- Wissen (Voraussetzungen, Strukturen, Abläufe, Eingriffspunkte, Risiken etc.)
- Werte, Normen, Regeln; Niveau moralischen Urteilens
- Umgang mit Rollen, Aufgaben, Grenzen
- Modellvorstellungen
- Systemisches Denken und Problemlösen
- Soziale Fertigkeiten (Kommunikation, Empathie, Beziehungsgestaltung)
- Selbstmanagement (zum Beispiel Zeiteinteilung, Tempo, Gesundheitshandeln)
- Commitment
- Achtsamkeit, überlegtes Vorgehen
- Kompetenzbewusstsein

Abb. 4: Wichtige Strukturelemente individueller Kompetenzen (Kaiser, 2007)

Körperliche Eignung und Gesundheitszustand

Rollen, Funktionen und Aufgaben erfordern neben gewissen körperlichen Voraussetzungen und Gesundheit einen altersentsprechenden Entwicklungsstand, der jeweils für die einzelnen Lebensphasen und Bereiche zu ermitteln ist. Vorerkrankungen oder Behinderungen können zum Beispiel die Zeugungs- oder Gebärfähigkeit beeinträchtigen, Anfallsleiden oder Gehbehinderungen die Kinder- oder Altenbetreuung erschweren; Kinder müssen ein bestimmtes Maß an Reife und Körperbeherrschung erreicht haben, bevor sie an der Haus- oder Gartenarbeit beteiligt werden usw.

Im Einzelfall muss geklärt werden, ob sich die körperlichen Voraussetzungen verbessern lassen oder ob die Anforderungen an diese anzupassen sind. Am Beispiel der Unfruchtbarkeit hat sich immer wieder gezeigt, dass ein körperlicher

Befund keineswegs immer so unverrückbar feststeht, wie es den Anschein hat (Onnen-Isemann, 2000). So kommt es durchaus vor, dass in Fällen von erwiesener Unfruchtbarkeit nach einer Adoption oder Pflegschaft doch noch ein eigenes Kind geboren wird. Es scheint sich bei Fertilisationsproblemen zu lohnen, die psychosozialen Hintergründe zu beleuchten. Auf jeden Fall aber liegt es nahe, bei der Bewältigung unerfüllter Kinderwünsche zu helfen, Schuldvorwürfe innerhalb der Familie zu vermeiden. Um diese Ziele zu erreichen, sind Strategien systemischen Denkens und Problemlösens wichtig.

Systemisches Denken und Problemlösen

Systemisches Denken und Problemlösen sind für die meisten Entscheidungsprozeduren wichtig. Systemisches Denken bedeutet, sich klarzumachen, wie zum Beispiel der eigene Familienverband oder ein Betrieb funktionieren und auf bestimmte Situationen reagieren. Ein System ist viel komplexer als eine Einzelperson und verhält sich nach eigenen Regeln und Funktionsprinzipien. Beim systemischen Problemlösen kommt es vor allem auf klare Ziele und Prioritäten sowie realistisches Abschätzen der Folgen und Nebenwirkungen des eigenen Verhaltens innerhalb des Systems an. Die Fähigkeit zu erfolgreicher Mitwirkung in sozialen Systemen wie Familie und Betrieb nennt man *Systemkompetenz* (siehe Kapitel B4). Gerade wenn die Mitglieder verschiedene Standpunkte haben, kommt es auf die Entwicklung gemeinsamer Modellvorstellungen an, damit die Eigenarten der Beteiligten genügend einbezogen werden. Dabei ist einerseits die Fähigkeit wichtig, sich in andere Menschen hineinzuversetzen (Rollenübernahmefähigkeit) und sensibel für deren Emotionen, andererseits Lebenskonzepte und Modellvorstellungen zu sein. Viele Menschen unterscheiden vor allem im Streit zu wenig zwischen Verständnis und Zustimmung; sie meinen, sich selbst und ihre eigenen Positionen vorschnell infrage zu stellen, wenn sie sich um ein tieferes Verständnis der Gegenseite bemühen. Hier kann es hilfreich sein, Modellvorstellungen zu klären und eventuell abzuwandeln. Schließlich sind sie Basis vieler emotionaler Probleme, zum Beispiel Eifersucht oder Enttäuschung. Im Anschluss bietet sich die Vermittlung geeigneter Strategien zu optimiertem Problemlösen und Konfliktmanagement an (Fisher/Ury, 1984; siehe Kapitel F und G).

Soziale Fertigkeiten

Soziale Fertigkeiten sind die Voraussetzung für eine feinfühlige Kommunikation und Beziehungsgestaltung unter Angehörigen und besonders zwischen den Generationen. Wie bereits angesprochen, gehören folgende Fertigkeiten zum kompetenten Umgang mit Angehörigen (vgl. Schulz von Thun, 2005):

- Geschickter Umgang mit Emotionen und deren unbewussten Anteilen,
- Kenntnis der Bedeutung nonverbaler Signale,
- Beherrschung des üblichen Vokabulars, um Emotionen auszudrücken,
- Klärungsorientierte Gesprächsführung (Sachse, 2002; siehe Kapitel C3),
- Ausgewogenes Verhältnis von positiver und kritischer Zuwendung; 5 : 1-Regel: fünf positive Rückmeldungen auf eine kritische Interaktion,
- Selbstmanagement (zum Beispiel Zeiteinteilung, Tempo, Gesundheitshandeln),
- Strategien zur Emotionsregulation (zum Beispiel Ärger, Wut),
- Verbindlichkeit (Commitment),
- Achtsamkeit, überlegtes Vorgehen,
- Kompetenzbewusstsein.

Diese Fertigkeiten können entsprechend den Anforderungsprofilen in der jeweiligen Familie individuell trainiert werden (siehe Kapitel C).

Wenn es um die Funktionsfähigkeit einer Familie geht, sind neben den familialen und individuellen Komponenten auch die in Vergangenheit und Gegenwart wirksamen äußeren Bedingungen wichtig.

Zusammenfassung

Kompetenzen sind erlernbare Fähigkeiten zur Gestaltung und Bewältigung von Lebenssituationen. Alltagssprachlich wird häufig von Inhalts-, Methoden- und Sozialkompetenz gesprochen. Unserer Meinung nach sollte man Kompetenzen jedoch auf die Anforderungen beziehen, die sich in bestimmten Lebensbereichen und in sozialen Rollen ergeben. Kompetenzen sind somit immer auch abhängig vom Entwicklungsstand des Individuums sowie dem Gesundheitszustand und äußeren Rahmenbedingungen. Der Systemdimension kommt dabei eine besondere Bedeutung zu, weil sich soziales Leben immer in Systemkontexten wie Familie, Betrieb oder Organisationen abspielt, die wiederum in einen gesellschaftlichen Gesamtzusammenhang eingebettet sind.

10 Kommunikation und Beziehungsgestaltung

Interaktion bedeutet jegliche einseitige oder gegenseitige Beeinflussung, *Kommunikation* hingegen Austausch von Informationen und Sichtweisen (Baadte, 2006). So ist Kommunikation als Spezialfall von Interaktion zu verstehen. Interaktion muss weder zielgerichtet noch bewusst sein und kann auch mit leblosen Gegenständen geschehen. Stolpern wir über einen Stein, wäre dies eine Interaktion, die uns einseitig betrifft. Lassen wir ein Glas fallen und es zerbricht, handelt es sich um eine wechselseitige Interaktion. Auch Makro-Ereignisse wie das Ozonloch oder Regierungsbeschlüsse wirken sich auf uns aus, ohne dass wir direkten Einfluss darauf haben. Unter Kommunikation dagegen ist in den Humanwissenschaften der Austausch von Informationen zwischen Lebewesen zu verstehen.

Die Erfahrungen aus Interaktion und Kommunikation führen zu immer stabileren Konzepten über das Miteinander und entsprechende gegenseitige Erwartungen. Dabei werden – je nach Art und Ausmaß der Befriedigung der Grundbedürfnisse – bestimmte Emotionen ausgelöst, die sich mit den Modellvorstellungen und Schemata verbinden und immer intensiver gebahnt werden. So wird aus Kommunikation nach und nach Beziehung.

Soziale Rollen (als Lehrer, Richter usw.; siehe oben) können sogar zwischen fremden Personen zu bestimmten (Rollen-) Beziehungen führen. Auch hier entscheiden Modellvorstellungen über die Rolle über die Erwartungen an den Rollenträger; wie sich dieser verhält, hängt von seiner Rollenauffassung ab. Nur wenn die Modellvorstellungen der Kommunikationspartner über die Rolle übereinstimmen, funktionieren Kommunikation und Beziehung.

Wie Erfahrungen mit anderen Menschen ausfallen, hängt einerseits von unserer Wahrnehmung, andererseits von Klarheit und Funktionalität der Regeln, Symbole und Signale bei der Verständigung ab (Argyle/Henderson, 1986). Hier spielen die „Brillen" eine wichtige Rolle, durch die wir andere Menschen, Kommunikation und Beziehungen betrachten und die entscheiden, worauf sich unsere Aufmerksamkeit richtet. Das Gehirn sortiert Informationen vor und setzt sich lediglich mit einer gewissen Auswahl bewusst auseinander; davon hängt ab, ob und wie sich Angehörige verstehen (LeDoux, 2003). Beim ersten Eindruck, den wir von einer Person haben, erstellt das Gehirn innerhalb von Millisekunden eine Blitzdiagnose und prüft, ob die Person bedrohlich oder interessant sein könnte. Dabei sind Schlüsselreize wie die Beschaffenheit des Gesichts und andere Körpermerkmale sowie der Ausdruck in Gestik und Mimik wichtig.

Kommunikation als Austausch von Informationen und Sichtweisen ist ein störanfälliger Prozess:

- Die Information kann Mängel haben (Fehler, Unvollständigkeit, Ungenauigkeiten, Syntax etc.).
- Die Übermittlung ist gestört; Informationen kommen nicht (vollständig) beim Empfänger an.
- Der Empfänger kann die Informationen nicht (genügend) nutzen (selektive Wahrnehmung und Verarbeitung).
- Rückmeldungen oder Rückfragen kommen nicht richtig an.
- Mangelnde Übereinstimmung über Inhalt und Bedeutung der gewählten Begriffe, Zeichen etc.; Verständigungsprobleme (Semantik).
- Zu wenig Kommunikation über Qualität und Verbesserungsmöglichkeiten der Kommunikation (Meta-Kommunikation).
- Wechselseitige Einflüsse werden nicht hinreichend berücksichtigt (Pragmatik).

Prozessmerkmale

Kommunikation weist verschiedene Aspekte auf. Diese werden im Folgenden näher dargestellt.

Bedeutung

Inhalte können für den Empfänger unterschiedliche Bedeutungen haben, sie können wichtig oder unwichtig, anregend oder langweilig, willkommen oder peinlich sein. Häufig klären wir nicht genügend, wie aufnahmebereit der Empfänger gerade für unsere Mitteilungen ist. Damit riskieren wir, dass sich der Verständigungsaufwand erhöht und die Beziehung gestört wird.

Beziehungsaussagen

Beziehungsaussagen sind unvermeidlich: Ob, wann und wie wir etwas sagen/tun, gibt dem anderen Aufschluss darüber, wie er von uns eingeschätzt wird, was wir uns von der Beziehung erwarten usw. Wie wir in Kapitel A8 gesehen haben, reagiert die Amygdala automatisch auf bestimmte mimische Signale. Schaut eine Person vielleicht grimmig, weil sie Kopfschmerzen hat, bezieht eine andere dies auf sich und ist alarmiert.

Selbstdarstellung

Selbstdarstellung informiert über den Akteur; mittels bestimmter Merkmale lässt sich zum Beispiel ein Distanzwunsch oder die Zugehörigkeit zu einer bestimmten Bevölkerungsgruppe signalisieren (Fachsprache, Dialekt, Berufskleidung etc.). Ein Polizist trägt zum Beispiel eine Uniform als äußeres Zeichen seiner dienstlichen Befugnisse. Wer sich unsicher fühlt, tritt oft entweder übertrieben bescheiden auf, um nicht aufzufallen, oder verhält sich großspurig, um sein Gefühl zu überspielen, sich zu stabilisieren und andere präventiv einzuschüchtern.

Mit der äußeren Aufmachung können wir aber auch Respekt signalisieren (zum Beispiel bei einem Bewerbungsgespräch) sowie Sympathie oder Antipathie erzeugen. Aus diesem Grund empfiehlt es sich, die gängigen Höflichkeitsregeln oder bestimmte Konventionen zu beachten, weil deren Verletzung bei vielen Menschen negative Emotionen auslöst, was für uns nachteilig sein könnte.

Manchmal geben wir Informationen über uns preis, ohne uns dessen bewusst zu sein, zum Beispiel durch Erröten oder Versprecher, oder wir handeln uns Nachteile ein, indem wir uns unbekannte Regeln übertreten.

Appelle

Wir können ein Anliegen oder eine Befürchtung durch subtile Signale *indirekt* (implizit) oder aber mit deutlichen Worten ausdrücken. Ob der *Appell* so verstanden wird, wie der Sprecher es beabsichtigt, ist eine andere Frage. Dezente Aufforderungen werden leicht überhört, deutlichere unter Umständen als unangemessen abgelehnt und übergangen. Sicherheitshalber ist es oft sinnvoller, ein Anliegen direkt anzusprechen und auszuhandeln, wie die Beteiligten damit umgehen.

Abfolge

Wie bestimmtes Verhalten abläuft, ist in Modellvorstellungen und informellen Regeln festgelegt. Daraus werden Erwartungen an Kommunikationspartner abgeleitet: Wenn Sie durch eine Tür gehen und diese hinter sich schließen, ohne zu bemerken, dass Ihnen jemand folgt, wird dies leicht als unhöflich empfunden. Wer eine Frage an seinen Gesprächspartner stellt und keine Antwort bekommt, ist leicht in seiner Erwartung enttäuscht.

Zeitliche Charakteristika (Dauer der Sequenzen, Intervalle) sagen uns etwas über die Qualität der Kommunikation; antwortet jemand sehr knapp, empfinden wir dies leicht als „kurz angebunden". Sind die Zeitintervalle bei Rede und Antwort/ Gegenrede zu kurz, wird dies meist mit Ungeduld verbunden, sind sie zu lang, kann dies zu anderen ungünstigen Interpretationen wie Desinteresse oder Unsicherheit führen.

Digitale und analoge Prozesse

Bei der Kommunikation laufen *digitale* (sprachliche) und *analoge* (nonverbale) Prozesse ab. Mit unseren sprachlichen Mitteln können wir Abstufungen von Bedeutungen allgemein weniger differenziert ausdrücken, nonverbale Signale sind dagegen viel leichter verständlich. Sogar über Kulturgrenzen hinweg entsprechen sich die Ausdrucksweisen für grundlegende Emotionen. Verständigung funktioniert am besten, wenn sprachliche Mitteilungen durch passende Gestik und Mimik wirksam unterstrichen und zu einer stimmigen Botschaft verbunden werden. Stimmen sprachliche und nonverbale Äußerungen nicht überein, wirkt dies leicht verwirrend. Eine *Diskrepanz* zwischen Situation (zum Beispiel ein Unfall) und Kommunikation (zum Beispiel der Kommentar „schöne Bescherung") wirkt ironisch-karikierend („inkongruente Kommunikation", vgl. Schulz von Thun, 2005). *Paradox* wirkt es, wenn nonverbale und verbale Mitteilungen sich gegenseitig aufheben. Wenn eine Person durch Verhalten und Körpersprache Ablehnung signalisiert und zugleich in Worten um Hilfe bittet oder weint und dabei sagt, dass sie in Ruhe gelassen werden will, weiß das Gegenüber nicht, wie es reagieren soll. Egal, was es tut, es macht immer etwas falsch. Deshalb erschweren paradoxe Botschaften den Umgang miteinander. Zu solchen Botschaften kommt es, wenn Emotionen unbewusst ablaufen und nicht in die bewussten Äußerungen aufgenommen werden. In solchen Fällen sollten Sie beim anderen behutsam (!) nachfragen, wie Sie mit den diskrepanten Signalen umzugehen haben.

Symmetrisches und komplementäres Verhalten

Wir erzielen unterschiedliche Effekte, wenn wir auf lautes Sprechen ebenso laut antworten *(symmetrisch)* oder auf Anschreien „kleinlaut" *(komplementär)* reagieren. Wenn mich jemand wütend anbrüllt und ich zurückbrülle, ufert der Konflikt leicht aus, und es kommt schnell zu neuen Problemen *(symmetrische Eskalation).* Wenn ich mich aber verteidige, zeige ich mich schuldbewusst. Das neuropsychische Schema „Schuldgefühl" ist bei den meisten Menschen fest etabliert, weil sie als Kinder oft getadelt und bestraft und damit in ihren Grundbedürfnissen verletzt worden sind (siehe Kapitel A4). Mit dem neuropsychischen Schema „Schuldgefühl" wird etwas ausgelöst, das mit der aktuellen Situation eigentlich wenig zu tun hat, weil ein altes Muster abläuft. Dass hier Altlasten aktiviert wurden, ist den Betroffenen jedoch meist nicht bewusst. Sie können zwischen aktueller Situation und ihrer *Übertragung* alter Empfindlichkeiten auf das aktuelle Geschehen nicht unterscheiden. Mit ihrer Verteidigung signalisieren sie dem Aggressor, dass es in Ordnung ist, aggressiv abwertend mit ihnen umzugehen – auch wenn sie tatsächlich gar nicht dieser Auffassung sind. Für den Aggressor zählt vor allem das sichtbare Verhalten! Besser ist es, sich weder symmetrisch noch komplementär zu verhalten und sich kein Interaktionsmuster aufdrängen zu lassen: Wenn ich mich um Verständnis für die Wut des anderen bemühe und frage: „Du bist jetzt sehr aufgebracht?", klinke ich mich innerlich nicht in das angebotene Muster ein. Vielmehr helfe ich dem anderen, mir und sich selbst klarzumachen, was hinter seiner Wut steckt. Ich biete damit keinerlei Angriffsfläche und unterstütze den anderen dabei, selbst zu erkennen, dass mit Brüllen keine Probleme zu lösen sind (siehe Kapitel F und G).

Ursachenzuschreibung

Mittels der so genannten Attribution „erklären“ wir uns Realitäten – allerdings auf sehr unterschiedliche Weise. Verbreitete Attributionsfehler bestehen darin, anderen Personen zu viel oder Situationen zu wenig Bedeutung zuzuschreiben, für eigene Fehler eher die Umstände verantwortlich zu machen oder Erfolge eher sich selbst zuzuschreiben (Kalicki, 2003).

Erfolg von Kommunikation

Für den *Erfolg* von Kommunikation ist eine Vielzahl von Bedingungen entscheidend. In Untersuchungen zur *Personwahrnehmung* fanden Nalini Ambady und Robert Rosenthal (1992) sowie Christiane Tramitz (2002) heraus, dass die Erstbeurteilung eines anderen Menschen in einem Zeitraum von 50 Millisekunden bis drei Sekunden abläuft. Danach verfeinern wir unser Urteil nur noch. Besonders schnell erkennen wir, ob eine Person vertrauenswürdig ist oder nicht und ob uns Gefahr droht (Willis/Todorov, 2006). Diese Unterscheidung ist für das Überleben besonders wichtig, daher hat sich im Lauf der Evolution hierfür ein besonders rasch arbeitendes Frühwarnsystem im Gehirn herausgebildet, das implizit gesteuert wird. Ehe wir uns versehen, teilt uns das Erfahrungsgedächtnis mit, was von einer Situation zu halten ist. Oft ist aufgrund weniger Informationen ein Urteil möglich. Nalini Ambady und Robert Rosenthal (1992) haben Versuchspersonen 30 Sekunden lange Unterrichtssequenzen von Lehrern gezeigt und danach bewerten lassen, wie gut diese ihren Unterricht gestalten. Die Beurteilungen stimmten in hohem Maß mit den Urteilen überein, die später die Unterrichtsteilnehmer abgaben.

Ein potenzieller Sexualpartner löst im Gehirn eine bestimmte emotionale Bewertung aus. Dabei wird im Annäherungszentrum geprüft, ob eine Person überhaupt als Partner infrage kommt. Kranz und Ishai (2006) beobachteten die Gehirne von heterosexuellen und homosexuellen Probanden mittels funktioneller Magnetresonanztomographie (MRT), mit der die Durchblutung und Aktivierung von Hirnarealen sichtbar gemacht werden kann. Bei der Betrachtung von Fotos mit Gesichtern, die sexuelles Interesse auslösten, reagierten das Belohnungszentrum und der präfrontale Cortex deutlich stärker. Zwischen den Geschlechtern steht dabei die physische Attraktivität im Vordergrund, die eng mit dem Fortpflanzungserfolg zusammenhängt.

Bei Frauen werden große Augen und eine kleine Nase geschätzt, ausgeprägte Brüste und Becken wirken als Hinweise auf Gebärfähigkeit. Bei Männern hingegen signalisieren eine ausgebildete Muskulatur, ein kantiges Gesicht, dominantes Verhalten und Status gutes Brutpflegepotenzial. Bei beiden Geschlechtern gelten Merkmale wie geschmeidige Bewegungen, klare Augen, glänzendes Haar und zart schimmernde Haut als attraktiv, da dies auf Gesundheit als wichtige Voraussetzung für die Verbreitung der Gene hinweist (Argyle/Henderson, 1986; Buss, 2004). Frauen „erkennen" am Gesicht eines Mannes, ob er sich zur Aufzucht von Kindern eignet, und schätzen danach seine Attraktivität als Lebenspartner ein. Suchen sie, vor allem während ihrer fruchtbaren Tage, dagegen eine rein sexuelle Begegnung, erkennen sie ebenfalls an maskulinen Gesichtszügen einen Partner mit hohem Testosteronspiegel (Roney et al., 2006). Je nach momentaner Priorität werden also unterschiedliche Partnertypen bevorzugt und anhand der jeweiligen Kriterien intuitiv „gewählt". Dabei spielen im Schweiß enthaltene Geruchsstoffe, die Pheromone, eine Rolle, die unterhalb der Bewusstseinsschwelle wahrgenommen werden. Je unterschiedlicher der Genpool des Mannes zu dem der Frau, desto attraktiver wirken seine Pheromone. Genetische Unterschiede sind eine wichtige Voraussetzung, um Erbkrankheiten zu vermeiden, und daher wichtig für den Fortpflanzungserfolg. Nachdem sie männlichen Pheromonen ausgesetzt waren, gaben Frauen in Experimenten an, bessere Laune und weniger Stress zu verspüren.

Wahrnehmung und erster Eindruck entscheiden darüber, ob und auf welche Weise die Kommunikation fortgesetzt wird. Wie selektiv und perspektivisch die Wahrnehmung der Interaktionspartner, des Systemkontextes und der Situation ist, haben wir bereits gesehen. Soll sowohl die Kommunikation erfolgreich fortgesetzt als auch eine günstige Beziehung aufgebaut werden, sind besonders emotionale Wertschätzung, Kongruenz verbaler und nonverbaler Signale (Echtheit) und einfühlsames Verstehen bedeutsam (zusammenfassend Kaiser, 2007). Bei Paaren haben sich als besonders konstruktiv und beziehungsförderlich positive Zuwendung, Offenheit, Liebe und Zuneigung sowie emotionale und instrumentelle Unterstützung erwiesen (siehe Abb. 5).

Positivität	Angenehme Äußerungen machen, aufmerksam zuhören und eingehen, auf eigene Attraktivität achten, Scherzen, Anerkennung und Achtsamkeit, nicht kritisieren
Offenheit	Freimütig über alles reden
Zuneigung	Lieb und zärtlich sowie erotisch-sexuell aktiv sein, die Beziehung und die gemeinsame Zukunft betonen
Unterstützung	Rückhalt und Unterstützung gewähren und erbitten, treu und loyal sein

Abb. 5: Beziehungsförderliche Kommunikationsstrategien für Paare (Kaiser, 2007)

Gottmans Befunden zufolge ist bei Paaren eine Kommunikation am günstigsten, wenn mindestens fünf positive auf eine negative Interaktion kommen (5 : 1-Regel). Häufigere Negativerlebnisse beeinträchtigen die Beziehung. Gottman und seine Mitarbeiter fanden in Langzeitstudien eine Reihe von Kommunikationsmustern, die das Trennungsrisiko erhöhen: Die erste Stufe ist durch gegenseitige Anklagen, Ablehnung und Widerspruch gekennzeichnet. Dies führt mit der Zeit zur zweiten Stufe, die mit Respektlosigkeit und Verachtung des Partners sowie ironischen oder sarkastischen Äußerungen einhergeht. Daraus resultiert die dritte Stufe mit Kommunikationsmustern, die durch Abwehr und Schuldzuweisungen gekennzeichnet sind. Abwehr dient eigentlich dem Selbstschutz, erschwert aber weitere Kommunikation. Dies führt auf der vierten Stufe immer mehr und immer früher dazu, dass in Gesprächen mittels nonverbaler Signale abgeblockt wird. Auf der fünften Stufe haben sich Partner stärker gegeneinander abgeschottet, trumpfen gegeneinander auf und bekriegen sich regelrecht. Sind die Partner dann nicht mehr in der Lage, deeskalierende Äußerungen zu machen und abzuwiegeln, schaukelt sich der Konflikt höher und höher. In der Folge kommt es zur Überflutung mit negativen Gefühlen und entsprechender Erregung, das heißt, es werden immer mehr Vermeidungsschemata gebahnt.

Kritik				
	Verachtung			
		Abwehr		
			Abblocken	
				Beziehungskrieg

Abb. 6: Gottmans Kaskadenmodell der Trennungsrisiken (vgl. Gottman, 1994, 1998)

Im Rahmen der Kommunikation zwischen Eltern und Kindern haben sich die folgenden Aspekte als günstig erwiesen: ein warmherziger und einfühlsamer Umgang, das Erzeugen von Einsicht bei Fehlverhalten und behutsames Anleiten zu optimalem Verhalten (Ulich et al., 2002). Der gefühlskalte Umgang scheint hingegen die Entwicklung von Unbarmherzigkeit und Aggressivität zu fördern. Scott et al. (1991) stellten im Rahmen einer kulturvergleichenden Studie deutliche Zusammenhänge zwischen elterlicher Förderung und familialer Harmonie einerseits und kindlichem Selbstwertgefühl sowie geringer Ängstlichkeit andererseits fest. Fand sich bei den Eltern die Neigung zu strafen und sich wenig um das Kind zu kümmern, wiesen die Kinder ein feindseliges Verhalten auf. Klare Kommunikation und deutlich ausgedrückte Erwartungen, Feedback und das Fördern von Selbstständigkeit sowie emotionale Zuneigung, Feinfühligkeit und Offenheit der Eltern erleichterten es den Kindern, sich vom Elternhaus zu lösen und Selbstständigkeit zu entwickeln. Bei der Förderung familialer

Dialogkultur eignet sich zum Beispiel die UN-Charta der Menschenrechte (UNO, 1948) als Leitlinie zur Orientierung.

Besonders wichtig ist das Wie von Kommunikation, wenn es um Entscheidungen in Familie und Partnerschaft oder in Teams geht. Dabei kommt es zum einen auf die Qualität der Strategien an, die zur Entscheidungsfindung und Problemlösung eingesetzt werden, zum anderen darauf, wie viel Einfluss welche Angehörigen in welchen Bereichen haben. Wie beim Problemlösen vorgegangen wird, hängt von den Rollen und Zuständigkeiten sowie von den Wünschen der Beteiligten ab. Zugleich spielen die Kompetenz für das Thema und das Interesse, das einzelne Angehörige an der jeweiligen Entscheidung haben, eine Rolle. So ist es durchaus sinnvoll, zum Beispiel Kinder an Entscheidungen über den Kauf von Spielzeug oder Süßigkeiten zu beteiligen.

Auch *Schuld- und Verdienstkonten* entscheiden darüber, wie viel Einfluss einem Beteiligten jeweils zugestanden wird. Dabei gibt den Ausschlag, wie nützlich die Beiträge eines Familienmitglieds in der Vergangenheit waren oder wie viel Vorrang ihm bei der letzten Entscheidung eingeräumt wurde (Boszormenyi-Nagy/Spark, 1982). Bei Untersuchungen über Gespräche bei Kaufentscheidungen von Paaren zum Beispiel stellten Erich Kirchler und seine Mitarbeiter (2000) verschiedene Taktiken fest:

a) Taktiken zur Konfliktvermeidung: Im Rahmen der Ressort- und Rollenverteilung legen die Partner fest, wer für welche Entscheidungen in welchem Ausmaß zuständig ist. Diese Absprachen werden weitgehend akzeptiert, wenn die Wünsche des jeweils anderen Berücksichtigung finden.
b) Problemlösetaktiken, mit denen die Situation analysiert und die Konsequenzen abgeschätzt werden.
c) Überreden, wenn es um unterschiedliche Auffassungen in Wertfragen geht und sachliche Argumente weniger geeig-

net sind. Hier werden durchaus auch Druck und Nörgelei eingesetzt.

d) Verhandlungen um Zugeständnisse mit möglichst wenigen Gegenleistungen.

Je nach Beziehungsklima, Vertrauen und Kooperation wählen die Angehörigen unterschiedliche Taktiken, um eine Entscheidung zu beeinflussen. Kooperation und die Bereitschaft zu Zugeständnissen gelten zwar als besonders beziehungsförderlich, erfordern unter Umständen aber den Verzicht auf eigene Vorteile. Wenn es darum geht, eine Beziehung zu erhalten, eignen sich Lösungen nach dem Konsensprinzip oft besser. Sachliche Erwägungen treten dann gegenüber Fairness sowie der Balance von Geben und Nehmen in den Hintergrund.

Zusammenfassung

Interaktion verstehen wir als jegliche einseitige oder gegenseitige Beeinflussung, unabhängig davon, ob sie beabsichtigt ist oder nicht. Kommunikation ist dagegen der gezielte Austausch von Informationen und Sichtweisen. Hierbei kommt es sowohl auf den Inhalt wie auch auf die Art und Weise der Übermittlung an (nonverbale Kommunikation). Beide Aspekte übermitteln Informationen über die Beteiligten, ihre Sicht von sich und dem anderen, die Beziehung, über Bedeutungen, Funktionen und Absichten. Gemeinsame Erfahrungen, die die Beteiligten in Interaktion und Kommunikation machen, prägen ihre Beziehung. Beziehung entsteht entweder durch Erfahrungen und daraus abgeleiteten Modellvorstellungen sowie Erwartungen über künftige Begegnungen oder durch soziale Rollen, zum Beispiel Richter oder Polizist, die dann die Art der Kommunikation prägen.

B Entwicklung

Entwicklung ist ein lebenslanger Prozess, da sich der Mensch im Lebenszyklus ständig verändert (Erikson, 1973; Havighurst, 1982). Veränderungen ergeben sich vor allem durch Übergänge wie Geburt oder Einschulung, Berufseinstieg oder Verrentung, Heirat und Verwitwung beziehungsweise Trennung. Diese Übergänge im Lebensverlauf werden stark durch gesellschaftliche Anforderungen und Normen beeinflusst und werden deshalb als *normative Übergänge* bezeichnet. *Nichtnormative* Veränderungen dagegen werden entweder vom Individuum selbst hervorgerufen, wie z. B. Wohnungswechsel, Ehescheidung, oder durch äußere Ereignisse wie Krieg, Naturkatastrophen usw. herbeigeführt. Die sich daraus ergebenden Herausforderungen lassen sich als *Entwicklungsaufgaben* verstehen. Je nach Ressourcen und Anfälligkeiten werden diese sehr unterschiedlich aussehen und auf unterschiedliche Art und Weise bewältigt werden (siehe Abb. 7). Im Vordergrund stehen dabei die Anforderungen, denen sich die Beteiligten angesichts einer neuen Konstellation gegenübersehen, sowie die Frage, wie gut sie damit zurechtkommen.

Da die Betroffenen v. a. für die Bewältigung nicht normativer Veränderungen meist zu wenig Ressourcen, besonders Kompetenzen, besitzen, kommt es zu kritischen Lebenssituationen und hohem Stress. Hier ist dringend geboten, psychotherapeutische Unterstützung zu suchen (Krisenintervention), um Langzeitfolgen für Gesundheit und Lebenserwartung zu vermeiden. Dies ist v. a. bei Eltern wichtig, um die Risiken für die Kinder zu begrenzen.

Die kindliche Entwicklung ist ein kontinuierlich verlaufender Prozess, der sich in unterschiedliche Phasen einteilen lässt:

- Vorgeburtliche Entwicklung,
- Frühe Kindheit,
- Kleinkind- und Vorschulalter (zwei bis fünf Jahre),
- Grundschulalter (sechs bis acht Jahre),
- Spätere Kindheit (neun bis zwölf Jahre).

Kommen wir zunächst zur frühen Entwicklung in der prä- und postnatalen Phase.

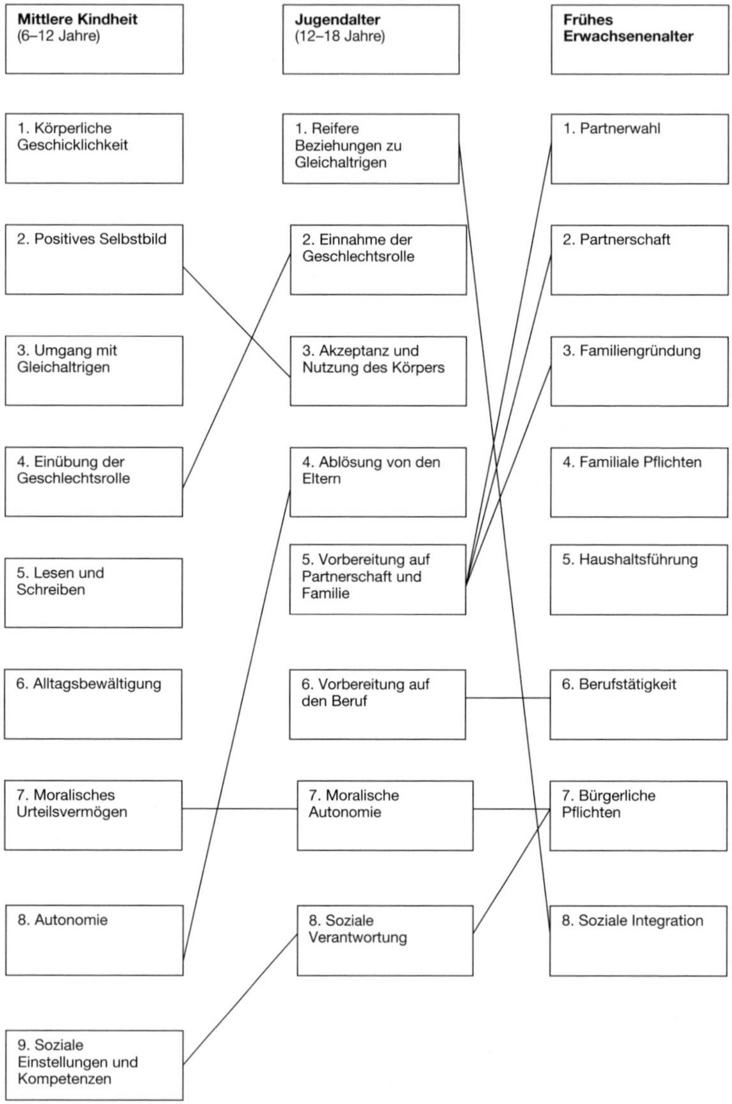

Abb. 7: Entwicklungsaufgaben von der mittleren Kindheit bis ins frühe Erwachsenenalter und Beispiele für ihre Auswirkungen (vgl. Havighurst, 1982; Dreher/Dreher, 1985)

1 Vorgeburtliche Entwicklung

Das genetische und das soziale Erbe werden von Generation zu Generation in der Familie übermittelt.

Vererbung und soziales Erbe

Genetische Erbinformationen werden bei der Zeugung in den Chromosomen von den Eltern an die Kinder weitergegeben. Die höchste genetische Gemeinsamkeit haben eineiige Zwillinge, andere Geschwister haben die Hälfte des Erbguts gemein. Trotz des hohen Erblichkeitsanteils werden manche Eigenschaften nicht auf die unmittelbaren Nachkommen vererbt: Bei einer Neukonfiguration der elterlichen Gene entstehen viele neue *(emergente)* Eigenschaften, die denen der Eltern nicht ähnlich sind. Während die Veranlagung, ein bestimmtes Verhalten auszuprägen, erblich sein kann, sind viele Eigenschaften nicht primär genetisch bedingt, sondern entwickeln sich im Laufe der pränatalen, frühkindlichen und weiteren Entwicklung. Hierzu zählen vor allem berufliche und geistige Interessen und Talente, Kreativität, die Stärke des Einflusses auf andere, Optimismus, Aufgeschlossenheit (Extraversion), das Gefühl persönlicher Kontrolle, Stressresistenz, das Aussehen. So können Anlagen bisweilen Generationen sozusagen „überspringen" und erst später wieder zum Vorschein kommen. Daher ist es so interessant, die Familiengeschichte über mehrere Generationen zurückzuverfolgen, um zu erkunden, was es alles an familialem Erbe gibt. *Familiales/soziales Erbe* und andere Entwicklungsbedingungen entscheiden wesentlich darüber, ob oder wie sich Erbanlagen auswirken.

Gene erzeugen – vereinfacht ausgedrückt – Proteine, die steuern, wie sich Nervenzellen entwickeln und miteinander „verschalten". Neben den allen Menschen gemeinsamen *artspezifischen* Genen gibt es solche, die zu *einzigartigen* Merkmalsausprägungen führen (unter 0,5 Prozent). Gene können defekt sein (zum Beispiel durch Strahlung oder Vergiftung) und zu nichterblichen Fehlentwicklungen beitragen. Viele Gene wirken sich nicht eindeutig auf Entwicklung und Persönlichkeit aus, sondern entfalten sich erfahrungsabhängig in sehr unterschiedlicher Weise. Hier spricht man von „*Genexpression*" (Bauer, 2002; LeDoux, 2003). Außerdem gibt es Gene, zum Beispiel die Stress-Gene, die durch externe Reize über bestimmte Botenstoffe *(Neurotransmitter) an-* und *abgeschaltet* werden. Zu den Genen, deren Expression beeinflussbar ist, gehört zum Beispiel das so genannte Serotonin-Transporter-Gen (Lesch et al., 1996). Menschen mit weniger effizientem Serotonin-Transporter-Gen („kurzes" HTT-Allel) können sich nach Aufregungen nur schwer wieder beruhigen. Ein betroffener Säugling wird folglich mehr und länger schreien, was zur Folge haben kann, dass Bezugspersonen mit einem solch „schwierigen" Kind leicht überfordert sind, sich verärgert abwenden und das Kind künftig weniger feinfühlig behandeln. Aufgrund der fortgesetzten Verletzung ihrer Grundbedürfnisse entwickeln solche Kinder zu ihrem „Schutz" v. a. Vermeidungs- und Abwehrverhalten gegen soziale Annäherung und entsprechende neuropsychische Schemata. So erhöht sich ihr Risiko einer Bindungsstörung, die wiederum die Entwicklung psychischer Störungen fördert.

Entwicklung, Ausprägung und Aktivität der genetischen Anlagen sowie die Struktur des *Gehirns* sind also von äußeren Bedingungen und zufälligen Ereignissen abhängig, die das Leben und die Entwicklung der Angehörigen prägen (siehe Abb. 8).

Manche Menschen haben eine genetisch bedingte Anfälligkeit für negative Emotionen und zur leichten Erregbarkeit, die auf dem Serotoninstoffwechsel beruht. Serotonin ist ein körpereigenes Beruhigungsmittel (Tellegen et al., 1988). Wie stark sich diese Veranlagung auswirkt, hängt von der *An- und Abschaltung* der regulierenden Gene durch externe Reize ab. Genetisch bedingte Fehlentwicklungen sind unter anderem

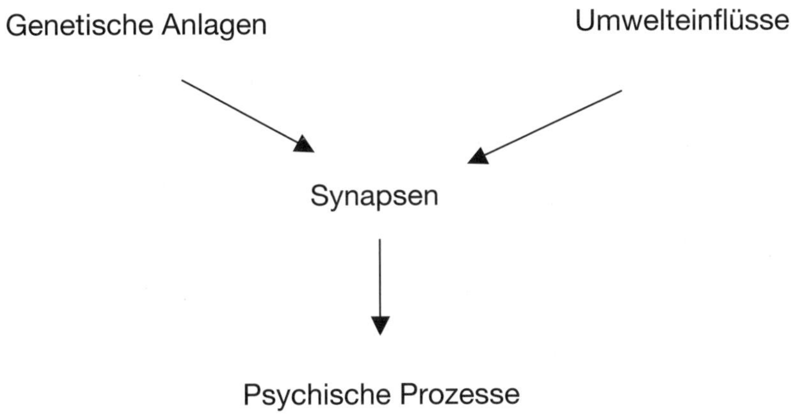

Abb. 8: Anlage, Umwelt und Synapsen (vgl. LeDoux, 2003, 13)

Autismus, eine bereits vor dem dritten Lebensjahr erkennbare psychische Behinderung, sowie Anfälligkeiten für Störungen, die zu Schizophrenie führen können. Psychische Störungen bringen tiefgreifende Störungen der zwischenmenschlichen Beziehungen und Realitätsbezüge mit sich (siehe Kapitel F). Einen erblichen Anteil gibt es u. a. bei der manisch-depressiven (bipolaren) Störung. Genetische Faktoren spielen zudem eine Rolle bei der schweren Depression *(major depression)* sowie bei Angst-, Panik- und phobischen Störungen. Auch bei Aufmerksamkeitsdefizit- und Hyperaktivitätsstörungen wird ein genetischer Anteil angenommen. Unsicher ist, ob erbliche Faktoren bei Suchtproblemen und aggressivem sowie straffälligem (delinquentem) Verhalten eine Rolle spielen. Hier wird eher von einer erhöhten Anfälligkeit für neuropsychische Erregbarkeit und emotionale Irritierbarkeit ausgegangen (Petermann et al., 2004) – die Sucht an sich wäre also ein soziales Verhalten, das allenfalls auf genetischer Disposition beruhen könnte.

2 Frühe Kindheit

Die grundlegenden Strukturen und Regulationsprozesse im Gehirn entwickeln sich bereits vor der Geburt im Mutterleib und in den ersten Lebensjahren. Dieser Prozess ist sehr störanfällig: Macht die Mutter während der Schwangerschaft ungünstige Erfahrungen und erlebt das Kind nach der Geburt unkontrollierbare Frustration grundlegender Bedürfnisse, ist dies regelmäßig von einer Ausschüttung von Stresshormonen begleitet. Durch den damit verbundenen dauerhaft zu hohen Cortisolspiegel wird das Gehirn geschädigt: Das Gewebe des Hippocampus, der für das bewusste Gedächtnis sowie die Orientierung in Raum und Zeit zuständig ist, wird geschädigt und stirbt teilweise ab. Dadurch steigt die Anfälligkeit für überschießende emotionale Reaktionen (Grawe, 2004). Durch die dauernden Bahnungen werden die Synapsen in den beteiligten Hirnregionen immer leitfähiger und entwickeln sich stärker. Bis zum zehnten Monat hat sich so bereits eine dauerhafte neuronale Struktur ausgebildet, die die künftige Reaktionsweise in belastenden Situationen beeinflusst (Bauer, 2002). Bei andauerndem kindlichem Stress wird das Vermeidungssystem im Gehirn immer leichter aktiviert, es kommt zu einer lebenslang erhöhten Anfälligkeit für Stress. Weil diese Fehlentwicklung durch soziale Lebensumstände der Eltern verursacht wurde, spricht man von sozialem Erbe.

Während der Schwangerschaft *(pränatal)* oder bei der Geburt *(perinatal)* wird durch Komplikationen nicht selten das Kind geschädigt, was sich später als besondere Reizbarkeit bemerkbar machen und den Umgang mit ihm erschweren kann (Brisch/Hellbrügge, 2005). Wird nach der Geburt etwa eine stationäre Klinikbehandlung des Kindes oder der Mutter erforderlich, kommt es häufig zu einer Trennung von der Mutter, weil viele Kliniken und Eltern sich bislang noch nicht auf die besonderen Bedürfnisse von Kindern in frühen Entwicklungsstadien eingestellt haben. Bereits dadurch können traumatische *Bindungsverluste* und emotionale Mangelzustände entstehen, die eine Fehlentwicklung der Neuronenverbindungen im Gehirn verursachen und das Immunsystem beeinträchtigen. Denn frühe Stresserfahrungen werden über neuronale Vernetzungen in impliziten Gedächtnissystemen gespeichert. Sie sind nicht erinnerbar, bestimmen aber das Erleben und das Verhalten während des gesamten Lebens maßgeblich. So weisen zum Beispiel Menschen mit frühkindlichen Missbrauchserfahrungen einen geschrumpften Hippocampus auf. Sie leiden unter einer sechsfach erhöhten Stressanfälligkeit und haben häufig Depressionen (Heim et al., 2000). Oft sind sie deshalb schwierig und misstrauisch, ohne dass hierfür ein für Außenstehende ersichtlicher Grund vorliegt.

Eine bewusste Erinnerung an Erfahrungen vor dem dritten Lebensjahr ist unmöglich. Daher lassen sich frühe Erlebnisse auch nicht im Nachhinein „bewusst" machen. Dies heißt aber nicht, dass es für Probleme aus früher Zeit keine therapeutische Hilfe gäbe (siehe Kapitel G). Hat ein Kind mit ungünstigem Temperament oder schlimmen Erfahrungen eine kompetente, feinfühlige Mutter, die sich ihm zuverlässig und regelmäßig liebevoll zuwendet und sich nicht durch sein Schreien irritieren lässt, kann es sich trotzdem noch positiv entwickeln. Bei kurzem HTT-Allel des Serotonin-Transporter-Gens kann eine ausreichende Serotonin-Funktion erreicht werden, wenn optimierte Sozialisationsbedingungen vorliegen: Erlebt das Kind von einem bestimmten Zeitpunkt an positive Bindungs- und Kontrollerfahrungen, kann dies die Entwicklung einer guten Stresstoleranz und positiver neuronaler Regulationsmechanismen gewährleisten. Ein solches Kind kann lebenslang stressresistenter bleiben als eines mit günstigen Erbanlagen und einer weniger fürsorglichen Mutter (Grawe, 2004). Mithilfe besonderer Feinfühligkeitstrainings für Eltern ist es möglich, frühzeitig eine ungünstige Genexpression bei den Kindern zu verhindern und günstige Entwicklungen zu fördern.

Die Entwicklungsbedingungen für Kinder variieren mit den Lebensumständen, Ressourcen und Anfälligkeiten der Familie und beeinflussen dessen Entwicklung als soziales Erbe. Ist ein Kind *unerwünscht*, weil die Mutter zum Beispiel noch zu jung und in der Ausbildung oder mit einem anderen Mann als dem Kindsvater verheiratet ist, steht die Schwangerschaft von Anfang an unter belastenden Vorzeichen. Diese reichen von Konflikten und Selbstzweifeln bis hin zu Gedanken über Abtreibung oder gar Suizid. Fühlt sich die Schwangere unwohl, gerät auch das Ungeborene unter Stress (Scheithauer et al., 2002). Auch durch Frühgeburten entstehen Stress und Risiken für Mutter und Kind. Im Jahr 2004 kamen 48.983 Kinder zu früh zur Welt (6,9 Prozent; DESTATIS, 2006a). Der Anteil von Frühgeborenen an den Totgeburten beträgt 30 Prozent und an der Säuglingssterblichkeit 70 Prozent (Friese et al., 2000). Das Risiko einer Frühgeburt steigt durch Infektionen, reproduktionsmedizinische Behandlung, höheres Alter der Mutter, Mehrlingsschwangerschaften und Fehlbildungen der Gebärmutter. Auch bestimmte Verhaltensweisen der Mutter wie erhöhter Kaffeekonsum oder der Genuss von Drogen und Nikotin sind riskant. Weitere ungünstige Entwicklungsbedingungen sind zum Beispiel Partnerkonflikte der Mutter, Ablehnung der Schwangerschaft, Krisen und schwierige soziale Verhältnisse (von Sydow/Ullmeyer, 2001). Zudem erleiden viele Frühgeborene Blutungen im Gehirn, was zu lebenslanger Behinderung führen kann (Friese et al., 2000).

Ungünstig stehen auch die Entwicklungschancen, wenn Kinder *unerwünschte Merkmale* aufweisen: Kommt zum Beispiel ein Mädchen zur Welt, obwohl ein Stammhalter gewünscht war, oder anstelle eines Mädchens (abermals) ein Sohn, wird das Kind oft in die bevorzugte Geschlechtsrolle hineingedrängt. Auf diese Weise wird es daran gehindert, sich gemäß der eigentlichen Geschlechtsrolle zu entwickeln. Betroffene Kinder sind anfälliger für Selbstablehnung und Minderwertigkeitsgefühle (Petermann/Petermann, 2002; Kaiser, 2007).

Haben Eltern zwei oder mehr Kinder, wird oft eine stärkere elterliche Aufgabenverteilung vorgenommen. Das führt leicht dazu, dass die Mutter in der Familie weniger zufrieden ist, vor allem wenn die Kooperation des Vaters zu wünschen übrig lässt. Kreppner fand in einer Langzeitstudie (1989) heraus, dass Mütter bei mangelnder väterlicher Kooperation ihren Kindern gegenüber deutlich unwirscher und gereizter reagierten. Kooperative Väter dagegen wirkten für die Kinder als günstiges Vorbild und bereicherten die familiären Beziehungen. Die Zufriedenheit der Eltern wächst dann allmählich wieder, wenn die Kinder sich mehr miteinander beschäftigen und Mutter und Vater entlastet werden (vgl. Papastefanou, 2002). Dies wiederum kommt auch den Kindern zugute.

Wie neuere Untersuchungen generell gezeigt haben, ist es kaum möglich, die Kinder in einer Familie gleich zu behandeln. Das hängt weniger von der Absicht der Eltern als von der für jedes Mitglied unterschiedlichen psychologischen Konstellation in der Familie ab. Beeinflusst wird diese unter anderem von der Erwünschtheit und dem Geschlecht, von Aussehen und Persönlichkeit des Kindes und von der Situation in der Familie. Eine Familie, die gerade um einen nahen Angehörigen trauert, wendet sich zum Beispiel einem gerade geborenen Kind meist weniger freudig und liebevoll zu. Ein solches Kind hat damit schon schlechtere Startchancen (Schepank, 1987, 1996).

Während der Entwicklung im Mutterleib hat das Kind alle Sinne grundsätzlich ausgebildet. Es kann sehen, hören, schmecken, riechen – vor allem fühlen. Ein Neugeborenes ist zum Beispiel in der Lage, auf etwa 20 Zentimeter scharf zu sehen. Dies entspricht etwa dem Abstand zum mütterlichen Gesicht beim Saugen an der Brust. Zunächst sind alle Sinne darauf ausgerichtet zu prüfen, ob die Grundbedürfnisse befriedigt werden. Ist eines nicht befriedigt, fühlt sich das unangenehm an (zum Beispiel Hunger), das Kind schreit. Wird es hochgenommen und gestillt, tut ihm dies gut, es beruhigt sich und macht gute Erfahrungen mit seinen Bezugspersonen. Damit werden die Eltern nach und nach Auslöser für Wohlbefinden, weil das Kind bereits gelernt hat, bestimmte Gesichter, Gerüche und Bewegungen mit wohligen Erfahrungen zu verbinden. Erhält das Kind neben solchen Befriedigungen interessante Anregungen, entwickeln sich seine Fähigkeiten immer schneller. Sehr förderlich wirkt es, mit dem Kind während der täglichen Pflege ausgiebig und liebevoll zu sprechen und ihm beispielsweise zu erläutern, was mit ihm geschieht, was man ihm anzieht oder mit ihm macht. Am meisten profitieren Kinder, wenn dies in immer derselben Weise behutsam und mit fließenden Bewegungen geschieht (Grawe, 2004; Kaiser, 2007).

Die Wiederholung von *Ritualen* bei Betreuung und Versorgung vermitteln ein Gefühl der Vertrautheit und Verlässlichkeit, das für die Entwicklung von *Bindung* und *Urvertrauen* wichtig ist. Steht das Kind mehrmals täglich im Zentrum der Aufmerksamkeit seiner Eltern, kann es sich wichtig genommen fühlen und allmählich Selbstwertgefühl entwickeln. Zeigt ein Kind sein Behagen, wirkt das zugleich als Belohnung für die Eltern, die sich ihrerseits bestätigt fühlen dürfen und damit in ihrer Achtsamkeit gefördert werden. Hat das Kind einen sicheren Rückhalt, erkundet es von sich aus zunehmend seine Umgebung und probiert etwa neue Bewegungsarten aus. Dabei braucht es keine Hilfe, nur Aufsicht, damit es sich nicht verletzt. So erfährt es durch Experimentieren und Erkunden Bestätigung und entwickelt neue, immer komplexere Fertigkeiten. Dies betrifft auch den eigenen Körper, wenn das Kind zum Beispiel die Rückenlage verlassen und die Umgebung aus der Bauchlage oder krabbelnd erkunden kann (Pikler, 1997). Im Folgenden werden wir uns die Grundbedürfnisse genauer ansehen, die bereits für die frühe Entwicklung bedeutsam sind.

Grundbedürfnisse und Entwicklung

Das Bedürfnis nach Orientierung und Kontrolle

Das Bedürfnis nach Orientierung und Kontrolle ist in der frühen Entwicklungsphase wichtig, um die Atmung und die körperliche Unversehrtheit abzusichern, um nicht erdrückt zu werden oder zu ersticken. Handlungsspielraum ist wiederum wichtig, um zum Beispiel an die Mutterbrust zu gelangen (Epstein, 1993). Erfährt ein Kind vor allem im frühen Alter, dass es möglich ist, den Eltern die eigenen Bedürfnisse verständlich zu machen, entwickelt sich allmählich ein *Kohärenzgefühl,* das sich auf die Überschaubarkeit, Sinnhaftigkeit und Kontrolle des Lebens bezieht (vgl. Erikson, 1973; Antonovsky, 1997). Dadurch ergeben sich angenehme Erfahrungen und ein gutes Selbstwirksamkeitsgefühl (Kompetenzbewusstsein). Ein Säugling ist ja darauf angewiesen, dass feinfühlige Eltern seine Bedürfnisse anhand seiner Äußerungen erkennen und befriedigen. Nur mit ihrer Hilfe kann das Baby negative Zustände wie Unlust, Schmerz, Angst, Schwäche oder Kälte bewältigen. Misslingt dies, stellen sich Gefühle von Hilflosigkeit und Kontrollverlust ein. Auch Verletzungen anderer Grundbedürfnisse bedeuten Kontrollverlust (Grawe, 2004).

Macht das Kind von Anfang an befriedigende lustbetonte Erfahrungen, die kongruent mit seinen Bedürfnissen etwa nach Geborgenheit und Nähe, Sättigung und Wärme sind, entwickelt sich ein *Urvertrauen* in die Welt. So können positive Modelle über das Selbst, das Leben und die Umwelt entstehen (Erikson, 1973).

Das Bedürfnis nach Lustgewinn und Unlustvermeidung

Die grundlegenden physiologischen Bedürfnisse nach Nahrung, Flüssigkeit, Aufrechterhaltung der Körpertemperatur und -funktionen haben gemeinsam, dass ihre Befriedigung mit

Gefühlen der Lust, ihre Verletzung mit Unlust verbunden ist. Das für positive Befriedigung zuständige neuropsychische Annäherungssystem ist unter anderem im linken dorsolateralen präfrontalen Cortex (PFC) sowie im linken ventromedialen PFC repräsentiert (siehe Kapitel A3, Abb. 1). Für eine optimierte Reizleitung sorgt dabei das Dopamin, das sogleich eine angenehme Erregung hervorruft und den Verstärkungswert hat, den man früher den Belohnungen selbst zugeschrieben hat. Das Dopamin-System wird heute als Grundlage der intrinsischen Motivation angesehen (siehe Kapitel A4).

Das für negative Emotionen und Vermeidungsverhalten zuständige Vermeidungssystem ist in verschiedenen Hirnregionen wie dem rechten dorsolateralen präfrontalen Cortex (PFC), dem rechten ventromedialen PFC, in der Amygdala, im Hypothalamus, sympathischen Nervensystem und Circularcortex angesiedelt. An der Ausprägung des Vermeidungs- und des Annäherungssystems wirken verschiedene Gene mit, was sich auf Temperament und Persönlichkeitseigenschaften auswirkt. Das Annäherungssystem liefert wesentliche Grundlagen für soziale Aufgeschlossenheit (Extraversion), das Vermeidungssystem steht im Zusammenhang mit emotionaler Irritierbarkeit und einer Neigung zu negativen Emotionen (Grawe, 2004). Dies wirkt sich bereits bei Neugeborenen aus, die störanfälliger sind und dann stärker mit negativen Emotionen reagieren. Solche Kinder sind schwieriger im Umgang, tendieren eher zu Bindungsstörungen und später zu ungünstigem Selbstwertgefühl sowie psychischen Störungen. Diese Gefahren scheinen jedoch korrigierbar, wenn die Mütter sich feinfühlig genug verhalten. Hiefür gibt es spezielle Trainingsprogramme (Grawe, 2004; Brüggemann, 2006).

Das Bedürfnis nach Selbstbestätigung

Verletzungen von Bindungs- und Kontrollbedürfnissen beeinflussen die Entwicklung des Selbstbildes sehr. Dies lässt sich aus der starken Neigung zur Selbstabwertung von Personen schließen, die als Kinder Entbehrungserfahrungen machen mussten. Sie ziehen sich sogar aus Beziehungen zurück, in denen sie positive Rückmeldung erhalten, und versuchen, ihr Negativbild beständig zu bestätigen (Baumeister, 1991). Kinder, die aufgrund früher Bindungserfahrungen unsicher sind, vermitteln ihren Bezugspersonen wenige Erfolgserlebnisse im Umgang, was diese leicht mit Ablehnung quittieren. Dies trägt wiederum zu einem zunehmend negativen Selbstbild des Kindes bei (Schütz, 2000). Menschen mit niedrigem Selbstwertgefühl neigen später dazu, sich durch Identifikation mit erfolgreichen Vorbildern, Kollektiven oder Ideologien aufzuwerten (Brown, 1993).

Das Bedürfnis nach Bindung

Bindung bedeutet enge, mit intensiven Gefühlen einhergehende Beziehungen zu wenigen anderen Menschen, die dauerhaft, exklusiv und nicht austauschbar sind (Bowlby, 1991). Dieses angeborene Bedürfnis erfüllt eine lebenswichtige Funktion und gewährleistet Schutz und Sicherheit. Solange die vertrauten Eltern Schutz und Sicherheit geben, überwiegen Neugierverhalten und die Zuwendung zur Umgebung. Bei drohender Gefahr suchen Kleinkinder Schutz bei den Eltern. Sie lassen sich durch Nähe und Körperkontakt schnell beruhigen und können dann erneut ihre Umgebung erforschen. Dieses Verhalten ist überlebensrelevant und wurde in vielen Kulturen nachgewiesen (Gloger-Tippelt, 2002). Zuständig dafür ist ein angeborenes Bindungssystem im Gehirn, das sich während des ersten Lebensjahres entwickelt und darauf ausgerichtet ist, dass der Säugling zu seinen Hauptbezugspersonen eine intensive emotionale Bindung aufbauen kann (Brisch/Hellbrügge, 2005). Diese zeigt sich in konkreten Verhaltensweisen und Signalen, die das Kind mit seinen Eltern in Verbindung bringt, wie Weinen, Hinterherkrabbeln, Umarmen. Die Strategien zur Sicherung von Schutz und Nähe werden sehr früh verinnerlicht und sind bereits im Alter von etwa sieben bis acht Monaten erkennbar. Die englische Entwicklungspsychologin Mary Ainsworth hat in Hausbeobachtungen das Bindungsverhalten von einjährigen Kindern zu ihren Eltern studiert (Ainsworth et al., 1978). Man unterscheidet heute zumeist folgende Bindungsstile, die sich lebenslang auswirken:

- sicherer Bindungsstil,
- unsicher-vermeidender Bindungsstil,
- unsicher-ambivalenter Bindungsstil,
- desorganisierter oder desorientierter Bindungsstil.

Die Untersuchungsergebnisse zu diesen Bindungstypen wurden in vielen Längsschnittstudien im Wesentlichen bestätigt (Brisch/Hellbrügge, 2005).

Bindungsbeziehungen sind auf einige wenige Bezugspersonen beschränkt. Die Bindungsqualität zur Mutter und zum Vater kann durchaus unterschiedlich sein. Kinder bauen zu Mutter und Vater gleichermaßen Bindungsbeziehungen auf, *wenn* der Vater langfristig regelmäßig Betreuungsaufgaben übernimmt (Howes, 1999).

Das Bindungsverhalten des Kindes ist eng auf die Qualität der elterlichen Fürsorge bezogen. Haben die Eltern selbst einen unsicheren Bindungsstil und leiden sie unter psychischen Störungen, insbesondere schweren Depressionen, erlebt das Kind nur selten eine ausgeglichene und entspannte Atmosphäre, Zufriedenheit und Geborgenheit. Bei Aufregung wird es nicht durch den beruhigenden Einfluss der Mutter besänftigt, stattdessen empfindet es oft ein hohes negatives Erregungsniveau. Es versucht durch Schreien sichere Nähe herzustellen, ist dabei jedoch kaum erfolgreich und macht zu oft frustrierende Erfahrungen (Grawe, 2004). Die Mutter gerät ihrerseits unter Stress, fühlt sich überfordert und wird ärgerlich auf ihr nerviges Kind. Auf beiden Seiten kommt es zu Missstimmung, die sich gegenseitig hochschaukelt.

Die emotionalen Erfahrungen in der Bindungsbeziehung zu den Eltern führt zur Bahnung entsprechender neurophysiologischer Regelkreise, die sich allmählich zu *neuropsychischen Schemata* verfestigen (Bauer, 2002; Grawe, 2004). Dabei können Fehlsteuerungen im Gehirn auftreten. Wenn die neuronalen Erregungsmuster negativer Emotionen immer wieder aktiviert werden, bahnen sich neuronale Netzwerke, die die Betroffenen zunehmend stärker für negative Emotionen sensibilisieren (Grawe, 2004).

Wie Sie bereits erfahren haben, können Eltern, die selbst Bindungsstörungen haben, ihren Kindern keine warmherzige Bindungserfahrung vermitteln. So fand sich in einer Londoner Langzeitstudie bei 75 Prozent der Fälle eine Übereinstimmung zwischen den Bindungsstilen der Eltern und ihrer Kinder (van Ijzendoorn, 1995).

Eltern mit sicherem Bindungsstil haben in der Regel auch Kinder mit sicherer Bindung. Dagegen finden sich bei Eltern mit unsicher-distanziertem Bindungsmodell häufig unsicher gebundene Kinder, weil sie nicht in der Lage sind, emotionale Belastungen und Wünsche nach Nähe bei ihren Kindern wahrzunehmen und darauf einzugehen. Wird das Bindungsbedürfnis nicht erfüllt, löst das beim Kind eine Daueraktivierung dieses Bedürfnisses und eine immer stärkere Alarmierung aus. Mehrmalige Frustration führt zu Resignation und Abwendung von der Bezugsperson oder zu Vermeidung von bindungsbezogenen Situationen.

Bindungsgestörte Mütter sind häufig in ihre eigene Geschichte verstrickt. Idealisierung, Wut und Abhängigkeitsgefühle gegenüber ihren eigenen Eltern vermischen sich. Manche Mütter schaffen es mithilfe eines unterstützenden Partners, auch schlechte Erfahrungen in das innere Modell ihrer Lebensgeschichte und ihr Selbstbild zu integrieren. Kompetente und autonome Mütter dagegen haben ein stimmiges Bild der Beziehung zu ihren eigenen Eltern, in der ihre kindlichen Gefühle wahrgenommen und akzeptiert wurden. Durch positive wie negative Bindungserfahrungen und Lebensereignisse wie Trennungen und Verluste kann sich das ursprüngliche Bindungsmodell später in eine andere Richtung verschieben. Der verinnerlichte Bindungsstil verfestigt sich jedoch im Lauf der Entwicklung und wird zu einem Persönlichkeitsmerkmal, das mitbestimmt, wie zwischenmenschliche Beziehungen ausgewählt und gestaltet werden.

Zwischen neun und 13 Monaten nimmt der Umgang mit Gegenständen im *Spiel* zu. So wird die Umwelt erkundet, um sich ein Bild davon zu machen.

Zusammenfassung

Das menschliche Erbe erstreckt sich nicht nur auf genetische Erbinformationen, sondern auch auf das so genannte soziale Erbe. Darunter sind sämtliche äußeren Einflüsse zu verstehen. Beide Facetten verschalten sich im Lauf der Entwicklung des Menschen und lösen neuropsychische Prozesse aus. Aufgrund der genetischen Anlagen und sozialer Erfahrungen entwickelt und verändert sich das menschliche Gehirn fortwährend. Ungünstige Veranlagung und ungünstige Entwicklungsbedingungen können dabei zu psychischen Störungen führen.

Schon für die frühe Entwicklung des Menschen sind die im Gehirn angelegten Grundbedürfnisse nach Orientierung und Kontrolle, nach Lustgewinn und Unlustvermeidung, nach Selbstbestätigung und Bindung wichtig. Diesen kommt eine besondere Bedeutung zu, denn Verletzungen der Grundbedürfnisse bilden die Basis für spätere Probleme im Umgang mit anderen Menschen.

3 Kindheit

Kleinkind- und Vorschulalter

Im zweiten und dritten Lebensjahr wird ein Kind nach und nach in die menschliche Gemeinschaft eingeführt. Im zweiten Jahr fängt es an, besser zu laufen, das Längenwachstum verlangsamt sich etwas und die Muskeln kräftigen sich. Das Skelett wird stabiler und erlaubt eine immer bessere Körperbeherrschung (Joswig, 2006). Mit zunehmender Beweglichkeit kann das Kind seine Umgebung immer besser erkunden, was die kognitive Entwicklung (Denken und Sprache), die soziale, motivationale und die Spielentwicklung fördert. Das Denken entwickelt sich vom zunächst anschaulich-handelnden Denken in konkreten Situationen zu einem Denken am Ende des zweiten Lebensjahres, das auf Vorstellungen (Bilder, zunehmend auch Schemata und Symbole) fußt. Am Ende des dritten Lebensjahres kann ein Kind bereits Situationen beurteilen und vorausschauend denken. In dieser *voroperatorischen Phase* ist das Denken durch unangemessene Verallgemeinerungen und ausgeprägten Egozentrismus gekennzeichnet, was erst durch Erfahrungen mit unterschiedlichen Sichtweisen im sozialen Austausch mit anderen überwunden wird (Piaget, 1969).

Entwicklungsphase	Entwicklungsaufgaben
Frühe Kindheit (0–2 Jahre)	• Bindungsaufbau • Sensumotorische Intelligenz und schlichte Kausalität • Motorische Funktionen
Kindheit (2–4 Jahre)	• Motorische Selbstkontrolle • Sprachentwicklung • Phantasie und Spiel • Aufbau motorischer Fertigkeiten
Frühes Schulalter (5–7 Jahre)	• Entwicklung der Geschlechtsrolle • Erwerb moralischer Kategorien • Handlungskompetenz • Spielen in Gruppen

Abb. 9: Entwicklungsaufgaben in der Kindheit

Denken, Sprache, Spiel und soziale Beziehungen entwickeln sich Hand in Hand. Jetzt hat das Kind bereits gelernt, Mehrwortsätze zu bilden und Wahrgenommenes zu benennen. Mit etwa vier Jahren beherrscht das Kind die wesentlichen Satzkonstruktionen seiner Muttersprache.

Etwa ab dem 13. Monat beginnt das Spielen mit Spielzeugen, das bis zum Vorschulalter vorherrscht und danach allmählich abnimmt. Im vierten Lebensjahr beginnt das Kind kooperativ mit anderen Kindern zu spielen. Die *sozialen Beziehungen* entwickeln sich von einer vorwiegenden Eltern-Kind-Beziehung hin zu situativ aufgenommenen Beziehungen zu anderen Kindern. Die Erfahrungen dabei tragen zur weiteren Differenzierung von Entwicklung und Persönlichkeit bei (Oerter/Montada, 2002; Petermann et al., 2004).

Im Vorschulalter tritt ein Wachstumsschub ein, Arme und Beine wachsen relativ schnell, der Rumpf wird schlanker, die Taille bildet sich heraus. Die Proportion des Kopfes zum Körper und die Gesichtsproportionen verändern sich, das Kind verliert die Milchzähne. Aufgrund von Erfahrungen mit

Gütemaßstäben in Konkurrenzsituationen ist das Kind immer besser in der Lage, Regeln zu verstehen und Leistungserwartungen realistischer einzuschätzen. Spiele nach Regeln und in Rollen (Vater/Mutter, Indianer usw.) dienen auch der Entwicklung eigener Modellvorstellungen, Vorsätze und Ziele. Das Kind richtet sich bereits an einfachen ethischen Normen aus. Im Rahmen der sozialen Entwicklung lernt es, Kontakte aufzunehmen und sich in Gruppen einzuordnen (Joswig, 2006).

Grundschulalter

Die Schule stellt nicht nur Anforderungen, sondern leistet auch einen wichtigen Beitrag zur Förderung der Entwicklung. Eine späte Einschulung wirkt sich nachteilig aus (Oerter/Montada, 2002). Von nun an werden Wissen, Fertigkeiten und Umwelterfahrungen neu geordnet; bisher erworbenes Wissen wird aus dem vertrauten Erfahrungskontext herausgelöst und in einen übergreifenden Zusammenhang gestellt. Dabei sind Erwerb und Differenzierung der Sprache von besonderer Bedeutung. Das Kind lernt immer mehr, Begriffe nach ihren Merkmalen zu bestimmen. Während ein Gegenstand früher nach Zweck und Verwendung benannt wurde, erfolgt dies jetzt anhand speziellerer Merkmale, die ein Objekt kennzeichnen. Zum Ende der Grundschulzeit werden Begriffen bereits Kategorien zugeordnet, zum Beispiel: Kühe sind Säugetiere. In dieser Phase der *konkreten Denkoperationen* differenzieren sich die Wahrnehmungsleistungen und werden zunehmend analytisch. Das Wissen wird immer reichhaltiger und detaillierter geordnet. Infolge der körperlichen Entwicklung verbessert sich außerdem die körperliche Geschicklichkeit bei Spiel und Sport.

Die neue gesellschaftliche Stellung als Schulkind bedeutet für das Kind eine Aufwertung und bestätigt sein Selbstwertgefühl. Das *Selbstbild* verfeinert sich mit den Erfahrungen in den unterschiedlichen Fächern bereits im ersten Schuljahr. Mädchen machen ihre Selbsteinschätzung eher vom Urteil der Eltern, Jungen eher von eigenen Erfahrungen und der Erwartung künftiger Erfolge abhängig. Immer stärker wirken sich auch die Rückmeldungen der Lehrer auf die Selbsteinschätzung der Schüler aus. Orientiert sich der Lehrer am Durchschnitt, ist dies für viele Kinder nicht ermutigend. Sie profitieren mehr davon, wenn sie Genaueres über ihre individuellen Fortschritte erfahren (Oerter/Montada, 2002). Die Erfahrungen in der Schulzeit mit unterschiedlichem Erfolg in einzelnen Fächern und Bereichen des sozialen Lebens tragen allmählich zu einem generalisierten Selbstbild bei (siehe Kapitel A6). Dieses insgesamt positive Erlebnis fördert sowohl die Lern- als auch die Leistungsmotivation. Die Einordnung in den Klassenverband regt neue Erfahrungen und die Entwicklung sozialer Kompetenzen an. In der Klasse und im Umgang mit Gleichaltrigen – den so genannten *peers* – lernt das Kind, seine Modellvorstellungen und sein Selbstbild mit anderen abzugleichen. Dabei werden Qualitätskriterien für soziales Verhalten entwickelt. Dies setzt sich aus den folgenden Fähigkeiten zusammen:

- Soziale Sensibilität,
- Entschlüsselung von Signalen im zwischenmenschlichen Umgang,
- Abschätzung der eigenen Handlungsfolgen,
- Angemessene Reaktion auf andere.

Späte Kindheit

Zwischen dem neunten und zwölften Lebensjahr ist das Kind im mittleren Schulalter. In seiner Entwicklung vollzieht sich allmählich der Übergang vom empirischen Denken zum theoretischen Denken (von der konkret-operationalen zur formaloperationalen Phase; Piaget, 1969). Kategorisierendes Denken wird immer geläufiger, Wahrnehmung und Denken lösen sich von der konkreten Anschauungsgrundlage. Das Kind beherrscht nun Grundfertigkeiten wie Lesen, Schreiben und Rechnen und wird im Alltag immer selbstständiger. Dabei klafft die Schere zwischen dem förderlichen Umfeld eines bildungsbürgerlichen Elternhauses mit seinen vielfältigen Anregungen einerseits und den Defiziten in reizarmen Unterschichtmilieus andererseits zunehmend auseinander. Wie unter anderem die PISA-Studien gezeigt haben, werden viele Schüler aus weniger privilegierten Familien in der Schule nicht genügend gefördert, um den Vorsprung der begünstigten Kameraden aufholen und die Voraussetzungen für den Besuch weiterführender Schulen erwerben zu können (Prenzel, 2005).

Bei den meisten Kindern entwickeln sich zunehmend Neigungen und Interessen für bestimmte Fächer und Themengebiete. Sie können jetzt schon recht gut einschätzen, was sie sich selbst zutrauen dürfen. Ihr Kompetenzbewusstsein (Selbstwirksamkeitserleben) ist entsprechend ausgebildet. Allmählich werden die Kinder selbstständiger und lösen sich vom Elternhaus. Gleichaltrige gewinnen an Bedeutung, Einstellungen zu sozialen Gruppen und moralische Standards bilden sich aus (Oerter/Montada, 2002).

Gehen Mädchen und Jungen anfangs noch eher getrennte Wege, bewegen sich die Geschlechter im Lauf der Pubertät allmählich aufeinander zu. Je weniger Geborgenheit das Elternhaus vermittelt und je geringer die Funktionsfähigkeit der Familie, desto früher suchen Kinder außerhalb der Familie danach. Hierzu gehen sie vor allem Paarbeziehungen ein und werden deshalb früher sexuell aktiv, ein wichtiger Hintergrund für so genannte Teenager-Schwangerschaften. Die elterliche Zuwendung fehlt und zu Hause finden kaum Gespräche statt. Daher sind Kinder aus solchen Familien über die sexuelle Reife, Sexualität und Familienplanung schlechter informiert und nehmen sich selbst und ihr Wohlbefinden weniger wichtig. Einschlägigen Studien zufolge haben Kinder aus Trennungsfamilien ein weniger positives Bild von Partnerschaft und vom anderen Geschlecht. Sie erwarten von Beziehungen weniger und rechnen eher mit einem Scheitern (Fthenakis, 1998).

Zusammenfassung

Die Kindheit umfasst das Kleinkind- und Vorschulalter, das Grundschulalter sowie die späte Kindheit. In diesen Phasen entwickelt sich das Kind nicht nur körperlich, sondern auch sozial. Die Bedeutung der Eltern als alleinige Bezugspersonen nimmt langsam ab, das Kind orientiert sich immer mehr an Gleichaltrigen, wodurch sich soziale Identität und das Selbstwertgefühl entwickeln. Die Leistungen des Gehirns werden zunehmend analytisch. Darüber hinaus lernt das Kind, sensibel auf andere zu reagieren, den zwischenmenschlichen Umgang zu gestalten sowie die Folgen des eigenen Handelns abzuschätzen. In der späten Kindheit ist das Kind schließlich in der Lage, sein Verhalten zu abstrahieren und theoretisch zu überdenken.

4 Jugendalter

Wegen der früher einsetzenden Pubertät geht die Kindheit heute früher in das Jugendalter über, das sich insgesamt über einen Zeitraum von etwa zehn Jahren erstreckt. In diesem Zeitraum laufen qualitativ wie quantitativ sehr heterogene Entwicklungsprozesse ab. Zur differenzierten Betrachtung unterscheidet man drei Phasen (Oerter/Montada, 2002):

- Frühe Adoleszenz (elf bis 14 Jahre),
- Mittlere Adoleszenz (15 bis 17 Jahre),
- Späte Adoleszenz (18 bis 21 Jahre).

In diesen Phasen fallen spezifische Entwicklungsaufgaben an (Havighurst, 1982). Wie angesprochen, fungieren Entwicklungsaufgaben als Bindeglieder zwischen individuellen Bedürfnissen und gesellschaftlichen Anforderungen. Die Adoleszenz fordert vielfältige Bewältigungsleistungen von den Jugendlichen. Dabei kommt es sowohl auf die Resultate früherer Entwicklungsphasen in der Kindheit als auch auf die Auseinandersetzung mit künftigen Anforderungen an. Zu den Entwicklungsaufgaben im Jugendalter gehören:

- Aufbau eines Freundeskreises,
- Annehmen der körperlichen Veränderungen und des eigenen Aussehens,
- Aufnahme enger/intimer Beziehungen,
- Ablösung vom Elternhaus,
- Orientierung auf Schule und Beruf,
- Auseinandersetzung mit Modellvorstellungen über Partnerschaft und Familie,
- Entwicklung des Selbstbildes,
- Entwicklung eines weltanschaulichen Standpunkts,
- Entwicklung von Zukunftsvisionen.

In der körperlichen Entwicklung erfolgt ein Wachstumsschub, bei Mädchen mit etwa zwölf Jahren, bei Jungen mit 14 bis 15 Jahren. Beine und Arme wachsen etwas früher als der Rumpf, was zu den alterstypischen schlaksigen, ungelenken Bewegungen führt. Der Körper erscheint in seinen Proportionen wenig harmonisch. Die Hauptveränderungen liegen in der Geschlechtsreifung und der hormonalen Umstellung.

Die körperlichen Veränderungen werden von den Jugendlichen psychisch reflektiert. Dies löst Verunsicherungen aus, die aber nach und nach konstruktiv gelöst werden. Jugendliche lernen im Alter bis etwa 14 Jahre allmählich, sich aus der Perspektive anderer zu sehen. Sie beziehen Vergangenheit und Zukunft in ihre Selbstbetrachtung ein und entwickeln eigenständige Lebens- und Zukunftsperspektiven. Die Jugendlichen beginnen, sich von ihren Eltern zu lösen und immer öfter Beziehungen zu Gleichaltrigen beiderlei Geschlechts aufzunehmen. Diese sind noch nicht sehr intensiv und beständig. Eigene Interessen stabilisieren sich. Dem Lernen begegnen Jugendliche häufig mit eher gemischten Gefühlen; die schulischen Anforderungen stoßen vielfach auf Widerstand, und dieses bei Jungen noch häufiger als bei Mädchen. Diese Diskrepanz legt sich allmählich, wenn Schulabschlüsse und Übergänge in andere Schulformen oder das Berufsleben anstehen. Parallel dazu entwickeln sich Persönlichkeit und kognitive Fähigkeiten. Das Denken in Möglichkeitsszenarien und die Fähigkeit zur Abstraktion in unterschiedlichen Bedeutungszusammenhängen bilden sich aus. Die Jugendlichen fangen an, über ihre eigenen Denkweisen sowie in verschiedenen Dimensionen und Bedeutungszusammenhängen nachzudenken. Damit verbessert sich zugleich die Qualität der Aufnahme und Verarbeitung von Informationen, was für die Anforderungen des Erwachsenenlebens qualifiziert (Oerter/Montada, 2002).

Da sich im Jugendalter viele Anforderungen stellen, während Persönlichkeit und Kompetenzen noch nicht gefestigt sind, benötigen Jugendliche Geborgenheit und Unterstützung der Familie und von anderer Seite. Ist ein Jugendlicher emotional irritierbar und fehlen ihm Kompetenzen und Beistand, erhöht sich das Risiko für *Fehlentwicklungen*. Diese zeichnen sich als riskantes Verhalten im Sport oder im Straßenverkehr, in Alkohol- und Drogenkonsum sowie im Sexualverhalten ab. Ungeschützter Geschlechtsverkehr und geringe Sorgfalt bei der Partnerwahl kommen bei Jugendlichen mit belasteter Entwicklung wesentlich häufiger vor (Oerter/ Montada, 2002). In extremen Fällen kommt es sogar zur *Selbsttötung*. Sie ist bei männlichen Jugendlichen dritthäufigste Todesursache und geschieht häufiger als zum Beispiel tödliche Verkehrsunfälle. Dafür neigen junge Mädchen stärker zum *Suizidversuch* (Deutsche Gesellschaft für Suizidprävention, 2006).

Junge Menschen brauchen also die Zuwendung Erwachsener, die jedoch feinfühlig genug auf die spezifischen Autonomiebedürfnisse bei noch zerbrechlichem Selbstwertgefühl eingehen müssen. Störrischkeit und provokantes Verhalten sind Ausdruck der eigenen Unsicherheit und sollten von Erwachsenen nicht als Angriff, sondern als Hinweis auf die momentane Befindlichkeit und Bedürfnislage des Jugendlichen verstanden werden (siehe Kapitel E). Man sollte vielmehr wertschätzend gegenüber der persönlichen Würde reagieren und empathisch auf die Widerstände eingehen, sich an Regeln und Grenzen zu halten. Druck hingegen führt nur zur Eskalation der Probleme.

Zusammenfassung

Das Jugendalter gliedert sich in drei Phasen, in denen neben körperlichen auch verschiedene psychische und soziale Entwicklungsstufen durchlaufen werden. Jugendliche bauen ihre soziale Identität, ihre Persönlichkeit und Geschlechtsrollenidentität stärker aus. Um die damit verbundenen Anforderungen bewältigen zu können, benötigen sie Unterstützung von engen Bezugspersonen, die sie leichter annehmen können, wenn sie in früheren Entwicklungsstadien bereits positive Bindungserfahrungen gemacht haben.

5 Frühes Erwachsenenalter

Das frühe Erwachsenenalter (auch späte Jugendphase oder Post-Adoleszenz genannt) ist eine Phase, in der wesentliche Grundlagen für das weitere Leben als Erwachsener gelegt werden. Die Berufsausbildung ist entweder schon beendet oder erfolgt in Form eines Studiums. Der Beginn des Berufslebens nach der Ausbildung und die zunehmende Professionalisierung bringen jeweils spezifische Herausforderungen in Form neuer Entwicklungsaufgaben mit sich. Hand in Hand mit der Ablösung vom Elternhaus verselbstständigen sich die Beziehungen außerhalb der Familie, um letztendlich eine eigene Paarbeziehung einzugehen und gegebenenfalls eine Familie zu gründen.

Partnerschaft und Familie

Partnerschaft und Familie sind für die meisten Menschen die wichtigsten Sinnquellen im Leben. In einer Befragung von Friedrich W. Busch und Wolf-Dieter Scholz (2006) hielten zum Beispiel die meisten der mehr als 2.000 Probanden „romantische Liebe" für die elementare Grundlage einer Partnerschaft. Fast zwei Drittel strebten eine kirchliche Trauung an, eine spätere Scheidung wurde nicht grundsätzlich ausgeschlossen. Die Mehrzahl wünschte sich zwei Kinder. Wer zu zweit oder mit Kindern zusammenlebt, wird von den Probanden allgemein als Familie angesehen. Diese Lebensform genießt in allen Spielarten eine hohe Wertschätzung. Als Kriterien für eine gute Ehe gelten Toleranz, gegenseitiger Respekt, die Bereitschaft, sich gegenseitig verzeihen zu können, sowie emotionale und sexuelle Treue, aber auch ein partnerschaftliches Verhältnis, das der Frau eine eigene Berufskarriere ermöglicht.

Im frühen Erwachsenenalter werden bestehende Paarbeziehungen weiter vertieft, und im Lauf der Zeit gründen die meisten dann eine Familie. Ist dies nicht möglich oder erscheint es nicht wünschenswert, erfolgt eine Neuorientierung. Als Zwischen- und Erprobungsphase leben die meisten Paare heute zunächst unverheiratet zusammen. Etwa ein Viertel der von Rosemarie Nave-Herz (2002) befragten Partner, die in nichtehelichen Lebensgemeinschaften lebten, gaben an, einen *anderen* als den derzeitigen Partner heiraten zu wollen. Dabei blieb fraglich, wie offen die Partner über dieses Arrangement gesprochen hatten. Ein weiteres Viertel trennte sich, nur ein kleiner Teil lehnte eine formale Eheschließung prinzipiell ab. Der Rest wollte heiraten, wenn Kinder gewünscht oder unterwegs waren.

Entscheidend für den Erfolg einer Paarbeziehung ist die *Partnerwahl*, bei der Weitsicht dringend nötig ist (siehe Kapitel C4). Ist dann ein Partner gefunden, stellen sich neue Herausforderungen, weil die Beziehung ausgebaut und vertieft werden muss. Modellvorstellungen über das Zusammenleben, über Werte und Normen, aber auch über Interessen, Haushalt und Alltagsfragen werden abgeglichen und die Herkunftsfamilie sowie Freunde des Partners oder der Partnerin in das eigene Beziehungsgefüge integriert. Dabei spielen Persönlichkeit sowie Kompetenzen bezüglich effektiver Kommunikation und Situationsbewältigung, aber auch die familiale Funktionsfähigkeit der Herkunftsfamilien eine entscheidende Rolle. Der *Übergang zur Elternschaft* bringt meist eine Übergangskrise mit sich: Auch Paare mit einer guten Beziehung sind vor allem im ersten Halbjahr nach der Geburt des ersten Kindes durch die damit verbundenen Herausforderungen und Belastungen deutlich weniger zufrieden mit ihrer Paarbeziehung (von Sydow et al., 2001). Auf die Herausforderungen durch eine Partnerschaft im Allgemeinen kommen wir noch ausführlich zu sprechen (siehe Kapitel C5).

Arbeitsleben

Auf das Arbeitsleben als zweiten wichtigen Lebensbereich werden junge Erwachsene bereits früh vorbereitet. Sie erleben in Kindheit und Jugend, dass Erwachsene arbeiten und wie sich dies für sie persönlich und für die Familie auswirkt. Neigungen und Begabungen für bestimmte Berufe werden in der Familie oft über Generationen hinweg weitergegeben und gepflegt. Haltungen und Basiskompetenzen für das berufliche Leben wie Gewissenhaftigkeit, Pünktlichkeit, Zuverlässigkeit oder Flexibilität werden sowohl in der Familie wie in der Schule bereits früh vermittelt (Hoff, 2002). Wie sehr der individuelle Berufsweg von strukturellen und arbeitsmarktpolitischen Gegebenheiten abhängt, zeigt sich, wenn viele Schulabgänger, die eine Lehrstelle suchen, erleben müssen, dass sie nicht den gewünschten Beruf erlernen können. Vielmehr müssen sie nehmen, was ihnen angeboten wird. In vielen Studien wurde deutlich, wie stark sich die Merkmale des Arbeitslebens auf die biopsychosoziale Gesundheit des Einzelnen auswirken. Je weniger autonom, je restriktiver und belastender die Arbeitsbedingungen sind, umso schlechter fallen der Gesundheitszustand von Arbeitnehmern und ihre Prognose aus (zusammenfassend Hoff, 2002). Je anspruchsvoller und anregender eine Tätigkeit, desto günstiger ist dies für die Entwicklung der Persönlichkeit, der Motivation sowie berufsbezogener und sozial-kultureller Interessen.

Gerade im frühen Erwachsenenalter müssen oft widerstreitende berufliche und familiale Anforderungen in Einklang gebracht werden. Gründen junge Erwachsene eine Familie und haben kleine Kinder, stellen meistens die Frauen ihre berufliche Entwicklung zurück und konzentrieren sich erst auf ihre Schwangerschaft und danach auf das Kind. Gesellschaft und Arbeitswelt nehmen auf die Bedürfnisse junger Familien mit kleinen Kindern traditionell wenig Rücksicht. Doch wenn es den Kindern an beständiger verlässlicher Zuwendung mangelt, drohen Bindungsstörungen. Die bereits erörterten neueren Erkenntnisse aus Psychologie und Neurobiologie zur vor- und nachgeburtlichen Entwicklung (vgl. Petermann et al., 2004; Grawe, 2004; siehe Kapitel A4, B1) legen im Interesse des Kindeswohls nahe, Schwangeren und jungen Eltern genügend Schonraum und materielle Absicherung zu bieten. Denn dann könnten sie sich nicht nur ohne Stress, sondern in möglichst guter Stimmung und Verfassung intensiv ihren Kindern widmen. Kinder brauchen *beide* Eltern, und junge Mütter wollen verständlicherweise beruflich nicht den Anschluss verlieren. Wenn die Gesellschaft, die nun einmal auf psychisch stabile, gesunde Kinder angewiesen ist, in deren Entwicklung investieren will, sollte sie jungen Eltern und Betrieben mehr Anreize bieten, Arbeitszeiten und Arbeitsbedingungen stärker an den Bedürfnissen der Familien auszurichten. In Kulturen, in denen Eltern ihre kleinen Kinder ständig mit sich herumtragen und nicht im Kinderwagen isolieren oder in Fremdbetreuung geben, gibt es kaum Kindergeschrei und weniger Bindungsstörungen.

Zusammenfassung

Im frühen Erwachsenenalter legen die Menschen den Grundstein für ihr restliches Leben. Die Beziehungen zu anderen Personen außerhalb der Herkunftsfamilie vertiefen sich, die Herkunftsfamilie wird verlassen und gegebenenfalls eine eigene dauerhafte Paarbeziehung mit Familiengründung angestrebt. Hieraus beziehen die meisten Menschen Lebenssinn. Die größte Herausforderung im frühen Erwachsenenalter ist die Partnerwahl, bei der die Beziehungs- und Bindungsfähigkeit erneut eine bedeutsame Rolle spielt. In dieser Phase werden zudem die für das Erwachsenenleben wichtigen beruflichen Weichen gestellt.

6 Mittleres und höheres Erwachsenenalter

Das mittlere Erwachsenenalter bringt für die meisten Menschen viele Veränderungen mit sich: Die Lebensperspektive verschiebt sich, das Leben, das noch vor einem liegt, wird kürzer; die eigenen Eltern sterben, Erwachsene gehören allmählich selbst zur älteren Generation (Höpflinger/Perrig-Chiello, 2001). Ursprüngliche berufliche und familiale Vorhaben müssen realistischeren Zielen weichen oder bringen nicht die erwartete Befriedigung.

Eine regelhaft eintretende kritische Phase stellt die Menopause bei der Frau dar. Mit ihr beginnt eine neue Form der Auseinandersetzung mit den Grenzen der eigenen Existenz und der körperlichen Leistungsfähigkeit. Bei Frauen ist der soziale Status stärker als bei Männern mit körperlicher Attraktivität verbunden, daher bringt der mit körperlichen Veränderungen verbundene Alterungsprozess für sie oft einen Statusverlust mit sich. Da die Menschen heute langsamer altern, ist das Freizeit- und Konsumverhalten oft bis ins vierte Lebensjahrzehnt jugendlich-dynamisch. Lässt sich diese Lebensweise nicht mehr durchhalten, entstehen leicht Bedrohungsgefühle, da man mit der eigenen Endlichkeit konfrontiert wird. Dies kann sich zur *Midlife Crisis* entwickeln (Höpflinger/Perrig-Chiello, 2001).

Biographische Festlegungen

Das mittlere Erwachsenenalter zeigt darüber hinaus, wie weit wir es beruflich gebracht haben und voraussichtlich noch bringen werden. Meist sind die entscheidenden Weichen bis zur Mitte des vierten Lebensjahrzehnts gestellt. Die einen rücken in gesellschaftliche Spitzenpositionen auf und sehen sich auf dem Höhepunkt ihres Lebens. Allerdings bringt der berufliche Erfolg nicht die Erfüllung aller Wünsche, sondern muss oft genug mit Einbußen und Rückschlägen in Partnerschaft und Familie sowie Gesundheitsrisiken bezahlt werden. Die anderen bleiben auf ihrer beruflichen und gesellschaftlichen Stufe oder verlieren sogar ihren Status. Vor allem Arbeitslosigkeit oder ökonomisch bedingte betriebliche Veränderungen können sich schnell auf die beruflichen Perspektiven auswirken. Ist eine berufliche Neuorientierung nötig, wird auf dem Arbeitsmarkt das fortgeschrittene Alter gegenüber jüngeren Konkurrenten schnell zum Nachteil. Diese Risiken sind bei der Lebens- und beruflichen Karriereplanung zu berücksichtigen.

Auch im familialen Bereich verringern sich die Chancen einer Neuorientierung. Mit der Wahl des Lebenspartners ist der weitere Verlauf des Lebens wegen der schnell entstehenden psychischen, sozialen und materiellen Bindungen meist langfristig festgelegt (siehe Kapitel C4, C5). Dies gilt selbst dann, wenn die Beziehung nicht sonderlich befriedigt. Die Möglichkeiten, um eine nicht optimale Paarbeziehung durch offensives persönliches Bemühen aktiv zu verbessern, werden leider nur selten erkannt und genutzt (siehe Kapitel C, F). Ist die Unzufriedenheit in der Beziehung größer, fällt den Betroffenen oft nur ein Partnerwechsel als Lösung ein, ohne dass dabei die weit reichenden Risiken und Nebenwirkungen für Kinder, Gesundheit und Lebenserwartung berücksichtigt werden (Kaiser, 2007). Scheidungen kommen in der Nachelternphase, wenn die Kinder aus dem Hause sind, am zweithäufigsten vor (DESTATIS, 2006b).

In dieser Lebensphase sinkt allmählich die physische Leistungsfähigkeit und die körperliche Anfälligkeit nimmt zu, was nicht selten zu spürbaren Schäden und Beeinträchtigungen führt. Dabei machen sich Unterschiede in der bisherigen Lebensweise deutlich bemerkbar. Zu Beginn des mittleren Erwachsenenalters ist die gesundheitliche Verfassung zwar besser als zehn Jahre später, psychisch fühlen sich die Jüngeren jedoch weniger gut als die Älteren. François Höpflinger und

Pasqualina Perrig-Chiello (2001) stellten in einer Vergleichsstudie fest, dass in späteren Lebensphasen vermehrte körperliche Beschwerden durch ein erhöhtes psychisches Wohlbefinden ausgeglichen werden. Dieser Prozess verstärkt sich mit zunehmendem Lebensalter noch.

Am weitesten verbreitet sind heutzutage Krankheiten des Herz-Kreislauf-Systems, Krebsleiden sowie psychische Störungen. Diese sind zwar nicht ausschließlich, so doch wesentlich durch die Lebensweise und die familiale Lebensqualität bedingt oder beeinflusst (zum Beispiel Hurrelmann et al., 2004). Viele Menschen erkennen diese Zusammenhänge jedoch zu spät oder wollen sie nicht wahrhaben, weil dadurch geliebte Gewohnheiten infrage gestellt werden könnten. Leider sind die wenigsten Ärzte genügend psychologisch geschult und motiviert, um sich in wirksamer Weise mit den Widerständen auseinanderzusetzen, die Patienten verspüren, wenn sie ihre Lebensweise verändern sollen. Die Umstellung unseres Gesundheitswesens von einer kurativen Orientierung hin zur Gesundheitsförderung ist noch lange nicht vollzogen (siehe Kapitel E).

Wie wir sehen, wird das Leben mit zunehmendem Alter durch die einmal getroffenen Festlegungen bezüglich Gesundheit, Beruf, Partnerschaft usw. immer stärker bestimmt; mit jeder Entscheidung werden Alternativen ausgesondert (Höpflinger/Perrig-Chiello, 2001). Altern ist so gesehen stets die Anhäufung von Erreichtem einerseits und die Konsequenz aus nicht genutzten Gelegenheiten andererseits.

Im mittleren Erwachsenenalter werden auch wesentliche Weichen für die späteren Lebensphasen gestellt. Zugleich sind wichtige Übergänge, die mit der Lebenszufriedenheit und dem Familienzyklus zu tun haben, zu bewältigen (Höpflinger/Perrig-Chiello, 2001). In Deutschland erhöht sich das demographische Gewicht dieser Altersgruppe, die nächsten Jahrzehnte werden mit einer starken demographischen Alterung der Erwerbsbevölkerung einhergehen. Damit ändern sich

Status und Perspektiven älterer Arbeitnehmer auf dem Arbeitsmarkt: Die Betriebe werden mangels Nachwuchs vermehrt auf ältere, erfahrene Mitarbeiter angewiesen sein. Dadurch verbessern sich die Möglichkeiten für die immer aktiveren Älteren, länger im Beruf zu bleiben und sich Status und Sinnbefriedigung zu erhalten. Diese Entwicklung ist indes auch bei der Gestaltung beruflicher Fort- und Weiterbildung sowie bei der beruflichen Neuorientierung zu berücksichtigen.

Frauen mittleren Alters sind immer häufiger berufstätig, scheiden aber oft jenseits des 50. Lebensjahres durch Arbeitslosigkeit und Krankheit aus dem Berufsleben aus. Die Einkommenssituation verbessert sich mit zunehmendem Alter oft, da sich das Geld auf weniger Personen im Haushalt verteilt. Dabei geht ein niedriger Ausbildungsstatus zumeist auch mit geringerem Einkommen einher, während ein hoher Bildungsstatus nicht notwendigerweise mit mehr Geld verknüpft ist. So sind im Erwachsenenalter die Einkommensunterschiede bei höher Gebildeten am stärksten ausgeprägt (Höpflinger/Perrig-Chiello, 2001).

In dieser Lebensphase beobachten wir relativ häufig als Folge von Krankheit und Krisen, vor allem nach einer Scheidung oder durch Arbeitslosigkeit, eine Perspektivlosigkeit der Betroffenen. Das Risiko, im mittleren Alter arbeitslos zu werden, hängt stark mit dem Bildungsgrad zusammen. Gute familiale Integration senkt es wiederum.

François Höpflinger und Pasqualina Perrig-Chiello (2001) unterscheiden vier Hauptformen von Lebensweisen im mittleren Erwachsenenalter:

1. Eine traditionelle Lebensweise, verbunden mit guter sozialer Integration und ökonomischer Absicherung;
2. eine postmoderne Lebensweise, die von hoher sozialer und ökonomischer Integration sowie unkonventionellen Lebensformen wie Wochenend-/Fernbeziehungen bei Doppelkarrierepaaren gekennzeichnet ist;

3. eine Lebensweise, die mit sozialer und familialer Integration, aber eher schwacher sozioökonomischer Stellung einhergeht;
4. eine Lebensweise, bei der ein sozioökonomisch eher desintegrierter Status vorherrscht.

Eine ökonomische Benachteiligung führt bei guter sozialer Integration nicht notwendigerweise zu gesellschaftlicher Ausgrenzung. Zerbrechen Partnerschaft und Familie, muss dies nicht zwangsläufig einen sozialen Abstieg auslösen, sondern kann gerade im mittleren Alter zu unkonventionellen Lebensformen anregen. Treffen aber ökonomische Not und der Zerfall familialer Bindungen zusammen, die sich wechselseitig zu verstärken vermögen, so trägt dies gerade in dieser Lebensphase leicht zum sozialen Abstieg bei.

Generationenbeziehungen

In den mittleren Jahren, meistens im fünften und sechsten Lebensjahrzehnt, verlassen die Kinder das Elternhaus, viele gründen eine eigene Familie. Sobald die Kinder ausziehen, verändert sich auch die Lebenssituation der Eltern. Die Partner sehen sich auf ihre Paarbeziehung zurückgeworfen, für Alleinerziehende bedeutet dies ein Singledasein. Vor allem für Hausfrauen und Mütter geht mit dem Auszug des Nachwuchses eine wichtige Rollenaufgabe und damit eine Sinnquelle verloren (Kaiser, 2007). Dies wird jedoch nur dann zum Problem, wenn die Betroffenen ihre Kinder nicht loslassen können und sich keine anderen Sinnquellen erschließen.

Da die Lebenserwartung steigt, ist die nachelterliche Phase heute immer öfter die längste Lebensphase. Dabei werden Beziehungen zwischen den Generationen immer wichtiger und häufiger, da mit den sinkenden Kinderzahlen auch weniger Geschwister in einer Familie leben. Eltern mittleren Alters werden allmählich Großeltern und sind meist wichtige Bezugspersonen für ihre Enkel, vor allem wenn sich Eltern und Großeltern gut verstehen (BMFSFJ, 2001). Nach Erhebungen des Deutschen Zentrums für Altersfragen betreuen etwa 21 Prozent der Frauen und 15 Prozent der Männer zwischen 40 und 85 Jahren im Schnitt 35 Stunden monatlich ihre Enkelkinder und schenken diesen jährlich etwa 22 Milliarden Euro (DZA, 2002; Künemund/Motel 2000).

Viele Erwachsene haben selbst im fünften und sechsten Lebensjahrzehnt zumindest noch einen Elternteil (meistens die Mutter). Je älter die alten Eltern werden, desto mehr Verpflichtungen kommen auf die erwachsenen Kinder zu. Marc Szydlik (2002) fand in diesem Zusammenhang heraus, dass die meisten Mütter und Töchter eng zusammenhalten, Väter und Söhne etwas seltener. In Deutschland leben nach einer Erhebung des Deutschen Zentrums für Altersfragen (2002) etwa 1,4 Millionen Pflegebedürftige in Privathaushalten. Darüber hinaus benötigen etwa drei Millionen Menschen Hilfe im Alltag. 15 Prozent der Frauen und acht Prozent der Männer pflegen Angehörige, bei 51 Prozent der Betreuenden handelt es sich um Eltern oder Schwiegereltern. Bei großer räumlicher Entfernung besteht Entfremdungsgefahr, weil die Kinder oftmals weit entfernt leben und ihre Eltern nicht pflegen können oder wollen. Als Anreize für Kontakt und beziehungsförderlich haben sich generell vor allem finanzielle Unterstützung von Seiten der Alten sowie eine zu erwartende Erbschaft erwiesen.

François Höpflinger und Pasqualina Perrig-Chiello (2001) befragten Menschen mittleren Alters, was sie in ihrem bisherigen Leben als das Positivste erlebt haben. Genannt wurden die Großelternschaft, die erste große Liebe, die Heirat sowie – bei Frauen – Schwangerschaft und Geburt der Kinder. Eher ambivalent fanden die Befragten das Altern, die Menopause sowie den Auszug der Kinder. Am negativsten wurden die Pflegebedürftigkeit der Eltern und deren Tod – der oft eine kritische Lebenssituation auslöst, da er stark und für längere

Zeit bewegte – bewertet. Trotz teilweise einschneidender Ereignisse empfand die Mehrheit die mittlere Lebensphase doch insgesamt als eher befriedigend.

Frauen und Männer mittleren Alters leben mehrheitlich in Kleinfamilien oder Paarhaushalten, haben jedoch meist regen Kontakt zu außerhalb lebenden Kindern und den eigenen Eltern und Verwandten (multilokale Mehrgenerationenfamilie). Komplexere Haushaltsformen, zum Beispiel mehrere Generationen unter einem Dach, haben in dieser Lebensphase an Bedeutung verloren. Geschlechtsspezifische Unterschiede in Bezug auf Sterblichkeit und Wiederverheiratung führen im späteren Erwachsenenalter (erneut) zu markanten und sich vergrößernden Unterschieden, was die Haushaltsform von Männern und Frauen angeht. Alleinleben im mittleren Lebensalter ist bei Männern tendenziell eher mit beruflich-sozialem Außenseitertum verbunden, während hochqualifizierte Frauen in dieser Lebensphase eher allein leben. Auffällig ist, dass vor allem gut ausgebildete Frauen im mittleren Alter oft kinderlos bleiben, weil sie ein traditionelles Mutterrollenbild verinnerlicht haben und es ihnen nicht möglich erscheint, Familie und qualifizierte Berufstätigkeit zu vereinbaren (Onnen-Isemann, 2006).

Nach Auffassung der meisten Forscher ist die Lebensmitte nicht zwangsläufig als krisenhaft anzusehen. Vielmehr hängt die Bewertung des mittleren Alters davon ab, welche Bewältigungsstrategien und Ressourcen verfügbar sind. Wichtig ist auch die Flexibilität, mit der Veränderungen begegnet wird (Rathsmann-Sponsel/Sponsel, 2004).

Zusammenfassung

Im mittleren Lebensalter stehen viele Menschen zwischen der jüngeren und der älteren Generation: Sie erleben, wie ihre Kinder selbst Eltern werden und sie selber in die Großelternrolle wechseln. Zugleich übernehmen sie zunehmend Verantwortung, teils für ihre alten Eltern, teils für Enkel. Zugleich ziehen sie die erste Bilanz ihres Lebens und fragen sich zum Beispiel: „Was habe ich beruflich, was privat erreicht?" oder „Welchen Status habe ich?" Zunehmend wird vielen klarer, dass nicht mehr alle Lebenschancen offenstehen und dass einige Weichen definitiv gestellt sind. Die physische Leistungsfähigkeit sinkt und die körperliche Anfälligkeit steigt. Eine geringe Lebenszufriedenheit kann in die so genannte Midlife-Crisis münden.

7 Das Alter

Das Alter ist die letzte Lebensphase, die meist mit dem Ausscheiden aus dem Erwerbsleben beginnt und mit dem Tod endet. Die meisten Menschen treten im siebten Lebensjahrzehnt in den Ruhestand und haben dann durchschnittlich noch etwa zwei Jahrzehnte zu leben (siehe Abb. 10). Entgegen früheren Auffassungen, dass im Alter nur Fähigkeiten abgebaut werden, gehen wir heute von einem Entwicklungsprozess im Alter aus, in dem Kompetenzen ab-, aber auch noch neue aufgebaut werden. Gerade in der letzten Lebensphase stellt sich die Frage, wie die Lebensqualität möglichst optimiert werden kann.

Durchschnittliche weitere Lebenserwartung					
Sterbetafel			**2001/2003**	**2002/2004**	**2003/2005**
Alter 0	Männer	Jahre	75,59	75,89	76,21
	Frauen	Jahre	81,34	81,55	81,78
Alter 20	Männer	Jahre	56,27	56,55	56,85
	Frauen	Jahre	61,87	62,07	62,28
Alter 40	Männer	Jahre	37,12	37,37	37,63
	Frauen	Jahre	42,28	42,46	42,66
Alter 60	Männer	Jahre	19,84	20,05	20,27
	Frauen	Jahre	23,92	24,08	24,25
Alter 65	Männer	Jahre	16,07	16,26	16,47
	Frauen	Jahre	19,61	19,77	19,94
Alter 80	Männer	Jahre	7,14	7,24	7,35
	Frauen	Jahre	8,57	8,64	8,72

Abb. 10: Lebenserwartung in Deutschland (DESTATIS, 2006)

Altern, Geschlecht und Lebenserwartung

Die Lebenserwartung ist in den Industrieländern weiter gestiegen und beträgt bei im Jahr 2005 geborenen Mädchen durchschnittlich circa 82, bei Jungen 76 Jahre. Heute 60-jährige Frauen haben die Aussicht, noch gut 24 Jahre zu leben, Männer noch 20 Jahre. Dass die Lebenserwartung von Frauen höher ist, wird vor allem mit der besseren physischen Belastbarkeit des weiblichen Organismus sowie mit weniger beruflicher Belastung und geringerer Unfallhäufigkeit erklärt. Besonders gefährliche und anstrengende Berufe wie Soldat, Seemann, Bergmann, Bauhandwerker usw. werden ja vorwiegend von Männern ausgeübt. Wer aus solchen Risikogruppen das siebte Lebensjahrzehnt überhaupt erreicht, hat eine geringere Lebenserwartung, da dann schon meist Belastungsfolgen eingetreten sind. So werden Bauarbeiter im Schnitt 63 Jahre, während Akademiker deutlich länger leben als der Bevölkerungsdurchschnitt. Vor allem Geistliche werden im Schnitt fünf Jahre älter. Auch Ingenieure, Ärzte und Lehrer haben gute Aussichten, während Chemiker, Künstler, Psychologen und Journalisten unter den Akademikern am kürzesten leben. Bei der Lebenserwartung spielt zudem die Einkommenssituation eine wichtige Rolle: Bei 60-jährigen Männern aus der untersten und der obersten Einkommensklasse zeigt sich ein Unterschied von 13 Jahren (DESTATIS, 2006; *Die Zeit*, 2006). Dabei sind die unterschiedlichen gesundheitlichen Belastungen in einzelnen Berufen von Bedeutung. Bewegungsmangel, Rauchen, Alkoholkonsum, vor allem aber Stress wirken sich auf das Krankheitsrisiko und die Lebenserwartung aus.

Geistige Leistungsfähigkeit

Die Ergebnisse einer großen amerikanischen Studie zur Intelligenzentwicklung im Alter (Schaie, 1995) zeigten, dass bei den Teilnehmern zwischen dem 60. und 75. Lebensjahr immerhin bei mehr als der Hälfte kein Leistungsverlust in Intelligenztests zu erkennen war. Bei knapp zehn Prozent ließ sich sogar eine Leistungssteigerung nachweisen. Neuere Erkenntnisse aus der Berliner Altersstudie lassen allerdings den Schluss zu, dass die Studienteilnehmer nach dem 80. Lebensjahr fast ausnahmslos einen signifikanten Rückgang ihrer geistigen Leistungsfähigkeit hinnehmen mussten (Baltes/Montada, 1996): Nur etwa fünf Prozent der über 90-Jährigen übertrafen die 70-Jährigen. Obwohl sie schneller an Grenzen stoßen, sind die meisten Älteren noch in der Lage, ihre kognitiven Leistungen zu steigern, indem sie üben, differenzieren und neue Denkstrategien erwerben. Gleichwohl zeigen sich Verluste bei Schnelligkeit und Genauigkeit der Informationsverarbeitung, des Denkens und des Gedächtnisses.

Die Wahrnehmungsgeschwindigkeit sinkt mit zunehmendem Alter zwar, doch in anderen Intelligenzbereichen wie dem *induktiven Denken* (Regelerkennung aus Einzelfällen) wird das maximale Niveau überhaupt erst im fünften Lebensjahrzehnt erreicht. Alte Menschen nutzen zu selten Gedächtnisstrategien, mit denen sie die reduzierte Kapazität des Arbeitsgedächtnisses ausgleichen könnten, sodass die Informationsverarbeitung langsamer erfolgt. Dabei scheinen zudem hirnorganische Veränderungen eine Rolle zu spielen, aber bei krankhaften Veränderungen im Gehirn sind die kognitiven Einbußen nicht groß. Derartige Verluste werden oft wettgemacht durch den über Jahrzehnte angesammelten Erfahrungsschatz und ein vielfältiges Wissen, was klare Vorteile gegenüber weniger versierten Jüngeren schafft (Freund/Baltes, 2002). Die Erfolge mit *kognitiven Trainings* haben vielfach gezeigt, dass alte Menschen sehr wohl in der Lage sind, ihre geistige Leistungsfähigkeit noch zu entwickeln oder Einbußen wettzumachen.

Bis etwa zum 80. Lebensjahr wächst die *Weisheit* alter Menschen. Damit wird ein Wissen über die existenziellen Aspekte des Lebens bezeichnet, das von reflektierter Lebenserfahrung getragen wird und ausgewogene Urteile zu komplexen Problemen der Lebensführung ermöglicht. Um herauszufinden, wie weise ein Mensch ist, haben Paul B. Baltes und seine Mitarbeiter eine differenzierte Prozedur entwickelt (Baltes/Staudinger, 2000): Dabei werden den Probanden verschiedene schwierige Lebenssituationen geschildert, zu denen sie Bewältigungsvorschläge formulieren müssen. Diese Vorschläge werden von mehreren trainierten Beurteilern anhand eines Kriterienkatalogs eingestuft. Nach dem 80. Lebensjahr kommt es auch hier altersbedingt zu deutlichen Einschränkungen.

Körperliches Altern

Die für das Alter typischen Krankheiten gibt es unter anderem, weil sie bisher von der Evolution nicht ausgesondert wurden. In früheren Zeiten sind die meisten Menschen gar nicht ins Greisenalter gekommen, sondern im Durchschnitt im vierten Lebensjahrzehnt gestorben. Das in unserem Genom enthaltene biologische Potenzial verschlechtert sich mit zunehmendem Alter, da es ein biologisch programmiertes Verfallsdatum gibt, das beim Menschen circa 130 Jahre beträgt (Baltes, 2003). Das längere Leben bringt mehr Krankheiten mit sich, weil die Evolution uns weniger gut mit der Fähigkeit ausgestattet hat, Alterskrankheiten zu bewältigen. Nur etwa zwei Drittel der hinzugewonnenen Zeit wird daher von den Betroffenen als „gut" bewertet, ein Drittel eher als „schlecht". Je älter der Einzelne wird, umso mehr Unterstützung braucht er. Allerdings hilft diese mit zunehmendem Alter immer weniger, da sich die körperliche Verfassung stetig verschlechtert. Dies kann auch durch individuelle Anstrengungen nur begrenzt wettgemacht werden. Die Flexibilität des Körpers nimmt ab und die Krankheitsanfälligkeit *(Morbidität)* steigt. Ein immer größerer Teil der Ressourcen muss eingesetzt werden, um die eigene Funktionsfähigkeit aufrechtzuerhalten und wiederzugewinnen. Um denselben Lerngewinn wie früher zu erzielen, muss ein alter Mensch zum Beispiel wesentlich mehr Ressourcen einsetzen. Die Auswirkungen können aber zum Beispiel durch

Trainings oder förderliche Lebensformen erheblich verzögert und die Lebensqualität erhöht werden.

Lebensinhalte im Alter

Die traditionelle Einteilung des Lebens in eine Bildungs-, Partner-/Familien- und parallel Berufsphase sowie den Ruhestand wird zunehmend infrage gestellt. Die demographische Entwicklung trägt dazu bei, dass immer mehr alte Menschen noch lange fit sind und auch im Alter arbeiten, sich bilden und am gesellschaftlichen Leben teilnehmen wollen. So ist zum Beispiel das Pensionierungsalter für Professoren bereits auf 68 Jahre hinaufgesetzt worden. Die generelle Abschaffung einer Altersgrenze fürs Arbeiten wird in manchen Ländern bereits praktiziert. Nicht vergessen werden darf jedoch, dass die Altersgrenze auch dem Schutz des Einzelnen dient, weil sie nicht nach öffentlich objektivierbaren Bewertungskriterien der Leistungsfähigkeit verlangt. So muss nach einem arbeitsreichen Leben nicht nachgewiesen werden, dass man nicht mehr in der Lage ist, seinen Beruf auszuüben (Baltes, 2003).

Die Pensionierung wird oft geradezu als Schock erlebt, da Status und Autorität verloren gehen. Die Betroffenen halten sich für nutzlos und überflüssig, sie fühlen sich in ihrem Selbstwertgefühl beeinträchtigt (Textor, 2006). Die neue Rolle des Pensionärs zu akzeptieren und in das Selbstbild einzufügen fällt oft schwer. Der Alltag, alte Beziehungsdefinitionen und die gewohnte Arbeitsteilung mit dem Partner verändern sich wesentlich. Beide Partner müssen lernen, sich neu aufeinander einzustellen und sich neue Sinnquellen zu erschließen. Zum Beispiel übernehmen nach der Pensionierung viele ältere Menschen Aufgaben in der Gesellschaft und engagieren sich ehrenamtlich in Verbänden, Kirchengemeinden oder Vereinen.

Bleibt die Frau weiterhin für die Haushaltsführung zuständig und dringt der Mann in ihre Zuständigkeitsbereiche ein, kann dies zu Konflikten und einem Machtgefälle führen. Mit körperlichem Abbau und nachlassender Attraktivität besteht die Gefahr der *Ent-Erotisierung* der Paarbeziehung, was durch das gesellschaftliche Klischee der asexuellen Alten gefördert wird.

Oft wird ein Partner krank und ist auf Versorgung angewiesen. Alte Menschen werden häufig unbeweglicher und sind damit mehr an das Haus gebunden. Viele bleiben trotz zunehmender Beschwerden so lange wie möglich im eigenen Haushalt, um ihre Unabhängigkeit zu bewahren. Dies kommt auch dem Selbstbewusstsein und dem Erhalt der Kompetenzen zugute (Textor, 2006).

Die meisten alten Menschen pflegen enge Beziehungen zu Angehörigen. Sie beaufsichtigen zum Beispiel ihre Enkel, verschenken Geld und Immobilien oder stellen eine Erbschaft in Aussicht. Etwa zwei Drittel der über 65-Jährigen haben regelmäßig Kontakt zu ihren Angehörigen. Dabei ist die Beziehung zu den Töchtern meist enger als die zu den Söhnen, und Großmütter engagieren sich mehr als Großväter. Dennoch wird von allen Beteiligten meistens kein zu enger Kontakt gewünscht.

Viele der 70- bis 85-Jährigen pflegen ihre (Ehe-)Partner (45 Prozent). Dabei geht es oftmals um eine Betreuung rund um die Uhr, der durchschnittliche Zeitaufwand ist daher in dieser Altersgruppe fast doppelt so hoch wie bei den Jüngeren (DZA, 2002). Zudem spielt die Betreuung der Enkelkinder eine wichtige Rolle. Fast ein Fünftel der bis 85-Jährigen und fast ein Viertel (24 Prozent) der 55- bis 69-Jährigen übernehmen diese Aufgabe. Die Dauer reicht dabei von ganzen Tagen bis zur kurzen Beaufsichtigung einmal im Monat. Einem Anteil von 21 Prozent Frauen bei den 40- bis 85-Jährigen stehen lediglich 15 Prozent Männer gegenüber (DZA, 2001).

Da alte Menschen meistens weniger kontaktfreudig sind und mit zunehmendem Alter immer mehr Freunde und Verwandte sterben, dünnen sich die sozialen Kontakte allmählich aus. So fühlen sich viele Seniorinnen und Senioren einsam. Wird ein verkleinerter Freundes- und Bekanntenkreis noch akzeptiert, so ist es für viele alte Menschen sehr belastend, wenn ihre Kinder und Enkel weit entfernt leben oder sich ihnen nur selten zuwenden.

Lebensqualität

Die Lebensqualität im Alter wird vor allem durch vier Faktoren bestimmt (Esslinger/Heppner, 2006):

1. Physische Verfassung,
2. Soziale Beziehungen,
3. Psychisches Wohlbefinden,
4. Die Funktionsfähigkeit des Organismus.

Im Vordergrund steht, auch im Alter möglichst lange selbstständig leben zu können. Dies erfordert, dass die eigenen Möglichkeiten gefördert und Einschränkungen ausgeglichen werden. Hierzu sind geeignete Strategien notwendig, um die anstehenden Herausforderungen in diesem Lebensabschnitt zu bewältigen *(Coping)*. In einer Langzeitstudie konnte Wolf D. Oswald (1998) zeigen, wie sich durch eine Kombination aus Gedächtnistraining und körperlichem Training die Selbstständigkeit im Alter länger erhalten lässt. Gedächtnisleistung und körperliche Fitness fördern psychisches wie körperliches Wohlbefinden.

Gesundheitliche Faktoren spielen in allen genannten Bereichen der Lebensqualität eine wichtige Rolle. Die körperliche Verfassung zum Beispiel wird unter anderem durch Übergewicht, falsche Ernährung oder Suchtverhalten beeinflusst. Veränderungen der sozialen Beziehungen ergeben sich im Lauf des Lebens aufgrund der Rollen, die man eingenommen hat (zum Beispiel NS- oder Stasi-Vergangenheit), oder kritischer Lebenssituationen (Scheidung, Arbeitslosigkeit etc.). Auf die gesundheitlichen Bedingungsfaktoren kommen wir in Kapitel E noch ausführlich zu sprechen. Je nach sozialer Geschicklichkeit und Kommunikationsfähigkeit, die zum Beispiel wiederum von ausreichender Hör- und Sehfähigkeit abhängt, können leichter oder schwerer soziale Kontakte gestaltet und gepflegt werden. Eine gute soziale Integration wirkt Einsamkeit und Isolation entgegen. Demgegenüber kann das psychische Wohlbefinden durch kritische Lebenssituationen und Belastungen, Altersdepression oder Altersdemenz leiden. Die Funktionsfähigkeit des gesamten Organismus beruht auf der geistigen Leistungsfähigkeit und der körperlichen Widerstandsfähigkeit. Sie kann durch Aktivitäten des täglichen Lebens, soziale Begegnungen und ermutigende Erfolgserlebnisse in Gang gehalten werden (Hurrelmann et al., 2004).

Eine ganze Reihe von Studien hat ergeben, dass sich Menschen mit zunehmendem Alter biologisch, hinsichtlich ihrer Denk- und Intelligenzleistungen, ihrer Persönlichkeit und ihrer sozialen Kompetenzen immer stärker unterscheiden (Freund/Baltes, 2002). Die durchschnittliche Lebenszufriedenheit scheint den Ergebnissen der Berliner Altersstudie zufolge allerdings nicht geringer zu sein als bei Jüngeren. Ermittelt man jedoch ein Gesamtprofil des Wohlbefindens, ergeben sich im Alter eine Reihe kleiner Einzelveränderungen, die sich negativ addieren. Über 85-Jährige berichten – vor allem, wenn sie in Heimen leben – seltener von positiven Emotionen und von stärkerer äußerer Kontrolle. Obwohl die körperlichen Beschwerden offensichtlich zunehmen und sie häufiger allein sind, fühlen sich ältere Menschen im Großen und Ganzen ähnlich zufrieden wie jüngere. Das hat auch damit zu tun, dass sich alte Menschen den Veränderungen bei Gesundheitszustand sowie geistiger Leistungsfähigkeit anpassen, indem sie ihr Anspruchsniveau abwandeln (zum Beispiel denken sie an Altersgenossen, die schlechter dastehen). Eine andere Strategie besteht darin, sich anderen Lebensbereichen oder anderen Themen zuzuwenden (akkommodativ-flexibler Stil; Freund/Baltes, 2002).

Die meisten älteren Menschen haben bereits verschiedene Krankheiten durchlebt, die dann chronisch werden. Oft müssen sie mit mehreren gesundheitlichen Problemen fertig werden, die individuell bewältigt, aber auch professionell behandelt werden müssen (Multimorbidität; Brenner et al., 2002). Wie der Einzelne mit seinen Anfälligkeiten und Beeinträchtigungen zurechtkommt, hängt stark davon ab, wie gut er über Gesundheit und Krankheit informiert ist. Nur mit dem richtigen Wissen kann er die Ressourcen erhalten und erweitern und mit seinem Verhalten den eigenen Anfälligkeiten Rechnung tragen. Ausreichende Flüssigkeitszufuhr, ausgewogene Ernährung und genügend körperliche Bewegung sind dabei ebenso wichtig wie die Pflege des psychischen Wohlbefindens. Dies gelingt, wenn durch eine positive Lebenseinstellung und gesunden Optimismus sowie Motivation eine Lebensweise und ein Gesundheitshandeln erreicht werden, die den eigenen Bedürfnissen genügend entsprechen. Dies löst oft Schwierigkeiten aus, wenn Gewohnheiten, mit denen sich die Betroffenen identifizieren, gesundheitsförderlichem Verhalten im Weg stehen (Gesundheitsmotivation; Norcross, 2002). An mangelnder Motivation scheitern viele Behandlungen, Diäten und Trainingsprogramme *(Compliance-Problem).*

Hilfreich wäre insgesamt eine qualitativ und quantitativ angemessene professionelle Versorgung durch die unterschiedlichen Helferberufe. Hier stellen sich neben medizinischen und pflegerischen vor allem psychosoziale Anforderungen, um den psychischen Bedürfnissen alter Menschen gerecht werden zu können (zum Beispiel Heuft et al., 2005). Dazu ist es nötig, auf die generationsspezifischen Vorstellungswelten, Werte und Normen ebenso einzugehen wie auf die Gewohnheiten, Vorlieben und Abneigungen alter Menschen. Da alte Menschen meistens von Multimorbidität und spezifischen Funktionseinschränkungen betroffen sind und der Alternsprozess individuell sehr unterschiedlich verläuft, stehen professionelle Betreuer vor besonderen Herausforderungen. Hinzu kommt, dass sich gerade alte Menschen häufig nicht sehr kooperativ verhalten und daher der Aufbau einer professionellen Arbeitsbeziehung besonderes Geschick erfordert.

Professionelle Unterstützung und Pflege

Für alte Menschen, die sich nicht mehr zutrauen, völlig selbstständig alleine zu leben, gibt es verschiedene Möglichkeiten der Unterstützung und der Pflege. Alle haben bestimmte Vor- und Nachteile.

A) Eine *Haushaltshilfe* übernimmt beschwerliche Arbeiten im Haushalt und hilft beim Einkaufen oder bei sonstigen Aktivitäten. Es kann indes schwierig werden, eine vertrauenswürdige Person zu finden. Hier bieten die Arbeitsagenturen oder professionelle Agenturen Hilfe an. Zu beachten ist, dass manche Menschen Probleme damit haben, fremde Personen in ihrem persönlichen Umfeld arbeiten und „sich bedienen" zu lassen.

B) Eine *Wohngemeinschaft* mit Gleichaltrigen oder unterschiedlichen Generationen basiert meist auf dem Prinzip gegenseitiger Hilfe. Hier erhält man nicht nur Unterstützung im Krankheitsfall, sondern auch zwischenmenschliche Zuwendung und Halt, was selbst die besten professionellen Dienstleister niemals bieten können. Die Mitbewohner sollte der alte Mensch selbst nach eigenen Kriterien aussuchen, doch auch dies stellt keine Garantie für dauerhaft gutes Einvernehmen dar. Daher sind eine gut durchdachte Auswahl und Vertragsgestaltung sinnvoll, bei der Experten einbezogen werden. In einer Wohngemeinschaft können bei Bedarf zusätzlich professionelle Dienste in Anspruch genommen werden.

C) Bei *ambulanten Pflegediensten* besteht freie Wahl, sie können gegebenenfalls gewechselt werden. Den Umfang der Dienstleistungen im Haushalt und bei der Pflege bestimmen die Betroffenen selbst. Leistungen, die der Arzt verordnet, können von der Pflegeversicherung finanziert werden. Da die Gebührenordnung der Pflegeversicherung jedoch sehr stark eingeschränkt ist, können nur isolierte Dienstleistungen, für die oft nur wenige Minuten zur

Verfügung stehen, abgerechnet werden. Wer für die persönliche Betreuung nicht selbst zuzahlt, wird wegen des Kostendrucks oft schnell abgefertigt. Wichtiger noch als bei Pflegeheimen ist es hier, die Qualität der Dienstleistungen kontrollieren zu lassen. Dabei kann und sollte man sich bei pflegerischen Fachverbänden, zum Beispiel dem Deutschen Berufsverband für Pflegeberufe (DBfK), beim Gesundheitsamt oder dem medizinischen Dienst der Krankenkasse beraten lassen.

D) *Altenheime* bieten oft unterschiedliche Stufen der Betreuung an: Im Rahmen des betreuten Wohnens bieten sie zum Beispiel ein Zimmer oder eine kleine Wohnung an. Im Hause gibt es Aufenthaltsräume und Veranstaltungen. Mitbewohner sind ausschließlich alte Menschen. Das soziale Umfeld ist also, anders als in einem gemischten Wohngebiet, sehr von einer Altersgruppe bestimmt. Bei Bedarf sind Dienstleistungen wie zum Beispiel Reinigung, Verpflegung oder Pflege erhältlich. Wird ein Bewohner stärker pflegebedürftig, ist oft ein Wechsel in eine hauseigene Pflegeabteilung möglich.

E) *Pflegeheime* widmen sich stärker pflegebedürftigen Patienten, die ständige professionelle Betreuung benötigen, zum Beispiel bei Demenz oder Bettlägerigkeit.

In ein Alten- oder Pflegeheim zu ziehen bedeutet, sich in eine „totale Institution" zu begeben. Die Bewohner werden eines Großteils ihrer Selbstständigkeit beraubt. Dies bezieht sich zunächst auf das Einkommen, das meist vollständig in die Heimkasse fließt. Aus diesem Grund sind viele Rentner, vor allem aber Witwen, auf Sozialhilfe angewiesen. So bleibt oft kaum noch etwas Geld übrig, um sich das Leben zu verschönern. Zur Armut hinzu kommt dann leicht eine Depression. Zudem stellen der Verlust der eigenen Wohnung und die neue Umgebung Anforderungen an die psychische Flexibilität, die oft nicht mehr gegeben ist. In dieser Übergangskrise benötigt der alte Mensch familiale oder professionelle psychische Unterstützung. Letztere lässt in Heimen häufig zu wünschen übrig oder fehlt gänzlich.

Zwar sind die Angebote der Heime breit gestreut, doch die *Kostensituation* zwingt Betreiber von Alten- und Pflegeheimen generell, vor allem bei der Anzahl und leider auch bei der Qualifikation der Mitarbeiter zu sparen. Eine im Bedarfsfall qualifizierte Zuwendung, die auch psychische Betreuung einschließt, stellt jedoch die Hauptsache für pflegebedürftige Heimbewohner dar. Gerade was die psychosoziale Betreuung angeht, sind leider die wenigsten Pflegekräfte und Ärzte genügend professionell geschult und motiviert. Zwar wird häufig der Einwand laut, die alten Menschen seien ja nicht motiviert, sich helfen zu lassen oder an Freizeitangeboten teilzunehmen. Doch mit solchen Widerständen offensiv umzugehen und die dahinterliegenden Befürchtungen zu erkennen, das macht professionelle Altenarbeit aus und ist ein wichtiges Kriterium für deren Qualität (siehe Kapitel E). Ein guter Standard kann nur erreicht werden, indem die Gebührenordnung für Pflege- und Krankenversicherungen entsprechende Klauseln erhält.

Zusammenfassung

Das Alter ist durch den Auf-, vor allem aber den Abbau von Kompetenzen gekennzeichnet. Die wissenschaftliche Forschung zeigt, dass sich die geistige Leistungsfähigkeit bis zum 80. Lebensjahr nicht verringert, sondern allenfalls verlagert. So nimmt zwar die Wahrnehmungsgeschwindigkeit ab, nicht aber die Fähigkeit zum induktiven Denken. Durch eine gesundheitsbewusste aktive Lebensführung und den medizinischen Fortschritt kann auch das körperliche Altern hinausgeschoben werden.

Mit dem steigenden Lebensalter haben sich die Lebensinhalte und die Erwartungen der alten Menschen verändert. Sie pflegen in der Regel enge Beziehungen zu ihren Angehörigen, haben aber weniger Kontakt zum Kreis der Freunde und Bekannten, der sich zudem allmählich ausdünnt.
Als Einschnitte werden oft die Pensionierung/Verrentung sowie der Eintritt in ein Alten- oder Pflegeheim empfunden. In beiden Fällen gilt es, die sozialen Bedingungen und Lebensumstände neu zu arrangieren, wobei mehr Unterstützung von Angehörigen oder Fachleuten nötig wird, je älter der betreffende Mensch ist.

C Soziales Leben: zwischenmenschliche Beziehungen

1 Die Familie

Die Familie ist eine soziale Gruppe, die zumindest zwei Generationen umfasst. Sie zählt zu den am stärksten verbreiteten und grundlegendsten Institutionen in allen Gesellschaften, weil sie fundamentale individuelle und kollektive Bedürfnisse zu befriedigen hat (vgl. im Folgenden Nave-Herz/Onnen-Isemann, 2007).

Funktionen der Familie

In allen Gesellschaften werden der Familie folgende Funktionen zugeordnet:

- Befriedigung der Bedürfnisse nach emotionaler Geborgenheit ihrer Mitglieder.
- Regulierung der Sexualität: Alle Gesellschaften setzen dem sexuellen Verhalten ihrer Mitglieder Schranken und bestimmen – jedoch mit unterschiedlichen Verbindlichkeitsgraden –, wer mit wem sexuelle Beziehungen eingehen darf. Ein Verbot solcher Beziehungen zwischen nahen Verwandten, das Inzesttabu, gilt in fast allen Gesellschaften.
- Selbstrekrutierung ihrer Mitglieder: Diese Funktion bezieht sich auf das Erzeugen von Nachwuchs und die Sozialisation der Kinder. Sozialisation kann definiert werden als sozial vermitteltes Erlernen der Bereitschaft und der Fähigkeit, soziale Erwartungen und Ansprüche der jeweiligen Gesellschaft zu erfüllen, das heißt, soziale Rollen auszuüben und zu gestalten. Sie sorgt für die soziale Handlungskompetenz des Individuums in seinem sozialen Umfeld. Die Familie spielt vor allem für die frühkindliche Sozialisation in fast allen Gesellschaften eine fundamentale Rolle.
- Sie gewährt Schutz und Fürsorge für Kinder, die ohne Erwachsene zunächst keine Überlebenschancen hätten, sowie für Kranke, Pflegebedürftige und Alte.

- Soziale Platzierung des Individuums: Die Struktur der Gesellschaft ist ein kompliziertes Netz aus sozialen Rollen und Positionen. Menschen müssen motiviert werden, diese Rollen zu übernehmen, und in der Lage sein, die damit verbundenen Anforderungen angemessen zu erfüllen. In Deutschland und vielen anderen Ländern wird zum Beispiel der Grundsatz der beruflichen Chancengleichheit betont. Jeder soll durch das Schul- und Ausbildungssystem – entsprechend dem geltenden Leistungsprinzip – die gleiche Möglichkeit haben, sozial aufzusteigen. Gleichwohl hängt die soziale Position, die der Einzelne in der Gesellschaft einnimmt, sehr stark – vor allem aufgrund der familialen Sozialisation – vom Status seiner Herkunftsfamilie ab. Sie steht also im Zusammenhang mit der beruflichen Position der Eltern (insbesondere des Vaters) sowie deren ethnischer Zugehörigkeit (vgl. Nave-Herz/Onnen-Isemann, 2007).

Familienstrukturen

Die üblichen Funktionen von Familie sind in allen Gesellschaften zu finden, variabel ist allerdings, wie sie jeweils erfüllt werden. Die Familie beruht zwar auf biologischen Gegebenheiten, vor allem der Fortpflanzungsfähigkeit der Eltern, dem genetischen und sozialen Erbe, den biopsychosozialen Eigenarten der Geschlechter und der extremen Hilflosigkeit kleiner Kinder, doch die Ausgestaltung des Familienlebens wird von materiellen Bedingungen sowie sozialen Normen bestimmt und ist nicht naturbedingt.

Die Intimsphäre der Familie wird überall auf der Welt an soziale Autoritäten oder institutionalisierte Rechte und Pflichten geknüpft. Deren Einhaltung wiederum wird durch religiöse und/oder gesetzlich legitimierte Personen überwacht. Individuelle familiale Machtstrukturen und regionale wie örtliche Gegebenheiten oder auch religiöse Traditionen tragen darüber hinaus zu einer immensen Vielfalt von Familienstrukturen bei, sodass nicht von *der* Familie gesprochen werden kann (Therborn, 2004). Familienstrukturen werden – von einem interkulturellen Standpunkt aus – nach den folgenden Kriterien unterschieden.

Anzahl der Ehepartner

Sowohl kulturell als auch rechtlich gilt in Europa die Monogamie, das heißt, eine Ehe kann nur zwischen einem Mann und einer Frau geschlossen werden. Hingegen ist in anderen Gesellschaften die Polygamie erlaubt. Dies darf nicht darüber hinwegtäuschen, dass auch in Europa *informelle* Polygamie in Form von Nebenbeziehungen unterschiedlicher Art seit jeher verbreitet ist (siehe Kaiser, 2003, 2007).

Zusammensetzung des Haushalts

Leben nur die Ehefrau, der Ehemann und ihre leiblichen Kinder zusammen, sprechen wir von einer Kernfamilie. Diese Familienform ist die am weitesten verbreitete Familienstruktur in Europa, den USA, Kanada, Australien sowie Neuseeland und setzt sich immer stärker auch in anderen Ländern durch. Leben mehrere seitenverwandte, familienfremde Personen oder zwei Kernfamilien der horizontalen Verwandtschaftslinie, zum Beispiel zwei Brüder mit ihren Familien, in einem Haushalt zusammen, wird diese Struktur als *erweiterte Familie* bezeichnet.

Generationen in der Familie

Die Grundform der Familie ist die Mehrgenerationenfamilie. Wir unterscheiden Familien, die auf einem Grundstück (unilokal) oder verstreut (multilokal), am Wohnsitz des Vaters (patrilokal), der Mutter (matrilokal) oder an einem anderen

Ort leben (neolokal). Je nachdem, wie viele Generationen beteiligt sind, sprechen wir von Zwei-, Drei- oder Viergenerationenfamilien, wobei nicht immer jede Generation zwei Ehepartner umfassen muss. Immer häufiger entstehen in allen Industriestaaten Vier-, sogar Fünfgenerationenfamilien, da dort überall die Lebenserwartung steigt.

Abstammungslinien

In den westlichen Gesellschaften, zum Beispiel in Europa, den USA, Kanada, Australien und Neuseeland, gelten die Kinder sowohl mit der mütterlichen als auch mit der väterlichen Abstammungslinie als verwandt. Dieses bilaterale Verwandtschaftssystem wird nicht in allen Gesellschaften angewendet; laut Georg Peter Murdocks Erhebung (1949) gilt es nur in 30 Prozent der 250 von ihm untersuchten Gesellschaften. Stärker verbreitet sind die *patrilinearen* Abstammungslinien (40 Prozent), bei denen das Kind nur mit den Angehörigen der väterlichen Seite verwandt ist. Seltener (20 Prozent) kommt die *matrilineare* Abstammungslinie vor, die sich auf die Verwandtschaft mütterlicherseits bezieht. Am seltensten hingegen sind die Gesellschaften, in denen beide Abstammungslinien – sowohl die matrilineare als auch die patrilineare – nebeneinander bestehen (zehn Prozent). Matrilineare Abstammungslinien sind häufig mit Wohnformen am Ort der mütterlichen, patrilineare mit Wohnformen am Ort der väterlichen Herkunftsfamilie verbunden.

Rollenbesetzung

Die Rollenbesetzung ist verändert, wenn eine der familialen Funktionen, die des Vaters oder die der Mutter, zum Beispiel durch Tod oder Ehescheidung nicht besetzt ist. In diesen Fällen wohnen die Kinder mit nur einem Elternteil zusammen, dann spricht man von *Ein-Eltern-Familien* beziehungsweise von *Mutter-Familien* oder *Vater-Familien*.

Autoritätsverhältnisse

Theoretisch sind drei Autoritätsmuster denkbar: das Patriarchat, das Matriarchat und egalitäre Machtstrukturen. Das Patriarchat hatte – historisch gesehen – in vielen Staaten eine rechtliche Basis: Es existierte sowohl bei den Griechen, Römern, antiken Juden, kommt aber auch in vielen Gesellschaften der Neuzeit vor. Das allumfassende Bestimmungsrecht der Väter wirkte in alle Bereiche hinein: in das Leben der Kinder, auch der erwachsenen, unverheirateten, wie auch in das Leben der (Ehe-)Frauen. Gesellschaftsstrukturen, in denen den Frauen eine gewisse ökonomische Autonomie eingeräumt wurde oder in denen sie geringfügig erbberechtigt waren, bezeichnet man als „männlich dominiert" (zum Beispiel um 1900 an der afrikanischen Westküste). Das Matriarchat – von indianischen Stammesgebieten in Mittelamerika und der Amazonen-Sage abgesehen – war nirgends die Norm.

Heutzutage verbreiten sich mehr und mehr egalitäre Autoritätsstrukturen. In modernen Gesellschaften ist die Gleichheit zwischen den Geschlechtern eine gesetzlich verankerte soziale Norm, wenngleich in der sozialen Realität noch viele patriarchalische und matriarchalische Strukturen und Relikte weiterbestehen. Dabei sind verschiedene Formen der Macht zu unterscheiden, die in Familien meist bereichsspezifisch verteilt sind (Kaiser, 1989):

- *Einfluss auf das Verhalten* der Angehörigen: Säuglinge, Kranke, Schichtarbeiter usw. dominieren auf ihre Weise das Familienleben, das an ihren Bedürfnissen ausgerichtet wird.
- *Anwesenheit:* Wer präsent ist, bekommt sehr viel vom Familiengeschehen mit und hat die meisten Kontakte. Großmütter und Mütter sind daher oft besonders einflussreich, weil sie

aufgrund ihrer ständigen Anwesenheit die meisten Informationen und die engsten Bindungen zu den Angehörigen haben (siehe Kapitel A4, B1). Eine kontinuierliche Bindungsbeziehung ist vor allem für Kinder entscheidend, die meist stärker dem mütterlichen als dem väterlichen Einfluss unterliegen. Häusliche Präsenz erleichtert auch Kontakte zum häuslichen Umfeld und den Zugang zu den angeschlossenen Ressourcen, zum Beispiel die Pflege nachbarschaftlicher Beziehungen. Wer das meiste Wissen über ökonomische und rechtliche Angelegenheiten hat, der pflegt den Kontakt zu Banken, Behörden und Versicherungen und entscheidet über die damit verbundenen Fragen. Technisches Wissen berechtigt dazu, Entscheidungen zu treffen, verpflichtet aber auch zu Reparaturen im Haus oder am Auto.

Familiale Funktionsfähigkeit

Eine Familie ist dann funktionstüchtig, wenn sie als Gesamtsystem gemeinsam mit ihren Subsystemen und Mitgliedern in allen für sie wichtigen Bereichen die dort anliegenden Vorhaben und Situationen befriedigend bewältigen kann und für die Beteiligten keine unbilligen Nachteile entstehen (vgl. Kaiser, 2007). Der Stellenwert der familialen Funktionsfähigkeit für Entwicklung und Gesundheit der Angehörigen kann gar nicht hoch genug bewertet werden. Hierfür ist eine ganze Reihe von Komponenten bedeutsam.

Werte, Normen und Regeln

Zuträgliche Werte, Normen und Regeln, die für alle Angehörigen klar sind, fördern die *dialogische Familienkultur*. Dabei geht es um die tatsächlich praktizierten, nicht die behaupteten Werte. Wenn zum Beispiel Kommunikation als „nutzloses Gerede" oder Ähnliches abgewertet wird, kann es auch keine Gesprächskultur geben.

Die faktische Wertschätzung von Ehe, Familie und Kindern ist vor allem bei Geschiedenen, die bereits aus Trennungsfamilien stammen, geringer als bei Verheirateten. Das in der Familie gelebte Menschenbild entscheidet über Regeln, nach denen die Angehörigen einander Achtung entgegenbringen und achtsam miteinander umgehen. Allgemein übliche Menschenrechte wie Meinungsfreiheit oder Gleichberechtigung haben in vielen von uns untersuchten Familien keine uneingeschränkte Geltung.

Familienwissen

Zusammenleben kann nur gelingen, wenn die Angehörigen genügend übereinander, über ihr Befinden, ihre Bedürfnisse, ihre Erlebnisse und Vorkommnisse, wissen und sich gut genug kennen. Damit sich alle aufeinander einstellen und kooperieren können, ist ein reger Austausch in Form von Kommunikation nötig. Auch Kenntnisse über die Wirkungsweise von Kommunikation und über Inhalte wie Kindererziehung, Gesundheit, Ernährung und Partnerschaft sind Voraussetzung für gutes Funktionieren der Familie.

Konstruktive Lebenskonzepte und Modellvorstellungen

Lebenskonzepte geben vor, wie das Leben in Partnerschaft und Familie in einzelnen Lebensbereichen und -phasen nach Auffassung der Angehörigen auszusehen hat und welche Kriterien zu dessen Bewertung wichtig sind (siehe Kapitel A4). *Modellvorstellungen* lassen sich als Set bewusster und nichtbewusster Wissensbestände sowie Regeln über Erfahrungen, Gefühle und Erinnerungen verstehen. Familiale Lebenskonzepte zeigen sich unter anderem in Familientraditionen, Ritualen, Vermächtnissen, Delegationen sowie in Geheimnissen. Diese Modellvorstellungen werden als familiales Erbe von einer Generation an die nächste weitergegeben.

Damit konsistentes Handeln und Erleben ermöglicht werden, müssen die Modelle zwischen den Angehörigen möglichst gut abgestimmt und widerspruchsfrei sein. Da Kinder die Beziehungen in der Familie stetig beobachten, beeinflusst dies auch ihre diesbezüglichen Modellvorstellungen. Wenn Eltern ständig beziehungsrelevante Inhalte thematisieren, können diese von Kindern bereits früh in rücksichtsvolles und empathisches Verhalten gegenüber Geschwistern umgesetzt werden. Zudem sind Lebenskonzepte Bestandteile des familialen Selbstbildes des Paares, der Familie und der Angehörigen und steuern bewusst oder unbewusst das Zusammenleben.

Konstruktive Kommunikations-, Entscheidungs- und Steuerungsstrukturen

Erst funktionierende Kommunikations-, Entscheidungs- und Steuerungsstrukturen ermöglichen einen lebendigen, sensiblen und kreativen Umgang der Angehörigen miteinander. Dabei sind Regeln, Symbole und Signale unverzichtbar. Wichtig ist, dass diese von Zeit zu Zeit dialogisch-intellektuell überprüft werden *(Metakommunikation)*. So könnte zum Beispiel beim gemeinsamen Abendessen die Zeit dafür genutzt werden, über die Familienregeln und deren Einhaltung zu sprechen. Die Qualität der Kommunikation zwischen den Angehörigen entscheidet auch über die Familienzufriedenheit (siehe Kapitel A10). Belastete Familienkonstellationen in der Gesamtfamilie und gestörte Kommunikation zwischen den Generationen beeinträchtigen die familialen Beziehungen. Dabei beeinflussen sich die Generationen wechselseitig.

Sinnvolle Rollen-, Ressort- und Aufgabenverteilung

Je kompetenter die familialen Rollen ausgefüllt werden, desto besser ist dies für die Funktionsfähigkeit der Familie. Partner sollten Partner und Kinder Kinder sein. Werden aber zum

Beispiel Geschwister und Kinder als Partner- oder gar Elternersatz oder Partner als Kindersatz *funktionalisiert*, kommt es leicht zu Enttäuschungen, Loyalitätskonflikten und Fehlentwicklungen. Denn dann wird die eigentliche Rolle durch Missachtung außer Kraft gesetzt, obwohl die Rollenerwartungen Dritter und die eigene Rollenauffassung bestehen bleiben. Wird etwa ein Kind zum Ersatzpartner seiner Mutter, wird der Ehemann als Partner und als Vater abgewertet, das Kind verliert die Kindrolle. In einer solchen *Problemtriade* entsteht ein Konkurrenzverhältnis zwischen dem betroffenen Elternteil und dem Kind (Kaiser, 2002).

Grenzen

Damit ein System optimal funktionieren kann, braucht es Grenzen nach außen und zwischen den Subsystemen, die klar und reflektiert gehandhabt werden. Familien, die zufrieden und auf Harmonie bedacht sind, neigen stärker dazu, ihre Privatsphäre abzugrenzen. Sie verbringen mehr Zeit miteinander und legen mehr Wert darauf, dabei ungestört zu sein. Je weniger befriedigend die familialen beziehungsweise Paarbeziehungen sind, desto eher werden Paar- und Generationengrenzen zugunsten von Kindern, Eltern oder Dritten relativiert. Dies führt dazu, dass sich die Funktionsfähigkeit des (Sub-)Systems verschlechtert. Paare ohne eigene Intimsphäre entfernen sich voneinander (Kaiser, 2007). Umgekehrt behindern überenge oder verstrickte Bindungen, vor allem zwischen Kindern und Eltern, die Ablösung und damit den Aufbau einer eigenständigen Persönlichkeit und Beziehungen zu Gleichaltrigen. Zu strikte Grenzen lassen nur schwache Bindungen zu, sie führen eventuell sogar dazu, dass Familienangehörige ausgestoßen oder vernachlässigt werden. Das wiederum behindert Entwicklung und Bindungsfähigkeit der Kinder. Wie mehrere Studien gezeigt haben, sind die Grenzen der Paarbeziehungen und zwischen den Generationen in etwa drei

Viertel aller Familien eher schwach, die Familiengrenzen nach außen dagegen stark (Kaiser, 2002).

Beziehungs- und Bindungsqualität

Eine Beziehung entsteht aus einer Vielzahl zeitlich begrenzter Interaktionen in der Vergangenheit sowie – aufgrund beziehungsbezogener Modellvorstellungen – der Erwartung künftiger Interaktionen. Wesentliche Beschreibungsdimensionen für Beziehungen sind

- Gegenseitigkeit/Abhängigkeit,
- Machtverhältnis und
- Intimität.

Je konstruktiver und verlässlicher die Beziehungen und Bindungen zwischen den Angehörigen sind, umso leichter kann das Familiensystem funktionieren. Beruhen die familialen Beziehungen auf Gegenseitigkeit *(Reziprozität)* und vermitteln sie Geborgenheit, profitieren die Angehörigen am meisten. Die Bindungssuche des Kindes und das Fürsorgeverhalten der Eltern haben biologische Wurzeln und sorgen für einen Evolutionsvorteil. Fehlt es an gegenseitiger sozialer Unterstützung und halten die Angehörigen zu wenig zusammen, werden vor allem Kinder und Jugendliche leicht verunsichert (siehe Kapitel A4, A10).

Kompetente Subsysteme und Angehörige

Eine Familie braucht kompetente Subsysteme und Angehörige, die ihre familialen Rollen und Aufgaben auch ausfüllen. Wenn ein Subsystem nicht funktioniert oder Angehörigen einschlägige Kompetenzen fehlen, erhöht sich die Störanfälligkeit des gesamten Familiensystems. Gute Paarbeziehungen der Eltern zum Beispiel ermöglichen den Kindern bessere Entwicklungschancen. Je besser die Geschwister miteinander auskommen, desto besser sind ihr Zusammenhalt und damit die gegenseitige soziale Unterstützung.

Das Erziehungsverhalten der Eltern ist wiederum abhängig von deren Partnerschaftsqualität und Persönlichkeitseigenschaften. Emotionale Irritierbarkeit (Neurotizismus; siehe Kapitel A5) von Eltern etwa geht einher mit zu starker mütterlicher Behütung und geringerer Sorge um positive Anregungen für das Kind. Verstehen sich die Eltern untereinander nicht gut, führt dies zu negativen Emotionen und überzogenen Disziplinierungsmaßnahmen. Solche Faktoren lösen bei den Kindern unsichere Bindungen, Trotz und Wut aus. Der auf diese Weise geförderte Neurotizismus der Kinder begünstigt eine spätere Scheidung oder eine stabil-unglückliche Paarbeziehung im Erwachsenenleben. Gute elterliche Verträglichkeit, Extraversion und Selbstbeherrschung begünstigen dagegen eine sichere Bindung der Kinder.

2 Spezifische Aspekte von Familien

Familiensysteme haben unterschiedliche Formen und Strukturmerkmale, von denen wir hier die am meisten verbreiteten vorstellen (Kaiser, 2003). Hierzu zählen Familiengröße, mütterliche Erwerbstätigkeit, Eineltern- und Stieffamilien.

Rückgang der Geburten und Familiengröße

Grob vereinfacht lässt sich sagen, dass der Rückgang der Geburtenzahl Mitte der 1960er Jahre in Nord- und Westeuropa begann, sich zunächst in Richtung Südeuropa ausweitete und schließlich Zentral- und Osteuropa erreicht hat. Als ein Auslöser hierfür kann die verstärkte Nutzung von Verhütungsmitteln *(Kontrazeptiva)* gesehen werden, die eine zuverlässige Planung der Geburten und des Abstandes zwischen den Geburten zulassen und sich somit indirekt auf die Familiengröße auswirken. Eine weitere Ursache für das veränderte Fortpflanzungsverhalten ist die höhere Bildung von Frauen und damit verbunden ihre (qualifiziertere) Erwerbstätigkeit. Das Ganze wird unterstützt durch einen europaweit feststellbaren demografischen Wandel, der mit folgenden Umständen zu tun hat:

- Vielfältige Lebensformen haben sich herausgebildet; die Bedeutung nichtehelicher Varianten und die Bereitschaft, sich scheiden zu lassen, sind gestiegen.
- Es heiraten weniger Frauen, und wenn, dann tun sie es in einem späteren Lebensalter (in Europa zwischen dem 25. und 30. Lebensjahr).
- Zwischen der Eheschließung und der Familiengründung gibt es keinen zwingenden Zusammenhang mehr; Elternschaft wird hinausgezögert oder bewusst vermieden.

Diese Faktoren haben dazu geführt, dass in vielen europäischen Staaten das Geburtenniveau so gesunken ist, dass nicht einmal der Bestand der Bevölkerung gesichert ist. Die Kinderzahl liegt mit 1,7 Kindern je Frau des Geburtsjahrgangs 1961 unter der entsprechenden Rate von 2,1 Kindern je Frau. Hinsichtlich der endgültigen Zahl gibt es zwischen den einzelnen europäischen Staaten erhebliche Unterschiede: Die Frauen in Österreich, Italien oder Deutschland werden durchschnittlich weniger als 1,7 Kinder zur Welt bringen, Frauen in Norwegen, Schweden oder Frankreich dagegen knapp über zwei. In Irland wird erwartet, dass ein Durchschnitt von 2,4 Kindern pro Frau erreicht wird (Onnen-Isemann, 2006).

Weltweit lässt sich überall dort, wo sich eine städtische Industrie- oder Dienstleistungsgesellschaft entwickeln konnte, der gleiche Trend erkennen: Auf der individuellen Ebene entwickelte sich ein neues Ideal einer kleinen Familie – gesamtgesellschaftlich sank und sinkt die Geburtenrate (Therborn, 2004). In agrarisch strukturierten und nichtindustrialisierten Ländern wie Asien oder Afrika steigt die Geburtenrate hingegen.

Dass die Geburtenzahlen in Deutschland zurückgehen, ist eine Folge davon, dass es immer weniger Familien mit drei und mehr Kindern, aber immer mehr Familien mit einem oder keinem Kind gibt. Gleichwohl hat sich die Bundesrepublik nicht zu einer Einzelkind-Gesellschaft entwickelt: Nur 24,4 Prozent aller Kinder wachsen in dieser Familienform auf, 48,4 Prozent haben zumindest eine Schwester oder einen Bruder und 19,1 Prozent leben mit mehreren Geschwistern zusammen (Nave-Herz, 2004, 209).

Weiterhin wird die Familiengröße durch das Alter der Ehepartner, die Art der Paarbeziehung, die finanzielle Lage, die Erfahrung mit Kindern sowie die Berufsorientierung der Frau beeinflusst. Vor allem aber haben sich die Gründe verändert, warum Eltern Kinder wollen. In vergangenen Jahrhunderten, insbesondere in agrarisch strukturierten Gesellschaften, wurden Kinder als Arbeitskräfte für die Zukunft geschätzt. Darüber hinaus stellten sie für die Eltern eine Art Alters- und Krankenversicherung dar. Heute hingegen verbinden viele mit Kindern nur noch immaterielle Werte wie die Befriedigung emotionaler Bedürfnisse, zum Beispiel die Freude, sie aufwachsen zu sehen; geschätzt wird das Zärtlichsein mit ihnen, und dazu reichen ein oder zwei Kinder aus. Der Geburtenrückgang in Deutschland hat also nichts mit einer grundsätzlichen Ablehnung von Familie und Kindern zu tun, sondern ist auf einen *Funktionswandel* zurückzuführen, der sich wiederum an den modernen Vorstellungen in Industrie- und Dienstleistungsgesellschaften orientiert. Selbst die überwiegende Mehrheit kinderloser Frauen wollte ursprünglich Kinder, konnte sich aber ihren Wunsch nicht erfüllen. In Deutschland stehen dem vor allem strukturelle und normative Barrieren entgegen. Einerseits engagieren sich kinderlose Frauen oft stark in ihrem Beruf, andererseits sind ihnen die Probleme, die mit der Vereinbarkeit von Beruf und Familie einhergehen, durchaus bewusst. Sie schieben daher den Kinderwunsch zeitlich immer weiter hinaus – in der Hoffnung, diese Entscheidung irgendwann treffen zu können –, oft, bis es zu spät ist. Auch hier zeigt sich, dass die zunehmende Kinderlosigkeit in Deutschland hauptsächlich eine Folge soziostruktureller Veränderungen ist. Sie hat mit dem gestiegenen Bildungsniveau der Frauen und dem damit verbundenen starken Engagement im Beruf zu tun. Nach wie vor fehlen Infrastruktureinrichtungen (Krippen, Kindergärten, Ganztagsschulen und Horte), während die traditionellen familialen Leitbilder und „Mutterbilder" weiter konserviert werden (Schuchard/Speck, 1997). Hinzu kommt, dass sich in den letzten Jahrzehnten die Einstellungen gegenüber Kindern und zur Lebensführung an sich verändert haben. Kinder sind zunehmend ein „Luxusfaktor" für die Menschen geworden, man möchte sie sich leisten können. Darunter verstehen viele Menschen, dass man sich intensiv mit ihnen auseinandersetzen und sie bestmöglich fördern möchte. Gleichzeitig will aber wegen der Familiengründung niemand auf seinen gewohnten Lebensstandard und Lebensstil verzichten.

Familien mit erwerbstätigen Müttern

Wer die Statistiken über die Erwerbstätigkeit von Frauen bis 1882 zurückverfolgt, stellt fest, dass sich quantitativ nicht viel verändert hat (Sommerkorn/Liebsch, 2002). Lediglich der Anteil der erwerbstätigen *Mütter* ist – vor allem in den letzten 25 Jahren – stark gestiegen. 1950 war nur jede vierte Frau mit Kindern unter 18 Jahren erwerbstätig, 1960 jede dritte, 2002 bereits zwei Drittel (Statistisches Jahrbuch 2003, 109). Selbst von den Müttern mit Kindern unter sechs Jahren geht über die Hälfte einer Erwerbstätigkeit nach. In Ostdeutschland ist – trotz der derzeit hohen Arbeitslosenquote – auch heute noch die Erwerbstätigkeit von Müttern weiter verbreitet als in den alten Bundesländern.

Allerdings gibt es Unterschiede zwischen den erwerbstätigen Müttern, was die Zahl ihrer Kinder, ihren Familienstand und ihr Ausbildungsniveau angeht. Alleinerziehende Mütter sind am häufigsten erwerbstätig, viele von ihnen ganztags. Die Zahl von Familien mit erwerbstätigen Müttern läge sogar noch höher, würde man die Gruppe erwerbstätiger Frauen mitberücksichtigen, die in geringfügigen Arbeitsverhältnissen beschäftigt sind. Ein Grund dafür, dass die Zahl der erwerbstätigen Mütter steigt, ist die stärkere Berufsorientierung der Frauen seit den 1960er Jahren. Damals nahmen immer mehr von ihnen eine außerhäusliche Berufsarbeit auf – nicht nur wegen der wirtschaftlichen Vorteile, sondern weil sie es auch als Weg sahen, sich selbst zu verwirklichen. Berufsarbeit wurde für sie zur Basis für ein eigenständiges Leben. Dieser Trend setzte sich verstärkt in den 1970er Jahren fort. Immer mehr Frauen, insbesondere junge mit qualifizierten Ausbildungsabschlüssen, wollen weder auf Beruf noch auf Familie verzichten.

Die Frauen in der DDR empfanden diese Einstellung schon viel früher als normal. Die Doppelorientierung hat aber zu einer ganz bestimmten Problematik im Lebenszusammenhang von Frauen geführt, die bis heute andauert: Die Bereiche Arbeit und Familie berücksichtigen sich gegenseitig nicht! Der Beruf erfordert den Einsatz der ganzen Person; die arbeitsfreie Zeit soll der Erholung oder – unter dem Aspekt der Arbeitsproduktivität gesehen – der Regenerierung der Arbeitskraft dienen. Die Freizeit von erwerbstätigen Müttern ist aber aufgrund der geschlechtsspezifischen familialen Arbeitsteilung sehr knapp bemessen. Auf sie wartet, wie Arlie R. Hochschild und Anne Machung (1989) es formulierten, nach dem Beruf noch eine „zweite Schicht".

Obgleich sich Frauen und Männer einig sind, dass die ungleiche Verteilung der Hausarbeit unfair ist, hat sich nichts daran geändert. Selbst in jungen Familien kümmert sich die Frau um den Haushalt, der Mann fasst gelegentlich und ausnahmsweise mit an – unabhängig davon, ob die Frau erwerbstätig oder wie stark ihre berufliche Belastung ist. Eine Ausnahme bilden nur die Ehepaare, bei denen beide Partner in einem qualifizierten Beruf mit höherem Einkommen tätig sind. Sie können den größten Teil der Hausarbeit an bezahlte Haushaltshilfen delegieren und sich zumeist auch eine Kinderfrau oder eine Tagesmutter zur Betreuung ihrer Kinder leisten. Hingegen steht die Mehrzahl der Mütter – vor allem in Deutschland, weniger in den skandinavischen Ländern – vor dem Problem, einen Krippen- oder Hortplatz für ihr Kind zu finden, der bezahlbar ist und ihren Ansprüchen genügt.

Ein weiterer Umstand kommt hinzu: In den letzten 30 Jahren haben immer weniger Großeltern ihre Enkel versorgt, während ihre Töchter oder Schwiegertöchter arbeiten gegangen sind. Warum? Wollen sie den jungen Müttern nicht mehr so gern helfen wie die früheren Großelterngenerationen? Oder haben sie weniger Interesse an ihren Enkeln? Das ist nicht der Grund, denn viele empirische Untersuchungen belegen, dass nach wie vor eine enge Beziehung zwischen Großeltern, Eltern und Enkeln besteht und sie sich gegenseitig materiell wie immateriell unterstützen (Szydlik, 2000). Doch immer mehr Großmütter sind heute aus Zeitgründen nicht in der Lage, sich an der Kinderbetreuung zu beteiligen, da parallel zur Zahl der erwerbstätigen Mütter auch die Zahl der erwerbstätigen Großmütter gestiegen ist.

Obwohl so viele Mütter in Deutschland erwerbstätig sind, ist die Mehrzahl der deutschen Bevölkerung – vorrangig in den alten, weniger in den neuen Bundesländern – der Ansicht, dass sich die berufsbedingte Abwesenheit der Mutter nachteilig auf die Entwicklung von Kindern auswirkt: Mütter von Kindern unter drei Jahren, so meint die Mehrheit, sollten nicht erwerbstätig sein. Wie Sie bereits im Zusammenhang mit der Entwicklung der Bindungsbeziehung gelesen haben, kommt es laut aktueller Forschung vor allem darauf an, dass eine engmaschige und verlässliche Betreuung durch zwei oder drei Bindungspersonen gewährleistet ist. Dies sind zumeist die Eltern und eine Großmutter. Es spricht also alles dafür, vor allem den Vätern mehr Raum zu verschaffen, um vollwertige Bindungspersonen für ihre Kinder sein zu können, und den Frauen damit die Chance auf berufliche Entfaltung zu geben. Fremdbetreuung sollte nur *ergänzend* genutzt werden.

Die Einelternfamilie

Einelternfamilien unterscheiden sich von Kernfamilien zunächst dadurch, dass sie nach einer *kritischen Lebenssituation* entstehen: Dem alleinerziehenden Elternteil ist zuvor der Partner und den Kindern ein Elternteil durch Tod oder Trennung abhanden gekommen. Solche Geschehnisse hinterlassen bei allen Beteiligten nachweislich lebenslange Spuren (siehe Kapitel E4).

Auch wenn die Zahl der Einelternfamilien in den letzten 25 Jahren in der Bundesrepublik stetig zugenommen hat, ist es für Kinder alles andere als typisch, in einer Scheidungsfamilie aufzuwachsen. Ihr Anteil an allen Familienformen mit Kindern unter 18 Jahren beträgt heute 23 Prozent (Statistisches Jahrbuch 2003, 64). Am häufigsten werden Eltern in Deutschland infolge einer Scheidung zu Alleinerziehenden: 2005 waren 40 Prozent dieser Mütter und 43 Prozent dieser Väter geschieden. Darauf folgten bei Frauen die Ledigen mit einem Anteil von 24 Prozent sowie die Verwitweten mit 22 und die verheiratet Getrenntlebenden mit 14 Prozent (Statistisches Jahrbuch, 2003, 35–36).

Kinder, die in Deutschland in einer Einelternfamilie aufwachsen, bilden die Minderheit. Noch immer leben über 90 Prozent aller Kinder zumindest bis zum Alter von vier Jahren mit ihren leiblichen Eltern zusammen. Insgesamt wuchsen 2005 in Deutschland 77 Prozent oder 2,9 Millionen der in Familien lebenden 14- bis 17-jährigen Kinder mit Ehepaaren in einem gemeinsamen Haushalt auf. Das können die leiblichen Eltern wie auch Stiefeltern sein.

Die meisten Kinder von Einelternfamilien wachsen in einer Mutter-Familie auf. Väter machen bei den Alleinerziehenden nur 18 Prozent aus (Statistisches Jahrbuch 2003, 64). Alleinerziehende klagen häufig über die Belastungen der Alleinverantwortung. Die wirtschaftliche Lage von alleinerziehenden Müttern (weniger von alleinerziehenden Vätern) ist oft sehr schlecht. Von allen Sozialhilfeempfängern sind die meisten Mutter-Familien. Dennoch lässt sich daraus nicht verallgemeinern, dass alle alleinerziehenden Mütter zu den Armen in unserer Gesellschaft gehören. Nach vielen empirischen Untersuchungen über Einelternfamilien gibt es unter ihnen eine große Variationsbreite; dies betrifft sowohl die Finanzen und den Erziehungsstil, das Familienklima und die Außenkontakte wie auch die Lebensumstände. Lebt zum Beispiel ein neuer Partner mit in der Wohnung, wird aus der Einelternfamilie eine Stieffamilie (siehe unten).

Psychische Schäden sind bei Kindern, die mit Alleinerziehenden leben, nicht vorprogrammiert; die Probleme ergeben sich in erster Linie aus Konflikten zwischen den getrennten leiblichen Eltern, die auch nach der Scheidung oft noch lange anhalten (Amato, 2000; siehe Kapitel C6).

Die Stieffamilie

In der vorindustriellen Zeit waren Stieffamilien noch sehr viel weiter verbreitet als heute. Aufgrund der geringeren Lebenserwartung von Frauen, zum Beispiel infolge von Geburtskomplikationen oder Kindbettfieber, überwogen damals die Stiefmutter-Familien gegenüber den Stiefvater-Familien. Heute ist es umgekehrt, da die Mehrzahl der Einelternfamilien durch Scheidung zustande kommt und die Kinder in circa 82 Prozent der Fälle bei der Mutter bleiben (DESTATIS, 2005). Wenn die Mutter sich dann erneut bindet, entstehen Stiefvater-Familien.

Verena Krähenbühl und ihre Mitautoren (2001; BMSSG, 2001) unterscheiden fünf Typen von Stieffamilien nach Entstehungsursachen und dem vorherigen Familienstand des wiederverheirateten leiblichen Elternteils:

- Stiefmutter-Familie: Der leibliche Vater heiratet nach dem Tod der Ehepartnerin oder nach der Scheidung eine Frau, die selbst keine eigenen Kinder in den Haushalt mitbringt.
- Stiefvater-Familie: Die leibliche Mutter heiratet einen Partner, der keine eigenen Kinder in den Haushalt mitbringt.
- Legitimierte Stieffamilie: Die Mutter/der Vater eines nichtehelichen Kindes heiratet einen anderen Partner als den Vater/die Mutter des Kindes.
- Zusammengesetzte/komplexe Stieffamilie: Beide Partner bringen Kinder aus einer früheren Beziehung in die Haushaltsgemeinschaft mit.
- Stieffamilie mit Kindern aus Vorbeziehungen *und* gemeinsamen Kindern („Patchwork-Familien“).

Stieffamilien unterscheiden sich zunächst durch ihre Entstehungsgeschichte von anderen Familien und sind durch eine Erweiterung des verwandtschaftlichen Netzes gekennzeichnet. Heiraten beide Elternteile nach einer Scheidung erneut, kommen zu den leiblichen Großeltern noch Stiefgroßeltern hinzu. Aus der neuen großen Verwandtengruppe werden, je nach persönlicher Neigung, bestimmte Personen als Freunde ausgewählt oder zu Familienangehörigen erklärt (Textor, 2004).

Stieffamilien stehen vor allem dem Problem gegenüber, dass gemeinsame Vorerfahrungen, Strukturen und Rollendefinitionen fehlen (Kaiser, 2003). Die Angehörigen kommen aus verschiedenen Familien mit jeweils anderen Traditionen und Gewohnheiten und begegnen sich in einer Art Zwangsverwandtschaft, die sie sich nicht aussuchen konnten und für die sie sich nicht entschieden haben. Das neue Paar hat es schwer, sich ausreichend Intimraum für seine Beziehung zu schaffen, weil die Kinder dem/der „Neuen" nicht unbedingt aufgeschlossen gegenüberstehen und ihre Bindung an den getrennt lebenden oder verstorbenen Elternteil fortwährt. Haben sie regelmäßigen Umgang mit dem getrennt lebenden Elternteil, bringt dies oft erhebliche Unruhe in das Stieffamiliensystem, die Konfliktanfälligkeit steigt (Kaiser, 2003).

Viele Stiefeltern wissen nicht, was von ihnen erwartet wird: Sollen sie sich als Mutter beziehungsweise Vater, als Freundin beziehungsweise Freund oder als Verwandte zeigen? Auch ihre Zuständigkeit in Erziehungsfragen ist meist unklar: Viele Stiefeltern übernehmen faktisch viele *Verpflichtungen* und engagieren sich für die Kinder ihres Partners. Sie haben jedoch keinerlei *Rechte*, denn diese verbleiben meist weiterhin beim außerhalb lebenden Elternteil, dessen Elternschaft ja fortbesteht. Selbst die Elternschaft Verstorbener lässt sich nicht übertragen (Kaiser, 2007). Stiefeltern haben oft völlig unrealistische Vorstellungen von ihrer Rolle. Sie möchten den Platz des getrennt lebenden oder verstorbenen leiblichen Elternteils einnehmen und erwarten Liebe, Akzeptanz, Gehorsam und Respekt von dem Stiefkind – und zwar im gleichen Maß wie ein echter Elternteil, zu dem sie in Konkurrenz treten. Aufgrund solcher Besitzansprüche geraten die Kinder oft in Loyalitätskonflikte gegenüber dem getrennt lebenden oder verstorbenen leiblichen Elternteil.

Das Klima in einer Stieffamilie hängt von verschiedenen Faktoren ab: zum Beispiel vom Alter der betroffenen Kinder (jüngere Kinder bauen zu Stiefeltern eher als ältere eine eigenständige Beziehung auf), von der Häufigkeit des Kontakts zum getrennt lebenden Elternteil und von der Beziehung zwischen dem Stief- und dem biologischen Elternteil (Kaiser, 1996, 2003). Wenn sich Stiefeltern auf eine *freundschaftliche* Beziehung beschränken und die Rolle des leiblichen Elternteils vorbehaltlos anerkennen, gibt es weniger Komplikationen. Daher sollte in einer solchen Situation auch der Elternbegriff vermieden werden.

Zusammenfassung

Die Familie ist eine soziale Institution mit verschiedenen Funktionen: Sie gewährt emotionale Geborgenheit und Schutz, reguliert das Sexualverhalten ihrer Mitglieder, dient der biologischen Reproduktion und ist die erste Sozialisationsinstanz für Kinder. Ferner bietet sie ihren Mitgliedern die Möglichkeit, sich sozial zu platzieren. Die Familienstrukturen variieren zwischen den Kulturen und sind veränderbar. In allen Gesellschaften stellt die Kernfamilie eine soziale Grundform dar, die stets in eine Mehrgenerationen-Familie eingebettet ist. Familienstrukturen unterscheiden sich u. a. hinsichtlich der Abstammungslinien, der Wohnform, der Anzahl der Partner, der Zusammensetzung des Haushalts sowie hinsichtlich der Rollenbesetzung und der Autoritätsverhältnisse. Aufgrund zunehmender Scheidungsraten haben sich Familienformen wie die Einelternfamilie und die Stieffamilie in den letzten 40 Jahren (wieder) stärker durchgesetzt.

3 Erotik – Sexualität – Liebe

Biologisch betrachtet stehen Erotik und Sexualität im Dienste der Arterhaltung. Jedes Individuum hat den natürlichen Auftrag und damit das Ziel, seine Gene möglichst erfolgreich weiterzugeben *(generativer Erfolg)*. Zu diesem Zweck sind alle Lebewesen mit einem entsprechenden Verhaltensrepertoire ausgestattet. Partnersuche verfolgt das Ziel, solche Gegenüber ausfindig zu machen, mit denen Fortpflanzung und Aufzucht des Nachwuchses möglichst erfolgversprechend ist. Die Eignung hierfür wird anhand von Kriterien wie Aussehen, Charakter oder Einstellungen vor allem beim ersten Kontakt geprüft. Die Kontaktaufnahme von Mann und Frau lässt sich in sieben Phasen einteilen (Givens, 1978).

Phase der Aufmerksamkeit

In der Phase der Aufmerksamkeit wird zunächst auf Attraktivität geachtet. Im Zuge der Evolution haben sich hierzu Kriterien herauskristallisiert, die auf hohe *Fortpflanzungs- und Brutpflegefähigkeit* hindeuten (Buss, 2004). Dabei legen Männer auf äußere Merkmale weltweit mehr Wert als Frauen. Sie schließen unter anderem aus großen Augen, ebenmäßigen Gesichtszügen, Größe der Brüste, Figur und Reinheit der Haut auf Gesundheit und Fortpflanzungsfähigkeit. Frauen kommt es hingegen mehr auf Zeugungs- und Brutpflegefähigkeit an, die sie aus markanten Gesichtszügen, Körperbau, Stärke, dominantem Auftreten, Durchsetzungsfähigkeit und Status ableiten (Tramitz, 2002). Art und Weise der räumlichen Annäherung, ein aufrechter Gang mit erhobenem Haupt, Gehgeschwindigkeit sowie das Blickverhalten vermitteln Hinweise über die Person und die zu erwartende Interaktion. Im Rahmen solcher Auswahlverfahren findet ein inneres Ranking statt, bei dem der oder die andere mit der Modellvorstellung des Idealpartners verglichen wird (Botwin et al.,

1997). Diese entwickeln sich unter dem Einfluss neuropsychischer Schemata, der Herkunftsfamilie, zwischenmenschlicher Erfahrungen und gesellschaftlicher Klischees (siehe Kapitel A7, B1). Je attraktiver der eigene Partner oder die Partnerin auch für andere ist, desto stolzer ist ein Mensch, da er daraus Selbstwert schöpft. Tendenziell werden Partner gewählt, deren Attraktivität in etwa der eigenen entspricht. Weniger attraktive Männer werden von im Vergleich mit ihnen attraktiveren Frauen eher zurückgewiesen. Attraktive Männer haben dabei weniger Angst, dass ihnen dies passiert (Kowner, 1995). Die Furcht vor sozialer Zurückweisung sitzt allerdings tief und zeigt sich bereits bei Vierjährigen.

Werbephase

In der Werbephase bemühen sich Frauen aktiv darum, eine Gesprächssituation anzubahnen. Timothy Perper (1985) stellte nach umfangreichen Beobachtungen in Bars fest, dass Frauen mithilfe zahlreicher Signale männliche Initiative herausfordern oder behindern. Dabei wird vor allem das Blickverhalten eingesetzt: Der scheinbar ungerichtete Blick sammelt aufmerksam Eindrücke, ohne dabei länger an einer bestimmten Stelle zu verweilen. Der Zielperson wie Wurfpfeile zugeworfene kurze „Darting“-Blicke signalisieren Interesse. Halten sie länger als drei Sekunden an, wird der Aufforderungscharakter deutlich. Das schnelle Heben der Augenbrauen ist ein Signal dafür, dass die Person zur Kontaktaufnahme bereit ist (Grammer, 1993). Besonders gut wirkt Lächeln, das die Stimmung steigert. Durch das für Werbesituationen typische Verlegenheitslächeln drücken sich freundliche Annäherung und Scheu aus. Dabei wird der Blickkontakt schnell wieder beendet. Beim ruckartigen Zurückwerfen des Kopfes *(headtoss)* wird die empfindliche Halsschlagader präsentiert (Ergebenheitszeichen). Selbstberührungen signalisieren das Bedürfnis nach Zärtlichkeit, können aber auch auf Unsicherheit hinweisen. Auch das ist ein Zeichen dafür, dass der andere einen nicht kalt lässt. Frauen betonen deutlich öfter die erogenen Zonen, indem sie die Lippen leicht zusammengepresst nach vorne schieben (Schmollmund), die Brust zur Geltung bringen oder die Beine öffnen. Beim Züngeln lecken sie sachte über die leicht geöffneten Lippen (Buss, 2004).

Die Kombination von sexuellen und Ergebenheitssignalen erleichtert die männliche Annäherung. Christiane Tramitz stellte in einem Experiment mit Männern, die auf Flirtsignale einer Frau reagieren sollten, fest, dass schüchterne und weniger kontaktfreudige Männer nicht spontan reagieren konnten, da sie aufgrund geringer Selbsteinschätzung nach Signalen von Zurückweisung regelrecht suchten *(selektive Wahrnehmung)*. Damit fehlte ihnen der gerade in Kontaktsituationen wichtige Optimismus und Schwung. Je attraktiver die Frau eingeschätzt wurde, desto stärker wirkten deren Signale. Die Reaktionen auf die einzelnen Flirtsignale erfolgten innerhalb von 0,5 und 1,5 Sekunden.

Gemäß der evolutionspsychologischen Kosten-Nutzen-Kalkulation müssen Frauen größere Investitionen in den Nachwuchs tätigen. Sie stellen Männer daher zunächst auf die Probe, indem sie sich spröde und abweisend verhalten. Männer dagegen tendieren zu einem offeneren und zeitsparenden Kontaktverhalten, weil sie darauf aus sind, ihre Gene möglichst breit zu streuen (Buss, 2004).

Phase des Kontaktausbaus

In dieser Phase kommt es zum Gespräch. Erving Goffman (2003) spricht in diesem Zusammenhang sogar von einer „Gefahrensituation", da der Mann sein Interesse verrät und etwas von sich preisgibt. Frauen halten sich meist mit Worten erst einmal zurück. Im Wesentlichen werden vier Strategien zur Annäherung verwendet:

- „Es fällt mir schwer, es so direkt zu sagen, aber ich möchte dich kennen lernen." Diese Version verblüfft mit ihrer Offenheit und signalisiert Selbstsicherheit und Spontaneität.

- Die zweite Strategie ist durch Banalität und Belanglosigkeit gekennzeichnet: „... ganz schön heiß heute." Wesentlich ist dabei jedoch die direkte Kontaktaufnahme, die an Stimme und Tonfall Interesse erkennen lässt.
- „Morgen Abend wirst du wieder hier sein, und ich werde dir die besten Lokale der Gegend zeigen." Diese humorvolle und dominante Strategie wird von Männern am seltensten genutzt. Sie erwies sich auch als wenig erfolgreich, da die so Angesprochenen sich gegen den darin enthaltenen männlichen Dominanzversuch wehrten.
- Am erfolgreichsten war die scheinbar langweiligste Ansprache: „Hallo, ich heiße Hans, wie heißt du?"

In schneller Abfolge von Frage und Antwort bringen die Partner nun ihr Interesse füreinander zum Ausdruck, wobei es weniger auf Inhalte als auf den Ausbau des Kontakts ankommt. Die Frau ermuntert dabei durch Nicken und Blicke den Mann zum Sprechen (Tramitz, 2002).

Männer sind bei Kontaktaufnahme und beim Kontaktausbau also von der Steuerung durch die weiblichen Signale abhängig. Dabei versuchen Männer regelrecht, sich in Szene zu setzen: Sie nehmen viel Raum ein, stehen breitbeinig da. Im Sitzen schlagen sie die Beine übereinander und breiten die Arme über die Lehnen aus. Sie versuchen mit ihrem Marktwert, Bildung, Weltoffenheit und Kompetenz etc. zu glänzen (Buss, 2004). Männer indessen, die ihre Selbstdarstellung übertreiben, werden von Frauen eher abgelehnt: Karl Grammer (1993) konnte feststellen, dass die Bereitschaft, mit dem Gesprächspartner ins Kino zu gehen, sank, wenn dieser zu dick aufgetragen hatte. Sympathie gewannen dagegen Männer, die

- die Grundregeln der Konversation einhielten,
- keine längeren Pausen entstehen ließen,
- nicht dazwischenredeten,
- einfühlsam persönliches Interesse bekundeten,

- ihre Gesprächspartnerin in den Mittelpunkt ihrer Fragen stellten,
- Komplimente machten, ohne dabei jedoch penetrant zu wirken (Tramitz, 2000).

Finden Frauen einen Mann sympathisch, bewegen sie den Oberkörper hin und her, berühren sich selbst öfter, öffnen und schließen die Beine – der Körper gerät in Unruhe. Allerdings lehnen Männer Frauen eher ab, die sich zu sehr anbieten und ihnen nicht die Initiative überlassen.

Während des ersten Kontakts spielt auf nonverbaler Ebene die *Verhaltenssynchronisation* eine besondere Rolle. Dabei werden Körperhaltung und Bewegungen des Gesprächspartners zeitlich und räumlich aufeinander abgestimmt. Dies kann sich zu einem regelrechten Werbetanz entwickeln, bei dem sich die Partner aufeinander einschwingen.

Nachteilig ausgelegt wird es, wenn schüchterne Männer sich scheuen, Blickkontakt aufzunehmen und zu halten. Sie sind wortkarg und stellen wenig Fragen, zugleich verhalten sie sich steif und zeigen wenig Körpersprache. Verkompliziert wird die Situation oft noch durch mangelnde Sensibilität der Männer für Befindlichkeit und Signale der Frauen. Christiane Tramitz (2002) stellt in einer Übersicht der Forschungsliteratur fest, dass Männer weibliche Signale leicht überbewerten und Desinteresse ignorieren, je stärker sie selbst an der Frau interessiert sind. Wird dem Mann dann klar, dass die Frau ihn zurückweist, reagiert er meist ungehalten, weil er dies als selbstwertschädigend erlebt. Er macht sich in seiner Selbstbewertung von der Frau abhängig. Für Selbstsicherheit und Psychohygiene ist es daher von größter Wichtigkeit zu lernen, das Selbstbild von Fremdzuschreibungen abzukoppeln (siehe Kapitel F, G).

Seltene und kurze Blicke der Frau werden als Zeichen interpretiert, dass sich die Frau langweilt. Frauen, die sich so verhalten, wirken weniger attraktiv. Besonders angetan sind Männer von stärkeren Bewegungen und Annäherung des weiblichen Oberkörpers. Je häufiger und länger Frauen den Gesprächspartner anlächeln, desto attraktiver werden sie eingeschätzt. Lacht eine Frau in Gegenwart eines Mannes häufiger, deutet dies auf Sympathie hin. Dabei steigert gemeinsames lautes Lachen die gegenseitige Sympathie. Männer neigen hingegen dazu, ihr Lachen in Gegenwart einer attraktiven Frau zu unterdrücken (Tramitz, 2002).

Der rege Austausch dient dazu, dass sich Mann und Frau gegenseitig prüfen und ihr Gegenüber mit dem idealen Suchbild vergleichen können. Dabei werden weibliche Signale vom Mann nur dann als Aufforderung zum Flirt aufgefasst, wenn er auch an der Frau interessiert ist.

Phase der Erotisierung

Die Phase der Erotisierung beginnt, wenn sich die Partner näher gekommen sind. Männer suchen nun den Körperkontakt, während Frauen ihn zunächst vermeiden. Zugleich bewerten sie Männer, die sie berühren, als attraktiver und dominanter (Mees/Schmitt, 2000). Als günstig erwiesen sich vorsichtige Berührungen der Hände sowie leichtes Streicheln und Tätscheln, was Vertrauen weckt. Dies scheint für Frauen wichtig zu sein. In späteren Stadien der Partnerschaft suchen dann die Frauen stärker körperliche Nähe.

Männer finden Frauen, die sie beim Anfangskontakt öfter berühren, als potenzielle Partnerin weniger interessant, weil sie nicht dominiert werden wollen. Dabei gibt es je nach Zielsetzung Unterschiede: Bei der Suche nach einer Affäre betreiben Männer einen möglichst geringen Werbeaufwand und konzentrieren sich auf sexuell eher freizügige, auffordernde Frauen, spröde und zurückhaltende Frauen dagegen ignorieren sie. Suchen Männer aber eine Lebenspartnerin, sind sie weniger schnell auf eine sexuelle Begegnung aus. Dann stehen Fortpflanzung und Brutpflege im Vordergrund, wofür andere Qualitäten bedeutsam sind. Weil von ihnen eventuell ein

Seitensprung und gar ein „Kuckuckskind“ erwartet werden kann, meiden Männer sexuell offensive Frauen dann eher (Buss, 2004).

Sexuelle Phase

In der sexuellen Phase verkehren die Partner geschlechtlich. Fast schlagartig stehen nun andere Themen im Vordergrund. Je nach Art der angestrebten Beziehung, die vom flüchtigen Erlebnis bis zur Lebenspartnerschaft reichen kann, werden die Akzente unterschiedlich gesetzt. In jedem Fall kommt es in der intimen Begegnung auf Feinfühligkeit und Zärtlichkeit an, um das Miteinander wirklich genießen zu können. Je mehr diese Bedingung erfüllt ist, desto eher stabilisiert sich die Beziehung (Mees/Schmitt, 2000; Braukhaus et al., 2000; siehe auch Kap. E6 und F).

Bindungsphase

Vieles spricht dafür, dass die Evolution jene Individuen herausgefiltert hat, die die Weitergabe ihres Erbmaterials durch geschicktes Sozialverhalten gefördert haben. Zur Erreichung dieses Ziels sind bestimmte Strategien notwendig. Dabei geht es um Auswahl und Gewinnung eines Partners, Ernsthaftigkeit und Ausschließlichkeit der Beziehung, auf Fortpflanzung gerichteten Geschlechtsverkehr und elterliche Investitionen in den Nachwuchs (Buss, 2004). Da Frauen nur relativ wenige Kinder gebären können und Schwangerschaft, Geburt sowie Stillzeit hohe Investitionen bedeuten, bevorzugen sie Partner, die einerseits genügend materielle Ressourcen mitbringen und andererseits bereit sind, sich für den gemeinsamen Nachwuchs einzusetzen. Dagegen können Männer ihre Gene breiter streuen, wenn sie mit vielen Frauen verkehren. Hierfür benötigen sie allerdings fruchtbare Frauen, die zudem bereit sind, ihre Nachkommen auszutragen (Mees/Schmitt, 2000).

Liebe

Liebe besteht aus drei biologisch begründeten Komponenten: der Bindung, der Fürsorge und der Sexualität (Brennan et al., 1998). Bindung lässt im Gegensatz zur sexuellen Anziehung nicht nach, das heißt, auch eine langjährige Gewöhnung führt nicht dazu, dass sich Bindung abschwächt. Sex sorgt zum einen über die sexuelle Anziehungskraft dafür, dass eine Partnerschaft begründet wird, und zum anderen für die Fortpflanzung. Bindung hat dagegen die Aufgabe, nach dem Abflauen der sexuellen Anziehungskraft sicherzustellen, dass die Partner zusammenbleiben und der Nachwuchs versorgt wird (Mees/Schmitt, 2000).

John Alan Lee (1976) unterscheidet sechs Liebesstile:

- *Eros,* leidenschaftliche Liebe, die die körperliche Anziehung betont
- *Ludus,* die spielerische Liebe ohne Verpflichtung und Verantwortung
- *Storge,* die eher kameradschaftliche Liebe
- *Mania,* die eifersüchtig besitzergreifende Liebe
- *Pragma,* eine pragmatische Beziehung auf Basis von Nützlichkeit und Verträglichkeit
- *Agape,* die sich selbstlos aufopfernde Liebe nach dem Ideal der Nächstenliebe

Ergänzend hierzu geht man von sexuellen Stilen aus, die als kulturell bestimmte Schemata sexuelle Präferenzen, Phantasien und Verhaltensweisen beeinflussen. Kurt Frey und Mahzad Hojjat (1998) unterscheiden drei Formen:

- Im *Inszenierungsskript* setzen sich die Partner spielerisch in Szene wie auf einer Bühne.
- Das *Skript der sexuellen Trance* betont Privatheit und gegenseitige sexuelle Stimulation.

- Das *partnerbezogene Skript* akzentuiert die Liebesbeziehung mit Nähe und Zärtlichkeit.

Liebe variiert abhängig davon, wie intensiv Gedanken und Verhaltensweisen auf den Partner bezogen sind *(Intensitätsindikatoren*; Mees/Rohde-Höft, 2000). Wer die Liebe wichtig nimmt, hofft auf Erwiderung, muss oft an die geliebte Person denken, hat Sehnsucht nach ihr und begehrt sie sinnlich. Diese Indikatoren scheinen die Gesamtintensität des Liebeserlebens wesentlich auszumachen. Liebende fordern vom Partner Beweise für dieses Gefühl, zum Beispiel Vertrauen, Verständnis, Offenheit sowie stärkere Treue, als sie selber zu geben bereit sind (Mees/Schmitt, 2000).

Clyde und Susan Hendrick (1995) fanden heraus, dass hohe Ausprägungen des „Ludus"-Liebesstils mit höherer sexueller Freizügigkeit einhergingen. Frauen zeigten sich bei der Sexualität insgesamt stärker partnerbezogen als Männer. Vieles deutet darauf hin, dass Frauen Sex insgesamt weniger wichtig ist (Murstein/Tuerkheimer, 1998). Während die Werte bei den Frauen nicht vom Alter abhingen, waren jüngere und ältere Männer beim Sex mehr, Männer mittleren Alters weniger auf körperliche Befriedigung aus. Im Rahmen einer Untersuchung mit Studenten stimmten der Aussage „Ich habe eine Person schon sexuell begehrt, ohne auch nur im geringsten Liebe zu ihr zu empfinden" 65 Prozent der Frauen und 71,4 Prozent der Männer zu. Sexuelles Begehren kann also auch ohne Liebe existieren. Die Umkehrung, wonach Liebe auch ohne sexuelles Begehren möglich ist, bejahten 42,5 Prozent der Frauen und 46 Prozent der Männer, für jeweils 50 Prozent traf dies aber nicht zu. Dem Satz „Sex ist am schönsten mit einer Person, in die ich verliebt bin beziehungsweise die ich liebe" stimmten 85 Prozent der Frauen und 92,9 Prozent der Männer zu (Mees/Schmitt, 2000).

Zusammenfassung

Erotik und Partnerschaft dienen einem generativen Zweck, bei dem die Geschlechter unterschiedliche Funktionen erfüllen. Die Annäherung zwischen Mann und Frau lässt sich in verschiedene Phasen einteilen, die vom ersten Blickkontakt über die Werbung bis zu Bindung und Liebe reichen. Für den Kontakterfolg sind für Frauen und Männer unterschiedliche Attraktivitätsmerkmale in Erscheinungsbild und Verhalten wichtig.

Liebe wird in Form verschiedener Liebesstile gelebt, die jedoch bei den Partnern individuell unterschiedlich ausgeprägt sind. Liebe und Partnerschaft als Lebensmittelpunkt sind mehr oder minder gefährdet, wenn ein Partner untreu wird. Daher reagiert der andere leicht mit Eifersucht, wenn er die Beziehung bedroht sieht.

4 Wahl des Lebenspartners

Die Bedeutung der Partnerwahl für die spätere Funktionsfähigkeit von Partnerschaft und Familie wird weitgehend unterschätzt. Gegensätze ziehen sich den Befunden der Partnerschaftsforschung zufolge nur an, wenn die Partner gleichzeitig genügend gemeinsam haben (Amelang, 1995). Ein Kennenlernen wird durch räumliche Nähe und andere Gemeinsamkeiten begünstigt: Je näher die potenziellen Partner beieinander wohnen, desto größer ist die Wahrscheinlichkeit, dass eine Paarbeziehung entsteht (Katz/Hill, 1958). August B. Hollingshead (1950) stellte fest, dass in 82,8 Prozent der Fälle beide Lebenspartner aus demselben Stadtteil stammten sowie derselben Schicht und Konfession angehörten. So waren die Ehen von Protestanten zu 74,4 Prozent, von Katholiken zu 93,8 Prozent und von Juden sogar zu 97,1 Prozent konfessionell gleich *(Homogamie;* vgl. König, 1976). Je stärker Partner bezüglich ihrer Sozialmerkmale (zum Beispiel Schicht, Bildung, Berufsniveau), Werteinstellungen, Bedürfnisse, Rollenerwartungen und Ansprüche übereinstimmen, desto besser stehen die statistischen Chancen für Partnerharmonie und Lebenszufriedenheit. Ein ungünstiges Kriterium bei der Wahl eines Lebenspartners sind hingegen unerwünschte Schwangerschaften. Sie treten meist im Frühstadium einer Beziehung ein, wenn sich die Partner noch nicht gut kennen (Oeter/Wilken, 1981).

Partnerwahl findet in der Regel nicht nur einmal statt, da viele Menschen mehrere Partnerschaften erleben und Modellvorstellungen über den Wunschpartner entwickeln.

Einfluss der Herkunftsfamilie

Das Vorbild der Eltern und Verwandten sowie Erfahrungen mit Geschwistern wirken sich bei der Auswahl der Liebes- und Lebenspartner aus (Toman, 1979).

Menschen mit geringem Selbstwertgefühl verspüren Sorge und Unsicherheit über sich selbst, was zumeist mit ungünstigen Kindheits- und Jugenderfahrungen zusammenhängt *(Bindungsstörungen*; siehe Kapitel B1). Diese Personen haben sich nie wirklich von ihren Eltern gelöst und keine gleichberechtigte Beziehung zu ihnen aufgebaut. Dennoch richten sich bei ihnen große Hoffnungen und Erwartungen an andere, während sie aber auch Enttäuschung und Misserfolg fürchten (Kaiser, 2007).

Lernen sich Partner kennen, die beide wenig selbstbewusst sind, laufen sie Gefahr, dies sowie ihre Ängste und Erwartungen von Anfang an zu verschleiern. Gerade deswegen können sie nicht offen miteinander kommunizieren und keine Klarheit übereinander erlangen. So erhofft und erwartet sich der eine Dinge vom anderen, von denen der andere aber nichts weiß. Dies führt leicht zu Missverständnissen und Enttäuschungen. Stattdessen zeigen sich Eigenschaften, die gewöhnlich zu Beginn der Bekanntschaft nicht sichtbar und daher konsequenterweise auch nicht erwartet werden. In solchen Fällen schlägt dann Vertrauen leicht in Misstrauen um, zumal beide Partner nicht in der Lage sind, konstruktive Lösungen zu erzielen, weil dann ja ihr geringes Selbstwertgefühl erkennbar würde. Allzu oft versuchen unsichere Menschen mithilfe der Partnerwahl ihre Ablösungsprobleme von der Herkunftsfamilie zu bewältigen, zugleich aber (meist unbewusst) die aus der Herkunftsfamilie gewohnten Strukturen aufrechtzuerhalten (Kaiser, 1989). Viele Menschen mit Paarproblemen haben sich nur unzureichend von ihrer Herkunftsfamilie abgelöst und daher kaum partnerschaftliche Erfahrung sammeln können. Für sie war der Ehepartner oft der erste Liebespartner überhaupt. Die Auswahl dieses ersten Partners und die nachfolgende Beziehung sind oft von Beginn an mit erheblichem Ballast aus der Familiengeschichte befrachtet (Hehl, 2002).

Unsere eigenen Studien haben gezeigt, dass die Partnerwahl bei vielen Paaren, die sich zwischen den 1930er und den 1950er Jahren gefunden hatten, mehr oder weniger stark von der Familie beeinflusst war: Für die Herkunftsfamilien standen oft sachlich-materielle Gesichtspunkte im Vordergrund. In ländlichen Regionen spielte zum Beispiel das Prinzip „Hof zu Hof" eine bedeutende Rolle. Damit ist das Bestreben bäuerlicher Familien gemeint, durch geschickte Heiratspolitik ihren (Land-)Besitz zu vergrößern. Dadurch unterlag die Partnerwahl Kriterien, die der Beziehungsqualität nicht gerade zuträglich waren. Paare, die auf diese Weise zusammenkamen, bildeten eher Wirtschaftsgemeinschaften als Liebespaare. In vielen Fällen lösten sich die Partner von ihren Herkunftsfamilien dann überhaupt nicht ab (Kaiser, 1989). Die Herkunftsfamilien achteten auch darauf, dass unter anderem der soziale Status, die Konfession und der Beruf des Partners den eigenen Anforderungen entsprachen. Dabei setzten sich die Familien zum Teil rigoros gegen den Angehörigen durch, der verheiratet werden sollte.

Ein „verdecktes" Kriterium für die Partnerwahl, das in unseren Untersuchungen erst zutage trat, als wir Parallelen zwischen den Generationen feststellten, war die Ähnlichkeit der Verhältnisse und Geschwisterkonstellationen der Herkunftsfamilien (Kaiser, 2007). Manche Partnerwahl war von dem paradoxen Wunsch getragen, einerseits alles besser zu machen als die Herkunftsfamilie, dass andererseits aber alles so bleiben möge wie gewohnt. Oft versuchen Menschen, die ihnen vertrauten Beziehungsmuster aus der Herkunftsfamilie in der eigenen Paarbeziehung und Familie nachzubilden. Wer bestimmte Muster von Dominanz und Unterordnung zwischen den Geschlechtern kennt, sucht oft seinen Partner dazu passend aus (Kaiser, 1989). Bevorzugt werden dann Partner, die es tolerieren, dass die enge Bindung an die Herkunftsfamilie bestehen bleibt, selbst wenn dies zulasten der Paarbeziehung geht. Hier bieten sich Partner an, die sich selbst nicht von ihrer Herkunftsfamilie abgelöst haben, oder solche, die beruflich, zum Beispiel als Fernfahrer oder Seemann, immer unterwegs und sogar froh sind, wenn die Frau gut aufgehoben ist und nicht auf dumme Gedanken kommt. Auf die mangelnde Bereitschaft, sich von der Herkunftsfamilie abzulösen, gehen wir im Zusammenhang mit Partnerschaftsproblemen noch ausführlich ein (vgl. Kapitel C5).

Ein weiteres psychologisch bedeutsames Kriterium bei der Partnerwahl ist die vermutete Fähigkeit des anderen und seiner Familie, Defizite der eigenen Person oder der Herkunftsfamilie auszugleichen. Der Partner soll zum Beispiel bei der Ablösung von den Eltern helfen oder den anderen für nie erhaltene Zuwendung der bindungsgestörten Eltern entschädigen. In anderen Fällen wird erwartet, dass die Partnerschaft beispielsweise sozialen Aufstieg, bessere soziale Beziehungen zu Gleichaltrigen oder mehr Selbstwertgefühl mit sich bringt. Wenn der Partner die in ihn gesetzten Erwartungen dann nicht erfüllen kann, sind Probleme unumgänglich.

Psychosoziale Bedürfnisse und der Wunsch nach existenzieller Absicherung verbanden sich vor allem in der Kriegs- und Nachkriegszeit. Die allgemeine Not und ungünstige Bedingungen für die Partnersuche führten nach beiden Weltkriegen zu vielen Partnerschaften, die unter anderen Verhältnissen gar nicht zustande gekommen wären. Die für eine Heirat infrage kommenden Männerjahrgänge waren stark ausgedünnt, was in den betroffenen Generationen zu hohem Frauenüberschuss und entsprechender Torschlusspanik führte (Kaiser, 1989). Zudem strebten die meisten Menschen vor allem danach, sich mit der Heirat Unterstützung und ein Auffangnetz zu sichern. Liebe und Zuneigung spielten bei diesen Entscheidungen nur eine untergeordnete Rolle oder galten als erfreuliche Zugabe (Meyer/Schulze, 1992). Wie schon erwähnt, war und ist Verfügbarkeit aufgrund räumlicher und sozialer Nähe ein wichtiges Kriterium bei der Partnerwahl. Der Partner stammt oft aus einer Gruppe von bekannten und ohne Aufwand erreichbaren Kandidaten. In manchen Fällen kennen sich die beiden Beteiligten bereits lange, bevor sie eine Paarbeziehung beginnen. Dann haben sie sich bereits ein fundierteres Urteil übereinander gebildet, wodurch das Risiko einer Fehleinschätzung sinkt.

Partnersuche online

Eine neue und immer wichtigere Form der Partnerwahl ermöglicht das von nahezu allen jüngeren Menschen genutzte Internet. Bei einer Befragung von Nutzern einer großen Plattform zur Partnersuche (Datingsite) wurden Evelina Bühler-Illieva (2006) folgende Vorteile des Online-Datings genannt:

Vorteile	**Anzahl** n = 3.465	**Prozent**
Anonymität, so lange man will	2.613	75,41
Man hat weniger Hemmungen	1.743	50,30
Unverbindliche Kontakte sind möglich	1.624	46,87
Sehr große Auswahl an möglichen Partnerinnen/Partnern	1.361	39,28
Auch scheue Leute finden online Kontakt	1.354	39,08
Man kann Leute kennen lernen, die geographisch weit entfernt sind	1.173	33,85
Man kann spezielle Leute suchen	1.064	30,71
Man kann einfach „ausloggen“, wenn einem etwas nicht passt	1.037	29,93
Andere Gründe	2.337	67,45
Nachteile		
Schreiben kann man alles	2.189	69,38
Man sieht/spürt den anderen nicht	1.125	35,66
Man kann sich kein Bild vom anderen machen	803	25,45
Kaum Erfolgschancen	682	21,62
Man kann süchtig werden	659	20,89
Man kann einfach abhauen	657	20,82
Anonymität	6.171	9,56
Zu unverbindlich	546	17,31
Andere Gründe	1.607	50,94

Abb. 11: Vorteile des Online-Datings (nach Bühler-Illieva, 2006)

Dabei suchten die Internetnutzer zu 55,5 Prozent eine dauerhafte Liebesbeziehung; Freundschaft(en) wollten 32,6 Prozent, eine Verabredung 30,5 Prozent, einen Partner für Freizeit und Hobbys 21,1 Prozent, sexuelle Kontakte 16,9 Prozent und Online-Flirts 13,5 Prozent. Wie unsere Gegenüberstellung zeigt, haben 11,7 Prozent eine feste Beziehung gefunden. Dies geschah in erstaunlich kurzer Zeit, bei 28,7 Prozent in weniger als einem Monat, bei 63 Prozent in weniger als drei Monaten. 23,5 Prozent benötigten vier bis zwölf Monate, bis sie ihr Ziel erreicht hatten. Verliebt haben sich 38,7 Prozent bereits beim ersten persönlichen Treffen, dem einige Kontakte per E-Mail und Telefon vorausgegangen waren.

Ziele	**Gesucht (in Prozent)**	**Gefunden (in Prozent)**
Dauerhafte Liebesbeziehung	55,52	11,70
Freundschaft	30,46	21,95
Dating	32,63	38,15
Partner für Freizeit	21,14	8,93
Sexuelle Kontakte	16,95	12,20
Flirt	13,45	15,87

Abb. 12: Art der Beziehung aufgrund von Online-Datings

Viele der Probanden berichten von falschen Selbstbeschreibungen im Internet: Als falsch erweisen sich die Angaben zu Figur und Größe bei 48,6 Prozent, zum Alter bei 23,3 Prozent und zum Familienstand bei 16,3 Prozent. Auffällig ist der Anteil von Suchenden, die bereits einen festen Partner haben, mit dem sie aber anscheinend unzufrieden sind (21,1 Prozent), und der Anteil derjeniger, die noch nie eine feste

Beziehung hatten (15,4 Prozent). Die Wahrscheinlichkeit, auf sozial gehemmte Menschen zu stoßen, scheint im Internet erhöht. Dies hat sich auch in anderen Studien bestätigt. Dennoch sind die Aussichten gut, da die statistische Chance, Menschen zu finden, die den eigenen Kriterien entsprechen, *nirgends* größer ist. Das Internet eignet sich vor allem auch für solche Menschen, die wenig Gelegenheit haben, sich auf Partnersuche zu begeben.

Zusammenfassung

Verbreitete Kriterien der Partnerwahl sind Gemeinsamkeiten bezüglich Wohngegend, Bildungsstand, Status, Interessen sowie Strukturen und Konstellationen der Herkunftsfamilie. Bei der Partnerwahl herrscht, wie auch sonst in Familien, ein ausgeprägtes Konten- oder Kosten- und Nutzendenken, das darauf abzielt, den eigenen Vorteil zu maximieren. Dabei werden beispielsweise Attraktivität gegen Geld, Besitz gegen berufliche Qualifikation, niederer Sozialstatus gegen Schönheit oder Unterordnung gegen Privilegien aufgerechnet. Die Kriterien bei der Partnerwahl werden (oft unbewusst) in vielen Familien als Traditionen gepflegt. Um seine Partnerwahl zu optimieren ist daher die Analyse der eigenen Familiengeschichte und möglichst auch der eines potenziellen Partners mithilfe eines Genogramms sehr zu empfehlen (siehe Abb. 26; Kaiser, 2006, 2007).
Eine besonders effektive und ökonomische Möglichkeit der Partnersuche und Partnerwahl bietet das Internet. Hier kann man anhand eingegebener Wunschprofile unter einer sonst nicht erreichbaren Vielzahl von Kandidaten wählen.

5 Partnerschaft

Die Paarbeziehung vor allem von Eltern ist ausgesprochen wichtig für die familiale Funktionstüchtigkeit. Dies hängt mit der hierarchischen Position sowie der Verantwortung und den Rollen der Eltern gegenüber den Kindern zusammen. Nach dem aktuellen Stand der Forschung können wir davon ausgehen, dass die Qualität der Paarbeziehung die Qualität des Lebens, insbesondere des Familienlebens, und das Wohlergehen der Kinder mit am stärksten beeinflusst (Kaiser, 2007).

Trotz hoher Scheidungsraten (52 auf 100 Eheschließungen) ist die Paarbeziehung für die meisten Erwachsenen die Beziehung schlechthin ; circa 90 Prozent heiraten einmal im Lauf ihres Lebens. Die Ehe, auf Dauer angelegt, währt länger als die meisten sonstigen Beziehungen: 68 Prozent der über 18-jährigen Deutschen sind verheiratet (DESTATIS, 2006). Unter den etwa zwölf Millionen Paaren mit Nachwuchs haben 28,3 Prozent zwei Kinder. Gleichzeitig wächst die Zahl nichtehelicher Partnerschaften und deren gesellschaftliche Bedeutung (Nave-Herz, 2004).

Ende 2004 waren 41 Prozent der Bundesbürger ledig, 45 Prozent verheiratet, sieben Prozent verwitwet und sieben Prozent geschieden. Es gibt insgesamt weniger Ledige unter den Frauen als unter den Männern. Dagegen ist der Anteil verwitweter Frauen (zwölf Prozent) deutlich höher als der verwitweter Männer (drei Prozent). Außerdem sind innerhalb der jeweiligen Geschlechtergruppe etwas mehr Frauen als Männer geschieden.

Die Paarbeziehung hebt sich nicht allein in ihrer Intensität sondern auch durch die Kooperation bei der Bewältigung des alltäglichen Lebens von allen anderen Sozialbeziehungen ab. Partnerschaft sorgt stärker für jegliche Befriedigung als jede andere Beziehung (Argyle/Henderson, 1986). Durch das ständige Zusammensein entwickeln die meisten Paare eine gemeinsame Gedankenwelt und eine gemeinsame Auffassung von der Außenwelt. Dabei spielen die Erfahrungen und Modelle aus ihren Herkunftsfamilien eine überragende Rolle. Vergangenheit und Geschichte, Kinder und eine Zukunft, die die Partner gemeinsam haben, führen zu einem Gefühl gemeinsamer *Identität*. Paare leben zumeist zusammen in einem Zuhause, das als Schauplatz des Alltags dient und das ins Netzwerk verwandtschaftlicher und anderer Beziehungen eingebettet ist (Kaiser, 2000).

Paarbeziehungen sind als dynamische Systeme aufzufassen, die sich mit dem Familienzyklus verändern. Dieser beginnt mit einer Phase der Partnerschaft, meist ohne Kinder, und ist danach über zwei bis drei Jahrzehnte von den Kindern und ihren Entwicklungsstadien geprägt. Gehen die Kinder aus dem Hause, folgt eine Phase nachelterlicher Paarbeziehung. Die Paarbeziehung ist zwar „zentrale und einzig permanente Zone der Familie“ (König, 1976, 121), sie wird indes vom Familienzyklus je nach Phase auf unterschiedliche Weise beeinflusst: Vor allem, wenn mehrere Kinder da sind, wird die Frau zunächst abhängiger von der Hilfe des Mannes. Damit verbunden ist die meist traditionelle Rollenverteilung und eine höhere Familien-*Unzufriedenheit* aufseiten der Frau (von Sydow et al., 2001). Der zeitweilige Rückzug aus dem Berufsleben führt leicht zu Kompetenzverlusten und Isolation (König, 1976). Kinderlose Frauen bleiben stärker auf den Partner bezogen und öfter berufstätig, wodurch sie selbstständiger sind und Kompetenzen hinzugewinnen können. Der Familienzyklus verläuft unterschiedlich, je nachdem, wann die Kinder nach der Ausbildung das Haus verlassen. Kinder aus Arbeiterfamilien, die selbst Arbeiter geworden sind, werden früher selbstständig als zum Beispiel Kinder aus Akademikerfamilien, die studieren: Längere Ausbildungszeiten verlängern die Phase der Abhängigkeit erwachsener Kinder von ihren Eltern. Bisweilen kann sich auf diese Weise die Familienphase der Eltern bis zum Ruhestand verlängern.

Einfluss der Herkunftsfamilien

Jeder Partner bringt seine Familiengeschichte, seine persönlichen Merkmale und ungelösten Konflikte, zum Beispiel Ablösungsschwierigkeiten oder Sexualangst, in die Paarbeziehung ein. Umfangreiche Untersuchungen haben gezeigt, wie sehr Menschen von ihren Erfahrungen in der Herkunftsfamilie geprägt sind, wenn sie ihre eigenen Paarbeziehungen gestalten. Partner kommen zum Beispiel besser miteinander aus, wenn der andere einem eigenen Geschwister ähnlich ist. Dies trifft etwa zu, wenn sich die Geschwisterrollen der Ehepartner ergänzen. Beispiel: Die Frau hat einen älteren Bruder und der Mann eine jüngere Schwester oder umgekehrt. Haben beide Partner eine dominante Geschwisterposition, können sie sich zwar leichter verständigen, doch sie brauchen einander weniger und das Zusammenleben gestaltet sich schwieriger. So wäre es etwa bei zwei ältesten Geschwistern, die eine Paarbeziehung eingehen. Beide wollen führen und Verantwortung übernehmen, was zwangsläufig Schwierigkeiten mit sich bringt *(Rangkonflikt)*. Ein Altersrangkonflikt kann auch entstehen, wenn sich zwei jüngere Geschwister als Paar zusammenfinden: Beide suchen nach Führung und wollen verwöhnt werden, was sie aber nicht bekommen. Dies verschärft sich eventuell noch, wenn gleichzeitig ein *Geschlechterkonflikt* auftritt, in dem Brüder von Brüdern und Schwestern von Schwestern sich oft zu wenig an das Zusammenleben mit altersnahen Personen des anderen Geschlechts gewöhnt haben (Toman, 1979). Vermeiden lassen sich derartige Effekte in der Kindheit durch ausreichende Kontakte zum anderen Geschlecht außerhalb der Familie, im Erwachsenenalter durch intensivierte Kommunikation der Partner über ihre Erwartungen aneinander (vgl. Onnen-Isemann/Rösch 2005, 2006).

Wie im Zusammenhang mit der Partnerwahl erwähnt, wird auch die Paarbeziehung häufig durch ungelöste Konflikte, persönliche Probleme und psychische Störungen belastet. Vor allem Bindungsstörungen und damit verbundene Selbstwertprobleme, sexuelle Störungen oder Depressionen können die Partnerschaft erheblich stören und das Trennungsrisiko erhöhen (siehe Abb. 13).

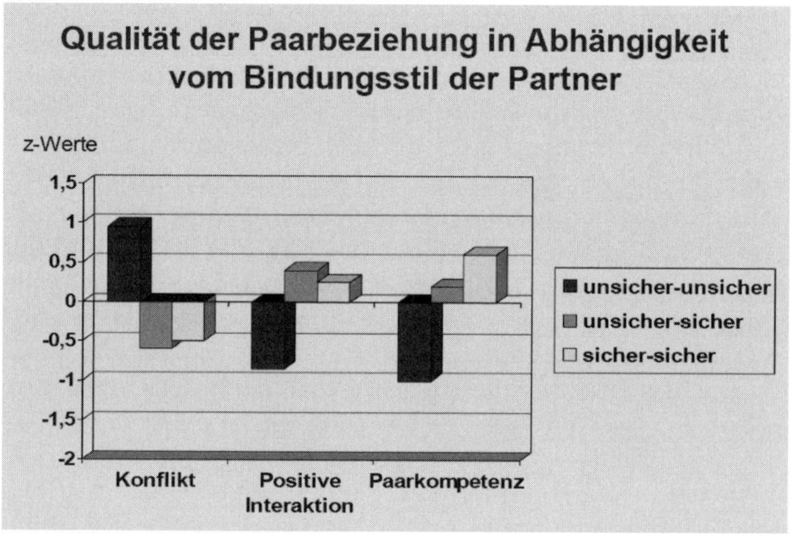

Abb. 13: Zum Zusammenhang von Bindungsstil und Qualität der Partnerschaft (Schneewind, 2005, 15; vgl. Cohn et al., 1992)

Erfolgsbedingungen für Paarbeziehungen

Eine gute Paarbeziehung fördert die Lebensqualität (Gerris et al., 2000). Eine repräsentative Langzeitstudie über zwölf Jahre (Amato/Rogers, 1997) zeigte, dass weniger zufriedene Paare viel mehr Probleme mit Untreue, in ihrer Kommunikation, Unverträglichkeit, törichtem Geldausgeben, Suchtverhalten, Eifersucht, Übellaunigkeit, schlechten Angewohnheiten, häufiger Abwesenheit und in Geldangelegenheiten hatten. Frauen benannten dabei mehr Probleme als Männer. Bei diesen Beziehungen war die Trennungsrate wesentlich höher als bei zufriedeneren Paaren.

Im Rahmen einer vom Verfasser geleiteten Vergleichsstudie mit 54 Verheirateten und 73 Geschiedenen zeigte sich, dass die Eltern der Geschiedenen weniger Freizeit miteinander verbrachten, weniger enge Beziehungen pflegten und stärker nach außen orientiert waren. Sie grenzten sich als Paar insgesamt weniger ab. Ihre Aufgabenteilung war unkooperativer und starrer, sie stritten sich öfter um die Kindererziehung und gingen damit eher destruktiv um (Kemmler-Drews/Sewerin, 1989).

Franz-Josef Hehl und Gabriele Priester (1998) verglichen 40 getrennt lebende und 40 verheiratete Frauen mit Kindern. Dabei berichteten die Getrenntlebenden, als Jugendliche mehr Einfluss und Verantwortung in ihren Herkunftsfamilien gehabt zu haben. Sie hatten als *Partnerersatz* für ihre Mütter zu ihren Vätern bedeutend mehr Distanz und rivalisierten mit diesen um ihre Mütter. Die Paarbeziehung der Eltern Getrenntlebender war häufiger gespalten und weniger harmonisch. Ihre Eltern brauchten ihre Kinder oft als Vermittler. In unseren eigenen Studien mit unterschiedlichen Teilnehmergruppen zeigte sich, dass bei gestörter Elternbeziehung häufig eine übermäßig enge Vater-Tochter- und/oder Mutter-Sohn-Beziehung bestand (Kaiser, 2007).

Mütter, die in einer funktionierenden Paarbeziehung leben, verhalten sich ihren Kindern gegenüber verständnisvoller und fürsorglicher (Gerris et al., 2000). Gezeigt hat sich auch, dass Konflikte über die Kindererziehung Paarbeziehungen erheblich stören können. Wächst die Distanz zwischen den Eltern, wird die Mutter-Kind-Beziehung enger, die Vater-Kind-Beziehung schlechter (Lee, 2005).

Häufige Paarkonflikte stören eine einfühlsame, engagierte Erziehung und erschweren die Entwicklung eines sicheren *Bindungsstils* beim Kind (Brisch/Hellbrügge, 2005). Kommt es öfter zu sehr feindseligen Auseinandersetzungen, kann dies bei Kindern leicht Dauerstress sowie dauerhafte Probleme und psychische Störungen auslösen. Streit zwischen den Eltern

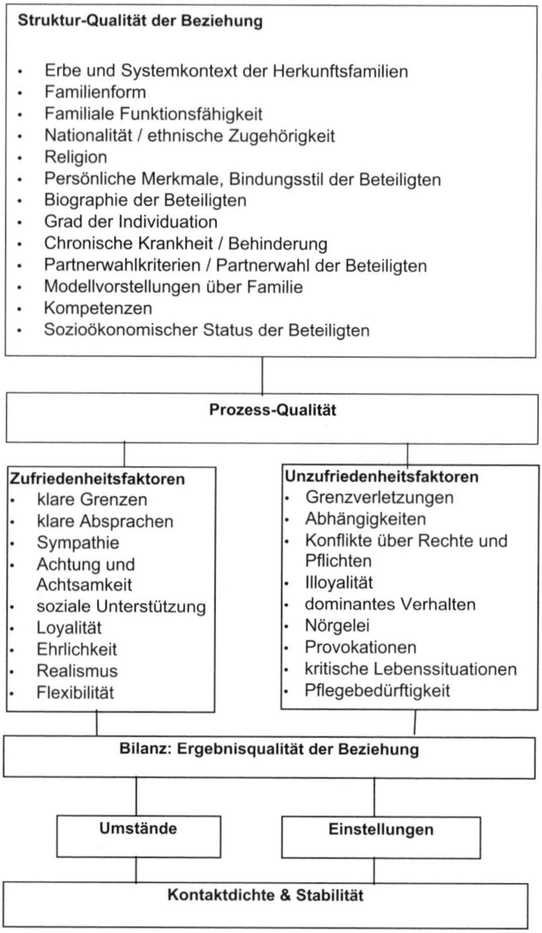

Abb. 14: Qualitätsdimensionen von Paarbeziehungen

ängstigt und verwirrt Kinder. Verhalten sich Eltern ihren Kindern gegenüber feindselig und konkurrieren sie miteinander, führte dies bei acht bis elf Monate alten Kindern zu erhöhter Aggression drei Jahre später. Dabei zeigten sich deutliche Zusammenhänge zwischen der psychischen Belastung der Mütter und einer konfliktbeladenen Paarbeziehung einerseits und den Verhaltensproblemen und Defiziten der Kinder andererseits. Individuelle und partnerschaftliche Störungen beeinträchtigen die elterliche Interaktion mit dem Kind. Darunter leiden dessen Wohlbefinden und Entwicklung. Bei einer Studie mit 1.014 jungen Patienten in der Kinderpsychiatrie war der am häufigsten vorkommende Befund „unzureichende elterliche Aufsicht und Steuerung" (47 Prozent), gefolgt von „abweichender Elternsituation" (41 Prozent) und „psychischer Störung oder abweichendem Verhalten eines Elternteils" (28 Prozent; Becker/Schmidt, 2003). Bei Kindern mit kombinierter Störung des Sozialverhaltens und der Emotionen zeigte sich eine „abweichende Elternsituation" sogar in 61 Prozent, „unzureichende elterliche Aufsicht und Steuerung" in 55 Prozent und psychische Störung eines Elternteils in 43 Prozent der Fälle. Bei anorektischen Patientinnen lagen am häufigsten „inadäquate intrafamiliäre Kommunikation" (38 Prozent), „elterliche Überfürsorge" (33 Prozent) und „Disharmonie in der Familie" (26 Prozent) vor.

Im Rahmen unserer eigenen Untersuchung mit 320 Mehrgenerationenfamilien stellten wir deutliche Zusammenhänge zwischen der Beziehungsqualität in den Generationen der Großeltern, der Eltern und der erwachsenen Kinder fest; Partnerschaftsmuster werden von Generation zu Generation tradiert (Lee, 2005). Dabei fiel vor allem die Wechselwirkung zwischen konflikthaften Paarbeziehungen und verstrickten Eltern-Kind-Beziehungen auf: Sind die Beziehungen zum Kind zu eng, gerät der ausgegrenzte Elternteil leicht in Konkurrenz zum Kind und in Konflikt mit dem Partner. In „Normal"-Familien unterstützten Geschwister, Großeltern und andere Verwandte das Paar besser. Sie halfen mit Rat und Tat, wenn ein Paar Probleme hatte, was besonders den Kindern zugute kam. Mängel bei der Partnerschaftsqualität oder der Kompetenz eines Partners können also wirksam durch familiale Unterstützung abgepuffert werden (Kaiser, 2007). Die elterliche Paarbeziehung wird auch von den Kindern beeinflusst: Die familiale Kommunikation fällt in Kernfamilien am destruktivsten aus, wenn beide Eltern emotional instabil, das Kind aber stabil ist oder wenn mindestens zwei Angehörige in der Familie – also ein Kind und ein Elternteil – emotional instabil sind (Gerris et al., 2000).

Individuelle Beiträge zur Paarbeziehung

Menschen mit Bindungsproblemen, niedrigem Selbstwertgefühl sowie zu wenig Kompetenzen sind leicht von Sorge und Unsicherheit über sich selbst eingenommen. Dies geht auf ungünstige Anlagen, frühe Erlebnisse und problematische Familienkonstellationen zurück. Hat eine solche Person auch noch ungünstige Vorbilder in Hinblick auf Partnerschaften in ihrer Herkunftsfamilie erlebt, ist sie auf eine harmonische Paarbeziehung kaum vorbereitet. Solche Menschen verstricken sich schnell in Missverständnisse und erleben Enttäuschungen, weil sie die Verschiedenheit, die sie am anderen entdecken, nicht erwarten. Das anfängliche Vertrauen schlägt leicht in Misstrauen um, wenn die Partner nicht fähig sind, gemeinsam konstruktive Lösungen zu finden. Dies gelingt nur, wenn sie lernen, feinfühlig auf ihren Partner einzugehen und ihre Gedanken, Wünsche und Gefühle auszudrücken, ohne den anderen zu verletzen. Nur so lässt sich am Ende ein annehmbares Ergebnis erreichen, mit dem beide zufrieden sind (siehe ausführlich Kapitel A10). Wer selbst wenig Kompetenz als Partner hat, erlebt auch die förderlichen Effekte einer guten Paarbeziehung seltener (Bodenmann, 2004).

Partnerschaft und Wohlbefinden

Wie wichtig die Paarbeziehung und die vielfältigen Befriedigungen daraus für die meisten Menschen sind, zeigt sich meistens erst dann, wenn sie auseinanderbricht (Kaiser, 2000). Vor allem sozialepidemiologische Studien und die Wohlfahrtsforschung haben die positive Bedeutung der Paarbeziehung für Gesundheit und Wohlbefinden belegt. Dass der Ehepartner die wichtigste Quelle sozialer Unterstützung ist, haben schon viele Autoren festgestellt (zusammenfassend Kaiser, 2007). Dabei benennen sie folgende Faktoren, die eine gute Paarbeziehung ausmachen und damit vor psychischen Störungen schützen:

- Aussprachemöglichkeiten,
- Zuneigung und Unterstützung,
- Enge sexuelle Beziehung,
- Gemeinsame Interessen und Übereinstimmung in wichtigen Bereichen,
- Arbeitsteilung im Haushalt,
- Wenig Spannungen und Konflikte.

Eine gute Beziehung zum Partner fördert (Bodenmann, 2004):

- das Selbstwertgefühl,
- das Gefühl, sozialen Rückhalt zu haben,
- das Gefühl, bedeutsam zu sein,
- das Wohlbefinden.

Je besser sich die Befragten einer Repräsentativumfrage vom Partner verstanden fühlten und je besser sie selber ihren Partner verstanden, desto höher war ihre Ehezufriedenheit (Glatzer/Zapf, 1984). Wichtiges Merkmal einer guten Ehebeziehung ist die gefühlsmäßige Enge der Bindung. Davon wiederum hängen die persönliche Vertrautheit und die Befriedigung emotionaler Bedürfnisse ab (Braukhaus et al., 2000).

Die meisten Befragten halten Treue des Partners für wichtig, aber nur die Hälfte verhält sich selbst entsprechend. Außereheliche sexuelle Aktivitäten sind häufiger bei freizügigem Sexualleben vor der Ehe, Unzufriedenheit in der Ehe, besserer Schulbildung und geringerer Religiosität (Argyle/Henderson,

1986). Untreue Partner gehen weniger ehrlich miteinander um, sind selbstbezogener (narzisstischer) und verbringen weniger Zeit miteinander. Untreue Männer sind im Durchschnitt älter und unzufriedener mit ihrer Beziehung (Atkins et al., 2005).

Unzufriedenheit mit der Paarbeziehung geht mit häufigeren Meinungsverschiedenheiten, mangelnder Anerkennung, fehlenden gemeinsamen Interessen und anderen Arten zwischenmenschlicher Probleme einher. Meinungsverschiedenheiten und Konflikte stehen in Wechselwirkung mit wenig emotionaler Zuwendung sowie geringer gegenseitiger Anerkennung und Unterstützung. Unzufriedene Partner haben nicht das Gefühl, sich auf den anderen verlassen oder sich bei ihm aussprechen zu können. Ihre Beziehung ist weniger eng und vertraut, oftmals ist dies verbunden mit Befindlichkeitsstörungen und ineffektiver Stressverarbeitung (Bodenmann, 2004; Kaiser, 2003a, 2007). Dauerstress kann entstehen durch:

- Rücksichtslosigkeit des Partners,
- Nichterfüllen von Rollenerwartungen,
- Ablehnung durch den Partner,
- Verhalten der Kinder (zum Beispiel Schul- oder Suchtprobleme).

Nach aktuellem Wissensstand können wir davon ausgehen, dass in den westlichen Ländern etwa ein Drittel der Paare mit ihrer Partnerschaft wirklich zufrieden ist und von ihr profitiert (Lee, 2005). Bei etwa einem Drittel ist dies nur mit Abstrichen der Fall, beim restlichen Drittel droht eine Trennung oder gesundheitlicher Schaden durch eheliche und familiäre Belastungen.

Ebenso wurde deutlich, dass eine gute Beziehung nicht ohne Investitionen zu haben ist: Wollen Partner gemeinsam mehr Zufriedenheit und Stabilität erreichen, müssen sie ihre Beziehung wichtig nehmen und immer wieder nach Optimierungsmöglichkeiten suchen (Wilson et al., 2005). Mit den Strategien, die hierfür zur Verfügung stehen, befassen wir uns noch ausführlich (siehe Kapitel F).

Liebe und Eifersucht

Da der besondere Wert der Liebe für viele Menschen in ihrer Einmaligkeit und Exklusivität besteht, wird sie durch Untreue eines Partners bedroht. Nach Expertenschätzungen kommt eheliche Untreue bei bis zu 75 Prozent aller Paare vor (Mees/Schmitt, 2000): Selbst nicht direkt Betroffene müssen mit der *Möglichkeit der Untreue* und einer neuen Beziehung des Partners mit einem Rivalen rechnen. Dementsprechend berichten in Umfragen 83 bis 96 Prozent der Partner von Eifersucht. Kern der Eifersucht ist die Furcht, den Partner, die materielle Sicherheit oder die Ehre zu verlieren. Je stärker Treue als unabdingbares Merkmal einer Liebesbeziehung gilt, umso wahrscheinlicher kommt es zu Eifersucht, Ärger, Selbstwertzweifel und Neid, wenn der andere sich mehr Freiheiten nimmt (Mees/Schmitt, 2000).

Psychologen, die sich an der Evolutionstheorie orientieren, meinen, dass Frauen stärker auf *emotionale* Untreue, Männer stärker auf *sexuelle* Untreue reagieren (zum Beispiel Buss, 2004). Das hat damit zu tun, dass sich Männer bis zur Entdeckung der Genanalyse ihrer Vaterschaft nie vollkommen sicher sein konnten und riskierten, die Nachkommen eines anderen großzuziehen *(Kuckuckskinder)*. Für Frauen dagegen ist es bedrohlicher, wenn ihr Partner sich einer anderen emotional zuwendet und seine Ressourcen abzieht. Beide Geschlechter reagieren empirischen Studien zufolge eifersüchtig auf sexuelle Untreue, Frauen finden emotionale Untreue aber schlimmer als Männer (Pines/Friedman, 1998).

Bei Liebenden löst die offensichtliche Untreue des Partners häufig Bestürzung aus. Je stärker die Liebe ist, desto mehr vertraut der eine dem anderen und umso größer ist dann die

Enttäuschung. Zwischen besitzergreifender Liebe *(Mania)* und Eifersucht in der aktuellen Liebesbeziehung besteht ein deutlicher Zusammenhang (Bierhoff/Grau, 1996). Auch der *Bindungsstil* beeinflusst, wie stark die Eifersucht ist: Ängstlich-ambivalente Menschen waren eifersüchtiger als bindungsvermeidende und sicher gebundene, die am seltensten von Eifersucht berichteten. Anfällig für Eifersucht ist auch, wer sich vom Partner abhängig fühlt und keine Beziehungsalternativen sieht. Bei Eifersucht handelt es sich stets um einen Paarkonflikt, der sich auf Bedürfnisse nach Freiheit auf der einen und nach Sicherheit und Stabilität der Beziehung auf der anderen Seite bezieht (Mees/Schmitt, 2000). Zum Beziehungsproblem wird Eifersucht dann, wenn die Partner unterschiedliche Normen vertreten.

Paare mit sexuell offener Orientierung (Swinger) entwickeln meist Regeln, die die Beziehung und das Sicherheitsgefühl des Partners schützen. Swingerpaare verstehen Sexualität mit anderen Partnern nicht als Ausdruck emotionaler Intimität, sondern als prickelndes Freizeitvergnügen (Gilmartin, 1977). Sie verzichten nicht auf die emotionale Exklusivität ihrer Partnerbeziehung und suchen den Aufbau tiefer gehender Bindungen außerhalb ihrer Beziehung zu vermeiden und Swingersex auf den klar bestimmten sozialen Rahmen in ihren Clubs zu beschränken (Gould, 2000). Auch Swinger berichten von Eifersucht, wenn sie befürchten, dass sich aus der sexuellen eine emotionale Intimität des Partners mit einem Dritten entwickeln könnte (Mees/Schmitt, 2000). Die eigene Beziehung hat Vorrang, die Außenbeziehung wird weniger intensiv gestaltet und offengelegt, beide nehmen gemeinsam an Partnertauschspielen teil, Affären werden diskret gehandhabt. Dabei zeigte sich, dass diese Absprachen zwar die Beziehung stabilisierten, nicht aber die Eifersucht verminderten. Letzteres ließ sich nur durch Kommunikation mit dem Partner und emotionale Unabhängigkeit von ihm erreichen.

Zu den typischen mit Eifersucht verbundenen *Modellvorstellungen* zählt, dass der Partner untreu wird, weil er den anderen nicht mehr liebt oder dieser nicht (mehr) liebenswert sei. Das Verhältnis zwischen Liebe, Sexualität und Eifersucht scheint aber nicht ein für allemal festgelegt, sondern muss in jeder Partnerschaft aufs Neue abgestimmt werden.

Sexuelle Probleme

Seit den 1990er Jahren hat sich die Häufigkeit sexueller Probleme vor allem bei den Frauen verändert. Der Anteil der Patientinnen, die eine sexualtherapeutische Ambulanz aufsuchten und über „sexuelle Lustlosigkeit" klagten, ist von acht auf 58 Prozent angestiegen, der Anteil von Erregungs- und Orgasmusstörungen hingegen von 80 auf 29 Prozent gesunken. Für viele Frauen scheint Geschlechtsverkehr eine nachgeordnete Rolle zu spielen, wenn es um sexuelle Befriedigung geht. Zudem hat ein großer Anteil von ihnen bei Petting oder Geschlechtsverkehr zwar Orgasmen, spürt jedoch wenig Lust auf Sex mit ihrem Partner (Schmidt, 1996; Beier et al., 2001). Das Problem der „sexuellen Lustlosigkeit" nahm auch bei Männern von vier Prozent auf 16 Prozent zu (Schmidt, 1996). Wenn die Lust fehlt, weist dies auf mangelnde Attraktivität und Probleme in der Partnerschaft hin. Viele Betroffene weichen der Kommunikation darüber aus und ziehen sich innerlich zurück. Nicht selten geht dieses Verhalten auf Gewalt- und/oder Missbrauchserfahrungen in der Kindheit und/oder in der Beziehung zurück, oder aber es führt zur Eskalation von Konflikten, wenn sexuelle Verweigerung als Machtmittel eingesetzt wird. Da sie zugleich die Vorteile einer Dauerbeziehung und ihre Gewohnheiten nicht aufs Spiel setzen wollen, brechen viele Menschen nicht aus einer solchen Beziehung aus.

Sexuelle Probleme werden durch Schwierigkeiten in der Beziehung ausgelöst oder verursachen sie erst, zum Beispiel bei organischen Veränderungen durch Krankheiten oder Medikamente. In solchen Situationen ist es wichtig herauszufinden, welche unbewältigten Ängste und Konflikte in der Partnerschaft über die Sexualität ausgetragen werden und welche organischen Zusammenhänge es gibt (zu Sexualstörungen und Behandlungsmöglichkeiten siehe auch Kapitel E6 und G).

Tod des Partners

Der Verlust eines Partners beeinträchtigt die familiale Funktionstüchtigkeit und wirkt sich häufig auch auf Gesundheit und Wohlbefinden der Angehörigen aus. Dies hängt damit zusammen, dass das soziale Unterstützungssystem der Betroffenen drastisch beschnitten wird (unter anderem Bojanovsky, 1986). Viele Menschen können die Trauerarbeit nicht ohne weiteres bewältigen, sie werden ängstlich und depressiv. Ein Teil von ihnen bewältigt den Verlust auch längerfristig nicht, entwickelt keine neue soziale Identität als Single und ist besonders krankheitsanfällig (unter anderem Waltz, 1985). Verwitweten fehlen – wie Geschiedenen – die bisherigen engen Bindungen, was dann dazu führen kann, dass sie mit der eigenen Gesundheit nachlässig umgehen, zum Beispiel durch Alkohol- und Nikotinkonsum oder Schlafentzug. Werden sie krank, fehlen ihnen Betreuung und Pflege (Bojanovsky, 1986). Oft finden die Betroffenen keine Perspektive mehr: So begehen zum Beispiel geschiedene und verwitwete Männer fünfmal so häufig Selbstmord wie verheiratete. Nicht verheiratete Frauen töten sich doppelt so häufig selbst als verheiratete. In solchen Fällen wird die familiale Funktionstüchtigkeit noch einmal geschwächt, wodurch den Hinterbliebenen die Trauerarbeit noch schwerer fällt.

6 Trennung und Scheidung

Auf 100 Eheschließungen kommen heute etwa 54 Scheidungen (DESTATIS, 2006b). Dabei sind die nicht aktenkundigen Trennungen vor allem nicht verheirateter Paare noch nicht einbezogen. Vor allem nach dem sechsten Ehejahr in den alten und nach dem achten in den neuen Bundesländern wird die Ehe häufig wieder gelöst. Nach 25 sowie nach 40 bis 50 Ehejahren erreichen die Trennungszahlen weitere Höhepunkte (Fooken, 2006). Zwar geht die Initiative zur Scheidung meist von den Frauen aus (58 Prozent), doch stimmen überwiegend beide Partner darin überein, dass ihre Ehe nicht mehr zu retten gewesen sei. Diese einvernehmliche Erklärung ist in den neuen Bundesländern etwas seltener als in den alten (80 zu 84 Prozent).

Schlüsselt man die Scheidungsraten nach Bundesländern auf, so sind neben den Bürgern der Stadtstaaten (Berlin, Bremen, Hamburg) vor allem die Saarländer besonders scheidungsfreudig und die Badener und Württemberger am scheidungsunwilligsten. Statistisch gesehen ist zu erwarten, dass die Zahl der Scheidungen weiter steigt, da Ehen, in denen ein oder beide Partner aus einer Scheidungsfamilie stammen, ein höheres Scheidungsrisiko aufweisen *(Scheidungsketten).* Allein im Jahr 2001 betrafen 50 Prozent aller geschiedenen Ehen auch minderjährige Kinder (DESTATIS 2003, 75).

Zahlreiche Untersuchungen belegen, dass bestimmte Merkmale die Wahrscheinlichkeit einer Ehescheidung ansteigen lassen. Das Risiko ist zum Beispiel höher, wenn

- die Ehepartner in der Großstadt leben,
- beide Partner erwerbstätig sind und über kein hohes Einkommen verfügen,
- die Ehe in jungen Jahren geschlossen wurde,

- weder der Ehemann noch die Ehefrau religiös stark gebunden sind,
- einer oder beide Partner schon einmal geschieden wurden,
- die Ehe kinderlos geblieben ist.

Selbst Ehen, die nach einem langen nichtehelichen Zusammenleben geschlossen werden, sind nicht stabiler als andere. Die Aussagekraft solcher statistischer Zusammenhänge ist indes beschränkt. Nehmen wir als Beispiel die negative Wechselwirkung zwischen Kinderzahl und Scheidungsrisiko: je kleiner die Kinderzahl, desto höher die Scheidungswahrscheinlichkeit. Umgekehrt werden Ehen mit mehr Kindern seltener gelöst. Ist dieser Zusammenhang darauf zurückzuführen, dass Eltern mit vielen Kindern sich eine Scheidung finanziell nicht leisten können? Oder sind die Ehepartner so kindorientiert (weshalb sie auch so viele Kinder haben), dass dieses gemeinsame Lebensziel partnerschaftliche Konflikte kaum zulässt oder zumindest in den Hintergrund drängt? Die Zahlen allein klären solche Fragen nicht.

Warum enden Beziehungen?

Gottman und seine Mitarbeiter kamen mit Längsschnittstudien einer Reihe von Kommunikationsmustern auf die Spur, die eine *Kaskade von Trennungsrisiken* in Gang setzen (Gottman/Silver, 2002; siehe Abb. 6): Den Anfang machen gegenseitige Kritik, Beschwerden, Ablehnung und Widerspruch. Dies führt zu Respektlosigkeiten und zur Verachtung des Partners. Daraus ergeben sich Umgangsformen, die von Anklage und Schuldzuweisungen geprägt sind. Auf jeden Vorwurf folgt ein Gegenvorwurf. Dies führt dazu, dass beide Partner immer stärker und immer früher abblocken. Sie bekriegen sich immer mehr und trumpfen gegeneinander auf. Am Ende kommt es zur Überflutung mit negativen Gefühlen.

Diese wasserfallähnliche Entwicklung beschleunigt das Ende einer Paarbeziehung. Wie Gottman in einer Langzeitstudie zeigen konnte, erhöht sich das Trennungsrisiko von Stufe zu Stufe. Eine Trennung wird auch dann wahrscheinlicher, wenn Untreue und Kommunikationsprobleme, Unverträglichkeit und törichtes Geldausgeben, Suchtverhalten und Eifersucht, Übellaunigkeit und andere schlechte Angewohnheiten, häufige Abwesenheit und Konflikte ums Geld das Trennungsrisiko erhöhen und dem Partner das Leben schwer machen (Amato/Rogers 1997).

Individuelle Schwierigkeiten und Nöte alleine erklären aber nicht, warum die Ehescheidungsrate in der Vergangenheit gestiegen ist und weiter ansteigt. Diese zeitgeschichtliche Entwicklung ist nur mit dem Wandel der sozialen Institutionen „Ehe" und „Familie" zu erklären. So hat sich unter anderem die rechtliche Grundlage der Ehe verändert. Noch vor 30 Jahren mussten für eine Ehescheidung Gründe nachgewiesen werden, zum Beispiel eheliche Untreue oder seelische Grausamkeit. Heute gilt das „Zerrüttungsprinzip", das heißt, eine Ehe wird geschieden, wenn der Tatbestand der „unüberwindbaren Schwierigkeiten" beziehungsweise des „unwiederbringlichen Scheiterns" erfüllt ist. Die Frage nach der „Schuld" der Partner ist juristisch irrelevant geworden. Ob nun die neuen Gesetze für mehr Ehescheidungen gesorgt haben oder ob sie eingeführt wurden, weil angesichts steigender Scheidungszahlen entsprechende Forderungen laut wurden, lässt sich nicht nachweisen.

Auch der Wandel der Geschlechterrollen gilt geschichtlich gesehen als ein Auslöser dafür, dass immer mehr Ehen geschieden werden. Indem Millionen von Frauen Erwerbsarbeit angenommen haben, konnten Ehefrauen und Mütter eine gewisse finanzielle Unabhängigkeit erreichen. Doch allein die Tatsache, dass eine Frau erwerbstätig ist, lässt nicht auf eine höhere Scheidungsbereitschaft schließen. Eine finanziell eigenständige Frau braucht allerdings nicht an einer unharmonischen Ehe festzuhalten. Hier lassen sich Ursache und Wirkung ebenfalls kaum voneinander trennen. Während Frauen mit unabhängigem Einkommen eine unglückliche Ehe auflösen können, nehmen andere Frauen womöglich nur deshalb eine Erwerbstätigkeit auf, weil sie eine Scheidung planen.

Der Wandel der Geschlechterrollen ist im Zusammenhang mit einem allgemeinen Wertewandel zu sehen. Dieser ist von einer Pflichtwert- hin zu einer Selbstwert-Orientierung verlaufen (Klages, 1985) und hat auch die Einstellung zur Familie verändert. Anstelle von Selbstaufopferung soll in die Familie Autonomie, privates Glück und Selbstentfaltung einkehren. Damit ist die Ehe immer mehr zu einer partnerschaftlichen Beziehung geworden. Ihr institutioneller Aspekt ist hingegen in den Hintergrund getreten, wodurch bei Konflikten der soziale und kulturelle Druck, zum Beispiel der Kinder wegen zusammenzubleiben, abgenommen hat. Diese Entwicklung wird als „De-Institutionalisierung" von Ehe und Familie bezeichnet. Es geht nicht mehr um eine lebenslange Verpflichtung, denn auf Basis formaler Rechte und informeller Normen ist die Ehe heute eine Partnerbeziehung, die freiwillig aufrechterhalten wird, aber auch wieder aufgelöst werden kann. Auffällig ist, dass die Hürden, die bei einer Auflösung zu überwinden sind, mit längerer Dauer der Ehe höher werden. Als solche Barrieren gelten Kinder, Immobilienbesitz, das Eingebundensein in soziale Netze und das Wissen, kaum noch attraktive Alternativen zu haben (zum Beispiel sinken mit zunehmendem Alter die Chancen auf Wiederverheiratung vor allem für Frauen).

Auswirkungen von Ehescheidungen

Sowohl Frauen wie auch Männer leiden unter einer Ehescheidung. Allerdings haben Frauen im Allgemeinen die größeren wirtschaftlichen und sozialen Nachteile, obwohl von ihnen meist die Initiative zur Scheidung ausgeht. In der Regel lebt eine Mutter nach der Trennung mit ihren Kindern gemeinsam in einem Haushalt und versorgt diese. Die Höhe des Unterhalts, den geschiedene Männer zahlen (können), liegt häufig unter den Lebenshaltungskosten für die Kinder; zudem haben viele Mütter Schwierigkeiten, die ihnen zustehenden Zahlungen regelmäßig, wenn überhaupt, einzutreiben. Ein großer Teil bislang nicht erwerbstätiger Frauen ist nach der Scheidung gezwungen, eine Erwerbstätigkeit aufzunehmen. Der Wiedereinstieg fällt umso schwerer, je länger die letzte berufliche Tätigkeit zurückliegt. Häufig werden den Frauen Arbeitsplätze angeboten, die weit unter ihrem ursprünglichen Ausbildungsniveau liegen. Gleichzeitig müssen sie das Problem der Doppelbelastung durch Erwerbs- und Familientätigkeit lösen. Dennoch ist der Anteil der Frauen, die nach einer Scheidung wieder heiraten – wodurch sie eventuell ihre wirtschaftliche Situation verbessern könnten –, niedriger als der der Männer.

Vor allem die Kinder sind von Scheidungen betroffen. Schließlich wollen sich die Ehepartner trennen, aber nicht die Kinder von ihren Eltern. Enttäuschung, Wut und Unverständnis über die elterliche Entscheidung sind häufig die ersten kindlichen Reaktionen. Zudem kann das Auseinanderbrechen der Familie zu psychischen Auffälligkeiten bei Kindern führen, besonders während der ersten beiden Jahre nach der elterlichen Trennung: Phänomene wie Hyperaktivität, Angst, Depressionen, Regressionen, ein Nachlassen in der Schule, aggressives Verhalten und anderes mehr können (aber müssen nicht) durch die Trennung der Eltern ausgelöst werden. Zahlreiche empirische Studien bestärken jedoch die Vermutung, dass dieses – oft traumatische – Erlebnis nur ein Faktor unter vielen ist, die für die physische und psychische Entwicklung des Kindes bedeutsam sind. Speziell die konfliktreiche Zeit vor der Trennung belastet die Kinder; ständige affektiv ausgetragene Auseinandersetzungen zwischen den Eltern können ihrer Entwicklung mehr schaden als der fehlende Einfluss eines Elternteils.

Ulrich Schmidt-Denter und Wolfgang Beelmann (1995) stellten im Rahmen ihrer Kölner Längsschnittstudie mit 60 Familien zum einen eine erhebliche Belastung bei 48 Prozent der Kinder auch sechs Jahre nach der Trennung fest. Zum anderen konnten sie zeigen, wie wichtig die Dichte und die Qualität der Kommunikation zwischen den Beteiligten sind: Betroffen waren vor allem jene Kinder, deren Beziehung zu einem Elternteil schlecht war und deren Eltern einander ablehnten. Zu beachten ist, dass eine Scheidung die psychologische Existenz einer Familie nicht beendet, sondern als Entwicklungskrise aufgefasst werden muss, die zu einer Umstrukturierung des Familiensystems führt. Auffällig war, dass Scheidungsmütter aus der Kölner Scheidungsstudie ihren Söhnen gegenüber vor allem in der ersten Phase nach der Trennung deutlich kritischer und entmutigender auftraten. Die Söhne hielten durchweg weniger Blickkontakt zu ihren Müttern, hatten mehr negative Auseinandersetzungen und waren deutlich angespannter. Die Distanz zwischen Müttern und Söhnen war größer. Als hilfreich besonders in der ersten Trennungsphase empfinden Kinder die Geschwisterbeziehung. Dabei nehmen Streitigkeiten und die Konkurrenz um elterliche Zuwendung nach der Scheidung zu (Schmidt-Denter/Beelmann, 1995).

Wassilios E. Fthenakis (1998) stellte mittels einer Analyse von neun Scheidungsstudien fest, dass 57 Prozent der Ex-Partner ihre Beziehung zueinander selbst (!) als kooperativ, 24 Prozent sogar als unterstützend und nur 20 Prozent als andauernd belastet bezeichnen. Viele getrennt lebende Männer geben an, in der Lage zu sein, ihre Probleme zu bewältigen und nach der Trennung weiterhin positive Elternschaft zu praktizieren. Auch die Kinder profitieren davon, wenn sie zu beiden Eltern eine gute Beziehung aufrechterhalten können. Dagegen betrachteten sich von den 3.600 getrennt lebenden Männern, die Gerhard Amendt (2005) befragte, 42,1 Prozent als bloße „Wochenendväter“, 24,9 Prozent als „Zahlväter“ und zehn Prozent als vollständig ausgeschlossen. Dies bedeutet vor allem für nichteheliche Väter Distanz, zum Teil sogar Entfremdung von den Kindern. In der Diskriminierung eines Großteils der Scheidungsväter sieht Amendt einen wichtigen Grund dafür, dass die Geburtenraten sinken. Die genannten Erfahrungen schrecken viele Männer von (erneuter) Vaterschaft ab, was sich eben auch demografisch auswirkt.

Zusammenfassung

Mangelnde familiale Funktionstüchtigkeit der Herkunftsfamilie und ungünstige Modellvorstellungen über Partnerschaft in Verbindung mit einem Mangel an partnerschaftsbezogenen Kompetenzen gefährden sowohl die Qualität als auch die Stabilität von Paarbeziehungen. Partnerschaft ist meist eine wesentliche Voraussetzung für die individuelle Lebenszufriedenheit, die systemische Funktionsfähigkeit der Familie und ein gutes Gedeihen der Kinder.

Beziehungen enden durch Tod oder Trennung. In beiden Fällen entsteht für den zurückbleibenden Partner eine kritische Lebenssituation, mit unterschiedlichen langfristigen Folgen.

Auf Optimierungsmöglichkeiten gehen wir in den Kapiteln F und G näher ein.

7 Freunde

Freundschaft wird als intensive persönliche, nicht (primär) sexuelle Beziehung zwischen zwei Menschen verstanden, die meist gleichen Geschlechts sind. Sie ist nicht formal festgeschrieben (Auhagen, 1993). Als *Bezugspersonen* rangieren nichtverwandte Freunde gleich nach Partner und Angehörigen. Wichtige Bedeutung als Freund kann der eigene Partner oder ein Verwandter (Retzer, 2006), aber auch ein Haustier haben (Nestmann, 2005). Freunde/Freundinnen finden aus freier Entscheidung zueinander und sind in der Gestaltung ihrer Freundschaft frei (Schinkel, 2004). Psychologisch wird Freundschaft vor allem in ihrer Funktion für das psychische Befinden betrachtet, weil hier in geschütztem Rahmen Nähe, Selbstöffnung und gegenseitige Unterstützung selbstverständlich und verlässlich möglich sind (Kraml, 2004). Befriedigung von Bindungsbedürfnissen, Lebensbewältigung und Selbstoffenbarung sind zentrale Gegenstände in Freundschaften (Stiehler, 2005). Formale Verpflichtungen bestehen, anders als in der Familie, nicht. Selbst in Freundesgruppen bestehen jeweils zwischen zwei Personen Freundschaften.

Entscheidend für Freundschaft ist der Aspekt der Gegenseitigkeit: Es gehören immer zwei dazu, die sich schätzen und anfreunden, weil sie sich vertrauen und mögen, gemeinsame Interessen haben und sich gegenseitig unterstützen. Hierbei haben Gespräche große Bedeutung. Je besser und einfühlsamer sie verlaufen, desto höher ist die Beziehungsqualität. Freunde besprechen häufig intime Angelegenheiten miteinander, die sie zum Teil sogar ihren Partnern verschweigen. Der Austausch darüber fällt oft leichter, weil hier keine Abhängigkeiten bestehen. Da aber das eigene Prestige auf dem Spiel stehen kann, sind viele Menschen Unbekannten gegenüber noch offener (McKenna et al., 2005).

Freundschaft kann in Stresszeiten das Immunsystem stärken, antidepressiv wirken und zu schnellerer Erholung nach einer Krankheit beitragen. Zudem verbessert sie die Chancen, Krebs oder einen Herzinfarkt zu überleben, und erhöht die Lebenserwartung (Schäfer, 2003).

Bedeutung von Freundschaften im Kindesalter

Soziale Beziehungen und die persönliche Entwicklung sind eng miteinander verknüpft (Schmidt-Denter, 2005). Das wird vor allem in der Kindheit deutlich. Acht- bis Neunjährige hatten einer Studie zufolge durchschnittlich etwa vier Freunde, zehn Prozent hatten keinen Freund, was sie vermissten. Mädchen aus armen Familien gingen auffallend weniger Freundschaften ein. Sowohl Mädchen als auch Jungen bevorzugten Freunde des eigenen Geschlechts. Die Kinder waren mit ihren Freundschaften meist sehr zufrieden. Ein positives Selbstbild erwies sich als bedeutsamster Garant, dass Freundschaften entstehen (Goia, 2005). Kinder im vierten Schuljahr, die beim anderen Geschlecht beliebt waren, wurden auch vom gleichen Geschlecht gemocht (Stöckli, 2005). Die meiste gleichgeschlechtliche Zuneigung erhielten Mädchen ohne romantische Interessen am anderen Geschlecht. Hier spielte sexuelle Rivalität eine geringere Rolle. Vielmehr fielen die als Freundinnen gewählten Mädchen durch ihre guten Noten und Lehrerbeurteilungen sowie ihre schulische Kompetenz auf. Diese Mädchen waren zufriedener mit ihren Sozialkontakten und ihrem Leben.

Freundschaften bergen jedoch auch *Risiken,* wenn Kinder durch ihre Freunde zum Beispiel mit Drogen oder anderen Gefahren konfrontiert werden (Wehner, 2005). In Konfliktsituationen gaben Jungen bei einer Studie, die Maria von Salisch durchgeführt hat (2005), häufiger als Mädchen an, aggressiv vorzugehen, während Mädchen bei Ärger mit einer Freundin häufiger das Gespräch suchten, um sich zu versöhnen. Kinder beiderlei Geschlechts aus niedrigeren Sozialschichten neigten bei Ärger eher zur Konfrontation. In einer Befragung von mehr als 1.400 Jugendlichen von zwölf bis 17 Jahren zeigte sich, dass Freunden aneinander an erster Stelle sozial verantwortungsvolles Verhalten und gegenseitige Unterstützung wichtig war (Reinders, 2005). Dies stellte die zentrale Norm dar. Die Entwicklung eines eigenen Lebensstils war weniger wichtig, ebenso die Kleidung oder der Musikgeschmack. Freundinnen erwarteten deutlich stärker als Freunde einen fairen Umgang miteinander. Den Jugendlichen waren Eltern eher für die Zukunftsbewältigung, Freunde eher für die Gegenwartsbewältigung wichtig.

Ressourcen und Anfälligkeiten von Freundschaft

Im mittleren Erwachsenenalter scheint in Freundschaften Offenheit, im höheren Erwachsenenalter (61 bis 64 Jahre) Verträglichkeit besonders bedeutsam zu sein (Heyl, 2004). Neben Persönlichkeitseigenschaften (siehe Kapitel A5) beeinflussten den Ergebnissen von Heyl zufolge in allen Altersgruppen die kindlichen Erfahrungen in der Beziehung zum Vater die gegenwärtigen Freundschaften.

Greber (2004) kam in einer Untersuchung mit 246 erwachsenen Personen im Alter zwischen 18 und 55 Jahren zu dem Ergebnis, dass Extraversion und Verträglichkeit sowie soziale Kompetenzen hinsichtlich emotionaler Unterstützung, spontaner Äußerung von Gefühlen, der Selbstöffnung, körperlicher Berührung und der Initiierung von Kontakt wichtige Qualitätsmerkmale für Freundschaft sind. Weiterhin zeigte sich, dass Frauen wesentlich intensivere Freundschaften pflegten als Männer. Insgesamt hatten Menschen mit hoher Extraversion, geringer emotionaler Irritierbarkeit und guten sozialen Kompetenzen mehr Freunde (Greber, 2004).

Auch in Freundschaften gibt es Konflikte und Krisen. Gerade weil Freundschaft emotional so hoch bewertet wird, muss auch mit Enttäuschungen gerechnet werden. Die Zuwendung von Freunden kommt dem Selbstwertgefühl zugute. Dies bedeutet aber auch, dass leicht Selbstwertverletzungen entstehen, wenn die Aufmerksamkeit entzogen wird. Hinzu kommt, dass Freunde ihre intimsten Geheimnisse kennen und dieses Wissen zum Schaden des anderen nutzen können. Ein solcher Verrat wiegt schwer.

Da Menschen sich im Lauf der Zeit neu orientieren und verändern, gehen auch Freundschaften zu Ende. Wie bei allen intensiven Bindungen führen derartige Krisen oder Abbrüche zu intensiven Gefühlen der Enttäuschung und der Trauer. Dies kann durchaus krisenhafte Züge annehmen und manchmal regelrecht krank machen (Schäfer, 2003).

Wie bei der Partnerwahl für Paarbeziehungen hängen die Gründe für Enttäuschungen in Freundschaften ebenfalls mit der Auswahl der Freunde zusammen: Fehlen von Beginn an Informationen oder tragfähige Gemeinsamkeiten, kann es später zu Fehleinschätzungen und Missverständnissen kommen (Yager, 2002). Wenn sich der soziale Status, Fähigkeiten oder Werte zu stark unterscheiden oder das Geben und Nehmen unausgewogen ist, kommt die Freundschaft leicht in eine Schieflage. Risiken ergeben sich durch folgende Faktoren:

- Neid, wenn er nicht mehr inspirierend ist, sondern aus dem Gefühl der Unterlegenheit heraus missgünstig und ohnmächtig wütend macht (Schäfer, 2003).
- Enttäuschungen, die durch Nachlässigkeit, Vernachlässigung oder Regelverstöße entstehen: Der Geburtstag wird vergessen, einer meldet sich zu lange nicht oder tut Dinge, die der andere ihm übel nimmt. 64 Prozent der von Jan Yager (2002) Befragten wurden schon einmal von einem Freund verraten, woraufhin sie die Freundschaft abbrachen.

- Rivalität um den Lebenspartner, die zu Eifersucht, aber auch zum Beziehungsabbruch führen kann: Da Freunde sich ähnlich sind und oft viel Zeit miteinander verbringen, gewinnen sich auch die Partner nicht selten lieb, was dann die Freundschaft sprengen kann (Fehr, 1996). Nach Befunden von April L. Bleske und Todd K. Shackelford (2001) waren mehr als die Hälfte der Menschen, die sie befragt hatten, schon einmal mit einer Freundin/einem Freund wegen eines potenziellen Partners in Konkurrenz getreten. 18 Prozent der Männer und 29 Prozent der Frauen hatten schon einmal mit dem Partner ihres Freundes geflirtet. Wenn eine Freundin oder ein Freund mit dem eigenen Partner anbändelt, empört dies viel stärker, als wenn es um einen fremden Rivalen geht.
- Konkurrenz zwischen Partnerschaft/Familie und Freundschaft: Da der Liebespartner meist als der beste Freund gesehen wird und die Paarbeziehung beziehungsweise die Familie oberste Priorität genießt oder auch fordert, werden Freundschaften leicht vernachlässigt. Es kommt ebenso vor, dass sich der Partner und die Kinder vernachlässigt fühlen und die Familiengrenzen verletzt werden, wenn eine Freundschaft zu viel Raum einnimmt (Schäfer, 2003).
- Veränderte Lebensverhältnisse, zum Beispiel nach einem Umzug, Stellenwechsel oder durch Familiengründung, lassen der Freundschaft nicht mehr den gewohnten Raum. Finden sich keine flexiblen Lösungen und entsprechende Arrangements, kommen die Freunde mit der neuen Situation oft nicht zurecht. Ist das Freundschaftskonzept zu eng und zu starr, ist die Gefahr eines Scheiterns im Verlauf des Lebens- und Familienzyklus erhöht (Yager, 2002).
- Persönlichkeitseigenschaften wie emotionale Irritierbarkeit, mangelnde Gewissenhaftigkeit oder ein unsicherer Bindungsstil können das Beziehungsgefüge stören.

Haustiere

Freunde, die selten enttäuschen, sind *Haustiere*. Tiere sind für viele Menschen aller Altersgruppen und in sämtlichen Lebenslagen eine wichtige Hilfe bei Belastungen und Krankheit. Die Freundschaft mit Tieren kann sich auch auf die Entwicklung von Kindern sehr positiv auswirken (Nestmann, 2005). Wer ein Tier zum Freund hat, genießt unkomplizierte Geselligkeit, Intimität, emotionale Unterstützung und sogar heilende Wirkung bei Krankheit und in Krisen. Daher werden Tiere immer öfter zum Beispiel in der Altenpflege, in Psychotherapie und Psychiatrie sowie in der Rehabilitation eingesetzt.

Zusammenfassung

Aufgrund des Bedürfnisses nach sozialer Zugehörigkeit sind Freunde während des ganzen Lebens bedeutsam. Sie übernehmen bereits bei kleinen Kindern wichtige Funktionen, zum Beispiel im Hinblick auf die Entwicklung der Persönlichkeit und der geschlechtlichen Identität. Aber auch im späteren Leben unterstützen uns Freunde dabei, Probleme des Alltags sowie seelische Krisen zu bewältigen. Besonders treue Freunde sind Haustiere.

8 Bekannte und Nachbarn

Das *soziale Netzwerk* eines Menschen besteht nicht nur aus Angehörigen und Freunden, sondern aus der Gesamtheit aller Personen, zu denen er in Beziehung steht (Laireiter/Lager, 2006). Hierzu zählen auch der weitere Bekanntenkreis und die Nachbarn. Diese lockeren Beziehungen werden oft unterschätzt. Dabei haben wir im Alltag, zum Beispiel am Arbeitsplatz, in der Freizeit, beim Einkaufen, in der Nachbarschaft, viele mehr oder minder beiläufige Kontakte zu sehr unterschiedlichen Menschen aus den unterschiedlichsten Zusammenhängen. Über diese Personen ergeben sich Chancen, mit deren Umfeld, deren Erfahrungen und Spezialkenntnissen in Kontakt zu kommen und davon zu profitieren. Auf diese Weise sind wir, ähnlich wie durch das Internet, das unser soziales Netzwerk nochmals erheblich bereichern kann, an einen Informationspool angeschlossen, der allein durch seine Vielfalt eine ganze Reihe von Ressourcen enthält und erschließt.

Je mehr Menschen man kennt, umso größer ist die Wahrscheinlichkeit, auf eine bestimmte Frage eine Antwort zu erhalten. Wenn Sie zum Beispiel eine Wohnung oder einen Job in der Stadt suchen, ist der kleine Kreis eng Vertrauter weniger nützlich als ein großer Bekanntenkreis, in dem Sie nachfragen können. Daher spricht man auch von der „Stärke schwacher Bindungen". Lebensqualität und Wohlbefinden profitieren daher sehr von einem großen und gut funktionierenden sozialen Netzwerk, dessen gezielte Pflege sich allemal lohnt. Zudem fördert es den achtsamen Umgang mit uns selbst, wenn wir an anderen Menschen nicht achtlos vorbeigehen oder sie lediglich zu Dienstleistern oder Akteuren funktionalisieren, wie dies gegenüber Kassiererinnen, Kellnern oder Verkehrsteilnehmern fast die Regel ist. Beschränken wir andere Menschen allein auf die Rolle, die sie gerade einnehmen, beachten wir sie nicht als Person in ihrer Einzigartigkeit (Argyle/

Henderson, 1986). So bekommen wir viel weniger zurück, als oft möglich wäre (Auhagen/v. Salisch, 1993). Wie ergiebig informelle Kontakte sind, ist abhängig von

- der Kontakthäufigkeit, die sich steuern lässt; wir gehen zum Beispiel zu bestimmten Zeiten auf den Wochenmarkt oder in die Kirche, um Leute zu treffen, denen wir sonst nicht begegnen würden.
- der Zeit, die wir für eine Begegnung haben oder die wir uns vielleicht für ein Lächeln oder ein kurzes Gespräch nehmen; Zeitdruck dagegen verursacht nicht nur Stress, sondern ist auch kontaktfeindlich.
- den Rollen, in denen wir uns begegnen, und die Funktion der Begegnung; Mitarbeiter von Callcentern sind zum Beispiel angenehm überrascht, wenn sie nicht nur in ihrer Funktion wahrgenommen werden, sondern sich jemand ihnen persönlich zuwendet. Dies ist möglich, indem Sie sie mit ihrem Namen ansprechen, sich gegebenenfalls für die Geduld bedanken oder nach den Arbeitsbedingungen fragen, wenn sich die Gelegenheit ergibt. Dabei ist auch unsere eigene Rolle wichtig, die die Erwartungen des anderen prägt: Kommen wir als Kunden, Patienten oder Nachbarn, ergeben sich daraus unterschiedliche Rechte und Pflichten, die zwar nur selten festgeschrieben sind, deren Einhaltung aber über Sympathie oder Antipathie entscheidet.
- der gegenseitigen Unterstützung oder Kooperation, die leichter wird, wenn wir uns auf die Erwartungen und Abläufe der anderen einstellen; Verkäuferinnen schätzen es zum Beispiel gar nicht, wenn wir zwei Minuten vor Ladenschluss mit Sonderwünschen die Aufräumarbeiten behindern.
- der jeweiligen Zusammensetzung; Gemeinsamkeiten, zum Beispiel bezüglich Interessen, Bildungsstand, Alter und Geschlecht, erleichtern den Kontakt, weil die Verständigung leichter fällt; Unterschiede erhöhen dagegen den Verständigungsaufwand.

- der Zufriedenheit, die durch die Gestaltung der Begegnung vermittelt wird; dabei kommt es nicht auf große Investitionen an, sondern auf kurze erfreuliche Erfahrungen, die schon ein freundlicher Gruß, eine nette Bemerkung oder Nachfrage ausmachen.

Im Hintergrund geht es auch hier um die Befriedigung der grundlegenden Bedürfnisse (siehe Kapitel A4) nach Orientierung und Kontrolle, Unlustvermeidung, Selbstbestätigung, Bindung und Zugehörigkeit, was durch soziale Unterstützung im Rahmen informeller Begegnungen möglich ist. Dabei sind drei Ebenen zu unterscheiden: erstens die Personen, die potenziell zur Unterstützung verfügbar sind (Unterstützungsnetzwerk), zweitens das Wissen um Unterstützungspotenziale, also die wahrgenommene Unterstützung, und drittens das reale Geben und Nehmen (Laireiter/Lager, 2006). Zu differenzieren ist außerdem zwischen psychologischer Unterstützung durch emotionalen Rückhalt, Selbstbestätigung und Aussprachemöglichkeiten sowie instrumenteller Unterstützung mit Geld, Rat und Tat. Interessant ist, dass schon Kinder eigene Netzwerke entwickeln, die sie immer weiter ausbauen. Kinder zwischen acht und elf Jahren haben bereits Kontakt zu durchschnittlich 15 Personen, von denen die Hälfte Gleichaltrige sind.

Soziale Kontakte zu knüpfen ist wichtig für den Aufbau sozialer Kompetenzen, während diese wiederum für das Anbahnen und die Pflege sozialer Kontakte wichtig sind. Dabei sind die Eltern als Vorbild und Förderer sehr wichtig. Einfühlsame, entgegenkommende und unterstützende Mütter haben kompetentere Kinder. Diese sicher gebundenen Kinder wiederum bauen öfter Kontakt zu Gleichaltrigen auf und geben und bekommen im Bedarfsfall mehr Unterstützung (Schmidt-Denter, 2005). Anton-Ruppert Laireiter und Caroline Lager (2006) stellten fest, dass Kinder von sieben bis zehn Jahren bereits über ein Netzwerk von circa 17 Personen verfügten.

Mehr als die Hälfte davon waren für die Kinder wichtig. Kinder, die sich besser behaupten können, hatten mehr persönliche Kontakte und waren häufiger in Vereinen. Selbstsicherheit und die Fähigkeit, Kontakt herzustellen, erleichtern intensivere Beziehungen. Je weniger belastende, abwertende und kränkende Erfahrungen Kinder in ihren Netzwerken machten, desto selbstsicherer waren sie. Kontaktfähige Kinder nahmen Unterstützungsangebote anderer eher wahr und erhielten auch mehr instrumentelle Hilfe. Außerdem sahen sich Kinder, die sich selbstsicherer, durchsetzungsfähiger und stärker wertgeschätzt fühlten, von ihren Vätern besser unterstützt und gefördert als die sozial weniger kompetenten. Ist ein Kind kontaktfähig, verfügt es eher über gute Vertrauens- und Bindungsbeziehungen und viele gute Freunde; diese Kinder erfuhren wenig Abwertung und Ablehnung, aber viel Unterstützung von ihren Eltern und aus ihrem Netzwerk. Ein hoher Anteil an belastenden Bezugspersonen im Netzwerk beeinträchtigte hingegen die Selbstsicherheit, das Selbstwertgefühl und auch die Kontaktfähigkeit deutlich. Soziale Beziehungen sind also abhängig von den sozialen Kompetenzen und Persönlichkeitseigenschaften der Beteiligten und umgekehrt.

Nachbarn

Zu den Nachbarn zählen die Personen, die nahe der eigenen Wohnung leben, die man kennt und meistens auch grüßt. Aufgrund der räumlichen Nähe begegnen sich Nachbarn ähnlich oft wie Arbeitskollegen (Argyle/Henderson, 1986). Direkte Nachbarn, die Tür an Tür oder Grundstück an Grundstück wohnen, gehen eine Art Zwangsverwandtschaft ein. Das führt dazu, dass man selbst intime Details voneinander weiß und auch Vorlieben sowie Abneigungen kennt, über die sonst meist nicht gesprochen wird. Vielen Menschen ist es unangenehm, dass die Nachbarn so viel über sie wissen, und sie tun so, als würden sie selbst auch nichts mitbekommen – in der Hoffnung, dass sich die andere Seite ebenso diskret verhält.

Die Beziehungen und der Verpflichtungsgrad sind zwischen Nachbarn insgesamt lockerer als unter Verwandten.

Da die Loyalität meist schwach ausgeprägt ist, blüht in Nachbarschaften oft der Klatsch, eine Mischung aus Neugier und Sensationslust, Wichtigtuerei und Anteilnahme (Bergmann, 1998). Diese Art von Nähe ist durchaus ambivalent und konfliktanfällig. Lärm oder andere Regelverletzungen, die aufgrund unterschiedlicher Modellvorstellungen und daraus abgeleiteter Erwartungen jeweils anders bewertet werden, können schnell zu Auseinandersetzungen führen und regelrechte Feindschaften entstehen lassen. Dennoch sind Nachbarn wichtig, da sie eine Bedarfsgemeinschaft von elementarer Bedeutung bilden, die in existenziellen Notlagen wie einer Krankheit, einem Feuer oder einem Überfall am schnellsten erreichbar sind und sich gegenseitig unmittelbar unterstützen können. Sie helfen sich oft bei Alltagsdingen, zum Beispiel leihen sie sich gegenseitig Lebensmittel oder Geräte aus und beaufsichtigen bei Abwesenheit die Kinder oder die Wohnung. Insofern sind Unterstützungspotenzial und Vertrautheit ähnlich ausgeprägt wie in der Verwandtschaft. Nachbarn können zudem gemeinsame Interessen haben, aus denen heraus sie sich zusammenschließen, zum Beispiel zum Protest gegen Flug- oder Autobahnlärm oder für die Verbesserung der Infrastruktur in ihrem Viertel. Wenn sie sich verbinden, können sie gemeinschaftlich im Rahmen von Selbsthilfeaktivitäten auf der Mesoebene Ziele erreichen, bei denen ein Einzelner chancenlos wäre. So ist es vor allem in ländlichen Gebieten üblich, wichtige Aufgaben wie Feuerwehr, Transporte, Hilfe bei der Ernte oder beim Hausbau nachbarschaftlich zu organisieren. Hierzu gehört dann auch das gemeinsame Feiern bei jahreszeitlichen Gelegenheiten oder familiären Anlässen wie Hochzeiten, Taufen oder Jubiläen (Argyle/Henderson, 1986).

Auch die baulichen Strukturen innerhalb einer Wohngegend beeinflussen das nachbarliche Verhalten (Eitmann, 2002):

- Je höher die Gebäude, desto weniger Kontakt haben die Nachbarn miteinander (mehr als fünf Stockwerke).
- Gemeinschaftsräume und -anlagen wie Briefkästen im Hauseingang, Mülltonnen oder ein Spielplatz fördern den Kontakt (Bell et al., 1996).
- In Nachbarschaften mit weniger als 25 Haushalten entstehen leichter Kontakte, weil sie übersichtlicher sind (Harloff et al., 1998).
- Zäune, Bepflanzungen, Durchgänge oder Tore schaffen Übergänge zwischen privaten, halböffentlichen und öffentlichen Räumen, was die Regulation der *Privatheit* erleichtert; sind halböffentliche, gemeinsam genutzte Flächen gegenüber den öffentlichen abgegrenzt, fördert dies das Zugehörigkeitsgefühl unter den Nachbarn (Harloff/Hinding, 1993).
- Bepflanzungen und Grünflächen fördern sowohl das Wohlbefinden als auch Kontakte (Ulrich et al., 1991).

Nachbarschaftskontakte können vor allem für sozial schwache und ältere Menschen, die nicht mehr mobil sind, nützlich sein. Mit zunehmendem Alter nehmen deshalb nachbarliche Beziehungen zu. Eigentümer haben generell mehr Kontakt in ihrer Umgebung als Mieter, weil sie sich mehr mit ihrem Wohnumfeld identifizieren (Diewald, 1986).

In Nachbarschaften gibt es ungeschriebene Gesetze, die zu Erwartungen auf allen Seiten führen und im Umgang einzuhalten sind (Argyle/Henderson 1986). Hierzu zählen

- helfen im Notfall,
- die Privatsphäre respektieren,
- Rücksicht nehmen, zum Beispiel bei Kindergeschrei, Lärm und Tieren,
- bei Abwesenheit die Wohnung beaufsichtigen und Blumen gießen,
- Geheimnisse wahren,

- einander grüßen,
- das Grundstück in Ordnung halten,
- sich kennen lernen,
- Grundstücksgrenzen respektieren,
- Abmachungen einhalten und Gefälligkeiten erwidern.

Da Nachbarn nicht automatisch gute Menschen sind, können natürlich auch Gefahren von ihnen ausgehen: Gibt es etwa Unterkünfte, in die nur sozial schwache Familien eingewiesen werden, oder bestehen Spannungen zwischen ethnischen Gruppen, ergeben sich leicht Schwierigkeiten in den betroffenen Stadtteilen. Kommen dann weitere Probleme wie hohe Anonymität und Bewohnerfluktuation hinzu, kann in solchen Gegenden die Kriminalität höher ausfallen als anderswo (Berendt et al., 2006). Dadurch besteht ein größeres Risiko, zum Beispiel für Wohnungseinbrüche, Überfälle oder Kindesmissbrauch. Dies führt dazu, dass sich die Menschen mehr voneinander abschotten, was wiederum die Anonymität verstärkt. Wenn sich die Bewohner untereinander nicht kennen lernen, entstehen auch weniger Ressourcen positiver Nachbarschaft.

Zusammenfassung

Um gut im Leben zurechtzukommen und die eigenen Bedürfnisse möglichst optimal abdecken zu können, sind vielfältige Kontakte und Beziehungen zu möglichst unterschiedlichen Menschen und Gruppen nützlich. Daher ist es so wichtig, ein möglichst großes soziales Netzwerk aufzubauen und zu pflegen. Dies erfordert Kompetenzen und die Bereitschaft, etwas zu investieren. Der Einsatz zahlt sich jedoch aus: Gut integrierte Menschen erfahren mehr Unterstützung und Zuwendung und profitieren in Hinblick auf ihr Selbstwertgefühl, ihre Gesundheit und die Lebensqualität.

D Das Arbeitsleben

Unser Arbeitsleben ist gekennzeichnet durch viele unterschiedliche Anforderungen, die nur schwer zu durchschauen sind. Ist es schon nicht leicht, die Zusammenhänge in einem einzelnen Betrieb, einer Organisation oder einer Einrichtung zu verstehen, wird es noch schwieriger, wenn wir an die Vernetzung eines solchen Systems mit anderen Systemen auf regionaler, nationaler und internationaler Ebene denken. An dieser Stelle beschäftigen wir uns daher mit der Soziologie und der Psychologie betrieblicher Systeme und ihrer Interaktionen auf den unterschiedlichen Ebenen. Ziel ist es herauszuarbeiten, wie wir uns als Einzelne in diesem komplexen Systemzusammenhang leichter zurechtfinden, unsere Lebensqualität am Arbeitsplatz optimieren und uns vor Stress schützen können.

1 Der Betrieb als System

Betriebliche Systeme lassen sich als Einheiten verstehen, die sich durch zyklische Aktivitäten der Mitglieder auszeichnen, die aufeinander bezogen interagieren (Katz/Kahn, 1978). Diese Aktivitäten können als komplexes Gefüge von Rollen aufgefasst werden. Im Betrieb zählt – wie in allen Systemen – der Mensch nur insoweit, als er (s)eine Rolle erfüllt. Systeme haben keine Gefühle und drehen sich nur um sich selbst!

Wichtige Grundfunktionen eines Systems sind (vgl. auch Parsons, 1960; Miller, 1995)

- die Schaffung ökonomischer und materieller Grundlagen,
- Selbstgestaltung und -erhaltung (Autopoiese) in Form von Sozialisierung der Mitglieder, Bewahrung der Systemstruktur und Organisation,
- Aufnahme und Integration neuer Informationen und Erkenntnisse,
- Steuerung, Organisation und Kontrolle aller Systemaktivitäten.

James Grier Miller (1995) entwarf ein Mehrebenenmodell von Systemen, das von der Zelle über den Organismus bis hin zur Gesellschaft reicht. Niklas Luhmann (2006) sprach sich für die Unterscheidung biologischer und sozialer Systeme aus. Soziale Systeme zeichnen sich nach Luhmann dadurch aus, dass sie über *Kommunikation* operieren und sich auf dieser Basis weiterentwickeln. Dabei hat die *Selbstbeobachtung* des Systems einen hohen Stellenwert.

Ob ein System funktioniert, hängt unter anderem von den folgenden Faktoren ab (von Rosenstiel et al., 1998):

- Zuträglichkeit, Klarheit und Widerspruchsfreiheit der Unternehmensziele, Werte, Normen und Regeln: Sind diese kontext- und marktgerecht und wurden die einzelnen Abteilungen (Subsysteme) und Mitarbeiter/innen darauf ausgerichtet, funktioniert dies besser, als wenn Widersprüche zur offiziellen Linie aufkommen. Wirbt ein Unternehmen zum Beispiel mit seiner Kundenfreundlichkeit, verhalten sich die Angestellten jedoch nicht entsprechend, steht der Unternehmenserfolg leicht in Frage.

- Systemwissen der Subsysteme und Mitglieder: Kennen sich die Abteilungen und Mitarbeiter/innen im eigenen Betrieb und mit den betrieblichen Angeboten oder Regularien nicht gut genug aus, können sie weder intern noch mit Kunden optimal interagieren.
- Leitbild, Unternehmenskonzepte und Modellvorstellungen über die zu leistende (Zusammen-)Arbeit: Jedes System braucht ausgearbeitete Konzepte, wie das Unternehmen als Ganzes und in seinen Untergliederungen funktionieren soll. Diese Regieanweisungen müssen so gut aufeinander abgestimmt sein, dass eine reibungslose Kooperation sichergestellt ist und nicht einzelne Abteilungen oder Angestellte aneinander vorbeiarbeiten oder sich behindern. Manche Firmen werben zum Beispiel für Produkte, die die Mitarbeiter/innen in den Außenstellen weder kennen noch vorrätig haben; einige Führungskräfte erwarten von ihren Beschäftigten unrealistischerweise, dass diese ihnen zuarbeiten, ohne dass die Modellvorstellungen, wie dies geschehen soll, konkreter abgestimmt wurden.
- Klarheit und Funktionalität der Kommunikations-, Entscheidungs- und Steuerungsstrukturen: Davon hängt ab, ob der Informationsfluss, die Meinungsbildung sowie die Verständigung über alle wichtigen Fragen funktionieren. Wie Sie in Kapitel A10 gelesen haben, kommt es dabei auf die subjektive Klarheit beim Empfänger einer Mitteilung an, nicht darauf, dass der Mitteilende meint, klar kommuniziert zu haben. Gerade in größeren Systemen ist Transparenz wichtig, damit alle Beschäftigten wissen, an wen sie sich zum

Beispiel mit bestimmten Fragen zu wenden haben. Da soziale Systeme von Menschen geschaffen sind, gehören Konflikte zu ihrer Natur. Sie benötigen daher Mechanismen zur Konfliktprävention und -bewältigung, die in Betrieben den Führungsstrukturen und Führungskräften obliegt.

- Klarheit und Funktionalität der Rollen-, Ressort- und Aufgabenverteilung: Alle gemäß den Zielen der Organisation zu erledigenden Aufgaben müssen eindeutig bestimmten Ressorts oder Rollen zugeordnet sein, damit es keine Unklarheiten und Konflikte wegen der Zuständigkeiten gibt. Diese Zuordnung muss stetig daraufhin überprüft werden, ob sie im Gesamtkontext der Ablauforganisation noch effektiv und effizient (ökonomisch) ist. Jede Rolle benötigt ein differenziert ausformuliertes Anforderungsprofil, das nicht nur die inhaltlichen, sondern auch die psychologischen Anforderungen genau beschreibt. Zudem muss es Qualitätskriterien für die Erfüllung der Aufgaben enthalten.
  Ein System lebt von der Motivation seiner Mitglieder, ihre Rollen optimal auszufüllen und im Sinne des gesamten Systems und seiner Ziele zu kooperieren (Weinert, 2004). Schwierigkeiten können entstehen, wenn Rollen nicht eindeutig zugewiesen und übernommen werden und in der Folge Rollenerwartungen enttäuscht werden. Ob und wie ein Mitarbeiter eine Rolle übernimmt beziehungsweise ausfüllt, hängt davon ab, wie die Rolle aufgefasst wird und wie klar sich die Beteiligten darüber verständigen, welche Aufgaben der Rolle zugeordnet sind. Eine herkömmliche Stellenbeschreibung reicht dafür meist nicht aus. Die Erwartungen anderer Beteiligter sind dabei wichtige Orientierungsgrößen für die Person, die eine Rolle übernimmt, und liefern ihr Kriterien, um die Qualität der Rollenerfüllung zu bewerten (zum Beispiel Eilles-Matthiessen et al., 2002).
- Klare, flexibel gehandhabte Grenzen: Diese beziehen sich auf die Reichweite der Einrichtung und ihrer Subsysteme sowie auf Zuständigkeiten, Rechte und Pflichten.

- Qualität der Beziehungen: Arbeitsbeziehungen orientieren sich an den Zielen und der Leistungsqualität des Unternehmens. Daran sollten auch informelle Beziehungen ausgerichtet werden. In manchen Betrieben sind Abteilungen oder Mitarbeiter untereinander so zerstritten, dass betriebliche Aufgaben nicht erfüllt werden und der Betrieb Schaden nimmt (Wieland et al., 2004).
- Kompetenzen der Subsysteme und der Mitglieder: Diese sollten sich nicht nur auf die fachlichen Inhalte, sondern auf alle Kompetenzen beziehen, die zur Erfüllung der Anforderungen nötig sind (siehe Kapitel A9). So gibt es in vielen Berufen Personen, die wegen zu geringer Stressresistenz, mangelnder emotionaler Stabilität und eines unsicheren Bindungsstils den Anforderungen nicht genügen. In der Folge sind immer mehr Menschen psychisch überfordert, werden immer öfter krank oder sogar vorzeitig berentet. Dies geschieht unter anderem deshalb, weil sie im Rahmen der beruflichen Aus-, Fort- und Weiterbildung nicht genügend auf die psychosozialen Herausforderungen ihrer Tätigkeit und ausreichend kompetenten Umgang mit ihren vorhandenen Anfälligkeiten vorbereitet worden sind (siehe ausführlich Kapitel F, G). So erkranken im Verlauf eines Jahres 31,1 Prozent der Gesamtbevölkerung (15,1 Millionen Menschen) an psychischen und psychosomatischen Störungen. Acht Millionen Menschen bringen es alleine aufgrund ihrer Depressionen auf 10,9 Millionen Arbeitunfähigkeitstage pro Jahr (Jacobi et al., 2004). Bei Männern verursachen psychische Beschwerden insgesamt die meisten Arbeitsunfähigkeitstage (43 Tage/Fall/Jahr), bei Frauen steht diese Diagnosegruppe an zweiter Stelle nach den Krebserkrankungen (TKK, 2004). Damit wird deutlich, welcher immense humanitäre und volkswirtschaftliche Schaden hierdurch entsteht.

2 Führung und Führungskräfte

Die Führung eines Betriebs geschieht auf zweierlei Weise: Der wichtigste Teil erfolgt über die Struktur des Unternehmens, die unter anderem aus dem *Organigramm* ersichtlich ist (siehe Abb. 15). Weiterhin steuern zum Beispiel Zielvorgaben, Regeln, bauliche und räumliche Vorgaben, Hierarchien, Rollengefüge, aber auch Traditionen den Betriebsablauf.

Für Belegschaft und Außenstehende wird die Leitung eines Unternehmens durch die Führungskräfte verkörpert (Rosenstiel et al., 1998). Sie übernehmen in vielen Unternehmen Führungsrollen und damit die Aufgabe, für eine möglichst optimale Entwicklung des Unternehmens und entsprechende Strukturen und Abläufe zu sorgen. Damit sind Führungskräfte also Dienstleister mit spezifischen Aufgaben. Hierzu gehören – je nach hierarchischer Stufe mit unterschiedlicher Reichweite – die Bestandsaufnahme des jeweiligen Istzustands, betriebliche Willensbildung und Zielfindung, Maßnahmen zur Zielerreichung, die Organisation der Zielerreichung sowie die Prozesskontrolle. Zu den Aufgaben vieler Führungskräfte gehören die Auswahl geeigneter Mitarbeiterinnen und Mitarbeiter und deren Betreuung, wodurch sichergestellt werden soll, dass die Beschäftigten ihrerseits ihre Aufgaben optimal erfüllen können (Weinert, 2004). Hierzu gibt es seit mehr als 100 Jahren eine breite internationale Forschung, deren Ergebnisse aber in vielen Bereichen von Wirtschaft und Verwaltung mehr oder weniger ignoriert werden.

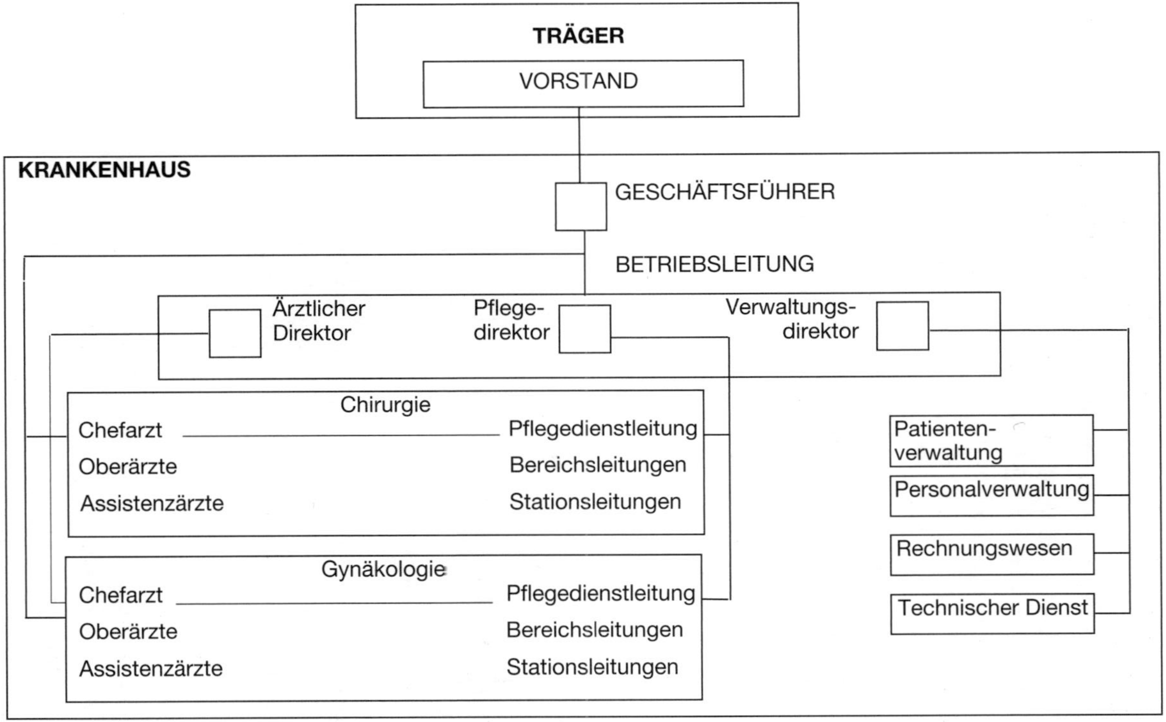

Abb. 15: Ausschnitt aus dem Organigramm eines Krankenhauses (siehe dazu Kapitel D5)

Wer hochmotivierte Mitarbeitende braucht, sollte sich mit den Ursachen von Zufriedenheit und Unzufriedenheit am Arbeitsplatz befassen (Weinert, 2004; siehe Abb. 16). Schließlich wirkt sich Arbeitszufriedenheit auf Abwesenheit, Fluktuation und Arbeitsleistung aus. Die Beschäftigten sind – je nach *Persönlichkeitseigenschaften* – meist zufriedener, wenn sie sich herausgefordert sehen, dazulernen und an ihrer Arbeit wachsen können. Dies ist deshalb bedeutsam, weil die Arbeit – neben Partnerschaft und Familie – für die meisten Menschen zu den wichtigsten Quellen von Lebenssinn gehört. Gerade qualifizierte Beschäftigte legen Wert auf eine gewisse Verantwortung und ausreichend Handlungsspielraum, in dessen Rahmen sie sich bewähren können.

Quellen von Arbeitszufriedenheit	**Auswirkungen**
herausfordernde Arbeit	persönlichkeitsfördernd
Handlungsspielräume	positives Selbstbild
soziale Unterstützung/Wir-Gefühl	Offenheit, Flexibilität
Rollen-/Aufgabenklarheit	Sicherheit
Passung vom Persönlichkeit/Arbeit	positives Selbstbild
Quellen von Unzufriedenheit	
Führungsfehler	Motivationsverlust
Demütigungen, Kränkungen	Selbstwertschädigung
Isolation	Motivationsverlust, Selbstwertschädigung
Unterforderung	Abbau von Kompetenz, Selbstwertschädigung
zu geringe Handlungsspielräume	Motivationsverlust, Selbstwertschädigung
zu hoher Arbeitsanfall	Überforderung
zu komplexe Arbeit	Überforderung
zu große Verantwortung	Überforderung
Rollen-/Aufgabenunklarheit	Desorientierung
Negative Affektivität	Aufbau von Gegenmotivation

Abb. 16: Quellen von Arbeitszufriedenheit und -unzufriedenheit

Auch am Arbeitsplatz geht es um die Befriedigung der Grundbedürfnisse. Schlechtes Vorgesetztenverhalten zum Beispiel verdirbt leicht die Freude an der Arbeit oder führt zu Verletzungen des Selbstwertgefühls. In vielen Umfragen wird das Verhalten der unmittelbaren Vorgesetzten als wichtigste Belastung im Arbeitsleben genannt (Rosenstiel et al., 1998). Ähnlich wirken sich soziale Isolation und fehlende Rückmeldungen, aber auch Unterforderung und zu kleine Handlungsspielräume aus. Fällt ständig zu viel Arbeit an, sind die Aufgaben zu schwierig oder ist die Verantwortung zu groß, fühlen sich die Betroffenen leicht überfordert, was zu Stress mit allen negativen Konsequenzen führt (siehe Kapitel D7). Bei unklar festgelegten Aufgaben oder Zuständigkeiten kommt es leicht zu Orientierungsproblemen und Verunsicherung. Dabei wirken sich auch Persönlichkeitseigenschaften wie emotionale Irritierbarkeit und Introversion nachteilig aus (Wieland et al., 2004).

Führungskräfte können ihre Aufgaben auf sehr unterschiedliche Weise erledigen. Oftmals wird zwischen autoritärem und demokratischem *Führungsstil* unterschieden. Die Forschung zum Thema Führung hat aber gezeigt, dass derartige Kategorisierungen viel zu grob sind (Rosenstiel et al., 1998). Zunächst ist daher zu ermitteln, welche Führungsaufgaben überhaupt zu lösen sind. Erst dann wird deutlich, welche Führungsinstrumente jeweils geeignet sind. Führungssituationen können unterschieden werden

- nach den Bedürfnissen der Beteiligten: Anfänger oder unsichere Personen benötigen mehr Anleitung und Kontrolle als kompetente und erfahrene.
- nach Art und Ausmaß der Aufgabe: Sollen neue Ideen und Konzepte entwickelt werden, sind Projektgruppen mit großem Handlungsspielraum und zurückhaltender Moderation sinnvoll. In einem Notfalleinsatz hingegen bleibt keine Zeit zum Diskutieren, dann ist strikte Führung nötig. Sehr komplexe Aufgaben hingegen erfordern eine langfristige, strategische Planung, die zentral koordiniert wird.

Eine ebenso wichtige wie oft vergessene Führungsaufgabe ist die permanente Begleitung jedes einzelnen Beschäftigten, um ständig zu prüfen, ob sich dessen Modellvorstellungen beispielsweise über die Arbeit oder die Qualitätskriterien noch mit denen der Führungskräfte und Kollegen decken und ob die Schwierigkeit der Aufgaben noch angemessen ist. Jüngere qualifizierte Beschäftigte verbessern mit zunehmender Erfahrung und Kompetenz ihre Leistungen immer mehr. Sie streben nach neuen Herausforderungen, an denen sie sich messen können. Die Aufgabenschwierigkeit und der Handlungsspielraum müssen also mit zunehmender Kompetenz steigen, damit sich die betreffende Person nicht unterfordert fühlt und langweilt. Dies hätte einen Motivations- und Sinnverlust zur Folge. Führung hat daher die Aufgabe, die Anforderungen gemeinsam mit den einzelnen Beschäftigten ständig zu aktualisieren, um eine möglichst hohe Motivation zu erzielen (Spitzer, 2002; siehe Kapitel A4). Bei älteren oder kranken Beschäftigten, deren Leistungsfähigkeit nachlässt, muss die Aufgabenschwierigkeit entsprechend sinken, damit sie nicht überfordert werden. Wird dies versäumt, steigt sicherlich der Krankenstand – mit den bereits erwähnten Folgen.

Zusammenfassung

Betriebe und Organisationen verfügen über hochkomplexe Strukturen. Die Betrachtung des Betriebs als System ermöglicht es, die verschiedenen zugewiesenen Rollen und die damit verbundenen Tätigkeiten als Führungskräfte oder als Mitarbeitende zu beschreiben.
Stresspotenzial entsteht oftmals durch fehlende oder mangelnde Kommunikation „von oben nach unten“ – also von der Leitung zur Basis –, aber auch auf kollegialer Ebene. Da das Arbeitsleben so viel von unserer Lebenszeit einnimmt, wirkt es sich auch nachhaltig auf das Privatleben aus.

3 Mobbing am Arbeitsplatz

„Mobbing“ hat als Begriff seit den 1980er Jahren in der Arbeitspsychologie einen festen Platz (vgl. „Der Mobbing-Report“, 2002). Er beschreibt eine Arbeitskultur, in der persönliche Angriffe, Schikanen, massive Benachteiligungen und soziale Ausgrenzungen durch Kollegen und Kolleginnen, aber auch durch Vorgesetzte stattfinden. Im Unterschied zu gewöhnlichen Auseinandersetzungen, Spannungen und kleineren Streitereien, die überall im sozialen Miteinander entstehen können, ist Mobbing systematisch, zielgerichtet und dauerhaft angelegt. Es handelt sich um ein *Muster* aus sich ständig wiederholenden Handlungen, nicht um einen Einzelfall. Allein das Vorkommen der Handlungen ist noch kein Beweis für Mobbing, zu berücksichtigen ist immer auch die Dauer der Situation.

Die Mobbing-Handlungen werden von den Betroffenen durchweg als negativ empfunden. Sie können verbal, zum Beispiel als Beschimpfungen, nonverbal, etwa durch Vorenthalten von Informationen, oder physisch, beispielsweise in Form von Prügel, angelegt sein. Während diese Aktivitäten als feindselig, aggressiv und unethisch angesehen werden, gibt es auch Mobbing, das durch ungleiche Machtverhältnisse hervorgerufen wird. Für das Opfer als Untergebenen ist es schwierig, sich zu verteidigen, es fühlt sich der Situation hilflos ausgeliefert.

Der Mobbing-Report 2002 zeigt, dass Männer und Frauen zwar gleichermaßen von Mobbing-Handlungen betroffen sind, diese aber typische Ausprägungen haben. So werden Männer häufiger als Frauen in einem fachlichen Kontext „gemobbt“, Frauen hingegen häufiger im sozialen als im arbeitsbezogenen Kontext, jüngere Personen eher fachlich abgewertet, älteren Beschäftigten hingegen wird die Tätigkeit gänzlich entzogen.

Der Mobbing-Report (2002, 53f.) benennt folgende Phasen des Mobbing-Prozesses:

1. Konflikte, einzelne Vorfälle: Aus ungelösten Konflikten erwachsen Schuldzuweisungen und einige gezielte Angriffe gegen bestimmte Personen.
2. Beginn von Psychoterror: Der ungelöste Konflikt gerät in den Hintergrund, die Differenzen weiten sich aus. Eine einzelne Person wird zur Zielscheibe systematischer Schikanen, sie fühlt sich zunehmend isoliert und ausgegrenzt.
3. Das Problem wird öffentlich: Die Handlungen eskalieren und die betroffene Person ist so verunsichert und gedemütigt, dass die Arbeit stark darunter leidet. Wegen der schlechteren Arbeitsqualität drohen der gemobbten Person arbeitsrechtliche Konsequenzen wie Abmahnung, Versetzung oder Kündigung.
4. Ausschluss: Am Ende des Mobbing-Prozesses steht der Ausschluss aus dem Arbeitsprozess, sei es, dass die Betroffenen selbst kündigen, weil sie dem Druck nicht mehr standhalten, oder weil ihnen gekündigt wird. Aber auch psychosomatische Erkrankungen, langfristige Krankschreibung oder dauerhafte Arbeitsunfähigkeit können die Folgen von Mobbing sein.

Die vorliegenden Forschungsergebnisse deuten darauf hin, dass individuelle Merkmale beziehungsweise Persönlichkeitsstrukturen nicht primär dafür verantwortlich sind, dass jemand zum Mobbing-Opfer wird (Täter-Opfer-Beziehung). Man geht davon aus, dass strukturelle Faktoren in der Arbeitsumgebung wie unklare Führungsstrukturen und inkompetente Führungskräfte Mobbing begünstigen (Neuberger, 1999). Auch eine ungünstige Situation innerhalb des Kollegiums kann Mobbing-Handlungen fördern, zum Beispiel, wenn Konkurrenzverhalten oder Neid auf Kompetenzen, Qualifikationen und Leistungsverhalten vorliegen. Viele Menschen können auch schlecht Kritik verarbeiten und reagieren deshalb unpassend. Daher ist innerhalb des Betriebs auf die Förderung von Kompetenzen in den Bereichen Konfliktmanagement, Personalführung, Teamleitung und (optimale) Zusammensetzung von Arbeitsgruppen sowie eine positive Organisationskultur zu achten (Zapf, 1999; Weinert, 2004). Werden Leistungen anerkannt, der Umgang mit Konflikten trainiert und respektvolles Miteinander gepflegt, hat Mobbing weniger Chancen.

Wer gemobbt wird, sollte das auf keinen Fall passiv erdulden, weil er sonst den Täter ermutigt. Betroffene sollten sich vielmehr klarmachen, dass fremde Beweggründe und Verhaltensweisen nicht in den eigenen Verantwortungsbereich fallen. Sie können zum Beispiel mittels einer Systemischen Mehrebenenanalyse zu ergründen versuchen, welchen Nutzen die Gegenseite aus ihrem Handeln ziehen möchte (BAA, 2005; siehe Kapitel F). Zugleich sollte man genau protokollieren, was vorgeht, und Belege und Zeugenaussagen dafür sammeln, die dann zunächst mit Vorgesetzten und Betriebsleitung sowie mit einer Mobbing-Beratungsstelle oder einem spezialisierten Anwalt erörtert werden (Wolmerath, 2000; BAA, 2005).

4 Vereinbarkeit von Arbeit und Privatleben (Work-Life-Balance)

Wenn wir uns mit Work-Life-Balance befassen, tun wir das vor dem Hintergrund einer Arbeitsgesellschaft beziehungsweise eines spätindustriellen Lebensmodells. In diesem werden Erwerbsarbeit und Nicht-Arbeit strikt voneinander getrennt (vgl. im Folgenden Schreyögg, 2005). Zur „Nicht-Arbeit" gehört das gesamte Privatleben, darunter fallen also alle sozialen Bindungen, die Teilhabe am kulturellen Leben, Religion, Philosophie, Ideologien sowie die eigene Gesundheit.

Arbeit ohne räumliche Grenzen

Orte und Zeiten, zu denen wir unserer Arbeit nachgehen, haben sich in den vergangenen zwei Jahrhunderten kontinuierlich verändert. Unsere modernen Lebensformen sehen oft vor, dass wir außerhalb unseres privaten Lebensraums arbeiten gehen. Eine „Entgrenzung der Arbeit" findet in Situationen statt, in denen wir von der Arbeitswelt auch zeitlich so umfassend vereinnahmt werden, dass unsere sonstigen Daseinsmöglichkeiten immer mehr an Bedeutung verlieren oder gar nicht mehr zum Tragen kommen. Diese Entwicklung ergibt sich vor allem deshalb, weil die postmoderne Arbeitswelt völlig neue Anforderungen an die Berufstätigen stellt. So sollen sie sich idealerweise maximal mit den Firmenzielen identifizieren und sich – wie ein Miteigentümer – ganz persönlich engagieren. Viele Firmen sind heute zudem so stark entformalisiert, dass sie den dort Tätigen keinen klaren strukturellen Rahmen mehr bieten. Werden Mitarbeiter zu Subunternehmern oder müssen sie sich in ihrer Freizeit weiterqualifizieren, wird zunehmend mehr Selbstorganisation verlangt, worauf sie oft nicht ausreichend vorbereitet sind. Dies hat leicht zur Folge, dass die Erwerbsarbeit einen überdurchschnittlich hohen Anteil an ihrem Leben einnimmt und sich immer weiter ins Privatleben hineinschiebt. Verbunden ist dies mit einer vielfach stattfindenden Beschleunigung der Arbeit: Es gibt kaum noch eine Tätigkeit, die ohne Zeitdruck ausgeführt werden kann, weil immer mehr Aufgaben von immer weniger Personal zu erledigen sind. Das betrifft nicht mehr nur leitende Angestellte, sondern auch Beschäftigte an der Basis. Verantwortlich dafür sind insbesondere die rasante Entwicklung von Technologien und dadurch bedingte Organisationsstrukturen, die häufig 24-Stunden-Betrieb erfordern. Auf der anderen Seite ermöglicht zum Beispiel die moderne Computertechnik auch neue Formen der Heimarbeit. Die Firma spart durch Verlagerung der Arbeitsplätze in den häuslichen Bereich ihrer Angestellten erhebliche Kosten. Doch dann ragt die Arbeit – wie traditionell in der Landwirtschaft – nicht mehr nur zeitlich, sondern auch räumlich in den privaten Lebensraum hinein. Diese beiden Bereiche müssen dann von den betroffenen Personen individuell ausbalanciert werden *(Work-Life-Balance)*.

Erwerbsarbeit und Familienleben

Der Ausgangspunkt aller Überlegungen zur Work-Life-Balance ist immer die Arbeit. Sie hat auch aus Sicht vieler Berufstätigen einen neuen Stellenwert bekommen, deren Ansprüche sich verändert haben: Sie wollen heute generell mehr vom Leben und damit auch vom Berufsleben haben. Arbeit soll nicht mehr nur Sinn stiften, Einkommen und Status bringen, sondern auch flexible Zeitplanung und Spaß erlauben. Der Begriff „Spaßgesellschaft" bezieht sich nicht nur auf die Freizeit!

Dieser Zusammenhang muss anhand der unterschiedlichen Belastungen im Lebenslauf von Frauen und Männern nochmals differenziert werden: Männer stehen vor der Herausforderung, eine Balance zwischen betrieblicher Belastung *(work)* und dem Privatleben samt Ausgleichsaktivitäten für das gesundheitliche Wohlbefinden *(life)* zu erreichen *(work, personal-*

life). Für viele Frauen unterteilt sich der zweite Bereich „life" noch einmal, hinzu kommt nämlich die Be- oder Überlastung durch eine Familientätigkeit, an der sich viele Partner immer noch nicht ausreichend beteiligen. Erwerbstätige Mütter sind somit die Bevölkerungsgruppe mit der stärksten Belastung, denn sie müssen drei Bereiche ausbalancieren: Arbeit, Familie, individuelle Bedürfnisse *(work-family-life, personal-life;* Schneewind, 2005). Hierbei stehen Fragen im Vordergrund, wie in einer modernen Familie die Bedürfnisse der Frau, des Mannes und der Kinder unter einen Hut gebracht werden können. Dabei geht es besonders für Frauen meistens um einen *Work-Family-Conflict.* Für Männer hingegen stellt sich die Vereinbarkeit von Beruf und Familie insofern als Problem dar, als sie mangels ausreichender Anwesenheit in Familie und Partnerschaft ins Hintertreffen geraten können. Dass Männer mit Familie meist erfolgreicher als männliche Singles sind, dürfte die familialen Nachteile durch zu wenig Anwesenheit, die vor allem die Kinder spüren, nur bedingt ausgleichen (Schneewind, 2005).

In empirischen soziologischen Studien zeigt sich, dass die Mehrzahl junger Frauen einen doppelten Lebensentwurf anstrebt. Das heißt, nur wenige erachten ein Leben als „Hausfrau und Mutter" als attraktiv, aber gleichzeitig wollen sich nur wenige allein auf die Karriere konzentrieren. Damit stellt sich die ideale Biographie für junge Frauen als Gefüge aus unterschiedlichen Ansprüchen dar. Und im Prinzip werden sie bis heute für zwei Arbeitsplätze sozialisiert: den zu Hause und den im öffentlichen Raum. Der Traum vieler junger Frauen, in einer „glücklichen Familie" zu leben und gleichzeitig in einem qualifizierten Beruf zu arbeiten, gilt heute durchaus als offizielles Ideal. Wie steht es aber mit der Realisierung dieses Traums? In den ersten Jahren ihres Erwerbslebens hat für die meisten Frauen die Berufsausbildung und die darauffolgende Berufstätigkeit Priorität. Nach der Geburt eines Kindes beginnt eine entscheidende Phase *(Statuspassage),* die auf individueller wie gesellschaftlicher Ebene eine Reihe von Fallstricken aufweist. Zwar haben sich die traditionellen Rollenklischees zwischen Männern und Frauen erheblich gelockert; die entscheidende „Sorgearbeit" in der Familie leisten aber auch heute noch meistens die Frauen. Wie die Forschung an Doppelverdienerpaaren *(Dual Career Couples)* zeigt, kommen durch die Geburt eines Kindes fast immer traditionelle Rollenklischees von Mann und Frau mit den entsprechenden Handlungsmustern auf (Solga/Wimbauer, 2005). Das bedeutet vor allem, dass sich Frauen nicht nur mental, sondern auch mit ihrem gesamten Zeitbudget viel stärker als die Männer auf das Familienleben einstellen. So neigen weibliche Angestellte eher dazu, ihren Urlaub zu nehmen, wenn es dem Partner oder der Familie recht ist, und nicht unbedingt dann, wenn es für die Firma besonders günstig ist. Familie zu haben bedeutet für Frauen auch, dass sie ihre Berufstätigkeit häufig sequentiell einrichten: In jungen Jahren sind sie berufstätig, in mittleren leben sie nur in der Familie, ohne erwerbstätig zu sein, und ab 50 Jahren arbeiten sie wieder im Beruf. Dass sich dadurch für sie Karrierewege verschließen, erklärt sich von selbst. Eine Familiengründung beinhaltet also auch heute noch ein unterschiedlich hohes berufliches und familiales Risiko für Männer und Frauen, denn die Frage nach der Vereinbarkeit ist – zumindest derzeit – noch stärker mit dem weiblichen als dem männlichen Lebenslauf gekoppelt. Obwohl sich heutzutage viele Menschen durch die Arbeitsstrukturen überfordert fühlen, sind die Gründe hierfür auch geschlechtsspezifisch verschieden, die Balance zwischen Beruf und Familie bleibt für die meisten Familien unbefriedigend. Empirische Studien zeigen drei unterschiedliche Strategien im Umgang mit diesem Umstand:

- Für die einen, insbesondere die jüngeren Frauen, entwickeln Karriere und Beruf eine derartige Attraktivität, dass sie alles andere zurückstellen und auf eine Familiengründung (zunächst) verzichten (Onnen-Isemann, 2006).

- Die anderen, meistens die Älteren und Etablierten, leben in klar getrennten Welten mit eindeutiger Priorisierung des Berufslebens. Beide folgen vielfach traditionellen Rollenbildern – der Mann im Beruf, die Frau zu Hause.
- Die dritte und größte Gruppe ist durch Beruf und Familie doppelt belastet. Das führt dazu, dass die Schnittstelle zwischen diesen beiden Lebensbereichen möglichst perfekt zu planen und zu managen ist.

Auch wenn zum Beispiel Führungstätigkeiten viel Befriedigung verheißen – manche Autoren sprechen gar von einer „Erotisierung des Managements" –, gerät die Familie leicht in eine „Versachlichungsfalle". Die Freizeit muss ständig möglichst perfekt organisiert werden. Das geht vor allem zulasten der Beziehung zwischen Vater und Kindern sowie der Partnerbeziehung, die oft nur noch aus Interaktionen zum Zwecke familiärer Koordination bestehen. Noch extremer sind die Befunde von Arlie R. Hochschild (2006), einer amerikanischen Soziologin. Sie befragte Menschen auf unterschiedlichen Hierarchieebenen in einer Firma, die ihren Mitarbeitenden viele Angebote wie flexible Arbeitszeiten, Betriebs-Kindergärten usw. bereitstellt, um eine optimale Balance zwischen Beruf und Familie zu erreichen. Das Ergebnis war: Die Befragten hatten gar keine Lust, nach Hause zu ihren Familien zu gehen und dort ihre Zeit zu verbringen. Im Beruf finden sie nämlich eine gut strukturierte Situation vor, in der sie sich sicher bewegen können, während im häuslichen Milieu vielfältige unberechenbare und unstrukturierte Ansprüche gestellt werden. Für Topmanager etwa scheint es eine wunderbare Erfahrung zu sein, wenn sie für ihre Mitarbeiterinnen und Mitarneiter fast rund um die Uhr sozusagen als guter Vater fungieren können. Das ist besonders dann befriedigend, wenn sie sich zu Hause mit einem trotzigen Teenager-Sohn auseinandersetzen müssen oder die Frau laufend fordert, dass sie als „natürlicher Vater" mehr Zeit für die Kinder aufbringen sollen.

Als ausgesprochen angenehm wird von Führungskräften auch die „verantwortungsfreie Zeit“ im Hotelzimmer bei Dienstreisen erlebt – vor allem dann, wenn die Frau zu Hause alles zusammenhält, die Kinder herumfährt, den Haushalt organisiert und angeblich glücklich über das perfekte Zusammenspiel innerhalb der Partnerschaft ist. Hier werden freilich die Erkenntnisse aus der Bindungs- und Familienforschung ausgeblendet (siehe Kapitel A, B, C). Der Entwicklung von Kindern und Partnerschaft sowie der familialen Funktionstüchtigkeit kommen derlei „Befriedigungen“ nicht zugute.

Erwerbsarbeit und Freizeitverhalten

Wie der Lebensbereich Familie richten sich auch Freizeitaktivitäten verhältnismäßig stark an der Arbeit aus. Für viele Menschen hat die Freizeit eine *Kompensationsfunktion*, Defizite auszugleichen, die durch die Arbeitswelt entstehen. Freizeitaktivitäten umfassen ehrenamtliches Engagement ebenso wie Sporttreiben oder die Teilnahme an „Wellness“-Angeboten. Was im Einzelnen für die Menschen in welcher Altersgruppe wichtig ist, zeigt die Abbildung 17.

	1. Priorität	2. Priorität	3. Priorität	4. Priorität
21–34 Jahre	Beruf	Familie und Freunde	Gesundheit	Sinn
35–54 Jahre	Familie und Freunde	Beruf	Gesundheit	Sinn
55–69 Jahre	Familie und Freunde	Gesundheit	Beruf	Sinn
Ab 70 Jahren	Gesundheit	Sinn	Familie und Freunde	Hobby

Quelle: M. v. Münchhausen, 2003:32

Abb. 17: Alter und Prioritäten

Dabei ist unumstritten, dass für die meisten Menschen Partnerschaft und Familie sowie die Berufstätigkeit die Hauptquellen für Lebenssinn sind (zum Beispiel Bundesinstitut für Bevölkerungsforschung, 2005).

Ein glückliches und zufriedenes Leben kann nur führen, wer die einzelnen Lebensbereiche (Sinn/Kultur; Gesundheit/Fitness; Beziehungen; Beruf/Finanzen) ausreichend berücksichtigt und miteinander in Einklang bringt. Diese Bereiche bedingen sich gegenseitig. Wer sein Privatleben aktiv und ausgewogen gestaltet, kann auch im Beruf mehr leisten und hat mehr Erfolg. Misserfolg im Berufsleben wirkt sich dagegen auch negativ auf das Privatleben aus. Zu beachten bleibt, dass das Ziel von Work-Life-Balance nicht darin besteht, Einzelerfolge in den verschiedenen Lebensbereichen zu erreichen – es geht um den „Lebenserfolg". Dieser besteht aus harmonisch aufeinander abgestimmten Teilerfolgen in den unterschiedlichen Lebensbereichen. Dieser Lebenserfolg sollte langfristig angelegt sein und umfasst neben materiellen auch immaterielle Komponenten, sodass aus ihm dauerhaft Energie, Kraft und Freude geschöpft werden kann. Eine Voraussetzung dafür ist ein starker Wille (hohe Motivation), um sich gegebenenfalls über die Normen der Gesellschaft hinwegzusetzen, eine andere ist der Mut, sich aus einer Vielzahl von Wahlmöglichkeiten bewusst für eine Alternative zu entscheiden. Als dritter Faktor muss Selbstdisziplin hinzukommen, da Work-Life-Balance ein langwieriger und Energie raubender Prozess ist, der täglich neu zu überdenken ist.

Zusammenfassung

Befinden sich Erwerbsarbeit und Privatleben nicht in Balance, bringt dies Konsequenzen mit sich, die nicht nur von persönlicher und familialer, sondern auch von gesellschaftlicher Bedeutung sind: Jeder vierte Werktätige in Deutschland wird aufgrund psychischer und physischer Probleme erwerbs- und berufsunfähig (siehe Kapitel C). Deshalb ist im Prozess der Work-Life-Balance eine Bewusstseinserweiterung beziehungsweise -öffnung wichtig, sich auch an den vielen kleinen Dingen im Leben zu erfreuen und die damit verbundenen Glücksgefühle zuzulassen sowie von dem Streben nach unbefriedigendem Mehr abzulassen.

5 Mit der Systemischen Mehrebenenanalyse das eigene Arbeitsumfeld besser verstehen

Wie bereits dargestellt, ist die Arbeit eine unserer wichtigsten Sinnquellen, für die wir mehr als ein Drittel unserer Zeit aufwenden. Daher kommt der Arbeit im Zusammenhang mit Gesundheit und Wohlbefinden ein hoher Stellenwert zu (Bundesinstitut für Bevölkerungsforschung, 2005). Umso wichtiger ist es, die Systemkontexte, die für unsere Arbeit bedeutsam sind, zu durchschauen. Nur so können wir unsere Gestaltungsspielräume nutzen und uns vor Beeinträchtigungen schützen. Hierfür haben wir ein Verfahren entwickelt, das dabei helfen kann, die komplexen Zusammenhänge in Betrieben überschaubarer zu machen, die *Systemische Mehrebenenanalyse* (Kaiser, 1993).

Zu Beginn der Analyse wird der Blick auf die eigene Arbeitsstätte gerichtet, um sie genauer kennen zu lernen. Dabei sind zunächst die Ziele der Einrichtung zu klären. Jeder Betrieb verfolgt einen bestimmten Zweck: Eine Schule bildet Schüler und Schülerinnen aus, eine Klinik behandelt Patienten, eine Brotfabrik stellt Backwaren her usw. Um ihre Leistungen möglichst gut erbringen und im Wettbewerb mit anderen Anbietern bestehen zu können, muss die Einrichtung effektiv und ökonomisch (effizient) arbeiten. Man unterscheidet daher verschiedene Qualitätstypen in einem Betrieb, die *Strukturqualität*, die *Prozessqualität* und die *Ergebnisqualität* (Donabedian, 1980).

Strukturqualität

Elemente der Strukturqualität sind die funktionalen betrieblichen Strukturen. Die formale Gliederung des Systems ist am Organigramm zu erkennen, aus dem sich Aufbau und Rollengefüge sowie Zuständigkeiten und Hierarchien ergeben (siehe

Abb. 15). Besorgen Sie sich daher als Erstes ein Organigramm Ihres Betriebs. Falls kein Organigramm vorhanden ist, sammeln Sie die nötigen Informationen über die für Ihren Bereich oder Ihre Fragestellung wesentlichen Strukturelemente und fertigen selbst eines an. Mit diesem Strukturplan können Sie prüfen, wie funktional die Gliederung des Betriebs ist und ob die Realität mit den formalen Vorgaben übereinstimmt. In einem Organigramm sind meist das Rollengefüge und die Aufgabenstruktur sowie die hierarchische Gliederung festgelegt. Das Nähere ergibt sich aus Stellenbeschreibungen und Anforderungsprofilen. Anforderungsprofile indes existieren nach unseren Erfahrungen oft nur in den Köpfen der Beteiligten, und zwar meist in unterschiedlicher, nicht abgeglichener Form.

Unser Beispiel eines Ausschnitts aus dem Organigramm eines Krankenhauses (siehe Abb. 15) lässt zum Beispiel erkennen, dass fraglich ist, wie wirksam die aus ärztlichem, pflegerischem und Verwaltungsdirektor bestehende Betriebsleitung sein kann. Denn der ärztliche Direktor ist hier nicht Vorgesetzter der Ärzte, sondern lediglich *Sprecher* der Chefärzte, die der Geschäftsführung unterstellt sind. In diesem Organigramm ist weiterhin nicht hinreichend geklärt, in welchem Verhältnis die ärztlichen und pflegerischen Leiter der einzelnen Abteilungen zueinander stehen. In unserem Beispiel sind Chefärzte und Pflegedienstleitungen jeweils gemeinsam für die Leitung einer Abteilung zuständig. Doch gilt der Chefarzt in der Belegschaft allgemein als Leiter einer Abteilung, die Pflegedienstleitung steht aus Sicht der Mitarbeiter in der Hierarchie eine Stufe tiefer. So kann es passieren, dass sich reale Strukturen nicht mit den Rollenauffassungen und Rollenerwartungen der Beteiligten decken. Dafür zu sorgen gehört zu den Aufgaben der Geschäftsführung und des Direktoriums. Sie müssen nicht nur Strukturen schaffen, sondern auch immer wieder die Modellvorstellungen aller Betriebsangehörigen hierüber im Dialog abgleichen, um zu gemeinsamen Modellvorstellungen zu kommen. Dies ist eine wesentliche Führungsaufgabe, die oft vernachlässigt wird. Werden solche elementaren Fragen nicht offiziell geklärt, entwickeln sich sehr schnell Traditionen, die sich zu informellen Strukturen verfestigen können. Stimmen diese nicht ausreichend mit den formalen Strukturen überein, können sich leicht Missverständnisse und Konflikte ergeben (vgl. Rosenstiel et al., 1998).

Welche Kriterien für die systemische Funktionsfähigkeit von Bedeutung sind, haben Sie schon erfahren (siehe Kapitel D1). Nehmen Sie sich diese einzeln vor und überprüfen Sie, inwiefern sie in Ihrem Betrieb beachtet werden. Besonders wichtig ist die Frage, ob alle Aufgaben tatsächlich ausgewogen und funktional auf die einzelnen Ressorts verteilt sind. Wir haben im Rahmen unserer Studien über deutsche Kliniken sehr oft festgestellt, dass wichtige Koordinationsaufgaben, zum Beispiel das Management der OP-Abteilung oder der Hygiene, rollenmäßig nicht ausreichend abgedeckt und mit den notwendigen Befugnissen ausgestattet sind. OP-Koordinatoren können nur wirksam tätig sein, wenn sie allen Beteiligten gegenüber weisungsbefugt sind. Diese Vollmacht wird aber von vielen Geschäftsführern nicht erteilt, weil sie Ärger mit den Chefärzten befürchten, die dies als Einschränkung ihres Handlungsspielraums sehen könnten.

Hilfreich sind in solchen Situationen *Anforderungsprofile* der einzelnen Rollen, aus denen sich Kriterien für die Qualität der Rollenerfüllung ergeben (siehe Abb. 18).

Zum Anforderungsprofil eines Geschäftsführers gehört sicherlich, dass er die einzelnen Rollen im Betrieb mit entsprechenden Ressourcen und Vollmachten auszustatten hat. Unterbleibt dies, hat die Person, die die jeweilige Rolle innehat, keine Chance, ihre Aufgaben ordentlich zu erledigen, was sich demotivierend und für den Betrieb nachteilig auswirkt. Weil zum Beispiel den OP-Koordinatoren Weisungsbefugnisse fehlen, entstehen nach unseren Beobachtungen in vielen Kliniken eigentlich vermeidbare Probleme im Alltag, die Leerlauf,

Rolle	
Anforderungsprofil	
Erwartungen an Rollenträger	
Rollenauffassung des Rollenträgers	
Kompetenz des Rollenträgers	
Person und Lebensumstände des Rollenträgers	
Arbeitsbedingungen des Rollenträgers	
Qualität der Rollenerfüllung	

Abb. 18: Einflussgrößen auf die Qualität der Rollenerfüllung am Arbeitsplatz

Überstunden, Enttäuschungen bei Patienten sowie Personal und sogar kritische Zwischenfälle nach sich ziehen:

> *In einer von uns beratenen Klinik*[1] *ergaben sich auf diese Weise Mehrkosten von 250.000 Euro pro Quartal (siehe Abb. 19). Der alte chirurgische Chefarzt Dr. Alt, ein Jagdkamerad des Geschäftsführers, blockiert den Fortschritt. Dr. Alt ist nicht mehr auf dem neuesten Stand und führt mangels Patienten daher oft halbe Tage lang keine Operationen durch. Dennoch lässt er die beiden*

1. Namen und Details geändert

jungen und erfolgreichen Operateure Prof. Groß und Dr. Jung nicht in „seinen“ OP-Sälen arbeiten, da diese für ihn reserviert bleiben müssen, falls doch noch Patienten kommen. Die OP-Teams sitzen herum und sollen ab 16.00 Uhr Überstunden für die beiden stark frequentierten jungen Operateure machen, die dann bis in die Nacht hinein arbeiten müssen, weil sie tagsüber den OP nicht nutzen dürfen. Durch die vielen Überstunden und die hohe Krankheitsrate der OP-Mitarbeiter sowie den konfliktbedingten Leerlauf entstehen dem Krankenhaus hohe Verluste. Der Geschäftsführer greift aus Loyalität seinem Jagdfreund gegenüber nicht ein, was die Missstimmung in der Abteilung immer mehr verstärkt. Die Pflegedienstleitung steht unter dem Druck ihrer Mitarbeiter, die es leid sind, tagsüber oft herumzusitzen und anschließend Überstunden machen zu müssen. Wegen der Kosten kritisiert der Verwaltungsdirektor die Pflegedienstleitung und Dr. Alt. Die beiden jungen Chefärzte tragen sich bereits mit Abwanderungsgedanken.

Solche Analysen können und sollten Sie für alle wichtigen Bereiche und Rollen anfertigen. Dabei können Sie die Anforderungsprofile, die Erwartungen an den Rollenträger, die individuelle Rollenauffassung der betreffenden Personen, deren fachliche und soziale Kompetenzen zur Rollenerfüllung, ihre Persönlichkeit sowie die Handlungsspielräume und Ressourcen erfassen. Eventuell können Sie sogar ein Genogramm des Familienkontextes der betreffenden Person erstellen. Wenn Sie schon länger in Ihrem Betrieb arbeiten, wissen Sie sicher eine ganze Menge über die familialen Verhältnisse einzelner Akteure in Erfahrung zu bringen.

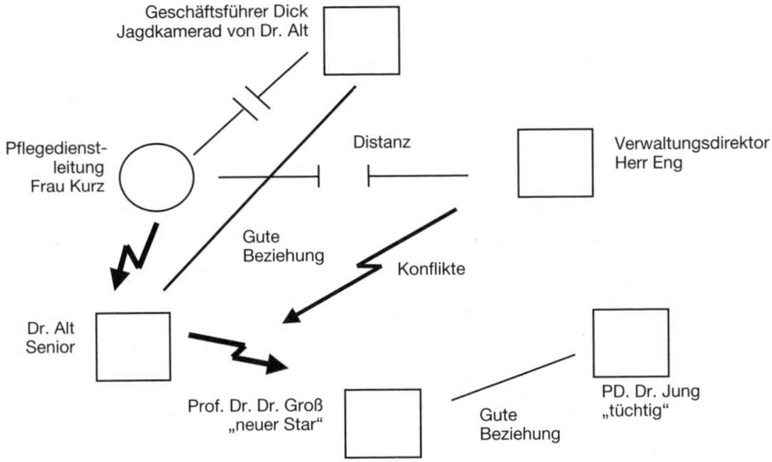

Abb. 19: Beispiel eines Beziehungsgeflechts in einem Krankenhaus (Soziogramm)

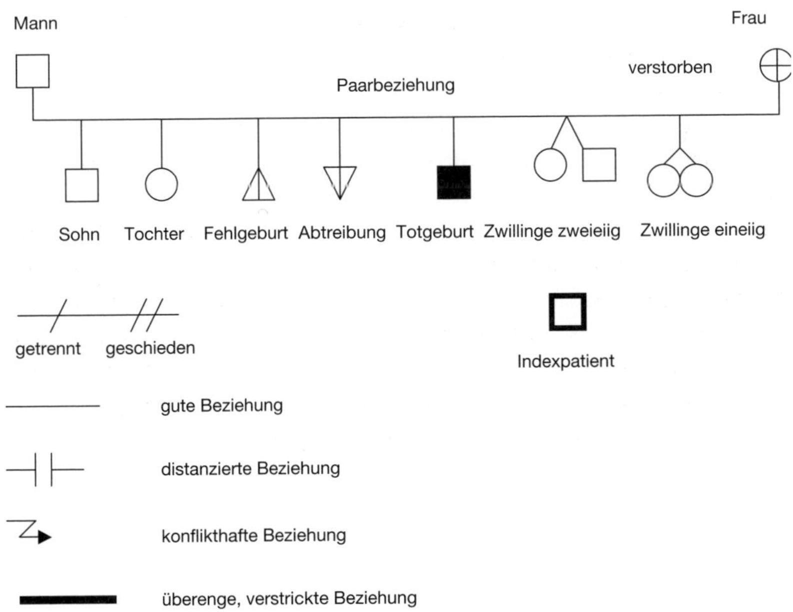

Abb. 19a: Bedeutung der Symbole in Sozio- und Genogrammen

Prozessqualität

Die Qualität der innerbetrieblichen Prozesse bezieht sich darauf, wie im Betrieb mit Kunden/Patienten/Klienten und Beschäftigten umgegangen wird und wie die Leistungen erbracht werden. Um die Prozessqualität zu erfassen, fertigen Sie am besten ein *Soziogramm* an. Zeichnen Sie auf ein großes Blatt Papier die wesentlichen Akteure auf. Üblicherweise benutzt man Kreise als Symbole für Frauen und Quadrate für Männer (siehe Abb. 19 a). Tragen Sie dann die wichtigsten Merkmale der rollentragenden Personen und ihrer Funktionen ein. Mit den angegebenen Symbolen können Sie Umgangsweisen und Beziehungen der für Sie und Ihre Fragestellung wesentlichen Akteure untereinander kennzeichnen (siehe Abb. 19 a).

Ergebnisqualität

Mit der Analyse verschaffen Sie sich einen guten Überblick über Strukturen und Abläufe in Ihrem Betrieb sowie deren Auswirkungen auf das Betriebsergebnis und die beteiligten Menschen. Wie Sie bereits wissen, wirken sich die Erfahrungen im betrieblichen Alltag auf die Identifikation mit dem Betrieb und auf die Leistungsmotivation der Beschäftigten aus. Diese Faktoren beeinflussen auch die Güte der Leistungen und die Kundenzufriedenheit, was sich letztlich in der Qualität der Arbeitsergebnisse beziehungsweise der Produkte *(Ergebnisqualität)* niederschlägt. Mängel in der systemischen Funktionsfähigkeit des Betriebes wirken sich auch auf dessen Rentabilität und wirtschaftliche Lebensfähigkeit aus. So können Sie auch leichter einschätzen, wie sicher Ihr Arbeitsplatz ist.

Zusammenfassung

Wenn wir uns Klarheit über die Strukturen verschaffen wollen, die zum Beispiel am Arbeitsplatz herrschen, empfiehlt sich eine Systemische Mehrebenenanalyse. Dabei werden zunächst mit einem Organigramm des Betriebs Hierarchie, Funktionsverteilung und Rollengefüge erfasst. So wird bereits deutlich, wie funktional die betrieblichen Strukturen sind. Dann werden die einzelnen Rollen mit ihrem Anforderungsprofil und den Erwartungen an die Rolle ermittelt. Anschließend klärt man die Eigenschaften und Erkenntnisse über die jeweiligen Rolleninhaber und wie gut diese ihre Rollenaufgaben erfüllen. In einem weiteren Schritt untersucht man, wie gut die einzelnen Rolleninhaber miteinander kooperieren, und zeichnet die hierfür vorgesehenen Symbole in ein Soziogramm ein. Auf diese Weise lassen sich Zusammenhänge zwischen der Qualität betrieblicher Strukturen und den Persönlichkeiten der Belegschaftsmitglieder sowie Prozess- und Ergebnisqualität der Produkte und Leistungen aufdecken. So werden Handlungsabläufe leichter erklärbar und Missstände erkennbar, wodurch sich wiederum Ansatzpunkte zur Optimierung ergeben.

E Gesundheit und Krankheit

1 Was heißt Gesundheit?

Die Medizin als „Krankheitswissenschaft" vernachlässigte lange Zeit die Erforschung von Gesundheit, doch in den letzten zwei Jahrzehnten hat sich eine breite internationale Gesundheitsforschung entwickelt. Gesundheit ist ein komplexer Zustand, der sich durch physisches, psychisches und soziales Wohlbefinden auszeichnet und durch die Abwesenheit von Krankheit gekennzeichnet ist. Die Gesundheitswissenschaft befasst sich mit öko-, bio- und psychosozialen Definitionen, der Entwicklung und Erhaltung von Gesundheit, den Strukturen des Sozial- und Gesundheitswesens und den Möglichkeiten, Krankheitsraten (Inzidenz und Prävalenz) zu senken sowie die Gesundheitsversorgung breiter Bevölkerungsschichten zu verbessern (zum Beispiel Hurrelmann et al., 2004). Grundlegend sind dabei Fragen, wie psychosoziale Prozesse zu körperlichen Veränderungen führen, wie körperliche Vorgänge das psychische Erleben beeinflussen und wie diese Wechselwirkungen zu erklären sind *(Leib-Seele-Problem)*. Nachdem die Trennung von Körper und Seele zunehmend infrage gestellt wird, sind Ansätze, die sich auf komplexe Interaktionen zwischen Person und Umwelt konzentrieren, in den Mittelpunkt des wissenschaftlichen Interesses gerückt. Die Unterteilung in psychisch und körperlich „bedingte" Störungen ist überholt, weil sie zu einfache Erklärungen begünstigt und komplexe Bedingungsgefüge eher vernachlässigt. Der Begriff „Psychosomatik" ist ebenfalls nicht mehr sinnvoll, weil einerseits körperliche Krankheiten stets psychisch, andererseits psychische Erkrankungen immer auch körperlich wirksam sind.

Zu den einflussreichsten Konzeptionen ganzheitlicher Betrachtung von Gesundheit und Krankheit zählen Viktor von Weizsäckers Ansatz einer „anthropologischen Medizin" (1968), George L. Engels „biopsychosoziales Modell" (1976) und Aaron Antonovskys Konzept der „Salutogenese" (1987, 1993, 1997).

Engel spricht von Gesundheit, wenn der Organismus „glatt funktioniert, Bedürfnisse stillt, erfolgreich den Anforderungen ... der Umgebung entspricht und seinem biologischen Schicksal, eingeschlossen Wachstum und Reproduktion, nachkommt" (1976, 272). Gesundheit ist ein aktiver dynamischer Prozess, der in sich wandelnden Kontexten abläuft. „Es besteht ein dauerndes Bedürfnis nach Einfügung und Anpassung, um diesen Zustand angesichts von Aufgaben beizubehalten, die von außen und vom Organismus selbst gestellt werden" (Engel, 1976, 283). Die Übergänge zwischen Gesundheit und Krankheit sind nach diesem Verständnis fließend. Die Perspektive der gesunden Entwicklung als Alternative zur Betrachtung von Krankheit betont Antonovsky in seinen Arbeiten zur „Salutogenese" (von lat. salus = Gesundheit und griech. Genesis = Entwicklung; philologisch korrekt müsste es eigentlich „Hygiogenese" heißen, da Gesundheit griechisch Hygieia bedeutet): Hierfür ist eine Lebenseinstellung entscheidend, die von Vertrauen in das Leben bestimmt wird *(Kohärenzgefühl*; Antonovsky, 1993). Komponenten dieses Kohärenzgefühls sind „Verständlichkeit", „Kontrollierbarkeit" und „Bedeutsamkeit" der eigenen Lebenszusammenhänge für das Individuum.

Demnach kann Gesundheit als körperliche und psychosoziale Voraussetzung für die Teilnahme am sozialen Leben verstanden werden, die vom Individuum und der Gemeinschaft gemeinsam entwickelt wird und beständiger Pflege bedarf. Gesundheit umfasst Kompetenzen, die zur Lebensgestaltung und -bewältigung in allen wichtigen Bereichen auf verschiedenen Ebenen befähigen und erforderlich sind (Kaiser, 1992; vgl. Abb. 20; siehe Kapitel A9). So wird sie zum Bildungsziel, das auf eine Kultivierung des persönlichen Lebensstils angewiesen ist und die öffentliche Gesundheitspflege als Rahmen benötigt (Schipperges et al., 1988). Diese Perspektive ist mittlerweile immer weiter differenziert, empirisch belegt (vgl. zum Beispiel Schwarzer, 2004) und zum Systemischen Mehrebenenmodell von Gesundheit weiterentwickelt worden (Kapitel D5, Kaiser, 1992, 1993).

Wie Lebenssituationen gestaltet und bewältigt werden können, hängt von einer ganzen Reihe von Faktoren ab (siehe Abb. 20). Wichtig ist vor allem, dass genügend förderliche Umweltbedingungen auf der *Makroebene* (zum Beispiel Sozialgesetze, Umweltschutz, Arbeitsrecht), auf der *Mesoebene* (zum Beispiel Strukturen und Organisation von Einrichtungen) und auf der *Mikroebene* (zum Beispiel soziale Unterstützung durch Kollegen und Vorgesetzte) vorhanden sind. Zum anderen dürfen nicht zu viele schädliche Umweltbedingungen und zu große Belastungen vorhanden sein.

Weiterhin sind Kompetenzen erforderlich, die dazu befähigen, in einem Lebensbereich, beispielsweise in der Partnerschaft, bei der Kindererziehung oder im Beruf, beziehungsweise in einem Systemkontext, etwa beim Umgang mit Institutionen, angemessen zu handeln und sich für gute Lebensbedingungen und das eigene Wohlbefinden einzusetzen (siehe Kapitel A9).

Gestaltung/Bewältigung	
Erfolgreich	Erfolglos
Umweltbedingungen (Mikro-, Meso-, Makroebene)	
Förderlich Nicht schädlich	Nicht förderlich Schädlich
Kompetenzen/Fertigkeiten	
Vorhanden	Fehlen (Kompetenzdefizit)
Kompetenzen	
Genutzt	Nicht genutzt (Kompetenzstörung)
Motivation	
Hoch	Gering
Gegenmotivation	
Gering	Hoch

Abb. 20: Bedingungen erfolgreicher Lebensbewältigung (Kaiser, 1989, 254)

Ob und wie der Einzelne seine Kompetenzen nutzt, hängt wesentlich von seiner Motivation ab. Zugleich dürfen gegenläufige Interessen und Antriebe sowie innere Widerstände nicht zu stark sein, weil es dann zu *Zielkonflikten* kommen kann (Kaiser, 1996).

Gesundheit und Kompetenz hängen vom jeweiligen körperlichen und psychischen Zustand ab. Dass der Organismus ausreichend funktioniert, ist eine notwendige, jedoch nicht hinreichende Bedingung für Gesundheit. Eine selbstschädigende Lebensführung kann zum Beispiel den gesündesten Körper schnell beeinträchtigen. So erfordern die einzelnen Lebensbereiche und -situationen entsprechende Kompetenzprofile – zum Beispiel, wenn es um gesunde Ernährung, richtige Körperpflege, geistige und körperliche Fitness, Stressvermeidung und Ähnliches geht. Je kompetenter wir für einzelne Lebensbereiche sind, desto umfassender und stabiler ist unsere Gesundheit – vorausgesetzt, äußere Lebensbedingungen stehen dem nicht entgegen. Das Bestreben, gesundheitsrelevante Fähigkeiten zu erwerben oder zu verbessern, wird als *Gesundheits-/Kompetenzmotivation* bezeichnet (White, 1978).

Lebenspraktische Kompetenzen sind stets im Zusammenhang mit den jeweiligen Systemkontexten und sozialen Milieus beziehungsweise der vorherrschenden Lebenssituationen zu betrachten (vgl. Kaiser, 1989; 1992). Um zu klären, welche Anforderungen und Entwicklungsaufgaben sich für eine Person in einer bestimmten Phase im Lebens- und Systemzyklus ergeben und mit welchen Systemen der Mikro-, Meso- und Makrobene sie interagiert, sind umfassende (Systemische Mehrebenen- und Lebenswelt-)Analysen erforderlich. In unseren komplexen modernen Gesellschaften braucht der Einzelne nicht nur wissensbezogene und zwischenmenschliche, sondern auch systemische Kompetenzen, um komplexe Systeme, zum Beispiel eine Institution, oder gar Systemnetzwerke, etwa das Gesundheitswesen, verstehen und ihnen angemessen begegnen zu können. Wie wir im Zusammenhang mit der Balance zwischen Familien- und Arbeitsleben und der Systemischen Mehrebenenanalyse gesehen haben, wird systemisches Denken und Handeln immer mehr zur (Über-)Lebensnotwendigkeit, die Lebensqualität erst ermöglicht (Kaiser, 1996).

2 Gesundheit und Lebensweise

Wie die internationale Gesundheitsforschung immer wieder gezeigt hat, spielen die Lebensweise und die Lebensbedingungen eine entscheidende Rolle, wenn es darum geht, Gesundheit zu stärken und zu erhalten (WHO, 2002, 2005). Dennoch ist es trotz steigender Lebenserwartung um den Gesundheitszustand unserer Bevölkerung nicht sonderlich gut bestellt, was zugleich hohe Kosten verursacht. Die folgenden Feststellungen der Expertenkommission aus einem Bericht zur Gesundheit zeigen dies deutlich (Robert-Koch-Institut, 2006b):

- Über 13 Prozent der Bevölkerung in Deutschland sind einem Armutsrisiko ausgesetzt (Seite 83).
- Eine sozial benachteiligte Lage begünstigt unter anderem Schlaganfälle, Bronchialleiden, Rückenschmerzen und Depressionen (Seite 87).
- Jährlich werden etwa 20.000 Personen durch Unfälle getötet, über acht Millionen verletzt; die meisten Unglücke ereignen sich zu Hause und in der Freizeit; etwa 5.000 Menschen sterben im Straßenverkehr (Seite 93).
- Die mit Abstand wichtigsten Nahrungsenergiequellen der Deutschen sind Milchprodukte und Brot (Seite 97).
- Rund ein Drittel der Erwachsenen treibt überhaupt keinen Sport (Seite 103).
- Jeder dritte Erwachsene in Deutschland raucht, fast jeder zehnte raucht stark. Fast jedes zweite Kind raucht passiv (Seite 107).
- Bei rund 40.000 Todesfällen im Jahr ist Alkohol zumindest als Teilursache im Spiel (Seite 109).
- Die Hälfte der 16- bis 19-Jährigen betrinkt sich mindestens einmal im Monat (Seite 111).
- Bei einem Drittel der Bevölkerung sind die Gesamtcholesterinwerte zu hoch (Seite 117).

Waren zu Beginn des 20. Jahrhunderts noch Infektionskrankheiten die Haupttodesursachen, sind es heute vor allem Herz-Kreislauf- und Krebskrankheiten, die 1995 zusammen für 73,3 Prozent aller Todesfälle in Deutschland verantwortlich waren. Bei den Männern waren davon 70,5 Prozent und bei den Frauen 75,7 Prozent betroffen (Robert-Koch-Institut, 2006a). Diese chronischen Krankheiten sind in erheblichem Maß auf ungesunde Lebensweisen zurückzuführen, wie sie oben beschrieben wurden. An den meisten Krankheiten sterben relativ mehr Männer, vor allem an Krankheiten der Atmungsorgane, Verletzungen und Vergiftungen. Die Sterblichkeit der Frauen ist bei Krankheiten der Haut und des Zellgewebes, des Skeletts, der Muskeln und des Bindegewebes höher. Obwohl die Frauengesundheitsforschung diese Unterschiede seit vielen Jahren immer wieder anführt und belegt, wird sowohl bei der Forschung als auch bei der Behandlung im Gesundheitswesen in manchen Bereichen ein geschlechtsneutrales Konzept zugrunde gelegt, das sich einseitig an der Körperlichkeit und der psychosozialen Befindlichkeit des Mannes orientiert.

Der Einfluss der jeweiligen Todesursachen ist in den einzelnen Altersgruppen unterschiedlich. In jungen Jahren dominieren einige wenige Krankheiten: Bei den 15- bis 24-Jährigen sind es Verletzungen, vor allem durch Unfälle, und Vergiftungen, die 1995 bei jungen Frauen dieses Alters 54,6 Prozent, bei den jungen Männern sogar 71,8 Prozent der Sterbefälle verursachten. Mit zunehmendem Alter gewinnen Herz-Kreislauf-Krankheiten und Krebs an Bedeutung. 1995 waren zum Beispiel Krebserkrankungen bei den 55- bis 64-Jährigen für 39,7 Prozent aller Todesfälle verantwortlich, nach Herz-Kreislauf-Krankheiten verstarben bei den über 74-Jährigen 60,2 Prozent (Robert-Koch-Institut, 2006b).

Sowohl Herz-Kreislauf- als auch Krebskrankheiten zählen zu den *chronischen Erkrankungen,* die nach ihrem Ausbruch nicht heilbar, sondern allenfalls in ihrem Verlauf beeinflussbar sind. Es kommt also darauf an, sie von vornherein möglichst durch

Prävention zu verhindern. Da sowohl Ausbruch als auch Verlauf dieser Krankheiten durch ungesunde Lebensweisen wesentlich beeinflusst werden, gehen wir an dieser Stelle auf die wichtigsten *Risikofaktoren* ein.

Gesundheitsrisiken

Die Weltgesundheitsorganisation (WHO, 2002) veröffentlicht regelmäßig die Ergebnisse internationaler Studien zur Verbreitung und zu den Ursachen der wichtigsten Krankheiten. Demnach zählen heute zu den wesentlichen Risiken für die Gesundheit Bewegungsmangel, Fehlernährung, Stress, Rauchen und strukturell bedingte Faktoren wie sozioökonomische Benachteiligung.

Bewegungsmangel

Dieser Risikofaktor wird in modernen Gesellschaften immer wichtiger. Körperliche Aktivitäten in der Freizeit senken die Sterberate durch Herzkrankheiten spürbar (WHO, 2002). In einer Reihe von Studien zeigte sich, wie unterschiedlich sich verschiedene körperliche Aktivitäten mit vergleichbarem Kalorienverbrauch auf die Gesundheit auswirkten. Bei älteren Frauen zum Beispiel stellen Debbie A. Lawlor und ihre Mitarbeiter (2002) zwar positive gesundheitliche Effekte bei Freizeitaktivitäten fest, kaum aber bei der Hausarbeit. Dies zeigt, dass geschlechtsspezifische Verhaltensweisen also auch Einfluss auf Erkrankungen haben (Wagner/Brehm, 2004).

Zusammenfassend lässt sich sagen, dass es einen klaren, jedoch begrenzten Zusammenhang zwischen körperlicher Aktivität und Gesundheit gibt. Dabei ist zu bedenken, dass umgekehrt die körperlichen Beeinträchtigungen die Bewegungsbereitschaft mindern. Auch die Forschungsübersicht *(Meta-Analyse)* von Michaela Knoll (1997) hat gezeigt, dass Bewegung vor allem das Gesundheits*gefühl* fördert. Auf deutliche Zusammenhänge zwischen sportlichen Aktivitäten und Gesundheitsgefühl stießen auch andere bei ihren Forschungen; der tatsächlich gemessene Gesundheitseffekt war jedoch deutlich schwächer als angenommen (Becker et al., 2000). Damit sie förderlich für die Gesundheit sind, müssen sportliche Aktivitäten bestimmte Kriterien hinsichtlich Art, Umfang, Häufigkeit und Intensität erfüllen, was nicht immer der Fall ist (Wagner et al., 2004). Die Anforderungen sind je nach Alter, körperlicher Verfassung und Interessen sehr unterschiedlich. Hier lohnt sich eine individuelle Beratung.

Fehlernährung

Unsere Ernährungsgewohnheiten sind oft von alten bäuerlichen Traditionen bestimmt, die auf körperliche Schwerarbeit abgestimmt waren, aber dem modernen Leben mit überwiegend leichter körperlicher Beanspruchung nicht mehr angemessen sind (WHO, 2002). Wir essen gewöhnlich zu viel Fleisch und tierische Fette, zu viel Zucker und Weißmehlprodukte, aber zu wenig Obst und Gemüse, Fisch und Vollkornprodukte. Wir trinken im Durchschnitt zu viel Alkohol, aber zu wenig Wasser. So kommt es leicht zu

- einem überhöhten Blutfettspiegel, sodass sich Cholesterin und andere ungesunde Fette in die Gefäße einlagern,
- Bluthochdruck, der die Gefäße stärkeren Druckbelastungen aussetzt, was diese schneller verschleißen lässt,
- Übergewicht, das oft mit Bluthochdruck und zu hohen Cholesterinwerten verbunden ist, die Gelenke zu sehr beansprucht und die Beweglichkeit einschränkt,
- Diabetes II (Alterszuckerkrankheit), einer chronischen Stoffwechselstörung, die durch überhöhten Blutzuckerspiegel gekennzeichnet ist und auf Dauer die Blutgefäße schädigt. Mögliche Folgen sind Herzinfarkt, Schlaganfall, Durchblutungsstörungen von Beinen und Füßen, Erblindung, Nierenversagen, Erektionsstörungen sowie Nervenschäden.

Stress

Dauerhafter Stress führt zu Organschäden, erhöht das Krankheits- und Unfallrisiko und verringert die Lebenserwartung. Überdies verführt Stress zu riskantem Verhalten wie Missbrauch von Alkohol und/oder Nikotin. Hinzu kommt, dass stressbedingte Unachtsamkeit und dysfunktionale Kommunikation die zwischenmenschlichen Beziehungen stören, was wiederum mehr Stress nach sich ziehen kann. Daher ist es für die Gesundheit besonders wichtig, Stress zu vermeiden oder ausreichend zu bewältigen (siehe unten).

Rauchen

Nikotin verengt die Blutgefäße und erschwert die Durchblutung. Dadurch sterben in Deutschland jährlich circa 140.000 Menschen an Krebs, Herz-Kreislauf- und Lungenerkrankungen. Zu den möglichen Folgewirkungen des Rauchens gehören Durchblutungsstörungen, Arteriosklerose (Arterienverkalkung), Thrombosen (Blutgerinnsel), „Raucherbein" (circa 70.000 Amputationen pro Jahr), Herzinfarkt, Schlaganfall und Potenzstörungen. Das Lungenkrebsrisiko nimmt mit der Anzahl der gerauchten Zigaretten, der Inhalationstiefe, dem Teergehalt der Zigaretten und der gesamten Dauer des Nikotinkonsums zu. Auch das Risiko bösartiger Tumoren in Mundhöhle, Kehlkopf, Luftröhre und Speiseröhre steigt. Rauchen spielt darüber hinaus eine Rolle bei Krebserkrankungen der Bauchspeicheldrüse, des Gebärmutterhalses, der Harnblase, der Nieren sowie des Blutes (Leukämie). In der Schwangerschaft steigt mit dem Nikotinkonsum das Risiko von Fehl- und Frühgeburten. Frühgeborene aber zählen zu den Risikokindern mit deutlich schlechterer Entwicklungsprognose. So werden Gesundheitsprobleme auch sozial vererbt.

Sozioökonomische Benachteiligung

Armut ist nachweislich der wichtigste Risikofaktor für Krankheit und frühen Tod. Neben dem gesundheitlichen Ost-West-Gefälle haben sich auch die gesundheitlichen Unterschiede zwischen den sozioökonomischen Gruppen vergrößert. Benachteiligten Bevölkerungsgruppen – zu denen in den letzten Jahren immer mehr alleinerziehende Mütter mit ihren Kindern gezählt werden müssen – mangelt es häufiger an Wissen und Geld, um eine gesunde Lebensführung, gesunde Lebensbedingungen bei Wohnung, Hygiene und Sicherheit sowie eine gute medizinische Versorgung zu gewährleisten. Mangels Ressourcen und Motivation ernähren sie sich und ihre Familien schlechter und leben ungesünder. Auch ihre Arbeitsbedingungen sind schlechter, zum Beispiel durch Lärm, Unfallgefahr oder Staub, und sie sind stärker von Arbeitslosigkeit betroffen. Arbeitslose haben wiederum ein höheres Krankheits- und Sterberisiko. Der Gesundheitsreport 2006 zeigt, dass beruflich wenig qualifizierte, unverheiratete Männer zum Beispiel deutlich früher sterben (Helmert et al., 2002). Den Daten des sozioökonomischen Panels zufolge, einer jährlichen Befragung von etwa 12.000 Haushalten, leben Männer mit Abitur durchschnittlich drei, Frauen sogar vier Jahre länger (Klein, 1996).

Untersuchungen aus verschiedenen europäischen Ländern zeigen, dass sich die sozialen Unterschiede in den letzten Jahrzehnten vergrößert haben. Beispielsweise sinkt in den höheren Schichten die Sterblichkeit bei Herz-Kreislauf-Krankheiten stärker als in den unteren. Die Sterberaten für Lungen- und Brustkrebs, für Krankheiten des Verdauungstrakts, der Atmungsorgane sowie für Verletzungen/Unfälle sind in den unteren Schichten sogar gestiegen (Mackenbach et al., 2003).

Weitere Einflussfaktoren

Auch das Geschlecht wirkt sich auf die Lebensdauer aus: Männer haben in allen Bundesländern eine um etwa fünf Jahre niedrigere Lebenserwartung als Frauen. Wird zusätzlich der Gesundheitszustand berücksichtigt, lag 2002 die durchschnittliche gesunde Lebenserwartung der Frauen bei 74 Jahren – plus 7,6 Jahre in beeinträchtigtem Zustand (gesamt 81,6 Jahre). Die gesunde Lebenserwartung der Männer betrug 69,6 Jahre plus 5,9 Jahre in beeinträchtigtem Zustand (gesamt 75,5 Jahre).

Das Land und die Region, in der ein Mensch lebt, beeinflussen ebenfalls den Gesundheitszustand: Im europäischen Vergleich leben die Schweden am längsten; Frauen leben in Portugal und Männer in Frankreich am kürzesten. Der Unterschied zu Schweden beträgt immerhin circa sieben Jahre. Die in den Jahren 2002 bis 2004 in Baden-Württemberg Geborenen hatten die höchste, Jungen aus Mecklenburg-Vorpommern und Mädchen aus dem Saarland die niedrigste Lebenserwartung. Seit Mitte der 1990er Jahre hat sich der Abstand zwischen den Bundesländern jedoch verringert.

	Lebenserwartung bei Geburt in Jahren	
	Mädchen	Jungen
Baden-Württemberg	82,56	77,40
Bayern	81,92	76,47
Berlin	81,19	75,69
Brandenburg	81,11	74,60
Bremen	81,03	74,73
Hamburg	81,44	76,18
Hessen	81,82	76,43
Mecklenburg-Vorpommern	80,83	73,84
Niedersachsen	81,51	75,75
Nordrhein-Westfalen	81,16	75,64
Rheinland-Pfalz	81,28	75,88
Saarland	80,35	74,81
Sachsen	81,87	75,43
Sachsen-Anhalt	80,78	74,02
Schleswig-Holstein	81,42	76,02
Thüringen	81,01	74,77

Tabelle 1.1.1: Lebenserwartung in den Bundesländern. Quelle: Statistisches Bundesamt, Pressemitteilung vom 15. 2. 2006 [2]

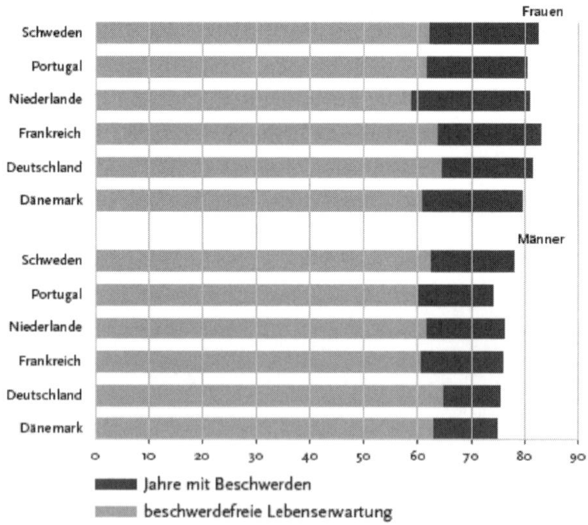

Abbildung 1.1.3: Beschwerdefreie Lebenserwartung im Jahr 2003. Quelle: Strukturindikatoren über Gesundheit, Eurostat

Abb. 21: Einflussfaktoren auf die Lebenserwartung (Robert-Koch-Institut, 2006b, 17)

Zusammenfassung

Gesundheit bedeutet mehr als körperliches Wohlbefinden und das Ausbleiben von Krankheitssymptomen. Wir verstehen Gesundheit heute als Ressource, um erfolgreich am sozialen Leben teilnehmen zu können, und zugleich als Ergebnis komplexer Wechselwirkungen mit der Umwelt im Lauf der Entwicklung. Eine große Anzahl von Faktoren, zum Beispiel Kompetenzen, Widerstandsfähigkeit und äußere Lebensbedingungen wie familiale Funktionsfähigkeit, Armut und Arbeitsbedingungen, beeinflussen Risiken und Prognose von Erkrankungen erheblich. Dabei gibt es geschlechtsspezifische Unterschiede in Art, Ursache und Ausprägung, Symptomatik und Wahrnehmung von Krankheiten.

3 Stress, kritische Lebenssituationen und Krankheitsbewältigung

Der Begriff „Stress“ wird in der Psychologie anders gebraucht als in der Alltagssprache. Wissenschaftlich verstehen wir unter Stress eine Störung der Balance zwischen selbst oder von außen gestellten Anforderungen und Einflüssen sowie neuropsychischen Reaktionen und den verfügbaren inneren und äußeren Ressourcen. So kann eine Situation als positive Herausforderung *(Eustress)* oder aber als Überforderung *(Disstress)* empfunden werden. Stress ist also abhängig von neuropsychischen Reaktionen im Gehirn (zum Beispiel auf Schmerz oder Bedrohung) sowie der individuellen kognitiven Einschätzung und Bewertung der Anforderungen und der eigenen Ressourcen (Lazarus, 1991; Hurrelmann et al., 2004).

Eine mäßige Überforderung, die durch Anstrengung und Erwerb zusätzlicher Kompetenzen sowie sozialer Unterstützung zu bewältigen ist, wird als positive Bewährungsprobe eingeschätzt. Dieser Eustress wirkt stimulierend, das ausgeschüttete Dopamin erhöht die Aufmerksamkeit und die Lernbereitschaft (Spitzer, 2002; siehe Kapitel A, B). Bei Gefahrensignalen wie heftigen Geräuschen, Luftbewegungen, Stößen oder beim Anblick eines gefährlichen Tiers oder Menschen wird das körpereigene Alarmsystem ausgelöst, das den Organismus auf Flucht oder Kampf vorbereiten soll. Dieses angeborene und unbewusst gesteuerte und deshalb nicht willentlich kontrollierbare *psychophysiologische Syndrom* haben wir bereits in Kapitel A8 genauer beschrieben. Es läuft stets automatisch ab, wenn wir alarmierende Signale aufnehmen oder eine Situation als überfordernd empfinden, weil unsere Kompetenzen und äußeren Ressourcen für die Bewältigung nach unserer Einschätzung nicht auszureichen scheinen (LeDoux, 2003; Grawe, 2004). Appelle wie „Reg dich nicht auf!“ bringen nichts, weil der Betroffene aktuell keine Kontrolle über das psychophysiologische Geschehen hat. Im Gegenteil, seine Hilflosigkeit wächst nur noch, wenn er merkt, dass er der Aufforderung nicht nachkommen kann.

Stehen wir vor einem ausweglosen Problem oder einer Entscheidung, die unser Leben grundlegend verändern wird, sprechen wir von einer Krise oder einer kritischen Lebenssituation (Belschner/Kaiser, 1991). Wir unterscheiden dabei zwischen Ereignissen, die unerwartet eintreten, wie ein Unfall, der Ausbruch einer lebensbedrohlichen oder chronischen Krankheit, und normativen Krisen, die durch Umstellungsprobleme in neuen Entwicklungsphasen im Lebens- oder Familienzyklus entstehen. Hier sprechen wir auch von Entwicklungskrisen, die zum Beispiel mit der Pubertät, der Menopause oder dem Eintritt in den Ruhestand zu tun haben (siehe Kapitel B, C). Krisen laufen auf charakteristische Weise ab:

1. Schock: Ist die Situation sehr bedrohlich oder ausweglos und scheitern eventuelle Bewältigungsversuche, tritt zunächst ein Moment der Erstarrung ein. Dies ist ein Muster, das auch bei Tieren verbreitet und als *Totstellreflex* bekannt ist (LeDoux, 2003; siehe Kapitel A1, A 8).
2. Verleugnung: Die Überforderung der Ressourcen und Gefühle der Hilflosigkeit aktivieren die innere Abwehr (siehe Kapitel A1) – wir wollen das Unfassbare nicht wahrhaben. Dieser Zustand kann je nach Grad der Erschütterung Tage oder Wochen, selten sogar Jahre oder dauerhaft anhalten. Manche Menschen können durch schlimme Erlebnisse regelrecht um den Verstand gebracht werden (posttraumatische Belastungsstörung; siehe Kapitel E6, ICD F43.1).
3. Bewältigung (Coping): Nach und nach beginnen die Betroffenen, sich mit der neuen Realität auseinanderzusetzen, sie suchen und erproben neue Lösungen und Ressourcen.
4. Neustrukturierung: Sind die neu entwickelten Strategien erfolgreich, beginnt ein neues Leben nach der Krise, zum Beispiel als Witwe nach dem Tod des langjährigen Ehepart-

ners oder nach einer Amputation. Misslingen die Bewältigungsversuche, besteht die Gefahr des völligen Scheiterns und der psychischen Desorganisation, was mit erhöhten Risiken für Gesundheit und Lebenserwartung einhergeht.

Viele Studien haben gezeigt, dass unbewältigte kritische Lebenssituationen Menschen durch die damit verbundene *Traumatisierung* regelrecht aus der Bahn werfen können. Geschieht dies mehrfach im Leben, verstärkt sich der Traumatisierungseffekt jeweils, weil die stressbezogene Reizleitung immer stärker gebahnt wird und zusätzliche neuronale Netzwerke entstehen (Franz et al., 2000a; LeDoux, 2003). Schwere Krankheiten wie Krebs, Herzinfarkt oder Schlaganfall stürzen die Betroffenen meist nicht nur zu Beginn in die Krise; die Todesangst, starke Schmerzen, Behinderungen und belastende Therapien bringen oft erneuten Stress und kritische Lebenssituationen mit sich. Daher ist psychosoziale Unterstützung für solche Menschen besonders wichtig, die durch ihre Krankheit seelisch überfordert sind. Auf die psychosozialen Aspekte chronischer Krankheiten und die Hilfe bei der psychischen Krankheitsbewältigung ist unser hochtechnisiertes Gesundheitswesen aber viel zu wenig eingestellt (Onnen-Isemann, 2000; Hurrelmann et al., 2004).

Eine weitere Art von Stress sind die täglichen Ärgernisse *(daily hassles)*, die aus chronisch sich wiederholenden Lebensbedingungen erwachsen. Während bei kritischen Lebensereignissen neue Lebenskonzepte entwickelt werden müssen, bleiben bei Alltagsstress Lebenskonzepte und Modellvorstellungen unangetastet. Der Leidensdruck ist meistens nicht stark genug, um die wahren Ursachen aufzuklären und daran zu arbeiten. Tägliche Ärgernisse und kritische Lebensereignisse sind nicht als Gegenpole zu verstehen, sondern als sich ergänzende, qualitativ unterschiedliche Problemfelder, die sich gegenseitig beeinflussen. Zum Beispiel können finanzielle Schwierigkeiten und familiäre Probleme (Alltagsprobleme) in einer von Arbeitslosigkeit betroffenen Familie auftreten, deren Ehepartner in der Folge geschieden werden (kritische Lebensereignisse). Bei starker Belastung steigt die Anfälligkeit für Alltagsstress.

Wie in Kapitel A8 dargestellt, können kleinere, wiederkehrende Ärgernisse, kleine Niederlagen und Kränkungen unser Selbstwertgefühl erheblich beeinträchtigen und auf die Dauer krank machen, wenn wir nicht lernen, unsere Modellvorstellungen und Erwartungen (siehe Kapitel A7) immer wieder auf ihren Realitätsgehalt zu überprüfen. Die Brisanz von Enttäuschungen, Meinungsverschiedenheiten, Streitigkeiten, Auseinandersetzungen und Konflikten liegt meist in falschen Erwartungen, zu hohen Ansprüchen und mangelnder innerer Distanz zu Ereignissen und Personen (siehe Kapitel A2 bis A10). Wir werden uns mit Strategien zur Vermeidung und Bewältigung alltäglicher Ärgernisse noch ausführlich beschäftigen, wenn es um die Optimierung des Selbstmanagements geht (siehe Kapitel F).

Effektive Kompetenzen zur Belastungs- und Emotionsbewältigung stellen Ressourcen dar, die Schutz bieten vor den negativen Stressfolgen; diese Fähigkeiten sind nicht nur für die Betroffenen, sondern auch für die Angehörigen wichtig. „Normale" Verluste wie natürliche Todesfälle sind für sie im Allgemeinen mit der Zeit zu bewältigen, vorausgesetzt, sie akzeptieren die Unabänderlichkeit einer Situation nach und nach und leisten damit konstruktive Trauerarbeit (vgl. zum Beispiel Bojanovsky, 1986). Nun sind aber viele Familien und ihre Mitglieder weder so kompetent und flexibel noch verfügen sie über die nötigen äußeren Ressourcen, um mit schwierigen Situationen einigermaßen fertig zu werden. In solchen Fällen besteht die Gefahr, dass sich die Probleme anhäufen und die Situation kritisch wird. Auf typische Krisen wie den Verlust von Angehörigen durch Tod oder Trennung gehen wir in Kapitel C näher ein.

Zusammenfassung

Eustress ist ein Zustand positiver Anspannung bei besonderen Herausforderungen. Disstress stellt ein psychophysiologisches Syndrom (neuropsychisches Schema) dar, das durch Gefahrensignale oder gefühlte Überforderung ausgelöst wird und eigendynamisch abläuft. Überforderung ist ein wahrgenommenes Ungleichgewicht zwischen situationsspezifischen Anforderungen und verfügbaren Ressourcen und damit das Ergebnis komplexer, subjektiver Einschätzungsprozesse hinsichtlich der eigenen Ziele, Handlungsalternativen und Situationsbedingungen (Hurrelmann et al., 2004). Zu unterscheiden sind mehr oder minder traumatische kritische Lebenssituationen, Übergangskrisen im Lebensverlauf und Alltagsstress durch tägliche Ärgernisse. Diese Erlebnisse können sich gegenseitig beeinflussen. Stress wirkt sich nicht nur auf das Befinden und die Gesundheit, sondern auch auf das soziale Umfeld und Beziehungen aus.

4 Gesundheit und Wohlbefinden als Entwicklungsaufgaben

Aufgrund jahrzehntelanger internationaler Forschung wissen wir mittlerweile recht gut, welche Faktoren für ein langes, gesundes Leben besonders bedeutsam sind und vor Krankheiten aller Art schützen (Hurrelmann et al., 2004; WHO, 2005):

- Stabile, positive Bindungen an Personen, Orte und Objekte sind für die Befriedigung der Grundbedürfnisse sehr wichtig; die systemische Funktionsfähigkeit der Paarbeziehung und der Familie spielt dabei eine besondere Rolle.
- Soziale Unterstützung durch Angehörige und soziale Netzwerke, die emotionalen Rückhalt und tatkräftige Hilfe bieten, um die Herausforderungen sowohl im Alltag wie auch in kritischen Lebenssituationen zu bewältigen (Hurrelmann et al., 2004).
- Kompetenzen zur Bewältigung der Herausforderungen des Lebens.
- Kohärenzerleben (siehe Kapitel E1).
- Positives Selbstwertgefühl und realistische Einschätzung der eigenen Kompetenzen (Kompetenzbewusstsein/Selbstwirksamkeitserleben).
- Optimismus: Wer an sich selbst und seine Chancen glaubt, ist besser gestimmt und motivierter, etwas für sich zu tun. Eine Orientierung auf positive Ziele und ein leichtes Überschätzen der eigenen Möglichkeiten sind für die gesundheitliche Prognose am günstigsten.
- Widerstandsfähigkeit gegen körperliche und psychische Belastungen.

Diese Faktoren stärken nicht nur das Wohlbefinden und die gesundheitliche Prognose, sondern erhöhen sogar die Lebenserwartung. Bei bereits bestehenden Krankheiten verbessern sie die Genesungsaussichten und die Lebensqualität.

Für viele Aspekte von Gesundheit gibt es keine festen Kriterien, die für alle Menschen in allen Lebensphasen und Kulturen gleichermaßen gelten können: Gesundheit bedeutet für einen Säugling etwas anderes als für einen Jugendlichen oder einen älteren Menschen. Da sich der Mensch und seine Lebenszusammenhänge im Lebens- und Familienzyklus ständig verändern, sind die altersgemäße Weiterentwicklung und geeignete Lebensbedingungen wichtig. Wenn diese Voraussetzungen nicht gegeben sind, kommt es zu Fehlentwicklungen oder Gesundheits- beziehungsweise Kompetenzdefiziten, zum Beispiel, wenn Kinder krankheitsbedingt nicht laufen oder sprechen lernen. Können vorhandene Kompetenzen aufgrund äußerer oder innerer Beeinträchtigung nicht genutzt werden, sprechen wir von Gesundheits- beziehungsweise Kompetenzstörungen (Kaiser, 1992). Kompetenzdefizite und -störungen führen leicht dazu, dass wir normalen Anforderungen nicht mehr gewachsen sind und leichter in kritische Situationen geraten. Patienten, die lange im Krankenhaus waren, oder Strafgefangene müssen zum Beispiel erst wieder lernen, sich im Alltag zurechtzufinden und ein selbstständiges Leben zu führen.

Viele Menschen sind mit Unsicherheiten, Belastungen und schwierigen Lebenssituationen konfrontiert und entwickeln sich dennoch zu kompetenten und stabilen Persönlichkeiten (Wustmann, 2006). Diese Robustheit gegenüber biologischen, psychischen und sozialen Entwicklungsrisiken und extremen Stressbedingungen wie Armut oder belastenden Familienverhältnissen wird als *Resilienz* bezeichnet. Ein weiteres Merkmal von Resilienz ist relativ schnelle Erholung nach traumatischen Erlebnissen wie dem Tod eines Elternteils, Gewalterfahrungen, Naturkatastrophen oder Kriegs- und Terrorerlebnissen (Werner, 2000). Resiliente Menschen erhalten sich trotz belastender Lebensumstände ihre altersangemessenen Kompetenzen und sonstigen Merkmale normaler Entwicklung. Diese Eigenschaft wird heute als Ressource verstanden, die in Interaktion mit der Umwelt entwickelt wird (Rutter, 1987). Dabei spielen Faktoren wie gute Bindungserfahrungen, soziale Unterstützung und hohe emotionale Stabilität eine Rolle, die als Stresspuffer wirken.

Kritische Lebenssituationen können bei ausreichenden Ressourcen auch zu persönlicher Weiterentwicklung herausfordern (Rutter, 1987). Man versucht daher, schon Kinder frühzeitig auf Stress- und Problemsituationen vorzubereiten, indem sie entsprechende Strategien etwa zu Stressvermeidung und Problemlösen, Kontaktaufnahme, Empathie, Selbstregulation und soziale Unterstützung vermittelt bekommen. Zugleich sollen eine optimistische Lebenshaltung, Kohärenzgefühl sowie Selbstwertgefühl und Kompetenzbewusstsein (Selbstwirksamkeit) gefördert werden (siehe Kapitel F, G).

Resiliente Kinder rechnen damit, dass ihr Handeln erfolgreich ist, und packen Problemsituationen aktiv an (Werner, 2000). Sie nutzen ihre Ressourcen und glauben daran, etwas bewegen zu können *(Kontrollüberzeugung).* Aufgrund ihrer Kompetenzen erleben sie Problemsituationen eher als Herausforderung (Grawe, 2004). Entwicklungsbedingungen, die Resilienz fördern, sind unter anderem eine sichere Bindungsbeziehung, ein wertschätzender und Orientierung bietender Erziehungsstil, konstruktive Vorbilder für das eigene Rollenverhalten, Kompetenzen bei Problemlösen und Beziehungsgestaltung, gute Kontakte zu Freunden und Bekannten sowie ein günstiger Bildungshintergrund (Wustmann, 2006).

5 Prävention, Gesundheits- und Entwicklungsförderung

Mit Prävention von Krankheiten und Gesundheitsförderung sollen Leiden verhindert oder gemindert, die Lebensqualität verbessert sowie die gesund verbrachte Lebenszeit verlängert werden. Indem sie sich besonders an sozial benachteiligte Bevölkerungsgruppen richten, können präventive und gesundheitsfördernde Maßnahmen auch zur Verringerung sozialer Nachteile beitragen (Hurrelmann et al., 2004). Neue Erkenntnisse der Public-Health-Forschung haben gezeigt, dass äußere Lebensbedingungen und individuelle Lebensgewohnheiten Einfluss auf die Gesundheit haben (Robert-Koch-Institut, 2006b).

Prävention

Als Prävention begreifen wir gezielte Vorbeugungsmaßnahmen gegen bestimmte Krankheiten oder Probleme. Wir unterscheiden dabei:

- Primäre Prävention, um dem erstmaligen Auftreten einer Erkrankung vorzubeugen: Sie richtet sich an die (noch) Gesunden und setzt bei spezifischen Risikofaktoren an.
- Sekundäre Prävention (Therapie): Sie dient der Früherkennung und frühzeitigen Behandlung bestehender Krankheiten, zum Beispiel Krebs.
- Tertiäre Prävention (Rehabilitation): Sie soll bei bestehender Erkrankung den Umgang mit der Krankheit erleichtern, Verschlechterungen und Folgeschäden verhindern und die Lebensqualität sichern. Beispiele sind unter anderem Diabetikerschulung oder Sport nach einer Hüftoperation.

Wir unterscheiden zwei Formen präventiver Maßnahmen: 1. *Verhältnisprävention*, die auf die Lebensbedingungen verschiedener Ebenen abzielt, zum Beispiel Lebensmittelkontrollen, Strahlen- und Klimaschutz, um abträgliche Verhältnisse zu verringern oder zu vermeiden. 2. *Verhaltensprävention*, um das Verhalten des Einzelnen zu ändern. Dabei werden gesundheitsförderliche Kompetenzen vermittelt (z. B. Selbstmanagementstrategien) und versucht, gesundheitsschädliche Verhaltensweisen zu reduzieren (z. B. Rauchen; siehe Kapitel F, G).

Gesundheits- und Entwicklungsförderung

Unter Gesundheitsförderung verstehen wir die Stärkung der Gesundheitsressourcen und der Lebensqualität, unter Entwicklungsförderung die Schaffung von Bedingungen und individuelle Förderung für optimierte psychosoziale Entwicklung. Mit der Ottawa-Charta hat die WHO (1986) diesen Ansatz zum internationalen Programm erhoben. Hierzu gehören Maßnahmen, die

- auf der Verhaltensebene gesundheitsbezogene Kompetenzen, Einstellungen und Modellvorstellungen fördern, damit der Einzelne seine Lebensgestaltung optimieren kann. Dazu gehören zum Beispiel Angebote zur Gesundheitsbildung, Ernährungsberatung, Selbstmanagementtraining *(personenbezogene Gesundheits- und Entwicklungsförderung).*
- auf der Verhältnisebene zur Verbesserung von Lebensbedingungen und Steigerung der Lebensqualität beitragen. Darunter fällt beispielsweise die Optimierung der systemischen Funktionstüchtigkeit der Familie und des sozialen Netzwerks oder des Wohn- und Arbeitsumfeldes *(familien-/umweltbezogene Gesundheits- und Entwicklungsförderung*; siehe Kapitel C1).

Wenn es um das Phänomen Gesundheit geht, wird deutlich, dass sich Gesundheit und Entwicklung in vielen Bereichen nicht direkt von außen fördern lassen. Vielmehr beziehen sich die Maßnahmen auf Personen oder Gruppen/Populationen, die man bei der Gestaltung und Bewältigung von Lebenssituationen und -bedingungen unterstützen kann. Inwiefern diese Menschen Hilfe zur Selbsthilfe annehmen (wollen), hängt sehr davon ab, welches Beziehungsangebot damit verbunden ist (Kaiser, 1995). Inhalte und Ziele von Gesundheits- und Entwicklungsförderung können sinnvollerweise nur gemeinsam mit den Betroffenen bestimmt und nicht in erster Linie durch Experten festgelegt werden. Sie können sonst leicht Widerstände auslösen, die sich üblicherweise als Verweigerung der Teilnahme oder der Umsetzung des Gelernten ausdrücken. Wir plädieren daher dafür, den Betroffenen Hilfen zur Selbsthilfe anzubieten. Hierzu müssen wir zunächst die strukturellen Lebensbedingungen und die subjektiven Lebenswelten der Beteiligten verstehen (Kaiser, 1995). Hilft man zum Beispiel einem Familienmitglied, kompetenter und selbstständiger zu werden, nützt dies meist auch den Angehörigen. Wird die familiale Funktionstüchtigkeit gestärkt, verbessern sich damit meist auch die Verhältnisse für das Individuum.

Frauen und Männer nehmen Angebote zu Prävention und Gesundheitsförderung unterschiedlich in Anspruch: Während Frauen stärker auf eine Rundumversorgung ihrer körperlichen Gesundheit bedacht sind, interessieren sich Männer für Vorsorgemaßnahmen eher, wenn sie dafür wenig Zeit aufwenden müssen. Auch sozial Benachteiligte nehmen aus Unkenntnis Präventionsangebote seltener in Anspruch. Bei personenbezogenen Maßnahmen ist eine genügend komplexe individualisierte Förderung und Betreuung daher unabdingbar. Hierzu gehören Wirkfaktoren und Wirkdimensionen (siehe Kapitel F6, G1, E1) wie

- aktives Zugehen der Fachleute auf die Betroffenen,
- die Vermittlung von Problemlösestrategien, Kenntnissen und Fertigkeiten für den Umgang mit Belastungen, also zur

intrapsychischen Be-/Verarbeitung und zur interpersonellen Gestaltung und Bewältigung (Resilienzförderung),
- Analyse und Bearbeitung subjektiv erlebter Bedeutungen und die Reflexion der damit verbundenen Gefühle,
- differenzierte Klärung der oft komplexen Probleme und ihrer Auswirkungen,
- Aktivierung von Ressourcen, Unterstützungs- und Bewältigungspotenzialen; hierzu gehören auch Maßnahmen wie Feinfühligkeitstrainings oder Familien-Psycho-Edukation für Angehörige, um zum Beispiel Kindern oder psychisch Kranken ein förderlicheres Umfeld zu verschaffen.

Gesundheitsförderung und Prävention gelten als wichtige Bestandteile moderner Gesundheitssicherung und könnten helfen, die Ausgaben im Gesundheitswesen sowie Folgekosten durch Arbeitsausfälle oder Frühverrentung zu verringern (WHO, 2005). Andererseits verursachen auch solche Maßnahmen Kosten. Wenn durch die Gesundheitsförderung die Lebenserwartung steigt, werden zum Beispiel im höheren Alter teurere Behandlungsleistungen in Anspruch genommen, die bei frühem Tod ohne Prävention entfielen (Robert-Koch-Institut, 2006).

Zusammenfassung

Das Salutogenese-Modell der Gesundheitsförderung geht von einem Gesundheits-Krankheits-Kontinuum aus, das sozialen, körperlichen, emotionalen und kognitiven Einflüssen unterliegt.
Gesundheitsförderung zielt auf eine gesunde Entwicklung über Lebensspannen und Lebensweisen ab, die das Wohlbefinden und die Lebensqualität und damit die Widerstandskraft stärken. Mit Präventionsmaßnahmen können Krankheiten und ihre Folgen verhütet und dadurch Lebenserwartung und Lebensqualität gesteigert werden.

6 Psychische Störungen

Bedeutung und Häufigkeit psychischer Störungen werden oft unterschätzt. Viele Probleme im Zusammenleben von Menschen sind durch ungünstige neuropsychische Schemata, Ängste und Überempfindlichkeiten, unrealistische Modellvorstellungen, Kompetenzdefizite und andere Symptome psychischer Störungen zumindest mitbedingt. Wie Abbildung 22 zeigt, leiden (unter Anwendung strenger Kriterien) circa 31 Prozent der Gesamtbevölkerung unter ernsthaften psychischen Störungen. Am meisten verbreitet sind Ängste und Depressionen (affektive Störungen).

Wir erörtern hier eine Auswahl der wichtigsten psychischen Störungen und zeigen Möglichkeiten der Prävention und Behandlung auf. Um Begriffsverwirrung zu vermeiden, benutzen wir dabei die Terminologie, wie sie in der Internationalen Klassifikation psychischer Störungen der Weltgesundheitsorganisation festgelegt und im deutschen Gesundheitswesen üblich ist (ICD-10 der WHO, 2006). Dabei handelt es sich vielfach um unklare problematische Begrifflichkeiten und Konzepte, die trotz ihrer Nachteile für das Gesundheitswesen als verbindlich definiert wurden. Jede ICD-Diagnose hat eine offizielle Kennnummer von F0 bis F99, die wir hier ebenfalls anführen, da im Fachjargon des Gesundheitswesens oft nur diese benutzt wird.

Diagnose (DSM-IV)	Frauen Gesamt (in Prozent)	18–34 (in Prozent)	35–49 (in Prozent)	50–65 (in Prozent)	Männer Gesamt (in Prozent)	18–34 (in Prozent)	35–49 (in Prozent)	50–65 (in Prozent)	Gesamt (in Prozent)	95 Prozent KI[j]	In Millionen[k]
Somatogene psychische Störung	**1,9**	2,0	1,7	2,1	**0,8**	0,5	0,2	1,7	**1,3**	1,0–1,7	0,6
Substanzmissbrauch	**1,7**	2,9	1,7	0,6	**7,2**	12,3	5,3	3,6	**4,5**	3,9–5,2	2,2
Alkoholmissbrauch	**1,3**	1,9	1,6	0,4	**6,8**	10,7	5,5	3,7	**4,1**	3,5–4,8	2,0
Missbrauch illegaler Substanzen	**0,5**	1,1	0,1	0,2	**1,0**	2,5	0,3	0,0	**0,7**	0,5–1,0	0,3
Mögliche psychotische Störung	**2,5**	3,2	1,9	2,4	**2,6**	2,6	3,2	1,9	**2,6**	2,1–3,1	1,2
Affektive Störung	**15,4**	13,4	16,8	15,9	**8,5**	9,4	8,5	7,6	**11,9**	11,0–13,0	5,8
Majore Depression	**11,2**	9,5	12,7	11,3	**5,5**	6,0	5,5	4,8	**8,3**	7,5–9,2	4,0
Dysthyme Störung	**5,8**	3,7	6,1	7,6	**3,2**	2,6	3,4	3,8	**4,5**	3,9–5,2	2,2
Irgendeine bipolare Störung	**1,1**	1,2	1,5	0,5	**0,6**	1,0	0,7	0,0	**0,8**	0,6–1,2	0,4
Irgendeine Angststörung	**19,8**	20,0	19,4	19,9	**9,2**	8,0	10,0	9,7	**14,5**	13,4–15,6	7,0
Panikstörung	**3,0**	3,4	3,4	2,4	**1,7**	1,0	2,0	2,1	**2,3**	1,9–2,8	1,1
Agoraphobie (ohne Panikstörung)	**3,1**	2,0	2,9	4,4	**1,0**	0,9	1,1	0,9	**2,0**	1,7–2,5	1,0
Soziale Phobie	**2,7**	3,1	2,7	2,2	**1,3**	1,9	0,7	1,4	**2,0**	1,6–2,5	1,0
Zwangsstörung	**0,9**	1,0	0,9	0,8	**0,6**	0,4	1,0	0,3	**0,7**	0,5–1,0	0,4
Irgendeine somatoforme Störung	**15,0**	14,9	15,2	14,7	**7,1**	5,7	7,3	8,6	**11,0**	10,1–12,1	5,4
Unterschwellige somatoforme Störung	**5,5**	4,1	5,1	7,4	**3,1**	2,1	3,6	3,8	**4,3**	3,7–5,0	2,1
Generalisierte Angststörung	**2,1**	1,1	2,9	2,2	**1,0**	0,5	0,9	1,8	**1,5**	1,2–1,9	0,7
Phobie	**10,8**	11,9	9,7	10,7	**4,5**	4,2	4,7	4,6	**7,6**	6,9–8,5	3,7

Schmerzstörung	**11,4**	11,2	12,2	10,7	**4,9**	4,0	4,5	6,4	**8,1**	7,30–9,1	4,0
Essstörung	**0,5**	1,0	0,5	0,0	**0,2**	0,2	0,3	0,1	**0,3**	0,2–0,6	0,2
Irgendeine der genannten Diagnosen	**37,0**	38,0	36,5	36,5	**25,3**	27,4	25,9	22,2	**31,1 = 15,1 Mill.**	29,7–32,6	15,1
Anzahl der Diagnosen (bei Vorliegen mindestens einer Diagnose) (in Prozent)											
1	**56,3**	57,5	55,5	55,7	**66,5**	69,6	67,5	**61,0**		60,5	
2	**21,5**	23,8	20,3	20,4	**15,5**	16,1	18,9	**21,3**		20,3	
3	**9,7**	8,3	9,2	11,6	**8,0**	7,8	8,5	**7,8**		9,0	
> 3	**12,6**	10,4	10,9	12,3	**7,0**	6,5	19,7	**10,0**		10,3	

(Bundesgesundheitssurvey 1998/99, Zusatzsurvey „Psychische Störungen"; Alter: 18–65 Jahre; N=4.181)

Abb. 22: Zwölfmonatsprävalenz psychischer Störungen in der erwachsenen Allgemeinbevölkerung (Bundesgesundheitsblatt – Gesundheitsforschung – Gesundheitsschutz 8/2004, 737)

Organisch bedingte psychische Störungen

Organisch bedingt sind psychische Störungen, wenn es nachweisbare Ursachen in Form einer Krankheit, einer Verletzung oder einer Schädigung, zum Beispiel durch Vergiftung oder Medikamente, gibt, die zu einer Störung der Hirnfunktionen führen.

F00–F09 Demenz: Demenz ist ein komplexes Gefüge von Symptomen (Syndrom), das infolge einer meist chronisch verlaufenden Krankheit des Gehirns auftritt. Dabei kommt es zu Störungen vieler Funktionen wie Orientierung (Wo bin ich gerade? Welcher Tag ist heute?), Auffassung (Was hast du gerade gemeint?), Rechnen, Lernfähigkeit, Denken, Sprache und Gedächtnis (kognitive Beeinträchtigungen). Das Bewusstsein jedoch ist nicht beeinträchtigt. Zu den kognitiven Störungen kommen meist Veränderungen im emotionalen und sozialen Verhalten sowie der Motivation hinzu. Die Betroffenen ziehen sich zurück, wirken abwesend und desinteressiert, vergessen schnell und erscheinen bedrückt. Daher kommt oft der Verdacht einer Depression auf. Aktivitäten des täglichen Lebens wie Körperpflege, Einkaufen oder Kochen sind nur eingeschränkt und im weiteren Verlauf oft gar nicht mehr möglich. Die Patienten werden depressiv, sprunghaft, aggressiv oder enthemmt, was den Umgang schwierig macht (Reinshagen, 2006).

In Deutschland leiden circa 1,4 Millionen Menschen an einer Demenz. Das sind acht bis 13 Prozent der über 65-Jährigen. Bei den über 75-Jährigen sind es bereits 38,6 Prozent, bei den über 90-Jährigen 40 Prozent. Mehr als 50 Prozent der Patienten in Pflegeheimen sind demenzkrank, was auch der häufigste Grund für die Aufnahme in ein Pflegeheim ist (Rahn/Mahnkopf, 2005).

F00.- Demenz bei Alzheimer-Krankheit: Eine häufige Form der Demenz ist die Alzheimer-Krankheit, die meist schleichend beginnt und sich über die Jahre verschlimmert. Dabei entstehen im Gehirn Ablagerungen aus Eiweißbruchstücken (Amyloide), die die Reizleitung zwischen den Nervenzellen behindern. Später sterben Nervenzellen ab, die an Gedächtnis, Sprache und Denkfunktionen beteiligt sind (Bussfeld, 2006). Manchmal wird die Krankheit durch Genveränderungen des Amyloidvorläuferproteins (APP) oder der Präseniline ausgelöst und bricht dann schon in jüngeren Jahren aus. APP ist heutzutage die unspezifische Bezeichnung für Proteinablagerungen mit spezifischer Struktureigenschaft. Das Beta-Amyloid ist Hauptbestandteil der senilen Plaques bei der Alzheimer-Krankheit. Bei Präsenilinen handelt es sich um zwei sehr homologe Proteine PS I und II, die 1996 mit der Alzheimer-Frühform in Verbindung gebracht wurden. Wichtigster genetischer Risikofaktor ist ein Molekül (ApoE4), das nicht ausreichend für den Transport von Cholesterin im Blut sorgt.

F01.- Vaskuläre Demenz: Die vaskuläre Demenz ist das Ergebnis von Infarkten (Gefäßverstopfungen) im Gehirn, oft infolge von Arterienverkalkung, die gewöhnlich im späteren Lebensalter beginnt.

F02.- Demenz bei anderenorts klassifizierten Krankheiten: Formen der Demenz, bei denen als Ursache eine HIV- oder andere Infektionskrankheit vorliegt. Sie kann in jedem Lebensalter auftreten. Auch bei Nervenerkrankungen wie Epilepsie, Chorea Huntington oder Parkinson-Krankheit können Symptome einer Demenz auftreten.

Vorbeugung

Eine gesunde, geistig aktive Lebensweise mit genügend Ausdauertraining und ballaststoffreicher vitamin- und fischölreicher Ernährung mit reichlich Flüssigkeit kann manchen Formen der Demenz vorbeugen (vor allem der vaskulären und alkoholbedingten Demenz). Dies ist bei der Alzheimer-Demenz derzeit noch nicht möglich. Medikamente zur Immunisierung gegen die krank machenden Eiweiße müssen erst noch entwickelt werden. Der Verlauf der Krankheit kann jedoch beeinflusst werden, der Hirnabbau lässt sich verlangsamen. In allen Fällen ist gezielte Psychohygiene in der Lebensführung ratsam (siehe Kapitel G).

Therapie der Demenz

Ziel der Demenztherapie ist es, den Patienten zu ermöglichen, möglichst lange ihre Selbstständigkeit zu wahren. In Spezialeinrichtungen, zum Beispiel Tageskliniken, trainieren Fachleute die dementen Patienten in alltagspraktischen Fertigkeiten. Dabei werden die Angehörigen einbezogen. Krankengymnastik und Ergotherapie fördern die geistige Leistungsfähigkeit. Medikamente können den Krankheitsprozess um durchschnittlich ein Jahr verzögern. Im Frühstadium der Alzheimer-Krankheit spricht einiges dafür, Acetylcholinesterase-Hemmer anzuwenden, die die Reizleitung zwischen den Nervenzellen verbessern (Reinshagen, 2006). Bei schwereren Demenzformen sind NMDA-Antagonisten wie Memantin günstiger: Sie verhindern eine Nervenschädigung durch den Botenstoff Glutamat. Manchmal sind zusätzlich Medikamente gegen Unruhe und Schlafstörungen, parkinsonähnliche Bewegungsstörungen oder Depressionen notwendig, um die Begleitsymptome der Demenz zu bekämpfen. Allerdings muss die Wirkung dieser Medikamente genau beobachtet werden. Bei manchen Demenzformen können Medikamente gegen innere Unruhe diese sogar verstärken oder schwere Nebenwirkungen hervorrufen.

Angehörige sollten dem Patienten die Orientierung durch eine klare Strukturierung des Alltags mittels Ritualen, Uhren und Hinweisschildern erleichtern. Zudem ist es sinnvoll, sich selbst auch im Interesse des Patienten nicht zu überfordern und die Angebote von Pflegediensten und Facheinrichtungen zu nutzen. Auch Selbsthilfegruppen von Angehörigen sind wichtig, um Erfahrungen auszutauschen und sich gegenseitig zu unterstützen (siehe Kapitel F7).

Nun folgen weitere organisch bedingte psychische Störungen nach ICD-10 (F00–F09).

F04.- Organisches amnestisches Syndrom, das nicht durch Alkohol oder andere psychotrope Substanzen, sondern meist durch Verletzungen bedingt ist und mit deutlichen Beeinträchtigungen des Kurz- und Langzeitgedächtnisses sowie zeitlicher Desorientierung einhergeht. Dabei bleibt die Fähigkeit, Neues zu lernen, eingeschränkt erhalten. Wahrnehmung und andere kognitive Funktionen einschließlich Intelligenz sind gewöhnlich intakt. Die Entwicklung hängt vom Verlauf der zugrunde liegenden Verletzung ab.

F05.- Delir, nicht durch Alkohol oder andere psychotrope Substanzen bedingt: Ein hirnorganisches Syndrom, das durch gleichzeitig bestehende Störungen des Bewusstseins und der Aufmerksamkeit, der Wahrnehmung, des Denkens, des Gedächtnisses, der Psychomotorik, der Emotionalität und des Schlaf-Wach-Rhythmus charakterisiert ist. Die Dauer kann sehr unterschiedlich ausfallen, der Schweregrad reicht von leicht bis gravierend.

F06.0 Organische Halluzinosen: Die Patienten sehen, fühlen oder hören Dinge, die nicht real sind *(Halluzinationen).* Meist sind sie sich darüber im Klaren, dass ihre Wahrnehmungen trügerisch sind. Dieser Realitätsbezug unterscheidet die organische Halluzinose von einer schizophrenen Psychose.

F06.1 Organische katatone Störungen: Eine Störung in Form von stark verminderter psychomotorischer Aktivität, die bis zur völligen Erstarrung reichen kann, bezeichnet man als *Stupor.* Die psychomotorische Aktivität kann auch gesteigert sein (Erregung). Der Zustand des Patienten kann zwischen diesen Erscheinungsformen wechseln.

F06.2 Organische wahnhafte Störungen: Ähnlich wie bei einer Psychose treten dauerhaft oder mit Unterbrechungen *Wahnideen* auf, die in ein Wahnsystem aufgenommen werden. Dieses sucht der Patient immer wieder zu bestätigen. Häufigstes Beispiel ist der Verfolgungswahn mit der festen Überzeugung des Patienten, dass sich alle Menschen gegen ihn verschworen haben.

F06.3 Organische affektive Störungen mit körperlich bedingten depressiven wie auch euphorischen (manischen) Zuständen. Diese treten oft infolge von Vergiftungen oder als Nebenwirkungen von Medikamenten auf.

F06.4 Organische Angststörungen: Bei Störungen des Temporallappens im Gehirn kommt es leicht zu *Panikattacken.*

F06.5 Organische dissoziative Störungen, die zu Fehlerinnerungen der eigenen Vergangenheit, Störungen des Identitätsbewusstseins *(Depersonalisation),* unwirklichem Realitätserleben *(Derealisation)* oder psychisch bedingten Körperfehlfunktionen führen.

F06.6 Organische emotional labile Störung: Infolge einer schweren körperlichen Erkrankung werden die Betroffenen übertrieben gefühlsbetont (affektlabil), kränkbar oder ermüdbar. Sie haben eine Vielzahl körperlicher Missempfindungen, zum Beispiel Schwindel und Schmerzen.

F06.7 Leichte kognitive Störungen mit Gedächtnisstörungen, Lernschwierigkeiten oder Konzentrationsstörungen und oft mit dem Gefühl geistiger Ermüdung.

F07.0 Organische Persönlichkeitsstörung: Sie ist charakterisiert durch eine auffällige Veränderung des gewohnten Verhaltens und betrifft die Äußerung von Affekten, Bedürfnissen und Impulsen. Eine Beeinträchtigung der kognitiven Fähigkeiten, des Denkvermögens und ein verändertes Sexualverhalten können ebenfalls auftreten.

F07.1 Postenzephalitisches Syndrom: Persönlichkeitsstörungen infolge von bakteriellen oder Virusinfektionen des Gehirns.

F07.2 Organisches Psychosyndrom nach Schädelhirntrauma, das mit Bewusstlosigkeit einherging. Symptome wie Kopfschmerzen, Schwindel, Erschöpfung, Reizbarkeit, Schwierigkeiten bei Konzentration und geistigen Leistungen, Gedächtnisstörungen, Schlafstörungen sowie eine verminderte Belastungsfähigkeit gegenüber Stress, emotionalen Reizen oder Alkohol, der schlechter vertragen wird, stehen im Vordergrund.

Bei allen organisch bedingten psychischen Störungen müssen die Ursachen abgeklärt und möglichst beseitigt werden. Zur Wiederherstellung der geschädigten Organe kann eine gezielte Behandlung notwendig sein. Zugleich muss man den Patienten mit seiner psychischen Befindlichkeit ernst nehmen; dabei sind die *Wirkfaktoren* der Psychotherapie zu nutzen (siehe Kapitel G).

Psychische und Verhaltensstörungen durch psychotrope Substanzen (F10–F19)

Genussmittel wie Alkohol oder Drogen, aber auch Medikamente und andere psychisch wirksame *(psychotrope)* Substanzen können eine Vielzahl psychischer Störungen mit unterschiedlichen Schweregraden hervorrufen.

F10.0 Akute Intoxikation (akuter Rausch): Nach Aufnahme einer psychotropen Substanz kommt es zu Störungen der Bewusstseinslage, kognitiven Fähigkeiten, Wahrnehmung, Affekte und des Verhaltens. Die Störungen verringern sich mit der Zeit, außer wenn Gewebeschäden oder andere Komplikationen, zum Beispiel Einatmen von Erbrochenem, Delir, Koma oder Krampfanfälle, eingetreten sind. Hierzu gehören auch Trance- und Besessenheitszustände oder „Horrortrips" (Angstreisen) durch Drogen.

F10.1 Schädlicher Gebrauch psychotroper Substanzen, der zu Gesundheitsschädigungen wie Hepatitis durch infizierte Spritzen oder zu depressiven Symptomen und Leberschädigungen aufgrund massiven Alkoholkonsums führt.

F10.2 Abhängigkeitssyndrom nach wiederholtem Konsum mit starkem Wunsch, die Substanz einzunehmen, und Schwierigkeiten, den Konsum zu kontrollieren. Der Konsum der Substanz hat Vorrang vor allen anderen Aktivitäten und Verpflichtungen und wird oft zum Lebensinhalt. Dabei werden immer größere Mengen vertragen; manchmal kommt es zu körperlichen Entzugserscheinungen. Die Abhängigkeit kann sich auf einen einzelnen Stoff beziehen, zum Beispiel Tabak,

Alkohol, Beruhigungsmittel, auf eine Substanzgruppe, zum Beispiel opiatähnliche Substanzen, oder auch auf ein größeres Spektrum unterschiedlicher Substanzen.

F10.3 Entzugssyndrom: Entzugserscheinungen können nach dem Entzug einer psychotropen Substanz, die länger konsumiert wurde und durch die eine körperliche Abhängigkeit entstanden ist, auftreten. Daher muss ein Entzug stets vorsichtig und unter ärztlicher Kontrolle im Krankenhaus stattfinden. Das Entzugssyndrom kann zu Krampfanfällen und anderen schweren Komplikationen führen, die lebensbedrohlich sein können.

F10.4 Entzugssyndrom mit Delir (siehe F05.): Dabei handelt es sich um eine komplizierte Störung, die teilweise mit Krampfanfällen verbunden ist. Da die Betroffenen regelrecht toben und dabei sich und andere gefährden können, wird das Alkoholdelirium alltagssprachlich auch als „Säufer-Wahnsinn" bezeichnet (alkoholbedingtes Delirium tremens).

F10.5 Psychotische Störungen, die infolge des Konsums eintreten, machen sich durch Halluzinationen (Trugwahrnehmungen), Wahrnehmungsstörungen, Wahnideen (falsche Verknüpfung von Ursachen, zum Beispiel Verfolgungsideen, Eifersuchtswahn), psychomotorische Störungen (Erregung oder Stupor) sowie abnorme affektive Reaktionen, zum Beispiel Panik oder Ekstase, bemerkbar.

F10.6 Amnestisches Syndrom, bei dem das Kurzzeitgedächtnis stärker betroffen ist als das Langzeitgedächtnis. Zugleich kommt es zu deutlichen Störungen des Zeitgefühls, Lernschwierigkeiten und zum Teil zu zusammenhanglosem Faseln *(Konfabulationen).*

Therapie von Suchterkrankungen

Zunächst wird versucht, im Rahmen der Bestandsaufnahme *(Anamnese)* herauszufinden, welche Abhängigkeit vorliegt und in welchen Bereichen sich der Patient beeinträchtigt fühlt. Gemäß den Wünschen und Vorstellungen der zu behandelnden Personen und ihrer Angehörigen sowie klinischen Befunden entwickeln Patient und Therapeut gemeinsam einen Behandlungsplan. In der Regel wird zunächst eine Entgiftung (Entzugsbehandlung) durchgeführt, etwaige Entzugserscheinungen werden behandelt. Da Symptome und Auswirkungen von Suchterkrankungen lebensbedrohlich sein können, findet die Anfangsbehandlung zumeist in einer Klinik statt. Die Therapie selber kann unterschiedliche Ziele haben. Nach der Entgiftung folgt die Entwöhnungsbehandlung, die mit der ebenso wichtigen psychotherapeutischen Arbeit an den *Ursachen* der psychosozialen Probleme einhergeht. Je nach Problematik findet dies entweder in einer Rehabilitationsklinik (Reha-Klinik) für Suchtkranke oder ambulant statt (Näheres dazu in Kapitel G).

Werden Suchtstörungen nicht (rechtzeitig) behandelt, bergen sie erhebliche Risiken: So starben zum Beispiel 1995 insgesamt 17.427 Menschen, davon 13.149 Männer und 4.278 Frauen, in Deutschland allein an alkoholbedingten Krankheiten. Die Gesamtzahl der Todesopfer im Straßenverkehr betrug 1995 8.942 gegenüber 5.000 im Jahr 2006. Die Unfallopfer waren im Durchschnitt 55,5 Jahre alt, haben also durch den frühen Tod viele Lebensjahre verloren.

Zusammenfassung

Probleme lösen in der Regel Stress aus, dessen Symptome der Patient mit dem Suchtmittel zu reduzieren versucht (siehe Kapitel E4). Die Erleichterung verlockt ihn dazu, diese Vermeidungsstrategie immer öfter anzuwenden, sodass diese neuronal immer besser gebahnt wird. Der Organismus stellt zugleich den Stoffwechsel auf das Suchtmittel ein. So bringen Suchterkrankungen stets eine psychische, bei substanzbezogenen Süchten auch eine physische Abhängigkeit mit sich. Da die meisten Suchtmittel schädliche Wirkungen auf den Organismus haben, ist mit erheblichen Schäden und einer verringerten Lebenserwartung zu rechnen.

Schizophrenie, schizotype und wahnhafte Störungen (F20–F29)

F20.- Schizophrenie: Schizophrene Störungen sind durch grundlegende typische Störungen des Denkens und der Wahrnehmung sowie durch unangemessene oder verflachte Emotionen gekennzeichnet. Das Bewusstsein und die intellektuellen Fähigkeiten bleiben meist unbeeinträchtigt, im Lauf der Zeit entstehen bisweilen kognitive Defizite. Wichtigste Symptome sind, dass der Patient glaubt, die eigenen Gedanken zu hören (Gedankenlautwerden), dass er Gedanken eingeflößt (Gedankeneingebung) oder weggenommen (Gedankenentzug) bekommt oder dass andere an seinen Gedanken teilhaben (Gedankenausbreitung). Auch Wahnwahrnehmungen, wie zum Beispiel von unbekannten Mächten kontrolliert oder beeinflusst zu werden, kommen vor. Schizophrenie-Kranke hören oft Stimmen, von denen sie glauben, dass sie sie beeinflussen oder über sie sprechen. Sie leiden unter ihrem fahrigen Denken oder darunter, dass Gedankengänge abbrechen (Denkstörungen), und büßen einen Teil ihrer sprachlichen Ausdrucksfähigkeit sowie ihrer emotionalen Erlebnisfähigkeit ein. Dabei wirken sie gleichgültig, antriebs- und energielos, ziehen sich zurück, reagieren wenig auf andere Menschen und können sich schlecht konzentrieren. Solche Erscheinungen werden als Negativsymptome bezeichnet. Sie lösen Probleme in sozialen und beruflichen Zusammenhängen aus, da „normale“ Alltagsmenschen sie als „Disziplinlosigkeit“ oder „Faulheit“ bewerten und entsprechend reagieren (WHO, 2006; siehe Abb. 23).

ICH-STÖRUNGEN – ÜBERSICHT DER GRUNDBEGRIFFE
Definition: Beeinträchtigung des Erlebens der eigenen Identität (Meinhaftigkeit)
Depersonalisation: Das Ich oder einzelne Körperteile werden als fremd oder nicht zugehörig empfunden *Symptom von Schizophrenie, Depression, Panikattacken, Rauschdrogen, Erschöpfungszustand*
Derealisation: Die Umgebung erscheint unwirklich, fremd oder verändert (auch das Zeitgefühl) *Symptom von Persönlichkeitsstörung, Depression, Panikattacke, Erschöpfung*
Gedankenentzug: Wahrnehmung, dass Gedanken von anderen weggenommen werden *Symptom ersten Ranges bei Schizophrenie*
Gedankeneingebung: Wahrnehmung, dass Gedanken und Vorstellungen von außen eingegeben oder gesteuert werden *Symptom ersten Ranges bei Schizophrenie*
Gedankenausbreitung: Wahrnehmung, dass Gedanken nicht mehr persönliches Eigentum sind, sondern dass andere daran beteiligt sind *Symptom ersten Ranges bei Schizophrenie*
Transitivismus: Projektion der eigenen Krankheit auf andere *Symptom von Psychose, Persönlichkeitsstörung*
Verkennungen: Bekanntes wird als unwirklich und fremdartig wahrgenommen *Symptom von Anpassungsstörung, Erschöpfung, Depression*
Die eigene Person beziehungsweise ihre Funktionen werden als fremd erlebt. Darüber hinaus kommt es zu einer Verwischung der Ich-/Umweltgrenzen mit Verlust des Erlebens der eigenen Individualität.

Abb. 23: Symptome von Ich-Störungen (modifiziert nach Payk, 2003)

Schizophrene Störungen verlaufen entweder kontinuierlich und führen zu immer mehr Defiziten oder treten in ein- oder mehrmaligen Schüben *(Episoden)* auf. Danach können die Patienten zum Teil weiterleben, als wären sie nicht erkrankt.

Psychotische Störungen kommen zwar mit 2,6 Prozent relativ selten vor, sie sind jedoch meist umso schwerer und erfordern oft eine langjährige Behandlung.

F20.0 Paranoide Schizophrenie: Hier treten ständig Wahnvorstellungen auf, die meistens von Wahrnehmungsstörungen und akustischen Halluzinationen begleitet sind.

F20.1 Hebephrene Schizophrenie wird nur bei Jugendlichen oder jungen Erwachsenen diagnostiziert. Hier stehen die emotionalen Veränderungen im Vordergrund. Halluzinationen und Wahnvorstellungen kommen in einzelnen Momenten vor. Die Betroffenen verhalten sich verantwortungslos und unberechenbar. Sie geben sich manieriert, ihre Stimmung wirkt unangemessen, das Denken und die Sprache sind verworren. Da sich die Symptomatik schnell entwickelt, ist die Prognose meist ungünstig.

F20.2 Katatone Schizophrenie ist vor allem durch die psychomotorischen Störungen gekennzeichnet, die zwischen extremer Erregung und völliger Erstarrung (Stupor) wechseln können. Die Kranken reagieren automatenhaft (Befehlsautomatismus) und sehen alles negativ (Negativismus). Sie behalten einmal eingenommene Körperhaltungen und -stellungen zum Teil über längere Zeit bei. Lebensgefährlich wird der Stupor, wenn Fieber auftritt *(perniziöse Katatonie).*

F20.4 Postschizophrene Depression wird eine längere depressive Phase genannt, die sich an einen schizophrenen Schub anschließt. Einige Schizophrenie-Symptome bestehen weiter, das Suizidrisiko ist erhöht.

F22.- Anhaltende wahnhafte Störungen zeichnen sich durch lang andauernde, manchmal lebenslange einzelne Wahn- oder unterschiedliche aufeinander bezogene Wahninhalte aus. Vor allem ältere Betroffene haben gelegentlich akustische Halluzinationen.

F23.- Akute vorübergehende psychotische Störungen, zum Beispiel Wahnvorstellungen, Halluzinationen und andere Wahrnehmungsstörungen sowie eine schwere Störung des normalen Verhaltens und Befindens, können in schwierigen oder kritischen Lebenssituationen innerhalb von maximal zwei Wochen auftreten. Die Kranken sind emotional aufgewühlt, ratlos und zum Teil desorientiert. Ihr Zustand bessert sich zumeist innerhalb weniger Monate, Wochen oder sogar Tage.

F24.- Induzierte wahnhafte Störung nennt man eine wahnhafte Störung, die zwei emotional eng miteinander verbundene Personen teilen, wobei nur eine unter einer echten psychotischen Störung leidet. Die andere steigert sich in die Wahnvorstellungen hinein, die sie bei der Trennung vom Partner allerdings meist aufgibt *(Folie à deux).*

F25.- Schizoaffektive Störungen treten episodisch mit manischen und/oder depressiven und schizophrenen Symptomen auf. Schizophrenie, krankhafte Hochstimmung (Manie) und Depression beeinträchtigen einen Menschen schwer. Umso schlimmer, wenn alle drei Störungen gleichzeitig oder nacheinander auftreten. Daher ist auch das Suizidrisiko hoch (Faust, 2006). Schizoaffektive Störungen treten am häufigsten im mittleren Lebensalter auf; sie sind im höheren Lebensalter weniger häufig, in Kindheit und Jugend nur selten (Faust, 2006). Die Heilungsaussichten sind bei rechtzeitiger Behandlung günstig.

Ursachen

Die Ursachen für psychotische Störungen sind noch immer unklar. Weder genetische noch körperliche Ursachen konnten bislang nachgewiesen werden (Retzer, 2004). Die Forschung kennt lediglich Faktoren, die die Auftretenswahrscheinlichkeit beeinflussen. Das Lebenszeitrisiko steigt von knapp einem Prozent bei Personen ohne familiäres Vorkommen psychischer Störungen auf circa 50 Prozent bei eineiigen Zwillingen. Kinder mit zwei schizophrenen Elternteilen werden zu etwa 40 Prozent, mit einem kranken Elternteil zu zwölf Prozent und mit einem schizophrenen Geschwister zu zehn Prozent ebenfalls krank. 90 Prozent der Schizophrenen haben aber keine schizophrenen Eltern und 81 Prozent keine kranken Geschwister (Retzer, 2004).

Im Rahmen von Adoptionsstudien mit familial vorbelasteten Zwillingen, von denen einer in einer dysfunktionalen und einer in einer gut funktionierenden Adoptivfamilie lebte, zeigte sich, dass der positive Einfluss einer hohen familialen Funktionsfähigkeit den Krankheitsausbruch verhindern, zumindest aber verzögern kann. Kein schizophrenes Adoptivkind kam aus einer gesunden und funktionsfähigen Adoptivfamilie. Nach den vorliegenden Befunden ist die systemische Funktionsfähigkeit des familialen Umfeldes sehr wichtig für das Auftreten und den Verlauf psychotischer Störungen. Familiale Spannungen mit den Angehörigen erhöhen auch das Rückfallrisiko von behandelten Kranken (siehe Kapitel C1).

Das Krankheitsrisiko ist außerdem erhöht, wenn das Ungeborene einen Sauerstoffmangel erfährt oder die Mutter während der Schwangerschaft fieberhafte Erkrankungen, Blutungen oder krankhafte Veränderungen des Mutterkuchens (Plazenta-Anomalien) aufweist (Faust, 2006). Ähnliche Effekte haben ein Sauerstoffmangel bei Neugeborenen aufgrund von Geburtskomplikationen und Infektionen des Gehirns in der Kindheit.

Der Missbrauch von Haschisch und Marihuana kann vorzeitig zum Krankheitsausbruch führen.

Frauen vor der Menopause erkranken circa drei bis vier Jahre später und tendieren zu milderen Symptomen als Männer. Dies wird auf eine Schutzwirkung der Östrogene zurückgeführt, die sich ausgleichend auf den Dopamin- und Serotonin-Stoffwechsel auswirken (Faust, 2006).

Behandlung der Schizophrenien

Zur Behandlung der Schizophrenien ist in den letzten Jahrzehnten intensiv geforscht worden. Dies hat eindrucksvolle Behandlungserfolge ermöglicht, die den Betroffenen aber viel zu wenig zugute kommen: Schizophrene Patienten nutzen allerdings mangels Krankheitseinsicht die therapeutischen Möglichkeiten zu selten (Faust, 2006). Dabei ist der Rehabilitationserfolg umso größer, je früher und umfassender die Behandlung einsetzt. Aufgrund der Komplexität von Schizophrenien setzt sich die Behandlung aus folgenden Bausteinen zusammen:

- Die Behandlung mit Neuroleptika hat die größte Bedeutung und ist aus heutiger Sicht unverzichtbar.
- Psychotherapie. Sie wird bei Schizophrenien allerdings in spezifischer Weise eingesetzt. Dabei geht es um Hilfe bei der Bewältigung alltäglicher Anforderungen, an denen gerade diese Patienten oft scheitern (siehe Kapitel G). Hier werden spezifische Verfahren angewandt, um soziale Kompetenzen zu vermitteln, die kognitiven Funktionen und die Selbstakzeptanz zu verbessern sowie Entspannungsverfahren einzuüben.
- Eine besondere Rolle spielt die Einbeziehung der Angehörigen in eine besondere Form der Familientherapie, die *Familien-Psycho-Edukation* (Retzer, 2004; Heekerens/Ohling, 2006). Angehörige und Patienten können sich hier über ihre Belastungen austauschen und fühlen sich in einem geschützten Rahmen emotional aufgehoben (Hahlweg et al., 2006). Besondere Bedeutung hat die Arbeit an einem Familienklima, das für den Patienten zuträglich ist, und der Abbau von Feindseligkeiten *(Expressed emotion)*. Dadurch lässt sich auch eine zuverlässigere Mitarbeit der Patienten, vor allem was die Regelmäßigkeit der Medikamenteneinnahme betrifft, erzielen. Wichtig sind zudem gemeindenahe Hilfen wie ambulante Dienste und Anlaufstellen sowie die Unterbringung auch erwachsener Patienten in geeigneten Pflegefamilien.
- Körperliche Aktivitäten wie Sport und körperliche Arbeit.

Zusammenfassung

Schizophrenie ist eine psychische Störung, die durch das Zusammenspiel vor- und nachgeburtlicher Faktoren, krankheitsbedingte Beeinträchtigungen des Zentralen Nervensystems sowie psychosoziale Belastungen ausgelöst wird. Der Verlauf hängt von der Qualität des psychosozialen Umfeldes, vor allem der Familienbeziehungen ab. Die Behandlung sollte der Komplexität dieser Störung entsprechend sowohl medikamentös, individual-psychotherapeutisch wie auch paar- und familientherapeutisch ausgerichtet sein und möglichst frühzeitig einsetzen.

Depressionen und andere affektive Störungen (F30–F39)

Die Hauptsymptome der affektiven Störungen liegen in Veränderungen der *Stimmung* und des *Gefühlslebens*. Dabei kommt es entweder zu depressiver oder überhöhter Stimmung (Manie). Stimmungswechsel gehen meist mit Veränderungen der allgemeinen Aktivität einher. Die Rückfallgefahr ist erheblich. Der Krankheitsbeginn hängt oft mit belastenden Familienverhältnissen oder kritischen Lebenssituationen zusammen (WHO, 2006). Familienangehörige von depressiven Patienten haben ein Erkrankungsrisiko von 20 Prozent (AWMF, 2006). Die Ursachen liegen in Störungen der bio-psychosozialen Entwicklung, die zu erhöhter Stressanfälligkeit führen (AWMF, 2006; siehe Kapitel B). Menschen ohne vertraute Bezugspersonen wie Getrennte oder Geschiedene sind anfälliger. Als wichtiger Schutz zur Vorbeugung erwiesen sich gute Beziehungen zu anderen Menschen und die Einbindung in ein soziales Netzwerk. Mit 11,9 Prozent liegen die affektiven Störungen in der Häufigkeit in der erwachsenen Allgemeinbevölkerung an zweiter Stelle (Jacobi et al., 2004).

Hauptsymptome depressiver Episoden (nach ICD-10)

Depressive Stimmung (ungleich Trauer)
Interessenverlust, Freudlosigkeit
Antriebsmangel, erhöhte Ermüdbarkeit

Zusatzsymptome (nach ICD-10)

- Verminderte Konzentration und Aufmerksamkeit
- Vermindertes Selbstwertgefühl und Selbstvertrauen
- Gefühl von Schuld/Wertlosigkeit
- Negative und pessimistische Zukunftsperspektiven
- Suizidgedanken oder -handlungen
- Schlafstörungen
- Verminderter Appetit

„Somatische" Symptome (nach ICD-10)

- Interessenverlust, Verlust der Freude an sonst angenehmen Tätigkeiten
- Mangelnde emotionale Reaktion auf sonst freudige Ereignisse
- Frühmorgendliches Erwachen
- Morgendliches Stimmungstief
- Psychosomatische Hemmung oder Agitiertheit
- Deutlicher Appetitverlust
- Gewichtsverlust
- Deutlicher Libidoverlust

Abb. 24: Symptomatik depressiver Episoden, Hauptsymptome nach ICD-10 (AWMF, 2006)

F30.- Manische Episoden werden nach drei Schweregraden unterschieden (WHO, 2006).

F30.0 Hypomanie äußert sich durch eine anhaltend leicht gehobene Stimmung, gesteigerten Antrieb und erhöhte Aktivität. Die Betroffenen fallen durch ihr Wohlbefinden und ihre Leistungsfähigkeit auf. Sie sind sehr gesellig, geschwätzig und vertrauensselig. Ihr sexueller Appetit (Libido) ist stark, ihr Schlafbedürfnis oft vermindert. Diese Merkmale bleiben jedoch im Rahmen des sozial und beruflich Annehmbaren.

Manche Betroffenen sind reizbar, überschätzen sich und benehmen sich allerdings sozial inakzeptabel.

F30.1 Manie ohne psychotische Symptome schwankt zwischen sorgloser Heiterkeit und kaum gebändigter Erregung. Dies führt zu Überaktivität und Rededrang; das Schlafbedürfnis ist vermindert. Die Betroffenen können sich schlecht konzentrieren und lassen sich leicht ablenken. Sie sind übertrieben optimistisch, überschätzen sich und neigen zu leichtsinnigem, unpassendem und rücksichtslosem Verhalten.

F30.2 Manie mit psychotischen Symptomen: Hier kommen zu den unter F30.1 beschriebenen Symptomen Wahnvorstellungen (meist Größenwahn) oder das Hören von Stimmen, die den Patienten ansprechen (Halluzinationen), hinzu. Der Patient kann in Erregungszustände geraten und derart hyperaktiv werden, dass er durch normale Kommunikation nicht mehr erreichbar ist.

F31.- Bipolare affektive Störung: Hier wird auch von bipolarer Störung oder manisch-depressiver Störung gesprochen. Die Betroffenen geraten einmal in gehobene Stimmung mit gesteigerter Aktivität (Manie), dann wieder landen sie in einem Stimmungstief und verfallen in Lethargie (Depression).

F32.- Depressive Episode: Bei leichten (F32.0), mittelgradigen (F32.1) oder schweren (F32.2, F32.3) Episoden sind die Betroffenen gedrückter Stimmung und antriebslos. Sie können sich an nichts mehr erfreuen, sind desinteressiert und unkonzentriert. Darüber hinaus werden sie sehr schnell müde, schlafen schlecht und essen kaum. Sie trauen sich nichts zu und zweifeln an sich selbst, das sexuelle Interesse erlahmt (Libidoverlust). Die Betroffenen fühlen sich schuldbeladen und reagieren nicht auf Veränderungen im Alltag. Sie wachen oft früh morgens auf und sind schlechter Stimmung (Morgentief). Sie wirken psychisch und motorisch gehemmt, zuweilen getrieben unruhig.

F32.0 Leichte depressive Episode: Die Erkrankten leiden unter zwei oder mehr der beschriebenen Symptome, können aber die meisten Alltagsaktivitäten aufrechterhalten.

F32.1 Mittelgradige depressive Episode: Die Erkrankten leiden unter vier oder mehr der beschriebenen Symptome und können ihre Alltagsaktivitäten kaum noch aufrechterhalten.

F32.2 Schwere depressive Episode ohne psychotische Symptome: Sie wird auch als majore Depression (engl. *major depression)* bezeichnet. Die Patienten leiden stark unter mehreren der beschriebenen Symptome und können ihre Alltagsaktivitäten nicht aufrechterhalten. Sie fühlen sich wertlos und schuldig. Die Suizidneigung ist erhöht.

F32.3 Schwere depressive Episode mit psychotischen Symptomen bedeutet eine weitere Verschärfung durch Halluzinationen, Wahnvorstellungen, psychomotorische Hemmung oder Stupor. Hier spricht man auch von psychotischer Depression oder reaktiver depressiver Psychose. Die Aktivitäten des täglichen Lebens können nicht mehr bewältigt werden. Es besteht Lebensgefahr, weil nicht genug Flüssigkeit und Nahrung aufgenommen wird oder durch Suizid.

F33.- Rezidivierende depressive Störung: Hierbei wiederholen sich depressive Episoden, früher sprach man auch von „Melancholie" oder „endogener Depression". Die Krankheit kann in jedem Alter ausbrechen, akut oder schleichend verlaufen und wenige Wochen bis viele Monate dauern.

F34.0 Zyklothymia ist eine leichtere oder Vorform der bipolaren Störung (F31.-) und tritt häufig bei Verwandten von Patienten mit einer bipolaren Störung auf. Hierbei wird auch von affektiver Persönlichkeitsstörung, zykloider oder zyklothymer Persönlichkeit gesprochen. Manche Zyklothymia-Patienten entwickeln später eine bipolare affektive Störung.

Selbsttötung (Suizid)

Psychische Störungen können lebensgefährlich sein. Dies gilt vor allem, wenn das Suizidrisiko steigt, weil im Zusammenhang mit psychischen Störungen belastende Erfahrungen depressiv verarbeitet werden und die Lage ausweglos erscheint. Auch in kritischen Lebenssituationen, zum Beispiel infolge von Arbeitslosigkeit, Trennung oder Konkurs, ist das Risiko bei entsprechender Anfälligkeit stark erhöht (siehe Kapitel E4). So nahmen sich 2004 in Deutschland 10.733 Menschen das Leben, davon 74 Prozent Männer und 26 Prozent Frauen. Drei Prozent aller Frauen und fünf Prozent aller Männer starben durch Suizid (Destatis, 2006). Die Zahl der Suizidversuche ist etwa zehnmal so hoch – bei Frauen dreimal höher.

In der Altersgruppe von 15 bis 35 Jahren ist Suizid in Deutschland die zweithäufigste Todesursache; eine starke Verbreitung gibt es auch bei alten Menschen über 70 Jahren sowie bei Geschiedenen. Das Auftreten ist auch regional und sozial sehr verschieden: In großen Städten, in protestantischen Gebieten und in benachteiligten Bevölkerungsgruppen gibt es mehr Selbsttötungen. Die statistische Rate der Selbsttötungen ist in Ungarn weltweit am höchsten, gefolgt von den jeweils angrenzenden Staaten Österreich, Schweiz, Deutschland, Dänemark, Tschechien, Slowakei (Andorka, 2001).

Im Zusammenhang mit Suizid gibt es viele Möglichkeiten der Prävention und Behandlung. Aufgrund verbesserter Beratungsangebote ist die Suizidrate in den letzten 20 Jahren um 40 Prozent gesunken.

Behandlung depressiver Störungen

Die Behandlung depressiver Störungen erfolgt gemäß den Leitlinien der internationalen Fachgesellschaften (AWMF, 2006; Lambert, 2004). Wesentlichste Elemente der Behandlung sind (siehe Kapitel G):

- Aufbau einer vertrauensvollen therapeutischen Beziehung und Compliancesicherung, also die Sicherung des kooperativen Verhaltens der Patienten während der Therapie;

- Psycho-Edukation, Aufklärung und Betreuung, um den Umgang mit der Krankheit zu verbessern;
- Verhinderung von Eigengefährdung/Suizid und/oder Fremdgefährdung;
- Psychotherapie mit medikamentöser Unterstützung;
- Gegebenenfalls Paar- und Familientherapie;
- Flankierende soziotherapeutische Maßnahmen (zum Beispiel Einbeziehung von Angehörigen, Kollegen und Hilfen bei alltäglichen Aufgaben).

Die Therapie gehört in die Hände erfahrener Fachleute und kann in vielen Fällen ambulant erfolgen. Eine stationäre Behandlung in einer Klinik ist erforderlich, wenn Suizidalität oder Verwahrlosung wegen mangelnder häuslicher Pflegemöglichkeiten drohen oder die Behandlung gefährdende psychosoziale Probleme bestehen, zum Beispiel Familienkonflikte oder Missbrauch (AWMF, 2006).

Ängste, Zwänge und andere neurotische Störungen (F40–48)

Angst- und Panikstörungen gehören zu den am stärksten verbreiteten psychischen Störungen. In Deutschland litten im Jahr 2003 14,5 Prozent der Bevölkerung an einer solchen Störung (Jacobi et al., 2004; siehe Abb. 22). Panikstörungen verlaufen in etwa 50 Prozent der Fälle chronisch, weshalb etwa 30 Prozent der Patienten alkoholabhängig werden. Frauen sind doppelt so oft betroffen wie Männer (Mayer, 2006). Angst- und Panikstörungen beginnen meist im Jugend- und frühen Erwachsenenalter, seltener in der Kindheit. Viele Betroffene leiden gleichzeitig oder nacheinander an Agoraphobien (Platzangst) und Depressionen. Menschen mit körperlichen Erkrankungen leiden fast doppelt so oft unter Angststörungen wie gesunde (Sareen et al., 2006). Bis zu 60 Prozent der Patienten, die mit Herzschmerzen zum Kardiologen kommen, leiden an Panikattacken. Trotz Suizidgedanken erhalten aber nur sechs bis 22 Prozent eine angemessene psychotherapeutische Behandlung (Mayer, 2006).

F40.- Phobische Störungen äußern sich als Ängste vor definierten, in Wirklichkeit ungefährlichen Situationen oder Gegenständen. Diese werden allgemein gefürchtet und daher gemieden. Die erzielte Erleichterung führt dazu, dass sich das Vermeidungsverhalten immer mehr verfestigt. So wird die Erwartungsangst nicht mehr an der Realität überprüft und neuronal immer stärker gebahnt (Grawe, 2004). Subjektive phobische Angst unterscheidet sich physiologisch und in anderen Ausdrucksformen nicht von realer Angst. Die Symptome reichen von leichter Anspannung bis hin zu Panikattacken. Schon die Vorstellung des gefürchteten Gegenstands oder der Situation führt zur Erwartungsangst, die Einsicht, dass keine Gefahr vorliegt, mildert sie nicht. Phobien treten oft zusammen mit Depressionen auf (WHO, 2006).

F40.0 Agoraphobie bezeichnet die Angst, allein aus dem Haus zu gehen, über öffentliche Plätze zu gehen oder zu verreisen. Aufgrund dieser *Platzangst* werden die gefürchteten Situationen zwanghaft gemieden. Häufig leiden die Betroffenen unter Panikattacken sowie unter depressiven und zwanghaften Symptomen.

F40.1 Soziale Phobien treten als Ängste vor kritischer Beobachtung oder Beurteilung auf, vor allem durch Menschen, deren Urteil für wichtig gehalten wird (Anthropophobie oder soziale Neurose). Die Betroffenen sind in ihrem Selbstwertgefühl unsicher und machen sich abhängig vom Urteil anderer. Sie erröten, schwitzen und zittern leicht, neigen zu Übelkeit und Harndrang. Diese Symptome werden oft mit dem eigentlichen Problem verwechselt und selbst zu Angstthemen *(Generalisierung)*. Die Symptome können sich bis hin zu Panikattacken steigern.

F40.2 Spezifische (isolierte) Phobien richten sich auf bestimmte Tiere (zum Beispiel Schlangen oder Spinnen), den

Anblick von Blut, auf Flugreisen, dunkle oder enge Räume (Klaustrophobie), bestimmte Speisen, die Benutzung öffentlicher Toiletten, Zahnarztbehandlungen oder Verletzungen durch spitze Gegenstände (Akrophobie). Auch diese Auslöser können zu Panikattacken führen.

F41.0 Panikstörung mit wiederholten schweren Panikattacken in unterschiedlichen Situationen, die nicht vorhersehbar sind. Als Symptome treten Kurzatmigkeit, Erstickungsgefühle, Schwindel, Herzrasen, Herzschmerzen, Schweißausbrüche und Entfremdungsgefühle auf. Die Betroffenen werden oft von der Furcht gepackt, die Kontrolle über sich zu verlieren, verrückt zu werden oder zu sterben. Panikattacken treten oft im Ruhezustand, sogar im Schlaf auf. Bisweilen sind Panikattacken Folge einer Depression.

F41.1 Generalisierte Angststörung, wird auch Angstneurose genannt. Sie richtet sich nicht auf bestimmte Bedingungen oder besondere Situationen, sondern ist „frei flottierend". Zu den variierenden Symptomen gehören Nervosität, Muskelanspannung, Zittern, Herzklopfen, starkes Schwitzen, Schwindel, Benommenheit oder Bauchweh. Die Betroffenen sind oft besorgt, selbst krank zu werden, oder machen sich Gedanken, dass ein Angehöriger erkrankt oder Ungemach erleidet.

Ursachen

Angst- und Panikstörungen sind den Betroffenen meist unerklärlich und werden nicht mit der aktuellen Lage in Zusammenhang gebracht, auch wenn eine kritische Lebenssituation oder Langzeitstress vorausging, zum Beispiel Trennung, Krankheit oder Tod von Angehörigen (Mayer, 2006). Für Panik- und andere Angststörungen besteht eine angeborene Bereitschaft, deren Genlokalisation zum Teil bekannt ist. Eine Form liegt auf dem Chromosom 9q31 und wird durch Rauchen in der Jugend begünstigt (Mayer, 2006). Eine andere Form ist auf dem Chromosom 13 locus q32–33 lokalisiert, was

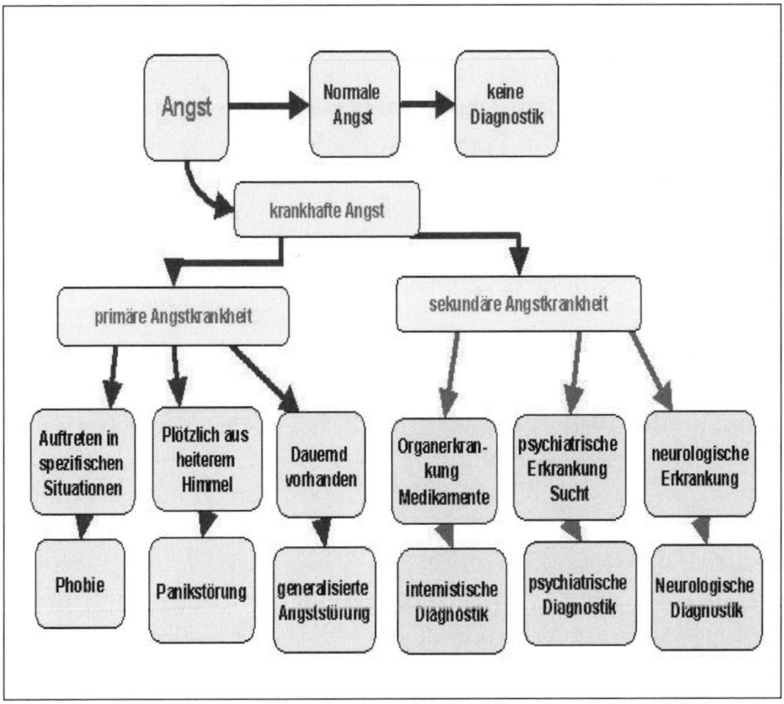

Abb. 25: Schema zur Unterscheidung von Angststörungen (aus Mayer, 2006, 1)

auch eine Anfälligkeit für Blasenentzündungen bedingt. Bedeutsam ist zudem das für den Noradrenalinstoffwechsel wichtige Gen 22q11. Wie wir in den Kapiteln A und B gesehen haben, entscheidet sich in der frühen Entwicklung, ob und inwieweit sich solche Anfälligkeiten im späteren Leben auswirken. Psychische Störungen oder Fehlverhalten der Eltern, Misshandlung oder Verwahrlosung, belastende Lebenssituationen und Stress sind weitere Störungsursachen und Auslöser.

Behandlung von Angst- und Panikstörungen

Aufgrund der oft drastischen körperlichen Symptome werden Angst- und Panikstörungen häufig nicht (rechtzeitig) erkannt und nicht kompetent behandelt. Nach heutiger Erkenntnis ist eine kombinierte verhaltenstherapeutische und medikamentöse Behandlung, meist mit Antidepressiva oder Serotonin-Wiederaufnahmehemmern, angezeigt (Grawe, 2004; Strauß et al., 2006).

F42 Zwangsstörung bedeutet stereotyp sich wiederholende Gedanken und Handlungen, die sich verselbstständigen und in quälender Weise Besitz ergreifen. Beispiele sind zwanghaftes Waschen oder Kontrollieren. Die Patienten versuchen zwar, sich zu widersetzen, betrachten aber das Zwangsverhalten dennoch als ihr eigenes Handeln. Meistens haben die Betroffenen Ängste, denen sie durch die Zwangsrituale entgegenwirken wollen. Dementsprechend steigt die Angst, wenn die Zwangshandlungen ausgesetzt werden (Faust, 2006).

F43.- Reaktionen auf schwere Belastungen und Anpassungsstörungen: Am Anfang steht eine von Überforderung gekennzeichnete kritische Lebenssituation oder ein Trauma. Dabei entscheidet die individuelle Anfälligkeit *(Vulnerabilität)* beziehungsweise Resilienz über den Grad von Überforderung und Stress. Wie in Kapitel E4 bereits dargestellt, fehlt es den Betroffenen an inneren und äußeren Ressourcen, um die belastende Situation oder die belastenden Umstände zu bewältigen. Zu diesem Formenkreis gehören unter anderem die folgenden Störungen.

F43.0 Akute Belastungsreaktion, auch Krisenzustand oder psychischer Schock genannt. Sie ist Reaktion auf eine außergewöhnliche physische oder psychische Belastung, die, je nach individueller Anfälligkeit und Kompetenz, zumeist innerhalb von Stunden oder Tagen überwunden ist. Die Betroffenen reagieren oft wie betäubt und sind desorientiert. Sie ziehen sich zurück bis hin zur Erstarrung (dissoziativer Stupor, siehe F44.2) oder werden unruhig und hyperaktiv, erröten und schwitzen, haben panische Angst und Herzklopfen.

F43.1 Posttraumatische Belastungsstörung tritt als zum Teil verzögerte Reaktion auf eine kritische Lebenssituation besonderen Ausmaßes auf. Faktoren wie emotionale Irritierbarkeit oder eine belastete Vorgeschichte können die Anfälligkeit und den Verlauf verschärfen (siehe Kapitel A5, B1). Typische Symptome sind das zwanghafte Wiedererleben der Ereignisse, Alpträume, Schlafstörungen, Betäubungsgefühle und emotionale Stumpfheit gegenüber anderen. Hinzu kommt ein Vermeidungsverhalten, um die Erinnerungen an die traumatische Situation zu umgehen. Die Betroffenen sind oft überempfindlich und schreckhaft, leiden unter Ängsten und Depressionen und haben teilweise Suizidgedanken. Die Störung beginnt zum Teil erst Wochen oder Monate nach dem traumatischen Ereignis, nur selten dauert sie länger an und wird chronisch *(andauernde Persönlichkeitsänderung*; ICD-F62.0).

F43.2 Anpassungsstörungen: Damit reagieren die Betroffenen emotional auf bedrängende Zustände, die oft in Zusammenhang mit wichtigen Veränderungen im Lebensverlauf oder nach kritischen Lebenssituationen wie dem Tod eines Angehörigen stehen. Diese Störung kann sich in einer Übergangskrise zeigen, die bei Eintritt in einen neuen Lebensabschnitt entsteht (Einschulung, Erstelternschaft, Pensionierung). Die individuelle Vulnerabilität und Kompetenzstörungen/-defizite spielen eine wesentliche Rolle dabei. Symptome sind Sorgen, depressive Stimmung, Angst oder Störungen des Sozialverhaltens.

F44.- Dissoziative Störungen (Konversionsstörungen), früher als „Konversionsneurose“ oder „Hysterie“ bezeichnet. Sie äußern sich als teilweiser oder vollständiger Verlust der Erinnerung und des Bewusstseins der eigenen Identität (Identitätsbewusstsein), als Gefühlsstörungen sowie Störungen der Körperbewegungen und Lähmungen. Diese Symptome klingen nach

Wochen oder Monaten ab, können aber chronisch werden, vor allem, wenn Probleme unlösbar erscheinen. Die körperliche Untersuchung erbringt keinen krankhaften Befund. Bei Störungen mit Schmerzen und anderen körperlichen Empfindungen spricht man von *Somatisierungsstörungen* (F45.0).

F44.0 Dissoziative Amnesie – im Volksmund als „Blackout" bekannt – bezeichnet den nicht vollständigen, nicht organisch bedingten Verlust des Gedächtnisses in Bezug auf meist traumatische Ereignisse wie Unglücksfälle oder den Verlust von Angehörigen.

F44.1 Dissoziative Fugue ist ein plötzlicher ungewöhnlicher Ortswechsel, der den Rahmen normaler Alltagsmobilität stark überschreitet. Sie geht mit dissoziativer Amnesie einher (F44.0). Dabei werden unmotiviert Reisen angetreten oder ohne erkennbare Zielsetzung andere Orte aufgesucht. Dennoch kann der Patient dabei völlig normal wirken.

F44.2 Dissoziativer Stupor bedeutet Erstarrung, willkürliche Bewegungen und übliche Reaktionen auf Licht, Berührung oder Geräusche fehlen weitestgehend, ohne dass körperliche Ursachen vorliegen. Die Störung tritt meist infolge belastender Situationen auf.

F45.- Somatoforme Störungen sind mit körperlichen Beschwerden verbunden und begleitet von dem Wunsch nach medizinischer Behandlung trotz wiederholter negativer Untersuchungsbefunde.

F45.0 Somatisierungsstörung: Typisch für die multiple psychosomatische Störung sind unterschiedliche, wiederholt oder länger auftretende körperliche Symptome über mindestens zwei Jahre. Die Patienten haben meist schon längere Behandlungserfahrung. Die Störung verläuft chronisch und geht oft mit anhaltenden sozialen, interpersonellen und familialen Beeinträchtigungen einher.

F45.2 Hypochondrische Störung bezeichnet die andauernde Beschäftigung mit möglichen schweren Krankheiten, die tatsächlich aber nicht vorliegen. Normale körperliche Erscheinungen werden als krankhaft angesehen und dramatisiert. Die Betroffenen sind oft depressiv und ängstlich.

F45.3 Somatoforme autonome Funktionsstörung: Die Symptome, beispielsweise an Herz, Magen-Darm-Trakt oder Atmungsapparat, werden als organisch dargestellt, weisen aber nicht auf eine Erkrankung hin, zum Beispiel Herzneurose. Dabei kommen objektivierbare Symptome wie Herzjagen, Zittern, Schwitzen oder Erröten vor. Zudem haben die Betroffenen subjektiv bedeutsame Beschwerden, zum Beispiel Brennen, Schmerzen, Schwere- oder Enge-Gefühle.

F48.0 Neurasthenie: Als Leitsymptom tritt bei einem Teil der Betroffenen leichte geistig-psychische Erschöpfbarkeit und verringerte Leistungs- und Konzentrationsfähigkeit auf. Manche Betroffenen fühlen sich körperlich schnell erschöpft, klagen über Schmerzen und können sich nicht mehr entspannen. In beiden Fällen treten Spannungskopfschmerzen, Schwindel und Reizbarkeit, Ängste, Freudlosigkeit und Depressionen sowie Schlafstörungen oder Schläfrigkeit auf.

Behandlung von neurotischen, Belastungs- und somatoformen Störungen

Alle neurotischen, Belastungs- und somatoformen Störungen (F4) bedürfen der Abklärung organischer Hintergründe und anschließend psychotherapeutischer und gegebenenfalls ergänzender medikamentöser Behandlung (siehe Kapitel G1).

Ess-Störungen und andere Verhaltensauffälligkeiten mit körperlichen Störungen und Faktoren (F50–F59)

F50.0 Anorexia nervosa (Magersucht) ist durch bewusst veranlassten Gewichtsverlust und durch Angst, das gesellschaftliche Schlankheitsideal nicht zu erfüllen, gekennzeichnet. Dies führt meist zur Unterernährung und organischen Funktionsstörungen. Symptome sind strikte Nahrungsauswahl und sportliche Aktivitäten, absichtliches Erbrechen und der Einsatz von Appetitzüglern, Abführmitteln und Diuretika. Betroffen sind überwiegend junge Mädchen und Frauen. Von einer genetischen Komponente ist auszugehen.

F50.2 Bulimia nervosa: Symptome sind abwechselnd Essanfälle und Erbrechen oder Benutzung von Abführmitteln sowie Angst davor, das gesellschaftliche Schlankheitsideal nicht zu erfüllen. Häufiges Erbrechen kann zu körperlichen Funktionsstörungen führen. Häufig geht eine Anorexia nervosa voraus.

F52.- Sexuelle Funktionsstörungen: sexuelle Funktionsstörungen, die nicht durch eine organische Störung oder Krankheit verursacht sind. Sie verhindern sexuellen Verkehr aufgrund psychosomatischer Probleme: Diese können in einem Mangel oder Verlust von *sexuellem Verlangen* bestehen, vor allem bei Frauen, die Aversionen gegen sexuelle Handlungen entwickeln können (F52.0). Dies schließt indes sexuelle Erregung oder Befriedigung nicht aus. Nach Angaben von Beier et al. (2001) haben etwa ein Drittel der Frauen zeitweilig keine Lust auf Sex. Sexuelle Aversion und mangelnde sexuelle Befriedigung führen dazu, dass sexuelle Aktivitäten vermieden werden (sexuelle Aversion; F52.1). Manche Frauen haben einen Orgasmus ohne Lust dabei zu verspüren (Mangel an sexueller Befriedigung; *sexuelle Anhedonie).* Zu den durch innerpsychische Konflikte bedingten Störungen des Sexualverhaltens gehören die nachfolgend behandelten Probleme.

F52.2 Das Versagen genitaler Reaktionen: bei Männern ein Fehlen der Erektion, bei Frauen der vaginalen Befeuchtung *(Lubrikation),* was leicht zu Schmerzen beim Geschlechtsverkehr führt.

F52.3 Die Orgasmusstörung: Der Orgasmus tritt nicht, selten oder nur stark verzögert ein.

F52.4 Ejaculatio praecox: vorzeitiger Samenerguss ohne genügende Befriedigung beider Partner.

F52.5 Nichtorganischer Vaginismus: Verkrampfung der Beckenbodenmuskulatur, sodass sich die Scheide verschließt und das (schmerzlose) Eindringen des Penis unmöglich wird *(psychogener Vaginismus)*.

F52.7 Gesteigertes sexuelles Verlangen, das zu ernsthaften Problemen führt, wird bei der Frau *Nymphomanie*, beim Mann *Satyriasis* genannt.

Behandlung sexueller Störungen

Für sexuelle Störungen gibt es bewährte psychotherapeutische Behandlungsmöglichkeiten, die in der Regel im Rahmen einer Paartherapie eingesetzt werden (zum Beispiel Hauch, 2000; Buddeberg, 2005; siehe Kapitel C5, G1).

F55 Missbrauch von nicht abhängigkeitserzeugenden Substanzen: Viele Medikamente oder andere Stoffe können missbräuchlich eingesetzt werden. Hierzu gehören vor allem stimmungsverändernde (psychotrope) Medikamente, zum Beispiel Beruhigungsmittel oder Antidepressiva, Abführmittel sowie rezeptfreie Schmerzmittel. Damit werden zum Teil nicht nur teure medizinische Leistungen beansprucht, sondern auch körperliche Schäden verursacht.

Persönlichkeits- und Verhaltensstörungen (F60–F69)

Persönlichkeits- und Verhaltensstörungen stellen eine Gruppe von bedeutsamen, länger andauernden Krankheitsbildern dar. Durch sie kommen die Beziehung eines Menschen zu sich selbst und zu seiner Umwelt sowie der individuelle Lebensstil zum Ausdruck. Die Persönlichkeit entwickelt sich infolge konstitutioneller Faktoren und überwiegend durch frühe Erfahrungen (siehe Kapitel B1). Persönlichkeitsstörungen sind zumeist „tief verwurzelte, anhaltende Verhaltensmuster, die sich in starren Reaktionen auf unterschiedliche persönliche und soziale Lebenslagen zeigen“ (WHO, 2006). Derartige Störungen führen dazu, dass sich die Betroffenen hinsichtlich der üblichen Kriterien der Wahrnehmung, des Denkens, des Fühlens und sozialer Beziehungen deutlich von der Norm unterscheiden. Als wesentliche Erscheinungsformen treten stabile psychische Fehlfunktionen und abweichendes Verhalten auf. Die Betroffenen sind persönlich und sozial verschieden stark beeinträchtigt.

F60.- Spezifische Persönlichkeitsstörungen ohne organische Grundlage beeinträchtigen verschiedene Bereiche der Persönlichkeit und der sozialen Beziehungen. Persönlichkeitsstörungen entwickeln sich zumeist in der Kindheit oder im Jugendalter und bleiben dann bestehen.

F60.0 Paranoide Persönlichkeitsstörungen sind gekennzeichnet durch eine Überempfindlichkeit, zurückgewiesen oder gekränkt zu werden, und die Neigung, zu misstrauen oder Erlebtes in ungünstiger Weise oder falsch zu interpretieren *(Fehlattribution)*. Die Betroffenen empfinden das Verhalten anderer Menschen leicht als verdächtig oder feindselig und bestehen querulatorisch auf ihren Rechten. Sie beargwöhnen ihren Partner oft eifersüchtig. Zudem neigen die Patienten zu überhöhtem Selbstbewusstsein und Selbstbezogenheit.

F60.1 Schizoide Persönlichkeitsstörungen zeichnen sich durch Distanz und Rückzug von affektivem und sozialem Kontakt aus. Die Betroffenen sind phantasievolle Einzelgänger und nur begrenzt in der Lage, ihre Gefühle auszudrücken oder sich zu freuen.

F60.2 Dissoziale Persönlichkeitsstörungen führen zur Missachtung sozialer Verpflichtungen und kalter Distanz gegenüber den Gefühlen anderer. Das Verhalten weicht erheblich von herrschenden sozialen Normen ab und erscheint nicht korrigierbar. Die Betroffenen rechtfertigen ihre Regelverletzungen in vordergründiger Weise. Sie haben eine geringe Frustrationstoleranz, neigen zu Reizbarkeit, aggressivem Verhalten und dazu, andere zu beschuldigen.

F60.3 Emotional instabile Persönlichkeitsstörung: Die Betroffenen sind unberechenbar, launenhaft und neigen dazu, ihre Impulse auszuagieren, ohne die Konsequenzen zu bedenken. Sie tendieren zu Gefühlsausbrüchen und Streitereien. Das ICD-10 unterscheidet einen impulsiven Typus (F60.30), der sich durch emotionale Instabilität und mangelnde Impulskontrolle auszeichnet, und einen Borderline-Typus (F60.31), der durch „Störungen des Selbstbildes, der Ziele und der inneren Präferenzen, durch ein chronisches Gefühl von Leere, durch intensive, aber unbeständige Beziehungen und eine Neigung zu selbstgefährdendem Verhalten und Suizidversuchen" charakterisiert ist (WHO, 2006).

F60.4 Histrionische Persönlichkeitsstörungen sind an oberflächlichen und labilen emotionalen Reaktionen, dramatisierendem, theatralischem Gehabe sowie übertriebenem Ausdruck von Gefühlen zu erkennen. Die Betroffenen sind leicht beeinflussbar *(suggestibel)* und kränkbar, zugleich egozentrisch auf Bestätigung aus, genusssüchtig und oft rücksichtslos. Man spricht auch von hysterischen oder infantilen Persönlichkeiten.

F60.5 Anankastische (zwanghafte) Persönlichkeitsstörung: Die Betroffenen zweifeln an sich, sind perfektionistisch und übertrieben gewissenhaft. Zudem sind sie starrsinnig und müssen übervorsichtig ständig alles kontrollieren. Diese Merkmale sind bei einer zwanghaften Persönlichkeit beziehungsweise Zwangspersönlichkeit weniger ausgeprägt als bei einer Zwangsstörung (F42.-).

F60.6 Ängstliche (vermeidende) Persönlichkeitsstörung: Die Betroffenen sind ständig angespannt und machen sich Sorgen wegen unbestimmter Gefahren und Risiken. Dabei fühlen sie sich unsicher und minderwertig. Sie suchen daher ständig nach Zuwendung und Bestätigung, reagieren empfindlich auf Kritik und Zurückweisung. Damit sind sie in Hinblick auf Aktivitäten und die Beziehungsfähigkeit beeinträchtigt.

F60.7 Abhängige (asthenische) Persönlichkeitsstörung: Die Betroffenen können nur schwer selbstständig Entscheidungen treffen und verhalten sich eher passiv und hilflos. Sie fühlen sich inkompetent und haben Angst, zu versagen. Lieber ordnen sie sich unter und überlassen die Verantwortung anderen.

F62.0 Andauernde Persönlichkeitsänderung nach Extrembelastung liegt vor, wenn sich die Persönlichkeit nach einer traumatischen Lebenssituation, zum Beispiel aufgrund von Terroranschlägen, Gefangenschaft unter Todesgefahr, Folter, Katastrophen und bisweilen einer posttraumatischen Belastungsstörung (F43.1), dauerhaft über mehr als zwei Jahre hinweg verändert. Die Betroffenen verhalten sich feindselig oder misstrauisch, ziehen sich zurück, fühlen sich innerlich leer oder ohne Hoffnung und sind chronisch angespannt.

Behandlung von Persönlichkeitsstörungen

Die der Behandlung vorausgehende Anamnese ist bei Persönlichkeitsstörungen wegen der oft geringen Selbstreflexionsfähigkeit erschwert. Daher müssen Angehörige oder andere Bezugspersonen zu Konflikten, Eigenschaften und Reaktionsweisen des Betroffenen befragt werden (Fiedler, 2003; Merod, 2005). Die Behandlung erfolgt psychotherapeutisch, gegebenenfalls mit medikamentöser Unterstützung (siehe Kapitel G).

Entwicklungsstörungen (F80–F89)

Allen Entwicklungsstörungen sind folgende Eigenschaften gemeinsam:

- Sie beginnen in der (frühen) Kindheit,
- sie bewirken eingeschränkte oder verzögerte Funktionen, die von der Entwicklung des Zentralnervensystems abhängen, und
- sie verlaufen kontinuierlich.

Die Betroffenen entwickeln sich sprachlich, motorisch und kognitiv weniger gut. Mit zunehmendem Alter legen sich die Schwierigkeiten, wobei oft kleine Defizite erhalten bleiben.

F80.- Umschriebene Entwicklungsstörungen des Sprechens und der Sprache: Dabei ist der Spracherwerb von klein auf beeinträchtigt. Die Störungen können nicht direkt neurologischen Ursachen oder Veränderungen des Sprachablaufs, sensorischen Beeinträchtigungen, Intelligenzminderung oder Umweltfaktoren zugeordnet werden. Umschriebene Entwicklungsstörungen des Sprechens und der Sprache ziehen oft sekundäre Folgen nach sich, zum Beispiel Schwierigkeiten beim Lesen und Rechtschreiben, Störungen im Bereich der zwischenmenschlichen Beziehungen sowie im emotionalen und Verhaltensbereich.

F80.1 Expressive Sprachstörung: Sie liegt vor, wenn ein Kind nicht dem Alter angemessen sprechen kann, wobei seine Fähigkeit, die Sprache zu verstehen, normal ausgeprägt ist. Dazu können Probleme kommen, sich zu artikulieren, das heißt, Gedanken in Worte zu fassen. Das Kind bleibt damit unterhalb seines Intelligenzalters.

F80.2 Rezeptive Sprachstörung: Ein Kind hat Schwierigkeiten mit dem Verstehen von Sprache und liegt damit unter dem Niveau seiner Altersgruppe. Fast immer sind auch die sprachliche Ausdruckfähigkeit und die Wort-Laut-Produktion betroffen.

F81.0 Lese- und Rechtschreibstörung (Legasthenie): Hauptmerkmal ist eine deutlich eingeschränkte Lesefähigkeit. Das Verständnis, die Fähigkeit, Gelesenes zu erkennen, vorzulesen und leseabhängige Leistungen sind eingeschränkt. Bei gestörtem Lesevermögen kommt es meist zu länger andauernden Rechtschreibstörungen. Diese können jedoch auch aus vorangegangenen Lesestörungen resultieren. In der Schulzeit treten häufig parallel emotionale Störungen und Verhaltensstörungen auf.

F81.2 Rechenstörung: Unabhängig von Intelligenzminderung oder schulischen Schwierigkeiten sind die Rechenfertigkeiten beeinträchtigt, betroffen sind vor allem die Grundrechenarten.

F82.- Umschriebene Entwicklungsstörung der motorischen Funktionen: Ein Kind zeigt eine nicht allein durch Intelligenzminderung oder eine neurologische Störung erklärbare schwerwiegende Entwicklungsbeeinträchtigung der motorischen Koordination. Dennoch zeigen sich zumeist deutliche entwicklungsneurologische Zeichen von Unreife und mangelhafter fein- oder grobmotorischer Koordination.

F84.0 Frühkindlicher Autismus ist eine tief greifende Entwicklungsstörung, die sich vor dem dritten Lebensjahr äußert. Störungen gibt es vor allem bei sozialer Interaktion und der Kommunikation, typisch ist das stereotype, repetitive Verhalten. Hinzu kommen meist Phobien, Schlaf- und Essstörungen, Wutausbrüche und (autodestruktive) Aggression (WHO, 2006).

F84.2 Rett-Syndrom: Es tritt bei Mädchen zwischen dem siebten und 24. Lebensmonat auf. Sie verlieren teilweise oder vollständig ihre Sprachfähigkeit, motorischen und Bewegungsfähigkeiten. Das Kopfwachstum ist verlangsamt. Stereotype Drehbewegungen mit den Händen und Hyperventilation sind typisch. Die Entwicklung des sozialen und Spielverhaltens ist beeinträchtigt, während das soziale Interesse bestehen bleibt. Ab dem vierten Lebensjahr entwickelt sich eine Störung der Bewegungsabläufe und der Fähigkeit gerade zu sitzen *(Rumpfataxie).* Weitere Probleme entstehen durch Einschränkungen der Fähigkeit, willkürliche Bewegungen auszuführen und Gegenstände sinnvoll zu verwenden *(Apraxie),* außerdem treten bizarre unkontrollierte *(choreo-athetoide)* Bewegungen auf. Fast immer kommt es zu schwerer Intelligenzminderung.

Behandlung von Entwicklungsstörungen

Nachdem körperliche Zusammenhänge abgeklärt wurden, werden Entwicklungsstörungen meist mit speziellen kindgerechten psychotherapeutischen und sonderpädagogischen Fördermethoden behandelt. Im Mittelpunkt steht die Bemühung, Entwicklungsdefizite aufzuholen und Störungen zu kompensieren. Wenn irgend möglich, werden die Eltern und das soziale Umfeld in die Therapie einbezogen (siehe Kapitel G).

Störungen des Verhaltens und der Emotionen bei Kindern und Jugendlichen (F90–F98)

F90.- Hyperkinetische Störungen beginnen meist vor dem fünften Lebensjahr. Die Kinder haben wenig Ausdauer, vor allem, wenn sie kognitiv gefordert werden, sind unstet und führen nichts zu Ende. Bei ihren Aktivitäten sind sie oft achtlos, desorganisiert und sie neigen zu impulsiven und überschießenden Reaktionen. Aus Unachtsamkeit verletzen sie häufig Regeln. Dabei neigen sie verstärkt zu Unfällen. Häufig liegen kognitive Beeinträchtigungen sowie eine verzögerte motorische und sprachliche Entwicklung vor. In ihren Beziehungen zu Erwachsenen verhalten sich die betroffenen Kinder oft distanzlos und offensiv. In der Folge zeigen sie dissoziale Verhaltensweisen und zweifeln an sich selbst. Hyperaktive Kinder sind daher oft unbeliebt und isoliert.

F91.- Störungen des Sozialverhaltens äußern sich als dauerhafte Muster unangepassten und destruktiven Verhaltens über mindestens sechs Monate hinweg. Damit sprengen sie den Rahmen altersentsprechender sozialer Regeln. Die betroffenen Kinder sind extrem reizbar und aufsässig, streitsüchtig und oft grausam gegenüber anderen, die sie regelrecht tyrannisieren. Sie zerstören Dinge, legen Feuer, stehlen, lügen. Oft schwänzen sie die Schule oder laufen von zu Hause weg.

F92.0 Störung des Sozialverhaltens mit depressiver Störung: Sie führt zu Verhaltensauffälligkeiten in sozialen Situationen sowie deutlichem Leiden, Desinteresse und Freudlosigkeit, Schuldgefühlen und Resignation. Die Kinder sind oft von Appetitlosigkeit und Schlafstörungen betroffen.

F93.- Emotionale Störungen des Kindesalters: Emotionale Störungen stellen Extremfälle normaler Entwicklungsprobleme dar, keine eigenständigen Abnormitäten. Bisweilen bilden Ängste wie Furcht vor Trennung, vor Fremden oder sozial bedrohlichen Situationen den Kern der Angst. Auch übertriebene Geschwistereifersucht, vor allem nach der Geburt eines jüngeren Geschwisters, kann zu massiven Beeinträchtigungen führen.

F94.- Störungen sozialer Funktionen mit Beginn in der Kindheit und Jugend: Störungen der sozialen Funktionsfähigkeit treten zumeist im Zusammenhang mit schwerwiegenden Beeinträchtigungen der familialen Funktionsfähigkeit und anderen Milieuschäden wie Vernachlässigung oder Misshandlung auf.

F94.0 Elektiver Mutismus fällt dadurch auf, dass das Kind in bestimmten Situationen spricht, in anderen jedoch nicht. Diese Störung geht zumeist mit emotionaler Irritierbarkeit, Sozialangst, Rückzug oder Aufsässigkeit einher.

F94.1 Reaktive Bindungsstörung des Kindesalters: Sie tritt in den ersten fünf Lebensjahren auf und stört die sozialen Beziehungen des Kindes (siehe Kapitel B1). Als Reaktion auf veränderte Milieuverhältnisse, Vernachlässigung, Missbrauch oder Misshandlung kommt es zu emotionalen Störungen wie Überängstlichkeit, Rückzug von Gleichaltrigen, Aggressionen gegen sich selbst oder andere, Depressivität und zum Teil zu Wachstumsstörungen.

F94.2 Bindungsstörung des Kindesalters mit Enthemmung: Kinder mit distanzlosem Bindungsverhalten suchen um jeden Preis Aufmerksamkeit und sind zu jedermann gleich freundlich und zutraulich. Ihnen fehlt das Gespür für Nähe und Distanz. Dieses abnorme Sozialverhalten tritt während der ersten fünf Lebensjahre auf und bleibt auch bei veränderten Lebensbedingungen relativ stabil erhalten. Da es häufig bei kindlichen Langzeitpatienten in Kliniken auftritt, spricht man auch von *Hospitalismus*.

F95.- Ticstörungen: Ein Tic ist eine unwillkürliche, rasche, wiederholte, nichtrhythmische Bewegung bestimmter Muskelgruppen oder eine plötzliche, unmotivierte Lautäußerung. Motorische Tics äußern sich in Grimassieren, Blinzeln oder zuckenden Bewegungen des Kopfes oder der Schultern. Häufige vokale Tics sind zum Beispiel Zischen, Räuspern, Schnauben sowie die Wiederholung bestimmter, zum Teil ungehöriger Wörter *(Koprolalie)* oder eigener Äußerungen *(Palilalie)*. Komplexere Tics umfassen Bewegungen wie Hüpfen oder Schläge gegen den eigenen Körper. Tics können sich unter Belastungen verstärken und zeitweilig willentlich unterdrückt werden. Im Schlaf treten sie nicht auf.

F98.0 Nichtorganische Enuresis (Einnässen): Bei Einnässen am Tag und in der Nacht ist zu prüfen, ob dies als Folge mangelnder Blasenkontrolle, einer neurologischen Störung, epileptischer Anfälle oder einer strukturellen Anomalie der ableitenden Harnwege auftritt. Das Problem kann rein psychische Ursachen haben, aber dennoch mit einer schweren emotionalen oder Verhaltensstörung einhergehen.

F98.1 Nichtorganische Enkopresis (Einkoten) an Orten, die im normalen Umfeld üblicherweise nicht dafür vorgesehen sind, kann eine atypische Verlängerung der normalen kindlichen Unfähigkeit zur Darmkontrolle darstellen oder einen Verlust bereits erlernter Darmkontrolle bedeuten. Manchmal handelt es sich dabei um eine Trotzreaktion, manchmal um einen Bestandteil von emotionalen oder Verhaltensstörungen.

F98.2 Fütterstörung im frühen Kindesalter: Im Kleinkind- und frühen Kindesalter verweigern manche Kinder die Nahrungsaufnahme oder sind extrem wählerisch, obwohl das Nahrungsangebot angemessen und die Betreuung kompetent ist. Zum Teil würgen sie das Essen wieder herauf *(Rumination)*.

F98.3 Pica im Kindesalter: Manche Kinder verzehren öfter nicht essbare Substanzen wie Steine oder Erde, was als Symptom von Autismus oder Intelligenzminderung auftreten kann.

F98.4 Stereotype Bewegungsstörungen sind wiederkehrende, nichtfunktionale, oft rhythmische Bewegungen. Hierzu gehören zum Beispiel auffälliges Schaukeln mit dem Körper oder dem Kopf, Zupfen oder Verdrehen der Haare. Die Kranken schädigen sich zum Teil selbst, indem sie mit dem Kopf gegen die Wand schlagen, sich ins Gesicht hauen, in die Augen stechen oder beißen. Am häufigsten sind Intelligenzgeminderte betroffen.

F98.5 Stottern (Stammeln) beschreibt häufige Wiederholung oder Dehnung von Lauten, Silben oder Wörtern oder häufiges Unterbrechen des rhythmischen Sprechflusses. Die durch Stottern in sozialen Situationen oft ausgelöste Peinlichkeit vergrößert das Problem häufig und führt zu Vermeidungsverhalten.

Behandlung von Störungen des Verhaltens und der Emotionen bei Kindern und Jugendlichen

Zunächst müssen die Störungen sorgfältig erfasst und diagnostiziert werden. Bei Kindern gehören hierzu

- die Befragung der Bezugspersonen,
- Informationen aus Kindergarten oder Schule, gegebenenfalls vom Jugendamt, vom Hausarzt und/oder Kinderarzt,
- je nach Alter Befragung/Beobachtung des Kindes und eine
- körperliche Untersuchung.

Zu achten ist dabei auf den allgemeinen Entwicklungsverlauf, die aktuelle Symptomatik, das Ausmaß der Nichtbewältigung von Alltagssituationen und Entwicklungsaufgaben, Störungen des Sozialverhaltens und andere Auffälligkeiten. Wichtig ist auch, die Lebensbedingungen des Kindes unter die Lupe zu nehmen. Hierzu gehören die familiale Funktionsfähigkeit und die Prüfung, ob das Kind vernachlässigt oder misshandelt wird.

Die therapeutischen und sonderpädagogischen Maßnahmen widmen sich dem Kind, seinen Störungen und Defiziten sowie dem Umfeld wie Familie, Kindergarten oder Schule, um die Entwicklungsbedingungen zu optimieren. Gegebenenfalls ist es angezeigt, ein Kind aus einem entbehrungsreichen oder bedrohlichen, deprivierenden Milieu per Gerichtsbeschluss herauszunehmen, zum Beispiel bei sexuellem Missbrauch. Ist das Umfeld zu instabil oder nicht genügend beeinflussbar, findet die Behandlung oft in einer Klinik oder einem Heim statt. Häufig sind längere, zum Teil mehrjährige Jugendhilfe- und Rehabilitationsmaßnahmen erforderlich, wie sie im Kinder- und Jugendhilfegesetz (KJHG) vorgesehen sind.

F Selbsthilfe-möglichkeiten zur Optimierung der Lebensqualität

Wer seine Lebensqualität verbessern will, hat eine Fülle von Möglichkeiten, die er in Eigeninitiative nutzen kann. Hierzu gehören Strategien, die geeignet sind, die eigenen Lebensentwürfe zu verwirklichen, Bedürfnisse zu befriedigen und negative Erlebnisse möglichst zu vermeiden. Hierfür können sich auch Laien psychologische Erkenntnisse sehr wirksam zunutze machen. Um tatsächlich zu profitieren, sind indes einige Voraussetzungen zu bedenken. Wie Sie bereits gelesen haben, basieren sehr viele psychische Funktionen auf neuronalen Netzwerken, die ein ausgeprägtes Eigenleben führen und nur teilweise bewusst und willentlich steuerbar sind. Dies bedeutet aber nicht, dass sie nicht zu beeinflussen sind. Auch viele körperliche Funktionen, zum Beispiel der Blutdruck, sind ja nicht direkt zu steuern. Voraussetzung ist daher immer, dass Sie zunächst die Funktionszusammenhänge verstehen, um Ansatzpunkte für das Eingreifen ausfindig zu machen. Unser psychisches Erleben basiert immer auf Sinneserfahrungen in Lebenssituationen, auf die wir aufgrund unserer Vorgeschichte in individuell unterschiedlicher Weise reagieren. Am Anfang muss deshalb stets eine möglichst differenzierte Bestandsaufnahme der Situation stehen, die Sie verändern wollen, und Ihrer persönlichen Eigenschaften, die steuern, wie Sie auf bestimmte Erlebnisse reagieren. Dabei ist das Wissen aus den vorangegangenen Kapiteln die Grundlage. Zu wirksamer Lebensplanung und erfolgreichem Selbstmanagement gehören die folgenden Elemente:

- Achtsamkeitsübungen, um sich für die eigenen Bedürfnisse zu sensibilisieren, zum Beispiel Focusing oder Meditation;
- eine bedürfnisgerechte Lebens- und Zukunftsplanung für alle relevanten Lebensbereiche und das Setzen entsprechender Prioritäten;
- ein Zeitmanagement für alle wichtigen Lebensbereiche, das sich nach den eigenen Bedürfnissen richtet;

- Einübung von Gelassenheit durch Stress- und Ärgerprävention;
- Entspannungsmethoden, zum Beispiel autogenes Training, progressive Muskelentspannung oder Stressbewältigungstraining;
- körperliche Bewegung und Sport.

Längerfristig geht es um die Frage, welche Priorität Sie der eigenen Lebensqualität in Ihrer Lebens- und Zeitplanung einräumen wollen.

1 Lebens- und Zukunftsplanung

Da wir nicht wissen, wie lange wir leben, ist es sinnvoll, bereits in der Gegenwart, im Hier und Jetzt, für gute Lebensqualität zu sorgen und dieses Anliegen nicht auf eine Zukunft zu verschieben, die vielleicht nie eintritt. Gleichwohl ist es sinnvoll, sich genauer zu überlegen, was wir im Leben erreichen und erleben wollen. Wir brauchen hierzu ausreichend konkretisierte Zukunftsszenarien oder Utopien, um uns vorstellen zu können, wie die angestrebten Lebensziele aussehen könnten (Kaiser, 2003). Auch wenn wir vielleicht nicht alles erreichen, was wir uns vornehmen, müssen wir wissen, in welche Richtung wir uns auf den Weg machen wollen. Ohne klare Orientierung laufen wir Gefahr, uns zu verzetteln oder zu verirren. Wir stehen dabei immer vor dem Dilemma, zwischen den aktuellen Bedürfnissen und dem Verzicht zugunsten von Zukunftsinvestitionen abzuwägen.

Sieben Schritte der Zukunftsarbeit

Zu beachten ist, dass Vorgehensweisen und entsprechende Investitionen erst dann geplant werden sollten, wenn wir uns gemeinsam mit unseren Angehörigen darüber klar geworden sind, wie die gewünschte Zukunft überhaupt aussehen soll. Um dies zu erreichen, gehen Sie am besten die „Sieben Schritte der Zukunftsarbeit".

Zukunftsvision formulieren

Um aus der Verstrickung in aktuelle Probleme herauszukommen, fragen Sie sich nicht nach aktuellen kurzfristigen, sondern weiter in der Zukunft liegenden Ober-Zielen. Skizzieren Sie, wie ein optimales Leben in drei bis fünf Jahren aussehen könnte. Entwickeln Sie Visionen optimaler Szenarien für die relevanten Lebensbereiche. Dies geschieht zunächst unabhängig davon, inwieweit diese tatsächlich realisierbar sind. Erst wenn die Fernziele geklärt sind, können Sie überlegen, welche Richtung Sie einschlagen wollen und welche Vorgehensweisen dafür infrage kommen. So entwickeln Sie nach und nach Ihre Ober-Ziele.

Formulieren Sie Ihre Ziele so klar, dass Sie jeweils beurteilen können, welcher Grad der Zielerreichung erreicht ist. Hierzu empfiehlt es sich, die einzelnen Aspekte möglichst präzise aufzuschlüsseln und dabei wichtige Angehörige und deren Prioritäten einzubeziehen. Dabei stellt sich auch heraus, wie breit die gemeinsame Basis für eine befriedigende Zukunft ist. Und Sie haben die Gelegenheit, über Ziele zu sprechen, die allen oder vielleicht erst einmal nur einem Beteiligten reizvoll erscheinen. Falls sich nicht mehr Gemeinsamkeiten ergeben und Probleme nicht lösen lassen, können Sie über die Umgestaltung Ihres Beziehungsnetzwerks oder über einen geordneten Rückzug aus der Beziehung nachdenken. Erst wenn diese Möglichkeit offen angesprochen wird, merken wir manchmal, was wir aneinander haben. Und das bringt uns möglicherweise dazu, dass wir uns in unseren Beziehungen wieder mehr anstrengen.

Oft ist es nützlich, Ressourcen und Anfälligkeiten, die sich aus familialen Hintergründen ergeben, mit einem Genogramm sichtbar zu machen. So ist recht schnell zu ermitteln, wie die für die gemeinsame Lebensqualität relevanten Strukturen und Akteure zusammenwirken. Notieren Sie hierzu die Namen aller beteiligten Personen auf einem großen Bogen Papier und beschreiben Sie ihre wichtigsten Merkmale (siehe Abb. 26). Die Qualität der Beziehungen wird durch grafische Beziehungssymbole veranschaulicht, wie in Abb. 19 a dargestellt. Wesentliche Daten und Informationen der Familiengeschichte können – im Systemkontext betrachtet – wertvolle Hinweise auf zu erwartende Entwicklungen in der Zukunft liefern. Begabungs-, Scheidungs- oder Krankheitstraditionen in der Herkunftsfamilie deuten auf Ressourcen und Anfälligkeiten in Gegenwart und Zukunft hin (McGoldrick/Gerson, 2002; Kaiser, 2007).

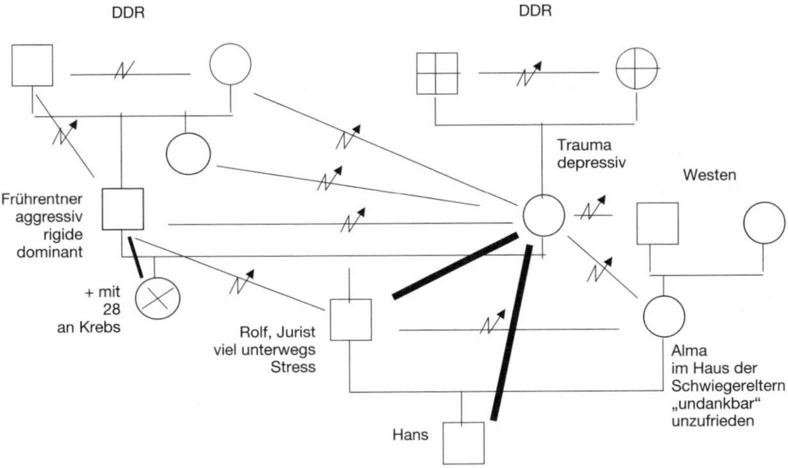

Abb. 26: Ausschnitt aus dem Genogramm von Familie X (Kaiser, 2007)

Nun können Sie sich fragen, welche Qualitätskriterien Sie für das (Zusammen-)Leben in den einzelnen Lebensbereichen festlegen wollen, zum Beispiel bei der persönlichen Entwicklung, bei Partnerschaft und Erotik oder wenn es um Beruf, Freizeit, Wohnsituation und Hobbys geht.

Zielprioritäten festlegen

Erst wenn die langfristigen Ober-Ziele für die wichtigsten Bereiche klar und mit den Angehörigen abgestimmt sind, ist es sinnvoll, über mittelfristige (Zwischen-)Ziele zu sprechen. Sonst besteht die Gefahr, dass nachrangige Ziele formuliert werden, die sich nicht mit den Ober-Zielen vertragen und daher auf Abwege führen. Beispiele für mittelfristige Zielsetzungen sind, die Paarbeziehung wieder stärker zu erotisieren, Kollegen oder Schwiegereltern Grenzen zu setzen oder liebevoller mit den Kindern umzugehen.

Vorgehensmöglichkeiten sammeln

Sind die lang- und mittelfristigen Ziele bestimmt, dann klären Sie, mit welchen Mitteln die einzelnen Etappen zu erreichen sind. Auch hier empfiehlt es sich, Schritt für Schritt zu erörtern und auszuarbeiten, welche Ressourcen und welche Schritte erforderlich sind.

Folgen abschätzen

Nachdem Sie herausgefunden haben, wie sich ein bestimmtes Ziel erreichen lassen könnte, prüfen Sie, welche Konsequenzen und Nebenwirkungen dabei zu erwarten sind. Diese können mittel- und längerfristig und auch in verschiedenen Bereichen recht unterschiedlich ausfallen: Tun wir zum Beispiel mehr für unsere Paarbeziehung, geht dies vielleicht zunächst auf Kosten der Freundschaftskontakte. Mittelfristig profitieren aber auch die Freunde, wenn unsere Partnerschaft harmonisch ist.

Ressourcen prüfen

Haben Sie geeignete Wege zum Ziel gefunden, ist zu klären, welche Ressourcen dafür zur Verfügung stehen und welche zu beschaffen oder zu stärken sind. Wollen Sie etwas für die Partnerschaft tun, brauchen Sie Ruhe und Zeit, was Sie eventuell gegenüber anderen Anforderungen durchsetzen müssen. Vielleicht ist es nötig, dass Sie sehr bestimmt sind, um diese Partnerzeit gegen Wünsche von anderen Menschen oder gegen andere Interessen zu verteidigen. Wichtige Ressourcen liefern Ihnen zudem die Selbstpflege oder Gesundheitsförderung in Form regelmäßiger sportlicher Ertüchtigung sowie von Entspannungs- und anderen Selbstmanagementübungen.

Hindernisse beseitigen und Ressourcen zuordnen

Hindernisse auf dem Weg zu Ihrem Ziel können eigene Haltungen sein, zum Beispiel „Ich darf mir nichts gönnen und muss immer für andere da sein" oder „Es ist peinlich zu sagen, dass das Wochenende für den Partner reserviert ist". Ressourcen lassen sich mobilisieren, indem Sie Kollegen oder Angehörige um Unterstützung bitten, damit Sie sich wirklich frei machen können. Überlegen Sie sich vorab, wie Sie solche Bitten am wirksamsten formulieren.

Prozessfeedback sichern und Probleme bewältigen

Je differenzierter Sie den Prozess der Zielerreichung verfolgen, umso leichter können Sie auch kleinste Erfolge würdigen oder Abweichungen erkennen und korrigieren. Indem Sie alle kleinen Erfolge in unterschiedlichen Bereichen anerkennen, stärken Sie Ihr Selbstwertgefühl, und desto souveräner und gelassener werden Sie. Verunsicherung hingegen führt dazu, dass wir leichter in Schwierigkeiten geraten.

Modellvorstellungen und Lebensziele

Die Arbeit an der eigenen Zukunft, der aktuellen Lebensqualität und die ruhige Reflexion in regelmäßigen Mußephasen können die eigene Person und die Lebensführung erheblich stabilisieren. Einen sehr wichtigen Stellenwert hierbei haben die Lebenskonzepte, inneren Modelle und neuropsychischen Schemata (siehe Kapitel A7). Es lohnt sich daher, die Lebenskonzepte und Modellvorstellungen einer Inventur zu unterziehen und zu prüfen, wie gut sie sich mit den zuvor herausgearbeiteten Lebenszielen und untereinander vertragen. Bei Unstimmigkeiten müssen neue Lebenskonzepte und Modellvorstellungen entwickelt werden, die die eigenen Ziele genügend unterstützen. Wer zum Beispiel eine Erziehung der Kinder zu autonomen Persönlichkeiten, die eigenständig denken und handeln, anstrebt, kann nicht gleichzeitig im Umgang widerspruchsfreien Gehorsam erwarten und beleidigt reagieren, wenn die Kinder ihren eigenen Willen äußern. Erziehung zur Autonomie heißt zwar nicht, auf Regeln und Grenzen zu verzichten, erfordert aber eine wertschätzende, dialogische Auseinandersetzung mit gegensätzlichen Auffassungen. Vor allem erfordert sie die Anerkennung der Realität, dass unterschiedliche Sichtweisen und Interessen den Normalfall darstellen und eben nicht die Ausnahme bilden.

2 Zeitmanagement

Die Pflege der eigenen Lebensqualität erfordert Ressourcen, zu denen auch Zeit gehört. Umgekehrt beeinträchtigt Zeitdruck wegen des damit verbundenen Stresses die Lebensqualität. Daher ist vorausschauende Planung nötig, um in den zur Verfügung stehenden Zeitfenstern die wesentlichen Vorhaben auch unterzubringen. Zeitmanagement bedeutet, die in Anspruch genommene Zeit optimal zu nutzen. Es beschäftigt sich mit Strategien und Techniken, um eine größere Anzahl von Aufgaben, Terminen usw. zu koordinieren, wenn nur begrenzt Zeit zur Verfügung steht. Wichtig ist, sich immer wieder klarzumachen, dass die Zeit ganz unabhängig davon verstreicht, was wir währenddessen tun. Das Einzige, was wir in der Hand haben, ist unser *Umgang* mit der Zeit. Zeitmanagement bedeutet daher im Wesentlichen Selbstmanagement. Dabei sind fünf Bereiche besonders relevant: unsere Ziele, eine Übersicht, unsere Prioritäten, ein guter Plan sowie unsere Motive und Motivationen.

Bei allem, was wir tun, kommt es auf die Ziele an, die uns wichtig sind. Dabei müssen wir uns über unsere Ziel-Prioritäten klar werden. Damit haben wir uns im Zusammenhang mit der Lebensplanung in den einzelnen Lebensbereichen beschäftigt. Sodann ist es sinnvoll, aus den langfristigen Zielen, die im Rahmen der Lebensplanung ermittelt wurden, mittelfristige und kurzfristige Vorhaben abzuleiten. Gegebenenfalls sind mittelfristige und kurzfristige Ziele auf ihre Vereinbarkeit zu prüfen.

Übersicht verschaffen

Damit Sie die gesteckten Ziele auch erreichen können, verschaffen Sie sich zunächst einen Überblick über die geplanten Vorhaben und Aufgaben sowie über die Möglichkeiten, Mittel und Wege dafür. Dazu gehört auch, dass Sie Ihr Verhalten daraufhin untersuchen, wie effektiv Sie Ihre Zeit nutzen. Fragen Sie sich, welche Mittel und Fähigkeiten zur Verfügung stehen und wie wirksam und ökonomisch diese sind. Im Rahmen einer grafischen Übersicht (Mindmap) können Sie Ihre Vorhaben und Strategien auflisten und zueinander in Beziehung setzen. Mit einer Prioritäten-Analyse lassen sich Anliegen und Aufgaben auf ihre *Wichtigkeit* und zeitliche *Dringlichkeit* untersuchen, um sie dann nach hoher, mittlerer und geringer Priorität zu klassifizieren. Dabei ist zu überlegen, ob die Kriterien für Wichtigkeit und Dringlichkeit unserer eigenen Einschätzung entstammen oder von außen an uns herangetragen werden. Was weder wichtig noch dringlich ist, können wir getrost vergessen. Denken Sie dabei an das *Pareto-Prinzip,* eine Wahrscheinlichkeitsformel, nach der in 20 Prozent der zur Verfügung stehenden Zeit 80 Prozent der Aufgaben erledigt werden können. Für die restlichen 20 Prozent der Aufgaben werden 80 Prozent der zur Verfügung stehenden Zeit benötigt (Koch, 1998). Der Teufel steckt meistens im Detail.

Statt sich mit Nebensächlichkeiten aufzuhalten, die nur Zeit kosten, sollten Sie sich also lieber den Aufgaben zuwenden, die Sie mit nur 20 Prozent des Zeit- und Energieaufwands erledigen können. Für die Feinheiten, zum Beispiel das Ausmerzen von Fehlern, benötigen wir 80 Prozent der Gesamtzeit.

Im Rahmen der nach dem ehemaligen US-Präsidenten benannten *Eisenhower-Methode* werden Aufgaben nach den Kriterien wichtig/unwichtig und dringend/nicht dringend beurteilt. So können sie jeweils einer bestimmten Behandlung zugeordnet werden (Seiwert, 2006; siehe Abb. 27).

<table>
<tr><td colspan="2" rowspan="2"></td><td colspan="2">Zeitliche Priorität</td></tr>
<tr><td>Nicht dringend</td><td>Dringend</td></tr>
<tr><td rowspan="2">Inhaltliche Priorität</td><td>Wichtig</td><td>B-Aufgaben: wichtig, aber nicht so dringend; einen Termin setzen, wann zu erledigen</td><td>A-Aufgaben: dringend und wichtig; sofort selbst erledigen</td></tr>
<tr><td>Nicht wichtig</td><td>D-Aufgaben: Papierkorb</td><td>C-Aufgaben: weniger wichtig, aber dringend (Ladenschluss, Vorstellungsbeginn im Theater etc.)</td></tr>
</table>

Abb. 27: Aufgabenbewertung nach inhaltlicher und zeitlicher Priorität (vgl. Seiwert, 2006)

Das Eisenhower-Prinzip kann nur eine Orientierungshilfe sein, da zeitliche Prioritäten überhaupt nur dann relevant sind, wenn wir ihnen auch Bedeutung beimessen. Stellen Sie sich daher auch den so genannten Entlastungsfragen. Sie können vor allem dort, wo sich Routine eingeschlichen hat, helfen, die Zeit effektiver zu nutzen und einzuteilen. So verhindern Sie, dass Sie Aufgaben „automatisch“ ausführen. Mithilfe der Entlastungsfragen erkennen Sie,

- was Sie anderen überlassen können („Warum ausgerechnet ich?“),
- welche Aufgaben Sie genauer terminieren sollten („Warum gerade jetzt?“),
- wie Ihre Arbeit zu rationalisieren ist und „schlanke“ Lösungen zu finden sind („Warum gerade so?“),
- welche Aufgaben Sie reduzieren oder ganz streichen können („Warum überhaupt?“).

Große, unübersichtliche Aufgaben gliedern Sie am besten in kleine überschaubare Teilaufgaben auf, denen Sie ein bestimmtes Zeitbudget zuteilen und die Sie dann Schritt für Schritt abarbeiten. Aufgaben, die nicht in den eigenen Zuständigkeitsbereich fallen oder von anderen besser und schneller zu erledigen sind, können nach Möglichkeit delegiert werden. Dadurch kann es allerdings zu Gegenforderungen kommen.

Versuchen Sie, die zur Verfügung stehende Zeit mittels richtiger Planung effektiver zu nutzen. Dabei ist eine Aufgabenliste nützlich, die Sie dann abarbeiten. Die Vorhaben sollten in Form von Tages-, Wochen-, Monats- und Jahresplänen erfasst werden. So können auch längerfristige Aufgaben aufgegliedert und nach und nach erledigt werden *(ALPEN-Methode;* Seiwert, 2006):

- A: Aufgaben notieren.
- L: Länge der voraussichtlich benötigten Zeit kalkulieren.
- P: Pufferzeiten für Unvorhergesehenes einplanen (bis zu 40 Prozent der täglichen Arbeitszeit).
- E: Entscheiden über Prioritäten, Abstriche usw., um den Aufwand zu beschränken.
- N: Nachkontrolle: Am Ende des Tages erstellen Sie eine Statistik über geplante und tatsächlich erledigte Arbeiten, Unerledigtes wird auf den nächsten Tag übertragen.

Berücksichtigen Sie bei der Zeitplanung zur Wahrung Ihrer eigenen Psychohygiene auch die persönliche *Leistungskurve.* Hierzu sind Pausen besonders wichtig. Eine Stunde pro Tag sollten wir (zu Hause oder im Büro) sämtliche Störungen ausschließen und keine Telefonate oder E-Mails entgegennehmen. Um Stress zu vermeiden, beziehen Sie in die Zeitplanung auch äußere Umstände wie Störungshäufigkeiten, Publikumsverkehr oder Öffnungszeiten ein.

Sehr nützlich ist darüber hinaus eine Bündelung gleichartiger oder zeitlich/räumlich benachbarter Aufgaben, die gemeinsam erledigt werden. So können Sie zum Beispiel Termine, die an weiter entfernten Orten stattfinden, so legen, dass Sie eine größere Strecke nur einmal zurücklegen müssen.

Bestandsaufnahme

Zunächst ist es sinnvoll, in einer ruhigen Stunde einmal aufzulisten, welche Prioritäten Sie überhaupt haben und wie Sie Ihre Zeit üblicherweise verbringen. Dies können Sie sich leicht klarmachen, indem Sie einen *Prioritäten-Verteilungskuchen* (siehe Abb. 28) und einen *Zeitverteilungskuchen* erstellen. Zeichnen Sie auf ein großes Blatt mit Bleistift einen möglichst großen Kreis. Nun verteilen Sie unterschiedlich große Stücke von diesem vorgestellten Kuchen an die Lebensbereiche, die Ihnen wichtig sind. Schnell wird deutlich, dass Sie schon dabei nicht drum herum kommen zu entscheiden, wo Sie Prioritäten setzen und wo Sie Abstriche machen müssen.

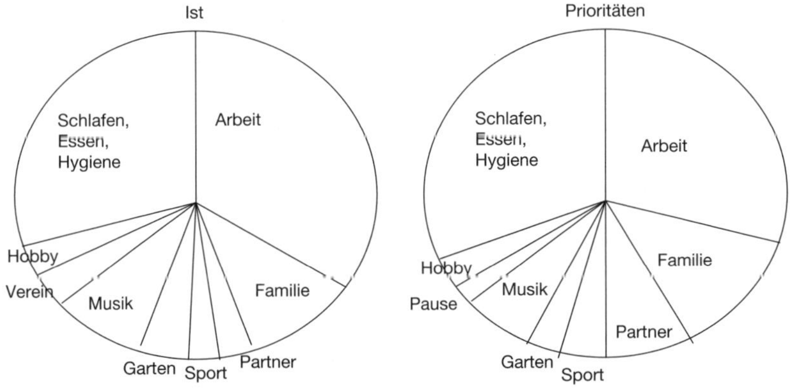

Abb. 28: Beispiel für einen Zeitverteilungskuchen in Ist- und Soll-Version (Prioritäten)

Zeichnen Sie nun auf ein ebenso großes Blatt mit Bleistift einen möglichst großen Kreis, der Ihren *Zeitverteilungskuchen* darstellen soll. Wieder verteilen Sie unterschiedlich große Stücke von diesem Kuchen an die Aktivitäten, mit denen Sie Ihre Zeit zubringen. Denken Sie dabei auch an die Dinge des Alltags wie Schlafen, Essen oder Hygiene. Auch hier wird schnell sichtbar, dass Sie sich entscheiden müssen, wo Sie Prioritäten vergeben und wo Abstriche notwendig sind.

Im dritten Schritt prüfen Sie, inwieweit Ihr realer Zeitverbrauch mit Ihren Prioritäten im Einklang steht und was Sie gegebenenfalls ändern möchten.

Denken Sie bei Ihrer Planung daran, im Alltagsablauf wie im Wochen-, Monats- und Jahreszyklus regelmäßig Pausen vorzusehen. Überlegen Sie sich sodann, wie Sie die Pausen optimal nutzen können: Von einer dreiminütigen Entspannungsübung während oder nach der Arbeit profitieren Sie weit mehr als von zehn Minuten Zeitung lesen. Die alltagsüblichen Pausengewohnheiten sind im Allgemeinen weder effektiv noch effizient. Am besten legen Sie Pausen ein, *bevor* Sie völlig erschöpft sind, so regeneriert sich der Organismus wesentlich schneller. Je konzentrierter Sie entspannen, desto besser. Überlegen Sie sich gemeinsam mit Ihren Angehörigen, wie Sie Ihre Mittagspause, das Wochenende oder den Urlaub optimal zur Entspannung nutzen können. Achten Sie sorgsam auf Ihre Bedürfnisse und meiden Sie vor allem *Freizeitstress.* Weniger ist gerade in der Freizeit, die wir zur Erholung dringend brauchen, oft mehr.

3 Gelassenheit und Unerschütterlichkeit entwickeln – Stress und Ärger vermeiden

Gelassen und unerschütterlich möchte fast jeder Mensch sein. Dieses Anliegen hat die Philosophen und Weisheitslehrer unterschiedlicher Kulturen und Epochen schon immer bewegt. *Gelassenheit* spielt in vielen philosophischen Richtungen eine zentrale Rolle: Im Buddhismus bedeutet Gelassenheit, zum Beispiel Gewohntes loszulassen, Impulse wahrzunehmen, ohne ihnen unbedingt nachzugeben, sich die Risiken von Gier, Hass und Verblendung bewusst und sich davon frei zu machen (Essler/Mamat, 2005). Gewinn und Verlust, Ehre und Verachtung, Lob und Tadel, Freude und Leid sind nach buddhistischer Auffassung vergänglich und daher unberechenbar (Suzuki, 2002).

Besondere Bedeutung hat die *Unerschütterlichkeit* in der stoischen Philosophie, zu deren Hauptvertretern die römischen Philosophen Seneca (4–65 nach Christus), Epiktet (50–138 nach Christus) und Marcus Aurelius (121–180 nach Christus) zählen. Mit der Fähigkeit zu denken hat der Mensch nach stoischer Lehre am göttlichen Lógos (Vernunft) teil, womit er Weisheit – das höchste Gut und Inbegriff eines gelungenen Lebens – erlangen kann. Der Weg dorthin führt über Selbsterkenntnis und eine von Achtsamkeit geprägte Lebensweise, die auf gleichmütige Leidenschaftslosigkeit (Apátheia), Selbstgenügsamkeit (Autarkía) und Unerschütterlichkeit (Ataraxía) ausgerichtet ist. Unser heutiger Begriff der „stoischen Ruhe“ geht auf dieses Lebenskonzept zurück.

Gelassenheit ist auch nach modernem psychologischem Verständnis eine innere Haltung souveräner Ruhe und umfasst die Fähigkeit, selbst in schwierigen Situationen Gleichmut und Übersicht zu bewahren. Sie steht im Gegensatz zu Unruhe und Stress. Die wenigsten Menschen wissen aber, wie diese begehrten Eigenschaften zu erreichen sind. Dazu können wir aus der mehr als 100-jährigen psychologischen Forschung mittlerweile eine ganze Menge beisteuern.

Wesentliche Schritte bestehen darin, zunächst das eigene Lebenskonzept und die eigenen Modellvorstellungen zu überprüfen, die neuropsychischen Schemata, die unsere Emotionen steuern, zu ergründen und zu lernen, wie sich Stress und Ärger vermeiden lassen (siehe Kapitel A7, A8). Gelassen können wir nur sein, wenn wir wissen, was wir (nicht) wollen. Wie in den Kapiteln A7 und F1 dargestellt, verfestigen sich im Lauf des Lebens zahlreiche innere Modelle und neuropsychische Schemata in uns, die unseren aktuellen Verhältnissen aber nicht immer angemessen und die überdies untereinander oft unvereinbar sind: Wir finden es zum Beispiel richtig und wichtig, unserer Überzeugung gemäß zu handeln, scheuen uns aber zugleich, dies auch gegenüber Autoritäten zu praktizieren. Im Nachhinein tadeln wir uns dann womöglich dafür, keine Zivilcourage gezeigt zu haben. Oder wir hetzen und rackern uns oft ab in der Hoffnung, dass danach das „richtige" Leben beginnt. Doch danach kommen wieder neue Belastungen auf uns zu. So vergeht die Zeit leicht ohne genügend Lebensqualität.

Gelassenheit und Unerschütterlichkeit sind Eigenschaften, die sich zwar nicht direkt trainieren lassen. Wir können aber sehr wohl die dafür erforderlichen Kompetenzen und Fertigkeiten erlernen: Hierzu gehört zum Beispiel, die eigenen Modellvorstellungen und Erwartungen entsprechend zu strukturieren. Viele *Erwartungen* gehen von unrealistischen Annahmen (Modellvorstellungen) aus und machen deshalb anfällig für Enttäuschungen. Wer bereits erwartet, dass andere Menschen andere Interessen und Sichtweisen haben als man selbst, dem fällt es viel leichter, mit Pluralismus umzugehen und sich um Kompromisse zu bemühen, die allen gerecht werden. Dies ist schon deshalb wichtig, weil es immer zu Selbstwertbeschädigungen und Widerständen führt, wenn die Grundbedürfnisse der Beteiligten verletzt werden. Daraus ergeben sich zwangsläufig Folgeprobleme.

Daher ist es klüger, nach Lösungen zu suchen, bei denen alle Beteiligten gewinnen und es keine Verlierer gibt. Eine solche Haltung fällt besonders schwer, wenn wir selbst oder andere Beteiligte emotional festgefahren sind und daher gekränkt und empört reagieren, wenn Positionen infrage gestellt werden. Menschen reagieren umso empfindlicher, je mehr sie sich in ihrem Selbstwert bedroht fühlen. Identifizieren wir uns mit einer Modellvorstellung oder damit verbundenen Normen und Regeln, fühlen wir uns persönlich angegriffen, wenn diese nicht berücksichtigt werden. Und schon geht es nicht mehr um Inhalte, sondern um persönliche Kränkung, der Kontrahent wird zum Feind. Wie in Kapitel A4 und A7 erläutert, sind Menschen unterschiedlich schnell erregbar, je nachdem, welche und wie viele neuropsychischen Vermeidungsschemata sie im Lauf ihres Lebens entwickelt haben. Je mehr Erfahrungen sie gemacht haben, bei denen die Grundbedürfnisse frustriert wurden, umso empfindlicher reagieren sie und umso größer ist die Gefahr, dass sie emotional überreagieren. So eskalieren Konflikte oft sehr schnell, was zu immer neuen Problemen führen kann. Fast täglich lesen wir von Familientragödien mit entsetzlichem Ausgang, die unter Beteiligung solcher Mechanismen zustande kommen.

Durch neuropsychische Schemata bedingte Erregungsbereitschaften und Störanfälligkeiten lassen sich durch regelmäßige Focusing- oder andere Versenkungsübungen aufspüren und verringern. Bei psychisch und körperlich Gesunden sind gezielte EMDR- oder Entspannungsübungen geeignet, um konkrete Belastungen durch schematisch wiederkehrende Stresssyndrome abzubauen (siehe Kapitel F3, F4).

Die Anfälligkeit für Enttäuschungen lässt sich erheblich reduzieren, wenn Sie davon ausgehen, dass

- Menschen, Familien und Gruppen verschieden sind und normalerweise unterschiedliche Interessen und Ziele haben;
- es keinen Angriff auf unsere Person darstellt und nicht unbedingt mit uns zu tun hat, wenn andere unsere Sichtweisen und Ziele nicht teilen;
- das Verhalten einer Person in einer Situation oder einem Bereich nicht unbedingt etwas über die stabilen Eigenschaften dieser Person oder gar ihren Wert als Mensch aussagt. Viele Menschen sind sich der Konsequenzen ihres Handelns für andere oder dessen Widersprüchlichkeit zu wenig bewusst. Deshalb empfiehlt sich, zwischen Person und Verhalten zu trennen.

Meistens ist es am sinnvollsten, sich aus einer gewissen Distanz (Abstinenzhaltung) ganz gelassen um Klärung zu bemühen, was andere mit ihrem Verhalten Ihnen gegenüber beabsichtigen. Ein tieferes Verständnis der Situation und der Beteiligten kommt der eigenen Urteilsbildung nur zugute (siehe Kapitel A2). Auf der Basis des Verstehenwollens entsteht ja sofort auch ein anderes Klima, das die Verständigung erleichtert und emotionale Konfrontation verhindert.

Ermitteln Sie nun, welche Kontakte für Sie zuträglich sind und wie Sie diese am günstigsten gestalten. Es lohnt sich durchaus, in einem ruhigen Moment Beziehungen und Situationen mit anderen Menschen detaillierter zu analysieren – zum Beispiel im Rahmen von *Focusing*-Übungen. Notieren Sie sich dann, was Sie auf bestimmte Äußerungen Ihres Gegenübers sagen möchten, um Ihre Ziele zu erreichen und Ihre Interessen zu wahren. Schwierige Situationen lassen sich genauer mithilfe des *Problemlöseschemas* (siehe Kapitel A2) analysieren. Achten Sie immer darauf, welche Modellvorstellungen und Erwartungen Sie in Bezug auf bestimmte Situationen, Menschen und Beziehungen haben. Schreiben Sie sich die einzelnen Aspekte auf, um Ihre inneren Modelle genauer zu erforschen. Anschließend prüfen Sie Ihre Modellvorstellungen und Erwartungen auf Widersprüche und ob diese der Realität angemessen sind. Je unwahrscheinlicher es ist, dass eine Erwartung erfüllt wird, desto enttäuschungsanfälliger werden wir. Wer zum Beispiel selbstverständlich erwartet, dass andere Menschen immer pünktlich und zuverlässig sind, trägt ein hohes Risiko, enttäuscht zu werden. Beziehen wir daher unterschiedliche Möglichkeiten realistisch ein, können wir gegebenenfalls angenehm überrascht sein, wenn alles klappt. Dies heißt ja keineswegs, den Wert von Pünktlichkeit und Zuverlässigkeit infrage zu stellen. Am besten fragen Sie, wenn Sie eine Verabredung treffen, Ihr Gegenüber rechtzeitig, wie es die Chance einschätzt, pünktlich sein zu können.

Prüfen Sie auch regelmäßig, ob Sie genügend Zufriedenheitserlebnisse haben. Das bedeutet, Ihr Alltagsleben daraufhin zu untersuchen, wie gut es Ihren Grundbedürfnissen nach Bindung, Lustgewinn/Unlustvermeidung, Orientierung/Kontrolle und Selbstwertgefühl entspricht. Auch hierfür eignen sich Focusing-Übungen oder partnerzentrierte Gespräche mit Vertrauten ganz besonders. Fällt die Bilanz nicht so aus, wie Sie es sich wünschen, denken Sie am besten darüber nach, wie Sie Ihre Kompetenzen stärken können, um Ihre Ziele besser zu erreichen. Durchsetzungsfähigkeit, Charme, Ausstrahlung und Rhetorik lassen sich zielgerichtet trainieren, Ängste und Hemmungen abbauen. Hierzu können Sie die unten beschriebenen Methoden einsetzen, oder holen Sie sich professionelle Hilfe.

4 Focusing – zu sich selber finden

Die Methode des Focusing wurde in den 1960er Jahren von dem aus Wien stammenden amerikanischen Psychologen Eugene T. Gendlin (geboren 1926) entwickelt. Dabei geht es um die Konzentration auf bedeutungshaltiges Körperempfinden *(felt sense)*, das wir bei bestimmten Erlebnissen spüren. Indem wir diese körperlich fühlbaren Bedeutungen einer Thematik schrittweise benennen und beschreiben, können bislang nicht bewusst zugängliche Aspekte oder noch nicht hergestellte Zusammenhänge verdeutlicht und verständlich werden. Ein wichtiges Anwendungsfeld ist das Aufspüren neuropsychischer Schemata (siehe Kapitel A7). Nach und nach ergeben sich durch diese Methode Ansatzpunkte für Veränderungen. Das Verfahren wurde in vielfältigen Bereichen eingesetzt und evaluiert; es dient nicht nur als Selbsthilfemethode (Gendlin, 1998a), sondern wird auch in der Psychotherapie (Gendlin, 1998b) sowie im Rahmen von Coaching und Supervision verwendet. Gendlin hat in den letzten Jahren seinen Ansatz zu einem Modell praktischer Philosophie weiterentwickelt, das er „Thinking at the Edge" nennt („Wo noch Worte fehlen" oder „Denken an den Rändern des Bewusstseins"; Gendlin, 2004).

Focusing kann jeder erlernen und auch allein ohne Therapeut anwenden. Die Methode kann zur Meditation oder als Gesprächsmodell eingesetzt werden. Dabei ist eine Haltung des *Wohlwollens* gegenüber dem Leben und der *Achtsamkeit* für das Hier und Jetzt Voraussetzung. Die körperlich spürbare Veränderung *(felt shift)* vom diffusen Gefühl hin zur inneren Klarheit stellt einen wesentlichen Aspekt von Lebensqualität und Persönlichkeitsentwicklung dar.

Focusing als Meditation

Im Rahmen der Selbstanwendung von Focusing als Entspannungs- und Versenkungsübung gehen Sie am besten vor, wie im Folgenden beschrieben. Wir weisen darauf hin, dass die Durchführung der nachfolgend beschriebenen Übungen auf eigene Gefahr geschieht.

1. Nehmen Sie sich die ersten Male 20 Minuten Zeit. Schaffen Sie sich als Erstes eine ruhige Situation. Wenn Sie fürchten, einzuschlafen, stellen Sie sich ruhig einen Wecker. Dann schalten Sie das Telefon oder andere Störquellen ab. Achten Sie auf behagliche Wärme. Auch ein warmes Bad eignet sich gut (lassen Sie bitte nicht zu viel Wasser in die Wanne ein, damit Sie nicht ertrinken können). Legen oder setzen Sie sich bequem hin. Zu empfehlen ist üblicherweise die Rückenlage, Meditationsgeübte können auch den Lotus-Sitz wählen.
2. Schließen Sie die Augen oder fixieren Sie einen Punkt im Raum; schalten Sie langsam ab, nehmen Sie sich eine Auszeit nur für sich.
3. Achten Sie zunächst auf Ihren *Atem.* Wie fühlt es sich an, wenn die Atemluft an den Nasenflügeln vorbeifächelt? Lassen Sie Ihren Atem immer ruhiger und tiefer werden. Genießen Sie es, wie zart Ihr Atem die Nasenflügel streichelt. Nehmen Sie sich dafür einen Augenblick Zeit. Sie sind reich.
4. Sie merken, wie Ihr Körper langsam ruhiger wird. Lassen Sie nun die Atemluft sanft durch den gesamten Körper fächeln. Achten Sie dabei auf alles, was Sie spüren. Nehmen Sie sich dafür einen Augenblick Zeit.
5. Lassen Sie nun hochkommen, was Sie an Gedanken, Gefühlen oder Bildern in sich tragen. Nehmen Sie sich dafür einen Augenblick Zeit.

6. Was schiebt sich nun in den Vordergrund? Wie fühlt sich die Bedeutung dieses Themas an? Was spüren Sie? Nehmen Sie sich dafür einen Augenblick Zeit.
7. Wie benennen Sie Ihr Gefühl? Nehmen Sie sich dafür einen Augenblick Zeit.
8. Was fällt Ihnen dazu ein? Lassen Sie freie Assoziationen zu. Nehmen Sie sich dafür einen Augenblick Zeit.
9. Wenn Sie mögen, lassen Sie jetzt Ihre Phantasien hochkommen, wie es sein müsste, damit Sie optimal zufrieden wären. Worauf käme es an, wenn es allein nach Ihnen ginge? Lassen Sie sich darauf ein.
10. Wenn nun, wie durch ein Wunder, alles so wäre, wie Sie es sich wünschen, woran würden Sie dies zuerst bemerken? Wer wäre beteiligt? Was würden Sie sagen? Nehmen Sie sich dafür einen Augenblick Zeit.
11. Nun können Sie fragen, was Sie davon abhält, es genau so zu machen, wie es für Sie am besten wäre. Nehmen Sie sich dafür einen Augenblick Zeit.
12. Wie geht es Ihnen jetzt? Nehmen Sie sich dafür einen Augenblick Zeit.
13. Benennen Sie die drei wichtigsten Aspekte, die Ihnen bei dieser Übung aufgefallen sind. Sortieren Sie diese nach ihrer Wichtigkeit.
14. Kommen Sie allmählich wieder zurück.
15. Schlagen Sie die Augen wieder auf und recken und strecken Sie sich.

Focusing als Gesprächsmodell

Focusing ist ebenfalls für Gespräche über ein bestimmtes Thema geeignet. Suchen Sie sich dazu eine vertraute Person, mit der Sie ein solches fokussierendes Zwiegespräch führen wollen. Dabei ist es nützlich, die folgenden Regeln zu beachten (Weiser Cornell, 1999):

1. Machen Sie eine feste Zeit aus (am besten eine Stunde), die gleichmäßig aufgeteilt wird. Erst redet der eine über sich und der andere geht nachfragend darauf ein. Er lässt eigene Stellungnahmen dabei außen vor und konzentriert sich nur auf die inneren Prozesse des Gesprächspartners.
2. Der fokussierende Gesprächspartner entscheidet frei, was er wie zum Thema machen will.
3. Der Zuhörer geht auf alles ein, was er von der fokussierenden Person empfängt, und versucht alle verbal oder nonverbal geäußerten Gefühle in Worte zu fassen. Tempo und Richtung bestimmt allein der Fokussierende.

Dialogisches Focusing ermöglicht es zwei Menschen, sich näher zu kommen und neue Beziehungserfahrungen zu erleben. Sie können sich dabei unterstützen, sich selbst besser verstehen zu lernen, persönliche Probleme und Konflikte zu bearbeiten oder Entscheidungen zu treffen. Dialogisches Focusing ist eine faszinierende Selbsthilfemethode, um das eigene Wohlbefinden und zwischenmenschliche Beziehungen zu pflegen und zu verbessern – es ersetzt aber bei ernsthaften psychischen Problemen keine professionelle Psychotherapie. Sehr nützlich kann für dialogisches Focusing gelegentliche Supervision durch einen professionellen Therapeuten sein. Dabei können Sie lernen, mit schwierigen Gesprächssituationen und Widerständen besser umzugehen, blinde Flecken zu entdecken etc.

5 Entspannungstechniken

Gesundheit und Wohlbefinden hängen eng mit körperlicher Entspannung zusammen. Mit entsprechenden Techniken lassen sich körperliche und emotionale Anspannung oder Erregung verringern, die Empfindlichkeit für Belastungssituationen reduzieren und ein Zustand der Entspannung und des Wohlbefindens herbeiführen. Der erste Schritt besteht darin, zunächst die Spannung der quergestreiften Muskulatur, die willkürlich steuerbar ist, zu verringern. Durch spezielle Techniken und Training ist anschließend auch eine Entspannung der sonst nicht willentlich zugänglichen glatten Muskulatur möglich, die zum Beispiel die inneren Organe hält.

Ängste, Ärger und soziale Konflikte führen ebenso wie körperliche Fehlhaltungen zu Anspannung und Stress. Körperliche, psychische und soziale Spannungen bedingen sich gegenseitig. Ärger verursacht zum Beispiel Kopfschmerzen oder schlägt auf den Magen. Durch ungünstige Körperhaltung, zum Beispiel bei Büroarbeit, kommt es leicht zu Kopf- und Rückenschmerzen, die wiederum psychisch belasten.

Wie Entspannungstechniken wirken

Entspannungstechniken können Spannung und Erregung wirksam abbauen. Wenn ein Mensch insgesamt ruhiger wird, sinkt auch die Erregbarkeit in schwierigen Situationen. Die Entspannung ist bei allen Verfahren als Veränderung der Muskel- und Hirnaktivität messbar. Indem wir Entspannungstechniken anwenden, harmonisieren wir die Organfunktionen, der Blutdruck normalisiert sich und das Wohlbefinden wächst. Daher werden sie bei vielen Störungen eingesetzt. Indem zum Beispiel der Entspannungszustand mit der Vorstellung aufregender Momente gekoppelt wird, lässt sich dieser Zustand auf die reale Situation übertragen. Diese Methode wird oft zur

Behandlung von Angststörungen eingesetzt *(Desensibilisierung)*. Von den zahlreichen zur Verfügung stehenden Entspannungsmethoden stellen wir an dieser Stelle die wichtigsten kurz vor.

Autogenes Training

Diese Methode beruht auf Autosuggestion zur konzentrativen Selbstentspannung (Schultz, 1936). Durch formelhafte Selbstinstruktionen wie „Ich bin ganz ruhig und entspannt", „Meine Hand ist warm und schwer" entspannt sich die Muskulatur; Atem- und Pulsfrequenz verlangsamen sich. Durch regelmäßiges tägliches Üben verstärkt sich die Wirkung immer mehr und überträgt sich auf den ganzen Körper. Nach einigen Wochen Training fällt der Anwender bereits nach wenigen Minuten, später sogar in Sekunden in eine tiefe Entspannung. Einführungskurse werden unter anderem von Volkshochschulen und von Krankenkassen auch zur Gesundheitsförderung angeboten.

Progressive Muskelrelaxation

Im Rahmen der progressiven Muskelentspannung werden einzelne Muskeln beziehungsweise Muskelgruppen gezielt angespannt, die Spannung für einen Moment gehalten und anschließend wieder losgelassen. Auf diese Weise wird eine allgemeine Entspannung erreicht. Durch den bewussten Wechsel von Anspannen und Entspannen wird die Wahrnehmung sensibilisiert und der Entspannungsprozess kontrollierbar gemacht. Die Effekte sind denen beim Autogenen Training ähnlich, werden aber wesentlich schneller erzielt. Außerdem ist die Progressive Muskelrelaxation leichter zu erlernen, birgt keine Risiken und Nebenwirkungen und bedarf nicht notwendig der professionellen Anleitung und Überwachung (zum Beispiel Vaitl/Petermann, 1994). Die praktische Anleitung hierzu finden Sie nach den Ausführungen zur Atementspannung. Einführungskurse bieten unter anderem Volkshochschulen und Krankenkassen zur Gesundheitsförderung an.

Atementspannung

Eine langsame, tiefe und gezielte *Atmung* bringt den gesamten Körper nach und nach in einen entspannten Zustand. Wie schon im Zusammenhang mit dem Focusing beschrieben, erhöht sich durch bewusstes Atmen die Achtsamkeit gegenüber dem eigenen Körper und dem eigenen Wohlbefinden (zum Beispiel Vaitl/Petermann, 1994).

Meditation

Ist ein Weg zur spirituellen Versenkung und wird in den meisten Weltreligionen in unterschiedlicher Weise praktiziert. Die bekannteste Form ist die Zen-Meditation (zum Beispiel Suzuki, 2002). Die Techniken können aber auch ohne direkten religiösen Bezug als Weisheitsweg angewandt werden (zum Beispiel Lasalle, 1995). Die Einübung von Meditation bedarf eines speziell geschulten Lehrers. Regelmäßig angewendet, wirkt sie beruhigend, was neurologisch an der Veränderung der Hirnwellen nachvollziehbar ist. Da hiermit ein Weisheitsweg beschritten wird, verändern sich relevante Lebenseinstellungen.

Yoga

Ist eine ganzheitliche philosophisch-religiöse Lehre, die aus Indien stammt. Im Westen sind vor allem die Yoga-Körperübungen bekannt, die Körper, Seele und Geist in Einklang bringen sollen. Oft werden sie mit Atem- und Meditationsübungen kombiniert. Ziele sind Achtsamkeit, Gelassenheit und Vitalität (BDY, 2006). Yogakurse finden Sie im Programm der Volkshochschulen und werden zur Gesundheitsförderung von den Krankenkassen angeboten.

Die progressive Muskelentspannung

Die progressive Muskelentspannung wurde in den 1930er Jahren von dem amerikanischen Psychiater Edmund Jacobson entwickelt. Er fand im Rahmen von Untersuchungen über physiologische Spannungszustände heraus, dass Unruhe und Erregung mit einer Erhöhung der Muskelanspannung einhergehen. Und er stellte fest, dass Angst schon dadurch verringert werden kann, dass die Muskelspannung reduziert wird (Vaitl/Petermann, 1994). Entspannt sich die Skelettmuskulatur, so entspannt sich auch das vegetative Nervensystem. Dies führt zur Senkung des Blutdrucks, des Pulsschlags und der Atemfrequenz. Daher eignet sich die progressive Muskelentspannung gut

- zur allgemeinen Gesundheitsförderung,
- zur Linderung psychosomatischer und körperlicher Störungen,
- zur Beseitigung körperlicher und seelischer Anspannung,
- zur Förderung von Gelassenheit und Ausgeglichenheit,
- zur Verbesserung der Selbstregulation und Eigensteuerung vegetativer Funktionen,
- zur Förderung der Konzentrationsfähigkeit,
- zur Sensibilisierung für den eigenen Körper und Verbesserung des Wohlbefindens sowie
- zur Stressbewältigung.

Wer die progressive Muskelentspannung erlernen möchte, dem empfehlen wir die Teilnahme an einer kurzen Einweisung durch einen Experten. Dies gilt vor allem, wenn psychische oder körperliche Beschwerden vorliegen. Fachlich geleitete Entspannungsgruppen bieten zum Beispiel Krankenkassen oder Volkshochschulen. Bei den Krankenkassen und im Buchhandel sind auch Tonträger zur Anleitung erhältlich. Wir weisen darauf hin, dass die Durchführung der nachfolgend beschriebenen Übungen auf eigene Gefahr geschieht.

Kurzanleitung

Um die damit verbundenen Empfindungen bewusst zu erleben, werden die einzelnen Muskelgruppen zunächst angespannt und anschließend entspannt. Bei der Durchführung der Übungen ist es wichtig, aufmerksam auf die dabei auftretenden Körpergefühle zu achten. Die einzelnen Muskelgruppen werden in immer derselben Reihenfolge so fest wie möglich angespannt und nach fünf bis sieben Sekunden wieder völlig entspannt. Lassen Sie die Entspannung jeweils etwa 30 Sekunden wirken. Achten Sie dabei genau auf Ihre Empfindungen. Halten Sie während der Muskelanspannung den Atem an. Atmen Sie während der Entspannung aus.

- Schaffen Sie zunächst eine ruhige Umgebung mit gedämpftem Licht und stellen Sie sicher, dass Sie nicht gestört werden. Setzen oder legen Sie sich bequem hin. Schließen Sie die Augen oder fixieren Sie einen Punkt im Raum.
- Machen Sie mit den Händen eine Faust und spannen Sie die angewinkelten Arme an, als ob Sie Ihre Muskeln zeigen wollten – nach fünf bis sieben Sekunden locker lassen.
- Schultern hoch, Kopf einziehen und den Nacken beugen – nach fünf bis sieben Sekunden locker lassen.
- Stirn in Falten legen, so fest es geht – nach fünf bis sieben Sekunden locker lassen.
- Augen zusammenpressen, so fest es geht – nach fünf bis sieben Sekunden locker lassen.
- Den Mund möglichst weit aufreißen – nach fünf bis sieben Sekunden locker lassen.
- Den Mund und die Lippen zusammenpressen, so fest es geht – nach fünf bis sieben Sekunden locker lassen.
- Die Brust so fest wie möglich nach vorn strecken und dabei die Schultern ganz nach hinten nehmen – nach fünf bis sieben Sekunden locker lassen.
- Den Bauch wie zu einer Kugel aufblasen, so fest es geht – nach fünf bis sieben Sekunden locker lassen.

- Den Bauch einziehen, so fest es geht – nach fünf bis sieben Sekunden locker lassen.
- Oberkörper so weit wie möglich nach vorne neigen und dabei den Kopf zwischen die Knie bringen, damit sich der Rücken anspannt – nach fünf bis sieben Sekunden langsam wieder in die Ausgangsposition gehen.
- Die Gesäßbacken zusammenkneifen, so fest es geht – nach fünf bis sieben Sekunden locker lassen.
- Die Beine hochziehen und anwinkeln, so weit es geht, Ober- und Unterschenkel anspannen – nach fünf bis sieben Sekunden locker lassen.
- Zehen anspannen, als ob Sie etwas festhalten wollten – nach fünf bis sieben Sekunden locker lassen.

Wenn alle Muskelgruppen entspannt sind, genießen Sie diesen Zustand noch eine Weile und gehen Sie die einzelnen Körperpartien in Gedanken nochmals durch. Wenn Sie irgendwo Anspannung spüren, können Sie die betreffenden Muskeln erneut an- und entspannen, bis Sie auch hier die Entspannung fühlen. Zum Schluss recken und strecken Sie sich.

Sie profitieren am meisten, wenn Sie die Übungen während der ersten zehn Tage mindestens einmal täglich möglichst zur selben Zeit am selben Ort durchführen. Dies dauert 15 bis 20 Minuten. So kann ein Ritual entstehen, das Ihrem Wohlbefinden dient.

6 Emotionen regulieren mit Blickbewegungsdesensibilisierung – EMDR

Blickbewegungsdesensibilisierung – EMDR (Eye-Movement-Desensitization and Reprocessing) ist ursprünglich als *psychotherapeutische Methode* zur Behandlung von posttraumatischen Belastungsstörungen (siehe Kapitel E3, E6) entwickelt worden und wissenschaftlich anerkannt (Lamprecht, 2006; Hofmann, 2006; siehe Kapitel G). Gehört die Behandlung von ernsthaften Störungen wie das posttraumatische Belastungssyndrom unbedingt in die Hand von Spezialisten, ist das EMDR-Verfahren jedoch bei Gesunden gut einsetzbar, um Alltagsprobleme und Stress zu bewältigen.

Kernstück des EMDR ist ein Prozess, bei dem sich der Ausführende auf eine belastende Situation und die damit verbundenen Gefühle konzentriert und gleichzeitig die Augen hin und her bewegt. Die Wirkung scheint auf bestimmten Augenbewegungen zu beruhen, die auch während des *Träumens* stattfinden und die zum Abbau belastender Erlebnisse beitragen (Rapid Eye Movement, REM). Angenommen wird, dass die neuronale Verbindung zwischen Gefühlsgedächtnis und Ereignisgedächtnis dadurch geschwächt wird. Die wiederholten rhythmischen Augenbewegungen lösen eine parasympathische und Vagusstimulation aus, was dazu führt, dass sich die Informationsverarbeitung im Gehirn beschleunigt. Damit wird es möglich, sich wieder ohne Anspannung an die ehemals aufregenden Vorgänge zu erinnern.

Das Verfahren wird international seit Jahren sehr erfolgreich praktiziert, die Erfolge sind dauerhaft. Risiken und Nebenwirkungen kamen bei Gesunden bisher nicht vor. Wenn Sie Zweifel an Ihrer psychischen Stabilität haben, wenden Sie sich am besten an einen Psychotherapeuten. Wollen Sie die nachfolgenden Übungen durchführen, geschieht dies auf eigene Gefahr, wir können keine Gewähr dafür übernehmen.

Bei EMDR bewegen Sie die Augen – ohne den Kopf zu drehen – von einem Ende des Blickfeldes zum anderen hin und her, als ob Sie um die Ecke oder schräg nach oben schielen wollten. Dabei können Sie die Augen offenhalten oder schließen. Machen Sie die Bewegungen jeweils zwei bis drei Minuten lang. Das Tempo muss individuell ermittelt werden, da solche Bewegungen für die Augenmuskulatur zunächst etwas ungewohnt sind. Werden Sie zu schnell ausgeführt, kann Schwindel auftreten.

Vorgehensweise

1. Setzen Sie oder legen Sie sich an einem ruhigen Ort hin und sorgen Sie dafür, dass Sie nicht gestört werden.
2. Rufen Sie sich eine Problematik oder eine Situation ins Bewusstsein, die Sie belastet oder ärgert.

Schätzen Sie nun den Grad der klar gefühlten Belastung auf der folgenden Skala ein.

Skala zur Einschätzung der persönlichen Belastung
Das Problem/die Situation belastet mich:

nicht										maximal
0	1	2	3	4	5	6	7	8	9	10

1. Überlegen Sie dann, wie Sie sich fühlen wollen und wie die Situation sein müsste.
2. Rufen Sie nun das belastende Gefühl auf, bis Sie es deutlich spüren.
3. Beginnen Sie nun mit den Augenbewegungen (zwei bis drei Minuten lang).
4. Schätzen Sie danach erneut den Grad der Belastung auf der Skala ein:

5. Das Problem/die Situation belastet mich.

nicht										maximal
0	1	2	3	4	5	6	7	8	9	10

6. Üblicherweise sollte die Bewertung um etwa drei bis vier Punkte gesunken sein. Ist dies nicht der Fall, haben Sie das Problem noch nicht deutlich genug gefühlt oder Ihre Widerstände gegen die Übung sind zu stark. Diesen Widerständen können Sie mit Focusing-Übungen oder -Gesprächen auf die Spur kommen.
7. Wiederholen Sie die Übung so lange, bis die Beschwerden beseitigt sind. Manchmal, vor allem bei komplexeren Problemen, richtet sich die Aufmerksamkeit sodann auf andere Probleme oder Aspekte, die noch nicht bearbeitet sind. Damit verfahren Sie dann in gleicher Weise.

Falls Ihnen die Übung gar nicht geholfen hat, haben Sie sich möglicherweise das belastende Gefühl nicht stark genug vergegenwärtigt. Was Sie nicht fühlen, verschwindet durch die Übung auch nicht. Versuchen Sie es dann erneut. Unklarheiten und Widerstände können Sie mit Focusing-Übungen oder -Gesprächen klären. Gelingt es immer noch nicht oder haben Sie ernsthaftere Beschwerden, wenden Sie sich bitte an einen mit dem Verfahren vertrauten Psychotherapeuten.

7 Erfolgsfaktoren im Alltag

Kompetenzen haben wir in Kapitel A9 definiert als erlernbare Fähigkeiten, Rollen, Lebensbereiche und -situationen zu überschauen und in befriedigender und sozialverträglicher Weise zu gestalten oder zu bewältigen. Das bedeutet: Wollen wir die Rollenanforderungen in den Lebensbereichen erfüllen, die für uns relevant sind, benötigen wir die erforderlichen Fähigkeiten. Wissen allein reicht nicht aus, wir müssen es auch routiniert umsetzen können. Die entsprechenden Fertigkeiten lassen sich durch Bahnung neuropsychischer Schemata im Rahmen von Trainings entwickeln.

Wir haben im Folgenden eine Reihe von Möglichkeiten zusammengestellt, mit denen Sie Ihre Kompetenzen in den Bereichen optimieren können, die für die Lebensqualität besonders interessant erscheinen. Das heißt nicht, dass Sie sich als Person infrage stellen sollen, nein, arbeiten Sie ruhig und gelassen an der Optimierung Ihres eigenen Verhaltens. Beachten Sie, dass es hier nicht um den Wert Ihrer Person geht, sondern darum, wie Sie Ihr Verhalten so verändern können, dass Sie Ihr Wohlgefühl und Ihre Lebensqualität steigern. Fragen Sie sich, in welchen Bereichen Sie weiterkommen und was Sie anders haben wollen. Am Anfang eines solchen Vorhabens stehen immer eine Bestandsaufnahme und eine genaue Analyse der Situation und Ihres Verhaltens. Dafür gibt es eine Reihe bewährter Strategien und Hilfsmittel:

- Feedback einholen: Dafür ist es sinnvoll, mit möglichst vielen Menschen ins Gespräch zu kommen und um Rückmeldungen über Ihr Verhalten zu bitten. Sie können zum Beispiel fragen: „Wie hast du mich in dieser Situation erlebt, was ist dir besonders an meinem Verhalten aufgefallen?“ oder: „Was könnte ich noch besser machen?“ Versuchen Sie durch weiteres Nachfragen herauszubekommen, welche

Verhaltensweisen und Aspekte in konkreten Situationen gemeint sind und welche Alternativen es gibt.

- Video-Feedback: Besorgen Sie sich einen Camcorder und filmen Sie sich möglichst oft. Stellen Sie das Gerät in eine Ecke und lassen Sie es im Alltag in den unterschiedlichsten Situationen mitlaufen. Sie werden sich schnell daran gewöhnen und gar nicht mehr daran denken, dass Sie sich aufnehmen. Beim Anschauen der Aufnahmen lernen Sie, sich so zu sehen und zu hören, wie andere Menschen Sie wahrnehmen. Damit erweitern Sie Ihre Selbstwahrnehmung beträchtlich. Dies gilt umso mehr, wenn Sie sich immer wieder Zeit nehmen und die Aufnahmen genauer analysieren. Achten Sie darauf, wie Sie sich bewegen, auf Ihre Mimik und Gestik, wie Ihre Ausstrahlung ist, wie Sie sprechen usw. Schauen Sie auf die kleinsten Details im Verlauf von Situationen, vor allem auf die Reaktionen der anderen Beteiligten, wenn Sie sich verbal und nonverbal äußern. Noch mehr bringt es, wenn Sie die Filme mit anderen oder mit einem Coach oder Supervisor besprechen.
- Wenn Sie neue Verhaltensweisen und andere Seiten an sich ausprobieren wollen, experimentieren Sie ruhig mit sich. Überlegen Sie dazu genauer, welche Ziele Sie anstreben und wie Sie dies tun wollen. Verfassen Sie dann ein Drehbuch für die einzelnen Situationen und Bereiche. Schreiben Sie auf, welche Gedanken und Ziele Sie ansprechen, wie Sie dabei vorgehen und wie Sie sich ausdrücken wollen. So können Sie neue differenzierte Modellvorstellungen in Hinblick auf die betreffenden Bereiche und Situationen entwickeln.
  Überlegen Sie sich gute Formulierungen und notieren Sie diese in ein Dialogheft: Wie in einem Vokabelheft können Sie links Äußerungen Ihrer Gesprächspartner und rechts passende Antworten aufschreiben. Nehmen Sie dieses Dialogheft immer mit und notieren Sie jede Äußerung anderer, auf die Sie eine geeignete Antwort schuldig geblieben sind.

So verbessern Sie Ihr sprachliches Repertoire und Ihre Schlagfertigkeit.

- Wichtig beim Aufbau neuer Kompetenzen ist eine ermutigende, optimistische Lernhaltung. Fordern Sie als Ihr eigener Coach nicht zu viel auf einmal von sich selbst und geben Sie sich freundliche detaillierte Anweisungen, wie Sie vorgehen wollen. Sorgen Sie für Erfolgserlebnisse, indem Sie die kleinsten Fortschritte würdigen. Notieren Sie diese am besten in einem Trainingstagebuch. Verbieten Sie sich abwertende Selbstkritik und forschen Sie stattdessen immer wieder in ermutigender Weise nach Optimierungsmöglichkeiten.

Feinfühligkeit

Wer beruflich und privat möglichst erfolgreich auftreten und agieren möchte, sollte sich in feinfühliger Weise immer wieder fragen, wie er auf andere wirkt und welche Reaktionen er bei ihnen auslösen will *(Empathie*; Norcross, 2002). Dabei geht es nicht darum, sich zu verbiegen, um es anderen recht zu machen. Vielmehr geht es darum zu überprüfen, ob wir die von uns angestrebte Wirkung auf andere auch erzielen und ob wir unsere eigenen Ziele nicht vielleicht unbeabsichtigt gefährden. Da unser nonverbales Verhalten nicht unserer willentlichen Kontrolle unterliegt, kann dies sehr leicht passieren. Daher ist es nützlich, bei den Haltungen anzusetzen, die unsere Ausstrahlung und damit unser nonverbales Verhalten wesentlich bestimmen: Als besonders wichtig hat sich Empathiebereitschaft erwiesen (zusammenfassend Kaiser, 2007). Mitmenschen reagieren umso positiver auf uns, je mehr sie sich in ihren lebensweltlichen Sichtweisen und Gefühlen verstanden fühlen und den Eindruck haben, wir setzen uns einfühlsam mit ihnen auseinander. Empathie ist aufzufassen (Norcross et al., 2006)

- als Haltung im Sinne von Verständnisbereitschaft,
- als spezifisch ausgeprägte Sensibilität für Systeme, Personen und deren innere Lebenswelten,
- als konkretes Verhalten, das geeignet ist, Sichtweisen und Anliegen anderer aufzuklären und tiefer gehend zu verstehen. Dies hat nichts mit Zustimmung oder gar Anbiederung zu tun. Verstehen ist Voraussetzung für eine seriöse Urteilsbildung!

Viele Menschen können auf einfache Nachfrage nur sehr begrenzt Auskunft über das geben, was sie bewegt. Weil ihnen vieles selbst nicht klar ist, entstehen leicht Missverständnisse. Oft stellen sie selbst zwischen bekannten Informationen keine Verbindungen her, sehen sie nicht im Zusammenhang. Zudem sind sie sich häufig nicht im Klaren darüber, welche Konsequenzen ihr Verhalten für andere haben könnte. Dies resultiert meist nicht aus Böswilligkeit, sondern aus einer viel zu engen Realitätssicht und mangelnder Achtsamkeit. Erst *nonverbale Signale* wie Erröten oder das Abbrechen des Blickkontakts weisen uns manchmal darauf hin, wie Menschen Ereignisse bewerten und einordnen. Manche Zusammenhänge werden nur flüchtig hergestellt und wieder fallengelassen oder Sichtweisen nicht durchgehalten. Die betreffenden Personen stellen dann unter Umständen über längere Zeit immer dieselben Fragen und wiederholen ihre erfolglosen Bewältigungsversuche – die Lösung wird zum Problem (Watzlawick et al., 1974). Ein solches Verhalten kann unsere Geduld erheblich strapazieren, weist indes immer darauf hin, dass wir unrealistische eigene Modellvorstellungen darüber haben, wie der andere sein müsste. Damit können wir aber gerade nicht offen sein für die Lebenswelt des anderen (vgl. Strauß/Geyer, 2006). Andere Menschen sollen sich ja nicht gedrängt fühlen, sich nach unseren Wünschen zu verhalten, sondern sich in ihrer Eigenart verstanden und in ihrer persönlichen Würde respektiert fühlen. Nur dann sind sie uns – wenn überhaupt – gewogen und bereit, sich ihrerseits mit unseren Sichtweisen auseinanderzusetzen.

Ein Schlüssel, um die individuellen Empfindlichkeiten unseres Gegenübers – die auf neuropsychischen Schemata oder Übertragungen beruhen und ja fast nie mit uns zu tun haben – zu verstehen, ist das nonverbale Verhalten (Grawe, 2004). Zum besseren Verständnis können wir uns zum Beispiel fragen:

- Welche Reaktionen löse ich möglicherweise beim anderen aus?
- Welche verdeckten Ziele stecken hinter seinen Signalen? Was will der andere aus alter Gewohnheit auch bei mir erreichen?
- Was will er verhindern oder gar nicht aufkommen lassen?
- Welche Anmutungen löst er bei mir aus?

So können Sie Hinweise auf die aktivierten Schemata und Gefühle bekommen, die Sie dann behutsam ansprechen können. Dabei empfiehlt es sich, das wahrgenommene Anliegen direkt zu formulieren, zum Beispiel: „Sie haben Bedenken?", „Sie sind ungehalten?", „Was ist dabei für Sie am schlimmsten?", „Wie müsste es sein, dass Sie optimal zufrieden wären?" Mit solchen Sätzen klinken Sie sich in den inneren Prozess des anderen ein und helfen ihm, sich über sich selbst klarer zu werden und mehr von sich preiszugeben.

Keine Angst, dieses Vorgehen löst nichts aus, was nicht sowieso schon vorhanden ist. So werden lediglich die Realitäten im Inneren des anderen besser sichtbar und für uns berechenbarer! Wir wissen so viel besser, woran wir sind. Manchmal ist es für einen anderen wichtig, seinen Gefühlen mal freien Lauf zu lassen, sich auszuweinen oder zu schimpfen. Wenn wir dabei behilflich sind, erwerben wir uns wichtige Verdienste, was uns Sympathie verschafft – auch wenn wir uns den inhaltlichen Auffassungen nicht anschließen *(Abstinenzhaltung)*. Die im Alltag gängige Gleichsetzung von Verständnis und Billigung bereitet oft Schwierigkeiten. Was wir ablehnen, wollen wir oft auch nicht verstehen. Schon die Bereitschaft wird an Bedingungen geknüpft, Bewertung und Urteil erfolgen bereits vor einer genaueren Bestandsaufnahme. Versuchen Sie daher, unvoreingenommen mit anderen Menschen umzugehen, so werden auch Sie gewinnen – an Sympathie und vielleicht auch Einsichten.

Wertschätzung

Wir neigen im Alltag häufig dazu, sofort zu allem unsere eigene Position darzulegen und andere von deren Richtigkeit überzeugen zu wollen. Diese verbreitete Gewohnheit birgt erhebliche Gefahren: Bevor wir die Sichtweisen des Gegenübers genügend verstanden haben, hindern uns eigene Stellungnahmen daran, seine Position genauer kennen zu lernen. Wir konzentrieren uns dann weder achtsam auf die andere Person noch auf die Situationsanalyse. Vielmehr vermischen wir beides leicht. Doch „Überzeugungsarbeit" kann erst dann wirksam einsetzen, wenn wir die Gegenposition im Detail kennen. Zudem stellt sich die Frage, welche Vorteile wir uns davon versprechen, wenn wir andere von unseren Meinungen zu überzeugen und damit zu dominieren versuchen. Meist finden in solchen Situationen verdeckte Rangordnungskämpfe statt, in denen der andere dazu benutzt wird, das eigene Selbstwertgefühl zu stabilisieren. Indem wir uns nur selbst darstellen und unsere Auffassungen durchsetzen wollen, zeigen wir, wie wenig wir an der Person des anderen und an seiner Lebenswelt interessiert sind. In solchem Verhalten kommt eine geringschätzende Haltung zum Ausdruck, die von den Betroffenen auch so erlebt wird. Wenn wir nicht zuhören und kein Verständnis entgegenbringen, fühlt sich der andere als Person missachtet (vgl. Buber, 1979a). Wie schon gesagt, ist Verstehen stets Voraussetzung für ein reflektiertes eigenes Urteil.

Ob Menschen Vertrauen zu einem anderen entwickeln, hängt wesentlich davon ab, wie gut sie sich emotional angenommen und mit ihren kulturellen und individuellen Eigenarten wertgeschätzt fühlen (Kaiser, 2007). Viele Menschen stoßen bei ihren eigenen Angehörigen auf Ablehnung und Unverständnis, weshalb der Akzeptanz durch Dritte, zum Beispiel uns, erhöhte Bedeutung zukommt. Die neuropsychischen Schemata und das Selbstwertgefühl eines Menschen hängen wesentlich von der Behandlung ab, die er seit seiner Geburt erlebt hat. Bindungserfahrungen und Rückmeldungen der familialen Umgebung prägen die Selbstbewertung eines Kindes. Auch im Erwachsenenalter übernehmen „normale" Menschen Fremdbewertungen meist zügig in ihr Selbstbild. Fällt die Wertschätzung positiv aus, trägt dies zur Festigung, fällt sie weniger gut aus, zur Verunsicherung des Selbstwertgefühls bei. Dabei sind Menschen mit schwachem Selbstwertgefühl besonders anfällig für Abwertungen, da sie sich dann in ihrer negativen Selbstbewertung bestätigt sehen (Schütz, 2000). Dies heißt aber nicht, dass sie kein Bedürfnis nach Selbstwertbestätigung hätten und positive Würdigung spüren.

Ein anderer Aspekt ist, dass Menschen aufgrund ihrer kulturellen Modellvorstellungen spezifische Erwartungen an andere haben. So kann es dazu kommen, dass bereits unser Auftreten und unsere Aufmachung Widerstand oder Sympathie auslösen, was die Beziehung belasten oder fördern kann. Vor allem szenetypische Accessoires wie Piercings, Tätowierungen einerseits und bestimmte Hüte, Pelzmäntel oder Schmuckstücke andererseits können regelrecht polarisierend wirken. Damit werden – ob wir das wollen oder nicht – Wertschätzung oder Missbilligung, Gruppenzugehörigkeit und soziale Grenzen signalisiert. Die Effekte sind ähnlich wie die, die durch eine Uniform ausgelöst werden. Es lohnt sich daher, genauer über Bestandteile unseres Outfits in unterschiedlichen Zusammenhängen und zu unterschiedlichen Anlässen nachzudenken.

Positive Resonanz bei anderen Menschen entsteht am leichtesten, wenn wir sie durch einfühlsames Nachfragen ermutigen, sich selbst und ihre Bedürfnisse deutlicher zu artikulieren. Vielen Menschen mangelt es aber an Sensibilität sich selbst und anderen gegenüber, weil ihre Feinfühligkeit nie gefördert wurde, oder sie befürchten Nachteile, wenn sie ihre Wünsche und Gedanken offenlegen. Hier können Sie schon viel erreichen, indem Sie nachfragen, welche Bedenken Ihr Gegenüber hat, seine Bedürfnisse zu äußern.

Motivationale Klärung

Wenn wir mit anderen auskommen und ihre Sympathie gewinnen wollen, ist es sinnvoll, ihre Anliegen und Bedürfnisse *(Motivationen)* gezielt kennen zu lernen. Dies erleichtert es, unterschiedliche Zielvorstellungen in einem behutsamen Dialog abzugleichen. Unterbleibt eine solche Klärung, ist es vor allem in Konfliktfällen schwer, sich zu einigen; die Probleme schwelen weiter. Ist keine Besprechung mit allen an der aktuellen Situation Beteiligten möglich, können deren Zielvorstellungen auch rekonstruiert und entsprechende *Arbeitshypothesen* entwickelt werden. So lernen wir, unsere Sensibilität für die Empfindlichkeiten anderer zu schärfen. Zum konstruktiven Umgang gehört es auch, mit den unterschiedlichen, oft widersprüchlichen Erwartungen anderer zu rechnen und diese genau aufzuklären, ohne die abstinente Haltung aufzugeben.

Echtheit und Glaubwürdigkeit

Widersprüche zwischen Verhalten und Reden oder Unstimmigkeiten zwischen verbalen und nonverbalen Äußerungen, aber auch rücksichtsloses Äußern eigener Sichtweisen können andere leicht verunsichern. Echtheit *(Selbstkongruenz)* setzt voraus, dass wir uns mit unseren eigenen Empfindungen gut genug kennen und wissen, wie wir auf andere wirken. „Gemischte Gefühle“ wirken auch mehrdeutig auf andere und sollten möglichst im geschützten Rahmen geklärt und bereinigt werden.

Eine weitere Voraussetzung von Echtheit ist Glaubwürdigkeit. Damit ist gemeint, dass wir hinter dem stehen, was wir sagen und tun. So empfiehlt es sich, nur Dinge zu tun, von denen wir überzeugt sind. Kommt es zu Unsicherheiten, wirkt das auf andere leicht unglaubwürdig. Dafür haben andere Menschen meist ein feines Gespür und reagieren ihrerseits mit Verunsicherung.

Um die Kompetenzen im Bereich der Selbstpräsentation und beim Verhalten zu stärken, sind Feedbackmethoden geeignet, vor allem das Video-Feedback. Überlegen Sie genau, welche Signale Ihnen wichtig sind und zu Ihnen passen. Versuchen Sie, sich selbst treu zu bleiben und absolut authentisch zu sein. Dies bedeutet, danach zu streben, dass Sie in Ihrer Haltung, Ihrer Bewegung und Ihrer Aufmachung dem Anlass und den Beteiligten gerecht werden, ohne aber die eigenen Bedürfnisse zu vergessen. Gehen Sie achtsam mit sich selbst um und achten Sie dabei vor allem auf Ihre Grundbedürfnisse und die Ihrer Interaktionspartner: Orientierung und Kontrolle, Lustgewinn und Unlustvermeidung, Bindung, Selbstwertgefühl. Wenn Sie Ihr darauf gründendes Wohlbefinden ebenso aufmerksam pflegen wie Ihr Äußeres und achtsam mit Ihren Mitmenschen umgehen, sind Sie auf der sicheren Seite.

Innerer Abstand

Ein wesentlicher Grund für Stress und Konflikte liegt in mangelndem innerem Abstand *(Abstinenz)*. Nur wenn wir uns wohlwollende Distanz auferlegen und eigene Gedanken und Interessen so lange zurückzustellen, bis wir Klarheit über unser Gegenüber gewonnen haben, können wir besser miteinander auskommen. Wenn Sie wirklich empathisch sein wollen, dürfen sich eigene Anteile an einer Situation nicht mit denen anderer Beteiligter vermischen.

Unbearbeitete Altlasten, zum Beispiel unangemessene Empfindlichkeiten oder Aggressivität mancher Menschen, begründen oft aversive Reaktionen auch gegenüber völlig Unbeteiligten. Derlei *Übertragungsverhalten* zu erkennen und empathisch handhaben zu können, setzt eine gewisse Haltung voraus, die davon ausgeht, dass sich im Verhalten des anderen dessen Problem zeigt, das mit früheren Frustrationserfahrungen seiner Grundbedürfnisse zu tun hat. Kommen in einer Situation besonders heftige Gefühle auf, ist dies kaum aus dem Moment heraus zu erklären und ein Hinweis auf unbewältigte alte Verletzungen. Gehen Sie auf Übertragungsverhalten möglichst nicht inhaltlich ein, um zu vermeiden, dass es Gegenstand der Reflexion wird. Sprechen Sie die Empfindlichkeit besser direkt an, indem Sie zum Beispiel sagen: „In diesem Punkt bist du besonders dünnhäutig." Danach könnten Sie fragen: „Was ist für dich daran am schlimmsten?" oder: „Wie müsste ich handeln, um dich optimal zufriedenzustellen?" und etwas später: „Woran erinnert dich das?" So können Sie fündig werden und mit dem Betroffenen über seine Altlasten sprechen, um diese klar von der aktuellen Situation zu trennen. Ein solches Vorgehen ist insbesondere bei aggressiven Attacken empfehlenswert.

Die meisten Menschen, besonders aber Kinder und alte Menschen oder Angehörige mancher religiöser oder ethnischer Gruppen, identifizieren sich mit ihren Werten, Modellvorstellungen und Sichtweisen oft sehr stark; sie empfinden es leicht als Kränkung und womöglich als Angriff auf die eigene Person, wenn ein anderer eine abweichende Auffassung vertritt. Daher ist größte Vorsicht auch bei nonverbalen Äußerungen geboten, denn schließlich kann es leicht passieren, dass man mal das Gesicht verzieht, wenn man „befremdliche" Dinge hört.

Ressourcenorientierung

Beziehungen fallen umso leichter, je mehr wir unser Gegenüber auf positiv formulierte Ziele einstimmen. Auf dieser Grundlage können wir eher Schritte in die gewünschte Richtung unternehmen und auch kleinste und allerkleinste Fortschritte positiv würdigen. So ist es zum Beispiel für einen besonders schwachen Schüler oder Kollegen schon viel, dass er überhaupt zur Schule beziehungsweise zur Arbeit kommt und nicht entmutigt gänzlich wegbleibt oder sich gar umbringt. Daher braucht er Belohnung für sein Erscheinen als kleinen Schritt in eine richtige Richtung. Denn ohne Erfolgserlebnisse entsteht keine weitere Motivation. Im Zusammenhang damit ist zu klären, welche Ressourcen die Beteiligten in ihrer Person, zum Beispiel in ihren Beziehungen und Traditionen haben, die vielleicht zu wenig genutzt werden.

Lebenssituationen bewältigen und Probleme lösen

Der konstruktive Umgang mit Lebenssituationen ist sowohl für die Befriedigung unserer eigenen Bedürfnisse als auch die der anderen Beteiligten wichtig. Probleme entstehen, wenn es sich nicht vermeiden lässt, dass die positive Bedürfnisbefriedigung behindert und Vermeidungsschemata aktiviert werden (Grawe, 2004). Viele Schwierigkeiten treten aber nicht so offen zutage, dass man sich gleich über Lösungen Gedanken machen könnte. Oft ist es erforderlich, eine konkrete Situation genauer zu erforschen, um herauszufinden, welche Aspekte und Mechanismen das Problem ausmachen und welche Hintergründe dabei relevant sind. Hierbei helfen die beschriebenen Verfahren der Lebens- und Zukunftsplanung (siehe Kapitel F1), des Focusing (siehe Kapitel F4) sowie der Systemischen Mehrebenenanalyse (siehe Kapitel A2). Im Rahmen solcher Recherchen können wir ermitteln, welche Emotionen und neuropsychischen Schemata durch einzelne Aspekte einer Problemsituation bei uns selbst und anderen Beteiligten aufgerufen werden (Kaiser, 2007). Weiterhin ist zu klären, ob vorhandene Kompetenzen nur nicht (genügend) genutzt werden oder ob diese gar nicht vorhanden sind (Kompetenzdefizit). Nicht selten verhindern mehr oder minder große Widerstände, dass ein Problem überhaupt zur Sprache kommt. Viele Themen sind mit Angst oder Scham besetzt, weshalb sie vermieden werden, um das Selbstwertgefühl zu schützen. Welche Schritte beim Problemlösen im Einzelnen zu gehen sind, können Sie in den Kapiteln A2 und F1 nachlesen.

Wirkdimensionen

Um im Alltag möglichst erfolgreich zu sein, verdienen neben den beschriebenen Wirkfaktoren eine Reihe bewährter *Wirkdimensionen,* die in der Psychotherapieforschung ermittelt wurden, Beachtung (Norcross et al., 2006). Diese Dimensionen sollten im Alltag stets berücksichtigt werden.

Systemdimension

Da wir uns ständig in Systemkontexten wie Familie, Betrieb, Gemeinde usw. bewegen, ist die *Systemdimension* im Alltag besonders wichtig; dabei richtet sich unser Augenmerk auf solche Systemmerkmale, die für unsere Lebensqualität bedeutsam sind. Da die Systeme, in die wir eingebunden sind, ihrerseits in vielfältige soziale, betriebliche und gesellschaftliche Systemkontexte verschiedener Ebenen verwoben sind, kommen auch die Interaktionen zwischen diesen ins Blickfeld.

Um uns Systemzusammenhänge bewusst zu machen, eignen sich besonders Instrumente wie die Genographische Mehrebenenanalyse. Mit diesem Verfahren können wir Strukturkonstellationen, wie zum Beispiel Stieffamilien, vor dem Hintergrund kritischer Lebenssituationen und historisch-politischer Ereignisse leichter begreifen (vgl. McGoldrick/Gerson, 2002; siehe Kapitel C, D). Wichtigste Subsysteme von Familien sind meist die Paarbeziehungen sowie Geschwistergruppen, deren systemische Funktionsfähigkeit sich auf andere Subsysteme und Angehörige auswirkt. Verstehen sich zum Beispiel Eltern als Partner nicht, neigen sie oft dazu, sich stärker ihren Kindern anzuschließen. Aufgrund so entstandener überstarker Bindung können sich Kinder dann später oft nicht genügend ablösen, woraus sich für sie leicht eigene Paarkonflikte ergeben. Hinzu kommen Probleme zwischen den Schwiegereltern und Schwiegerkindern. Die wichtigsten Subsysteme in sozialen Systemen sind jedoch die einzelnen Angehörigen, die gemeinsam das System ausmachen. Daher liegt es im Interesse unserer individuellen Lebensqualität, deren Eigenschaften genauer kennen zu lernen, um uns besser darauf einstellen und schützen zu können (Kaiser, 2007). Besonders zu achten ist auf

- ungünstige Lebenskonzepte, innere Modelle und neuropsychische Schemata,
- Anfälligkeiten wie mangelnde Stresstoleranz, unzureichende Emotionsregulation oder fehlende Bewältigungsstrategien,
- mangelnde Positivität durch zu schwach ausgebildete oder brachliegende Annäherungsschemata,
- leichte Kränkbarkeit und schwierigen Umgang durch starke Vermeidungsschemata und schwache Annäherungsschemata,
- Kompetenzstörungen und -defizite.

Wichtige Grundlagen für die Funktionsfähigkeit von Familien, Partnerschaften und anderen Systemen sind die zwischenmenschlichen Beziehungen und Bindungen.

Beziehungs- und Bindungsdimension

Beziehungen und Bindungen zwischen Menschen wirken sich meist stark auf deren Entwicklung und Befinden aus. Sie sind wichtige Strukturmerkmale von Systemen. Am Beispiel der Bindung an die primären Bezugspersonen (meist die Eltern) haben wir bereits gesehen, wie nachhaltig sich diese auf die Persönlichkeitsentwicklung auswirken können. Im Erwachsenenalter können auch Bindungen an den Betrieb das Leben prägen. So ist es meist sinnvoll zu untersuchen, wie unsere Beziehungsnetzwerke unsere aktuelle und künftige Lebensqualität beeinflussen.

Ein wesentlicher Aspekt wichtiger Beziehungen ist die meistens sehr hoch gehaltene gegenseitige Loyalitätsregel. Wir sind zur gegenseitigen instrumentellen und emotionalen Unterstützung sozusagen verpflichtet: Das gegenseitige Geben und Nehmen wird sorgsam registriert und ist vor allem zwischen Angehörigen, Freunden und Kollegen häufig Thema. Daher sollten die diesbezüglichen Erwartungen jeweils offen angesprochen, genauer hinterfragt und gegebenenfalls abgeglichen werden.

Sie haben schon erfahren, dass Menschen mit sicherem Bindungsstil eher positive Modellvorstellungen von sich und anderen haben. Zwar haben Menschen mit besitzergreifendem Bindungsstil positive Modellvorstellungen über andere, aber negative über sich selbst. Sie verhalten sich eher ängstlich und suchen Schutz und Anlehnung (siehe Abb. 29). Menschen mit abweisend-vermeidendem Bindungsstil haben negative Modellvorstellungen von anderen und positive von sich selbst, sie sind wenig ängstlich und gehen Nähe eher aus dem Weg. Menschen mit ängstlich-vermeidendem Bindungsstil haben negative Modellvorstellungen von sich und anderen; sie sind sehr ängstlich und lassen keine Nähe zu. Im Umgang mit unsicher Gebundenen ist daher ein aktives Vorgehen sinnvoll, das emotionalen Ausdruck und Verbindlichkeit fördert. Bindungsängstliche tun sich schwerer im Umgang und benötigen mehr Unterstützung und Ermutigung, während sicher Gebundene in der Lage sind, sich Begegnungen direkter zu stellen. Menschen mit besitzergreifendem und solche mit abweisendem Bindungsstil neigen zu oberflächlicheren Beziehungen und vermeiden es, über ihre Gefühle zu sprechen.

Modellvorstellungen von anderen	**Ängstlichkeit niedrig**	**Ängstlichkeit hoch**	**Vermeidungstendenz**
Positiv	Sicherer Bindungsstil	Besitzergreifender Bindungsstil	Gering
Negativ	Abweisend-vermeidender Bindungsstil	Ängstlich-vermeidender Bindungsstil	Stark
	Selbstbild positiv	**Selbstbild negativ**	

Abb. 29: Erfahrungen in engen Beziehungen (Meyer et al., 2001, 371)

In unseren Alltagsbeziehungen können wir davon ausgehen, dass andere uns stets mit bestimmten Erwartungen, vielleicht auch Befürchtungen begegnen (vgl. Norcross, 2002). Je klarer uns diese sind, umso besser. Erwartungen können sich beziehen auf

- spezifische Rolleneigenschaften, zum Beispiel als Eltern, Partner, Experte oder Vorgesetzter, die mit alten Empfindlichkeiten verknüpft sein können (Übertragungen),
- spezifische Ansprüche unserer Mitmenschen an sich selbst wie Offenheit oder Vertrauensbereitschaft,
- bestimmte Merkmale wie Geschlecht, Alter usw.

Eng verknüpft mit den Erwartungen sind die Interessen und Ziele der Beteiligten. Davon hängt ihre Bereitschaft ab, zum Beispiel mit uns zusammenzuarbeiten oder uns behilflich zu sein. Entscheidend ist, ob sich die unterschiedlichen Erwartungen der Beteiligten, die es zu klären gilt, vereinbaren lassen. Gute Beziehungen tragen dazu bei, dass das Selbstwertgefühl wächst und die Lebensqualität steigt. Dabei kommt es wesentlich auf die Kommunikation an.

Kommunikation

Kommunikation ist ein Dreh- und Angelpunkt im alltäglichen Umgang (siehe Kapitel A10). Dabei spielen Inhalte sowie die Art und Weise, wie wir nonverbal kommunizieren, eine Rolle. Inhalte, Selbstoffenbarung eigener Anliegen und Ziele, Signale und Aussagen über die Beziehung sowie Appelle an die Beteiligten gehen Hand in Hand. Da sich Beziehungen und Kommunikation wechselseitig beeinflussen, hängt die Qualität der Kommunikation von der dabei ausgedrückten Positivität, Offenheit, Zuneigung und Unterstützung ab. Hierauf ist bei eigenen Äußerungen ebenso zu achten wie bei der Wahrnehmung anderer. Eine wichtige Wirkdimension der Kommunikation ist die Sprechweise als Bestandteil der Rhetorik (siehe unten).

Sprechen und Sprechtechnik

Ein Gespräch auf dem häuslichen Sofa unterscheidet sich auch durch die Sprechweise von einem Auftritt im Fernsehen oder auf einer Betriebsversammlung. Wenn wir in der Öffentlichkeit oder in anderen Situationen sprechen, in denen es auf Verständlichkeit besonders ankommt, ist eine optimierte Sprechtechnik ganz besonders wichtig. Dabei wird in einer Weise gesprochen, die uns im Alltag leicht überbetont vorkäme.

Wörter erhalten Form und Gestalt, indem wir sie präzise und konsonantisch aussprechen. Die Aussprache wird erst deutlich, wenn wir die Konsonanten und Vokale exakt sprechen und nichts verfälschen oder verschlucken, wie dies vor allem bei Anfangsbuchstaben oder Endsilben oft geschieht. Manche Menschen sagen zum Beispiel „Glamoddn“ statt „Klamotten“ (LMZ, 2004). Erst der klangvolle Wechsel zwischen Konsonanten und Vokalen macht unsere Sprache melodisch und verständlich. Auch die unterschiedliche Längenbetonung von Vokalen trägt zur Verständlichkeit bei, wie zum Beispiel beim a in „baden“ und „fassen“.

Schärfen Sie Ihr Bewusstsein für eine exakte und deutliche Aussprache mit dem folgenden Beispiel. Sprechen Sie:

Ganz kurze, krumme Christbäume kann man kaufen.

Komm, kurzer, kräftiger Kerl!

Herr König, dort fliegt ein Kranich!

Lalle Lieder lieblich
lipplicher Laffe,
lappiger, lumpiger, laichiger
Lurch!

Bringen Sie die Vokale mit ihrem vollen Volumen zum Tönen! So wird jedes Wort dem Hörer oder der Hörerin sinnlich erfahrbar. Sprechen Sie Wörter volltönend aus und bemessen Sie nach Ihrem Atemvolumen, wie Sie sprechen. Nehmen Sie sich dabei Zeit und reservieren Sie für jeden Gedanken einen Satz. Dann folgt eine kurze Pause, denn ohne zu atmen können wir weder leben noch sprechen (Heigl, 1991). Danach geht es weiter. Da wir ja wissen, was wir sagen wollen, haben wir den Zuhörern etwas voraus, was bei ihnen Spannung erzeugt. Indem ein Sprecher *Dramaturgie* gezielt einsetzt, beweist er seine Souveränität (LMZ, 2004).

Atmen

Das Wichtigste beim Sprechen ist die richtige Atmung. Anders als bei der reinen *Brustatmung* können wir unser Stimmvolumen deutlich steigern, wenn wir das Zwerchfell stärker einbeziehen und mittels *Bauchatmung* bis in den Beckenboden hineinatmen. So können wir ohne große Kraftanstrengung und Atemnot laut und deutlich sprechen (LMZ, 2004). Dabei machen wir uns oft zu wenig bewusst, dass wir je nach Aktivität acht bis 140 Liter Luft pro Minute benötigen und über die Atmung 70 Prozent der Körperschadstoffe ausscheiden. So können wir beim Sprechen unsere Schadstoffausscheidung und die körperliche Leistungsfähigkeit insgesamt verbessern, richtiges Atmen und Sprechen ist also aktive Gesundheitsförderung (Wendler et al., 2005; gutbeistimme, 2005).

Obwohl wir mit der flachen Brustatmung nur etwa 25 Prozent des möglichen Atemvolumens an Luft aufnehmen, vernachlässigen wir zumeist die tiefere Bauchatmung. Brustatmung beansprucht die Schulter- und Nackenmuskulatur stärker, und dies mindestens 24.000 Mal täglich. Wer bei flacher Atmung lauter sprechen will, braucht viel mehr Kraft, um den notwendigen größeren Luftstrom an den Stimmlippen vorbeizuführen. Dementsprechend klingt die Stimme gepresst und kann sich sogar überschlagen, was keinen sicheren Eindruck bei den Zuhörern hinterlässt (gutbeistimme, 2005). Atmen wir auch mit dem Zwerchfell in den Bauch hinein, können wir unser Lungenvolumen viel leichter ausnutzen. Zusätzlich setzen wir stärker die Zwerchfell-, Rücken- und Bauchmuskulatur ein und schonen so Schultern und Nacken. Es ist also ratsam, sich etwas mehr Luft zu gönnen, denn so ist es möglich, ohne Mühe lauter und länger zu sprechen (Heigl, 1991). Optimal fließen kann der Luftstrom, wenn wir Oberkörper und Kopf gerade und entspannt halten, was auch optisch besser wirkt.

Unsere Stimme kann sich in verschiedenen Tonlagen bewegen, in der Obertonlage, der Indifferenzlage und der Untertonlage (Wendler et al., 2005). Je lockerer die Stimmlippen sind, desto tiefer klingt der Ton, bei Anspannung verstärken sich die Schwingungen, der Klang wird höher. Je länger und dicker die Stimmbänder und je größer der Kehlkopf, desto tiefer ist die Stimme. Je nachdem, in welchen Tonlagen wir die meisten Töne bilden können, wird sie als Tenor-, Bass-, Sopran- oder Altstimme bezeichnet. Für hohe Töne nutzen wir vor allem die Resonanzräume der Nasennebenhöhlen und Stirnhöhle, für tiefe Töne die Resonanzräume des unteren Brustkorbs (gutbeistimme, 2005). Hauchen wir mit tiefer Stimme die Worte aus, wirkt dies erotisch. Schreien mit hoher Stimme dagegen klingt schrill und alarmierend, zum Beispiel bei Babys, die dann wiederum mit tiefer Stimme beruhigt werden.

Ober- und Untertonstimmen erzeugen Gefühle, weil sie uns leicht an alte Erfahrungen erinnern *(Übertragung)*. Diese Empfindungen können vom Inhalt ablenken und dazu führen, dass der Zuhörer unerwünschte Schlüsse zieht: Wer in hoher Tonlage spricht, wirkt schnell unsicher und inkompetent, was den Inhalt des Gesagten entwerten kann. Eine tiefe Stimme dagegen wirkt beruhigend und souverän. Dies kann aber die Zuhörer ermüden und sie ebenfalls vom Inhalt ablenken. Lösen wir mit unserer Stimmlage solche Botschaften aus, unterlaufen wir damit das eigene Ziel. Dies lässt sich vermeiden, indem wir in der so genannten Indifferenztonlage sprechen. Diese liegt im mittleren Bereich unseres stimmlichen Tonspektrums, in dem wir den größten Resonanzraum haben. Mit dieser Stimme können Sie ohne große Anstrengung sprechen, sie klingt dann auch angenehm. Indifferent bedeutet, sich wertneutral zu äußern, der Klang der Stimme lenkt nicht vom Inhalt des Gesagten ab. Sie erkunden Ihre Indifferenztonlage, indem Sie in unterschiedlichen Tonlagen summen, bis Sie diejenige finden, in der es Ihnen am leichtesten fällt. Die Stimme kann aber sehr wohl den Inhalt unterstreichen, indem Wörter und Sätze entsprechend betont werden, wie dies zum Beispiel bei einer Beileidsbekundung oder einer freudigen Nachricht oft der Fall ist. Dadurch werden ebenfalls Gefühle geweckt, die sich jedoch auf den Gegenstand (Sachebene) oder den Zuhörer (Beziehungsebene) beziehen.

Mit wenigen Minuten Stimmtraining pro Tag können Sie Ihre Stimme pflegen und klanglich verbessern. Dabei helfen zum Beispiel folgende Übungen (Heigl, 1991):

- Summen mit offenem Mund in unterschiedlichen Tonlagen;
- Summen mit geschlossenem Mund in unterschiedlichen Tonlagen;

- Sprechen Sie einen kurzen Satz mit ansteigender, danach mit fallender Betonung;
- Sprechen Sie einen kurzen Satz und betonen Sie dabei jedes Wort in gleicher Weise;
- Sprechen Sie Gedichte oder kurze Texte mit übertrieben deutlicher Betonung und achten Sie vor allem auf eine tiefe Atmung; pro Gedanke atmen Sie einmal ein und aus – dann machen Sie eine kleine Pause zum erneuten Atemholen; erst dann geht es weiter. Im folgenden Beispiel geht es um drei Gedanken, und Sie atmen also dreimal ein und aus: „In Ulm, um Ulm und um Ulm herum". Wenn Sie den Zuhörern etwas vordenken und diesen durch langsames Sprechen genügend Zeit zum Nachvollziehen Ihrer Gedanken lassen, steigen die Chancen, dass man Ihnen aufmerksam zuhört.

Auch eine wohlklingende Stimme stellt ein wesentliches Element effektiver Kommunikation dar und lässt sich mit geeigneten Übungen und gegebenenfalls mithilfe professioneller Logopäden optimieren. Wie die anderen nonverbalen Ausdrucksformen sind auch Sprechakt und Stimme stark vom emotionalen Geschehen und den dahinter stehenden Haltungen und Modellvorstellungen beeinflusst. Das lateinische Wort „Persona" kommt übrigens von „per sonare", was „hindurchklingen" bedeutet. Da die Stimme ein körperliches Ausdrucksmittel ist, sollte sie stetig trainiert werden. Hierfür gibt es eine Reihe von Anleitungen auf CD oder im Internet (zum Beispiel Heigl, 1991; LMZ, 2004; gutbeistimme, 2005).

Angewandte Rhetorik

Angewandte Rhetorik (griechisch für *Redekunst)* bedeutet, das, was wir sagen wollen, so auszudrücken, dass wir unsere Ziele dadurch erreichen. Wie Sie schon erfahren haben, beruht Kommunikationsfähigkeit nicht auf irgendwelchen Tricks, sondern vor allem auf einer durchgearbeiteten Persönlichkeit, überzeugenden Grundhaltungen und stimmigem Verhalten (Selbstkongruenz). Bei einem Sprecher achten die meisten Menschen vor allem auf die persönliche Ausstrahlung und auf die Stimme, erst in zweiter Linie auf die inhaltlichen Aussagen. Durch einen natürlichen und selbstsicheren Ausdruck beeinflussen wir Gesprächspartner ohne großen Aufwand.

Besondere Bedeutung bekommt das gesprochene Wort, wenn wir vor einem größeren Publikum stehen und keine oder wenig Möglichkeit haben, mit den Zuhörern in Dialog zu treten, wie dies zum Beispiel auf einer Betriebsversammlung oder bei einem Rundfunk- oder Fernsehauftritt der Fall ist. Hier sind wir darauf angewiesen, auch ohne Austausch mit dem Gegenüber die bestmögliche Wirkung zu erzielen.

Im freien Vortrag, der auch Teil eines Gesprächs oder schriftlich als Brief beziehungsweise E-Mail formuliert sein kann, geht der Sprecher von bestimmten Annahmen (Thesen) und Vorannahmen (Prämissen) aus, auf die er seine Argumente aufbaut. Mittels gezielter Anordnung dieser Elemente und der Schlussfolgerungen daraus versucht er zu überzeugen. Indem immer eindrücklichere Themen, Annahmen und Argumente vorgebracht werden, lässt sich Aufmerksamkeit und Spannung erzeugen. Doch mangelnde Aufmerksamkeit und Ablenkungen, Missverständnisse und Widerstände verhindern oft, dass mündliche oder schriftliche Äußerungen ihren Zweck erfüllen und die gesetzten Ziele erreicht werden. Um die Ausfallquote möglichst gering zu halten, wurden die Mittel der angewandten Rhetorik entwickelt, die jedoch nur mit einigem Aufwand zu nutzen sind. Sich damit ausgiebig zu befassen lohnt sich sehr, da die Resultate auch der Persönlichkeit und dem Selbstwertgefühl zugute kommen.

Redetypen

In der angewandten Rhetorik unterscheiden wir verschiedene grundlegende Redetypen, die kombiniert werden können und unterschiedliche Anforderungen an den Redner stellen. Machen Sie sich zuerst klar, zu welchem Anlass Sie das Wort ergreifen wollen.

1. Die Argumentationsrede, auch Überzeugungsrede oder Gerichtsrede genannt, hat die Verteidigung oder Durchsetzung eigener Positionen mit möglichst guten Argumenten und die Entkräftung von Gegenargumenten oder Vorwürfen zum Ziel. Da das zuerst und das zuletzt Gesagte von Zuhörern besonders leicht behalten werden, ist es sinnvoll, mit dem eigenen Standpunkt zu beginnen und diesen als Feststellung zu formulieren: „Ich bin unschuldig. Ich kann die Tat gar nicht begangen haben …“ Anschließend werden möglichst die gewichtigsten Gegenargumente benannt und widerlegt. Darauf folgen die Argumente, die *für* den eigenen Standpunkt sprechen. Den Abschluss bildet die Schlussfolgerung: „Nach sorgsamer Prüfung aller Argumente spricht alles für meine Position …“ Ähnliches gilt für Redebeiträge in Debatten, Verhandlungen oder im Rahmen von Konflikten (siehe Kapitel G4).
2. Mit der Informations- oder Sachrede sollen Informationen im Rahmen eines mehr oder minder ausführlichen Vortrags möglichst wirksam vermittelt werden. Die hierfür geltenden Regeln sind auch dann wichtig, wenn die Erläuterung nur wenige Sätze umfasst, zum Beispiel bei einer Geräteeinweisung oder einer Sicherheitsbelehrung. Je weniger spannend und je komplizierter die Inhalte sind, desto mehr Bedeutung bekommt eine ansprechende Präsentation. Auch und gerade hier ist es sinnvoll, vorab die Motivationslage zu klären, um auch tatsächlich bei den Interessen der Zuhörer ansetzen zu können. Dies gilt ebenso für Vorstellungsgespräche oder Präsentationen zu einer Thematik oder einem Produkt, zum Beispiel auf einer Messe oder in einem Verkaufsgespräch.
3. Gesellschaftsreden würdigen Anlässe und Stimmungen und fördern das Gemeinschaftsgefühl, die Anteilnahme oder

das Engagement. Sie sind elementare Bestandteile gesellschaftlicher, familialer oder betrieblicher Rituale. Hier geht es weniger um Ziele und Inhalte als um den systemstabilisierenden Effekt. Das System erweist sich selbst und den Angehörigen die Ehre. Da Rituale meist einen starken Bezug zum Selbstwertgefühl der Angehörigen aufweisen, kann die Rede deren Selbstwertgefühl fördern oder verletzen. Wichtige Anlässe sind:

- Begrüßung/Abschied: Hier wird entweder Freude über ein Kennenlernen, ein Wiedersehen oder die Eröffnung einer Veranstaltung ausgedrückt oder über den Abschluss einer gemeinsamen Phase mit gemeinsamen Leistungen und guten Erfahrungen gesprochen. Abschied schließt immer Bedauern oder sogar Trauer ein, daher wird meistens die Hoffnung ausgesprochen, in Kontakt zu bleiben oder sich wiederzusehen.
- Festreden beziehen sich auf einen Anlass (zum Beispiel Weihnachtsansprache, Betriebseröffnung), ein Jubiläum (zum Beispiel Silberhochzeit, Geburtstag), Verdienste (zum Beispiel Lebensrettung) oder Leistungen (zum Beispiel WM-Sieg, Examen). Dabei wird möglichst viel Positives zum Anlass, zur Vorgeschichte sowie über die Beteiligten gesagt und in einen Gesamtzusammenhang gestellt.
- Stimmungsreden, zum Beispiel auf einer Karnevalssitzung oder als Unterhaltungseinlage auf einem Fest, sollen die Anwesenden amüsieren und zum Lachen bringen. Dazu ist freilich auf Denkweisen, Vorlieben und Empfindlichkeiten der Zuhörer zu achten, damit diese weder durch zu komplizierte Gedankenspiele überfordert noch durch platte Witzchen gelangweilt oder gar provoziert werden.
- Trauerreden drücken den Schmerz über den Verlust eines geschätzten oder geliebten Menschen aus, dessen Eigenschaften und Wirken gewürdigt werden. Eine wich-

tige Funktion besteht darin, den Angehörigen Trost und emotionale Unterstützung zu geben und den Verstorbenen aus der Gemeinschaft zu verabschieden. Die damit verbundenen Rituale haben eine wichtige psychohygienische Funktion. Wenn Trauer nicht angemessen ausgelebt und vorschnell verdrängt wird, besteht die Gefahr von Abspaltung und depressiver Reaktion (siehe Kapitel E6).

Vorbereitung

Die Kunst der Rede besteht zum großen Teil in gründlicher inhaltlicher Vorbereitung. Dabei ist die folgende Vorgehensweise sinnvoll:

1. Zielbestimmung: Noch vor der Frage „Was will ich erreichen?" sollten Sie herausfinden, auf wie viel Resonanz das Thema voraussichtlich bei den Zuhörern oder Gesprächspartnern stößt. Sind diese daran interessiert und haben sie gute Vorkenntnisse, können Sie anders vorgehen, als wenn die anderen aufgebracht oder völlig ahnungslos sind. Wenn Sie etwas erreichen wollen, müssen Sie die Zuhörer dort abholen, wo sie gerade stehen. Wenn Sie das nicht genau wissen, ist es ratsam, Erkundigungen einzuziehen oder sich zumindest genau zu überlegen, welche Beziehung die Teilnehmer zum Thema haben könnten. Haben Sie es mit gemischtem Publikum zu tun, ist es sinnvoll, sich auf unterschiedliche Teilnehmer innerhalb der Gruppe einzustellen. Ein wichtiger Aspekt ist dabei auch, wie Sie mit möglichen Widerständen umgehen oder sie vermeiden. Je mehr Widerstände Sie erwarten, desto kleinschrittiger sind die Zwischenziele zu setzen.
2. Wenn Sie die Anliegen und Ziele festlegen, prüfen Sie, in welcher Beziehung diese zueinander stehen und ob sie sich widersprechen. Weiterhin ist zu klären, welche Zielprioritäten Sie verfolgen und welche Zwischenziele sich daraus ergeben. Sobald Sie genauer wissen, was Sie wollen, machen

Sie sich Gedanken darüber, wie Sie Ihre angestrebten Ziele erreichen können.

3. Anschließend überlegen Sie sich eine *Gliederung*, die formal immer aus den folgenden Elementen besteht.
   - Einleitung: Formulieren Sie eine Einführung und Hinleitung zur Thematik, die sich an die Teilnehmer richtet. Beachten Sie dabei vor allem die Motivation der Beteiligten. Hier werden noch keine Ausführungen zum Inhalt gemacht, was die Spannung steigert. Bei Sachbeiträgen ist eine Übersicht über die Unterthemen, die Sie abhandeln werden, sinnvoll.
   - Hauptteil: Hier kommen Sie zum Thema. Die Reihenfolge machen Sie von der Motivation der Teilnehmer abhängig, um Widerstand zu vermeiden oder zu umgehen. Ansonsten ist auf logische Abfolge und Stringenz zu achten. Sie haben zwei grundsätzlich verschiedene Möglichkeiten: Zum einen können Sie in Ihren Ausführungen vom Allgemeinen zum Besonderen kommen *(deduktives Vorgehen)*. Dabei beginnen Sie mit wichtigen Grundsätzen und stellen dann klar, was dies für den konkreten Einzelfall bedeutet. Zum anderen ist es möglich, mit einem typischen Beispiel zu beginnen und daraus verallgemeinernde Schlussfolgerungen abzuleiten *(induktives Vorgehen)*.
   - Schluss: Fassen Sie am Ende nochmals das Wichtigste zusammen. Ziehen Sie Schlussfolgerungen und formulieren Sie, was nun zu tun ist.
4. Die *Ausarbeitung* erfolgt nun in der festgelegten Reihenfolge. Hier kommt es auf gedankliche Klarheit sowie logische und psychologische Widerspruchsfreiheit an. Es ist hilfreich, wenn Sie die einzelnen Gedanken auf Karten oder an eine Tafel schreiben und nach und nach ordnen. Je intensiver Sie sich mit einer Thematik befassen, desto klarer wird erkennbar, wo die Vorteile, aber auch Grenzen und Unsicherheiten einer Position liegen. Um die Zuhörer zu über-

zeugen, stehen Ihnen drei Methoden zur Verfügung: Sie können mit ethischen Argumenten an ihr moralisches Gewissen *(Ethos)*, mit Gefühlen an ihr Mitgefühl *(Pathos)* und mit logischen Beweisen an ihren Verstand *(Logos)* appellieren. Je besser Sie mögliche Widerstände und Gegenargumente vorab beleuchten, desto leichter können Sie sie entkräften. Erst wenn Ihnen Ihre Gedanken, die Motivation der Teilnehmer und die Argumentationskette klar sind, ist es sinnvoll, sich geeignete Begriffe, Sätze und sprachliche Formulierungen zu überlegen.

5. *Aufbereitung* zur Präsentation und Zeitmanagement: Kern jeder Präsentation ist die sprachliche und stilistische Form, die Sie am Gegenstand, vor allem aber an den Zuhörern ausrichten müssen. Jedes Fach, jede Branche, jedes Milieu und jede Familie hat eigene Modellvorstellungen, Begriffe, sprachliche Gewohnheiten und Bilder, die es zu berücksichtigen gilt, weil sich die Beteiligten damit identifizieren. So kommt es tatsächlich auf die Wahl der richtigen Worte und einen stimmigen Tonfall an. Weil Sie auf die Motivation der Teilnehmer nicht verzichten können, ist zu überlegen, wie Sie deren Aufmerksamkeit am besten stimulieren. Dabei kommt es sehr darauf an, ob Sie sich als Person sympathisch und überzeugend präsentieren. Dabei haben Körperausdruck und Stimme besondere Bedeutung (siehe Kapitel A10).

   Aufmerksamkeit können Sie mit lebhaftem und ausdrucksvollem Sprechen sowie farbigen Beispielen und Vergleichen wecken (Kürsteiner, 1999). Denn dann erleben die Zuhörer vor ihrem inneren Auge, was gemeint ist. Auch attraktive Zitate und Humor können eine Rede bereichern. So werden Sie nicht nur besser verstanden, sondern erleichtern durch vielfältige Anregungen zugleich, dass sich die Inhalte im Langzeitgedächtnis der Zuhörer abspeichern. Die Würze liegt in der Kürze, daher sollten Bilder, Vergleiche und Zitate kurz und prägnant formuliert werden. Hingegen müssen die wesentlichen Aussagen zu den Inhalten immer detailliert genug sein, um verstanden zu werden. Mit abstrakten Formulierungen strapazieren wir die Motivation der Teilnehmer allzu leicht. Aufmerksamkeit wecken auch aktivierende Fragen. Fach- oder Fremdwörter sind in Insiderveranstaltungen Pflicht, ansonsten müssen sie ausreichend erläutert werden.

Ablesen oder frei sprechen?
Sie denken darüber nach, ob Sie ein Redemanuskript schriftlich ausformulieren sollten? Außer zu sehr bedeutsamen Anlässen, wo es auf jedes Wort ankommt, ist davon eher abzuraten. Denn Vorgelesenes kommt meist weniger gut an als frei Gesprochenes. Um wirklich gute Effekte zu erzielen, muss der Vortrag einer Manuskriptrede sehr gut einstudiert werden! In den meisten Fällen empfiehlt sich ein *Stichwortmanuskript,* das die wesentlichen Gedanken zu den einzelnen Gliederungspunkten enthält. An wichtigen Stellen können Sie sich auch einzelne Formulierungen oder witzige Sprüche notieren (Heigl, 1991). Sind Ihre Inhalte gut durchdacht, fällt es nicht schwer, sie frei vorzutragen. Je besser vorbereitet und routinierter Sie sind, umso weniger brauchen Sie den Spickzettel während des Vortrags. Dennoch gibt es Sicherheit, wenn Sie gegebenenfalls darauf zurückgreifen können. Erst von nachrangiger psychologischer Bedeutung sind visuelle Techniken wie Powerpoint-Präsentationen oder Folien. Sie kommen nur zur Geltung, wenn Inhalte und Gliederung stimmen und der Redner glaubwürdig und überzeugend wirkt.

Ein zweiter sehr wichtiger Faktor ist ein gutes *Zeitmanagement.* Meist empfiehlt es sich, die Gesamtzeit für den Beitrag zu notieren und jedem Gliederungspunkt sowie der eventuell vorgesehenen Diskussion ein entsprechendes Zeitbudget zuzuordnen. Haben Sie zum Beispiel eine Stunde Zeit, könnten Sie zehn Minuten für die Einleitung, 20 Minuten für den Hauptteil und zehn Minuten für den Schluss sowie 15 bis 20 Minuten für eine Diskussion einkalkulieren. Während Sie die Rede halten, achten Sie darauf, dass Sie sich an Ihren Zeitplan halten.

Training

Rhetorische Sicherheit erreichen Sie vor allem durch *Übung*: Daher ist es am besten, jede Gelegenheit zu nutzen, um die rhetorischen und stimmlichen Fähigkeiten zu entfalten und weiterzuentwickeln (Heigl, 1991). Beste Trainingsform ist das Üben unter *Videokontrolle* mit jeweils anschließender Auswertung der Aufzeichnung. Keine Rückmeldung ist so einfach und unbestechlich wie diese. Zudem können Sie damit sich und Ihre Wirkungen am besten kennen lernen. Videotraining lässt sich auch ohne professionelle Unterstützung zu Hause oder in einer Selbsthilfegruppe realisieren.

Wenn immer möglich, sollten Reden und schriftliche Abhandlungen außerdem im Gespräch mit allen Beteiligten weiter erörtert werden. In der direkten Begegnung können Sie auf die verbalen und nonverbalen Reaktionen Ihres Gegenübers ganz anders reagieren, nachfragen und auf Widerstände eingehen.

Verhalten in Gesprächen

Mit gut überlegten Konzepten und Formulierungen können Sie Gespräche in Ihrem Sinne steuern. Dies setzt aber voraus, dass Sie sich vorher Gedanken darüber gemacht haben, was Sie erreichen und wie Sie Ihr Anliegen formulieren wollen. Durch gute Vorbereitung lassen sich die meisten Fragen und Einwände vorwegnehmen und bereits in die eigenen Ausführungen aufnehmen. In Gesprächen können Sie unterschiedliche Frageformen nutzen:

- Informationsfragen: „Wie viel Zeit haben Sie?“
- Klärungsfragen: „Was meinen Sie mit …?“
- Alternativfragen: „Möchten Sie heute oder morgen?“
- Motivierungsfragen: „Wie haben Sie das nur geschafft?“
- Rhetorische oder Suggestivfragen: „Finden Sie auch, …?“

- Fangfragen: „Konnten Sie uns gleich finden?“ (Damit will der Fragende oft Geschicklichkeit und Orientierungsvermögen seines Gesprächspartners testen)

Wenn wir während eines Gesprächs oder einer Befragung konzentriert zuhören und auf unsere Gesprächspartner achten, fällt es leichter, Unterstellungen oder falsche Behauptungen zu entdecken und gleich darauf zu reagieren. Wo klare Aussagen erwartet werden, sollten Sie nicht lange darauf warten lassen. Generell ist es wichtig, dass Sie sich die Kontrolle in einer Situation nicht aus der Hand nehmen lassen. Hierzu ist es oft nützlich, sich entgegen den Erwartungen zu verhalten. So bleiben Sie für die anderen interessant.

Umgang mit Provokationen, An- und Übergriffen: Manche Menschen, vor allem Verhandlungspartner oder Führungskräfte, Verkäufer oder Konkurrenten, wollen uns einschüchtern oder testen, um sich Vorteile zu verschaffen. Dass sich andere unangemessen verhalten, liegt jedoch nicht im Bereich unserer Verantwortung! Selbst wenn jemand etwas falsch macht, lässt sich darüber höflich reden. Wer dies nicht tut, setzt sich damit ins Unrecht.

Sie wissen ja bereits, dass unangemessenes, vor allem aggressives Verhalten praktisch immer darauf hinweist, dass die betreffenden Personen sich nicht anders zu helfen wissen und aus Hilflosigkeit ausfallend werden. Der Grund liegt meistens in alten Empfindlichkeiten, die auf die aktuelle Situation übertragen werden. Solche Übertragungen bekommen Sie am besten in den Griff, wenn Sie die Distanz wahren und den Aggressor auf seine Gefühle ansprechen, statt sich inhaltlich einzuklinken, wie dies im Alltag üblich ist. Damit signalisieren Sie ja auf der Metaebene, dass es erlaubt ist, so mit Ihnen zu sprechen (Hinsch/Pfingsten, 1998). Die hier dargestellten Methoden und Strategien bieten Ihnen ein breites Spektrum an passenden Reaktionsmöglichkeiten (Cicero/Kudernat, 2001). Um diese noch weiter zu präzisieren, können Sie sich konkrete Formulierungen zurechtlegen (Pöhm, 2000). Diese müssen allerdings in Ausdruck und Wortwahl zum Gesprächspartner passen. Mit einem öffentlichen Würdenträger reden Sie bestimmt anders als mit einem Kollegen oder Nachbarn.

Provokation	**Antwortmöglichkeiten**	**Effekt bei der Gegenseite**
Probleme bei Terminabsprachen machen	Es ist Ihnen nicht so wichtig?	Muss über sich nachdenken und sich rechtfertigen; wird, vor allem bei wiederholtem Nachfragen, vorsichtiger; merkt, dass wir offensiv reagieren.
Über Dritte mit uns kommunizieren	Direkt ansprechen oder gegebenenfalls schreiben: Sie wollen den Kontakt mit mir vermeiden?	
Uns gezielt im Unklaren lassen	Was befürchten Sie, wenn Sie mir alle Informationen geben?	Wird zur Selbstreflexion angeregt; merkt, dass wir offensiv reagieren.
Uns warten lassen	Nach zehn Minuten weggehen und später direkt ansprechen: Unser Gespräch widerstrebt Ihnen?	
Nicht gleich oder unfreundlich begrüßen	Unser Gespräch kommt Ihnen ungelegen? Sie sind verstimmt?	
Uns nicht ausreden lassen	Sofort unterbrechen: Sie sind ungeduldig?	Den anderen sofort zu unterbrechen und die Intention anzusprechen ermöglicht es, sich direkt in dessen Gedankengang und emotionalen Prozess einzuklinken und Selbstbesinnung anzuregen.
Uns unterbrechen	Sofort unterbrechen: Das passt Ihnen nicht?	
Missbilligende Gesten oder Bemerkungen machen	Sofort unterbrechen: Das macht Sie unwillig?	
Zeitdruck aufbauen	Sie sind ganz unruhig?	
Gelangweilt aus dem Fenster sehen oder in Akten blättern	Sie langweilen sich? Oder: Ich falle Ihnen lästig?	Die Intention anzusprechen ermöglicht es, sich direkt in den Gedankengang und emotionalen Prozess des anderen einzuklinken und Selbstbesinnung anzuregen.
Gähnen	Sie sind müde? – Leiser sprechen.	
Nicht zuhören	Sie sind nachdenklich?	
Ausfragen	Nach der Intention fragen oder Gegenfragen stellen und bei Antwort dann immer weiter nachfragen.	Gerät in die Defensive.
Indiskrete Fragen	Das interessiert Sie? Was möchten Sie gerne hören?	Wird zur Selbstreflexion angeregt; merkt, dass wir offensiv reagieren; Angriffslust verdorben
Beleidigungen	Sie verachten mich? Sie sind ganz angewidert?	Wird zur Selbstreflexion angeregt; merkt, dass wir offensiv reagieren; Angriffslust verdorben; wir bleiben auf der sicheren Seite.

Abb. 30: Psychologisch geschickte Antwortmöglichkeiten auf unfaires Verhalten

Bei vielen Interviewfragen können wir die Gegenseite verblüffen, indem wir mit einer Gegenfrage antworten. Dies wirkt selbstsicher und stellt höhere Anforderungen an den Gesprächspartner. Dabei ist jedoch zu beachten, dass die Erfolgskriterien (siehe Kapitel F6) beachtet werden: Wer durch Ironie oder Demütigungen andere in ihrem Selbstwertgefühl oder Höflichkeitsregeln verletzt, lässt sich unnötigerweise auf ethisch fragwürdige Spielchen ein, die zugleich in ihrem weiteren Verlauf unkalkulierbar sind. Diese Gesichtspunkte werden auch in der Literatur leider oft übersehen.

Endredaktion
Zum Schluss prüfen Sie Ihr Konzept sorgfältig. Achten Sie auf Vollständigkeit, Fehler und Schlüssigkeit.

Planung der Präsentation
Wenn Sie rechtzeitig anfragen, in welchem Raum Sie auftreten, können Sie sich leichter auf die Akustik einstellen, prüfen, ob es ein Mikrofon gibt und ob es auch funktioniert, wie damit umzugehen ist und wen Sie bei Störungen ansprechen können (fragen Sie ruhig nach der Handynummer des Technikers). Wer einen Beamer, einen Overheadprojektor oder Videogeräte einsetzen möchte, sollte sich rechtzeitig vergewissern, dass die Geräte bereitstehen und kompatibel sind. Dabei kann auch die Regulierung der Beleuchtung wichtig sein. Benötigen Sie ein Pult, ein Getränk, stört eventuell die Dekoration? Sinnvoll ist es oft auch, vorab nach Kleidervorschriften oder -konventionen zu fragen, um das eigene Erscheinungsbild darauf abzustimmen.

Konfliktmanagement

Da sich alle Menschen voneinander unterscheiden, sind verschiedene Auffassungen und Ziele im sozialen Zusammenleben der Normalfall. Je weniger die Positionen der Beteiligten übereinstimmen, umso höher sind die Anforderungen an die Kommunikation. Denn dann geht es um die Frage, wie mit

Zielkonflikten konstruktiv umzugehen sei (Fisher/Ury, 1984). Dem steht die nicht selten anzutreffende Modellvorstellung entgegen, Konflikte dürfe es in einer harmonischen Beziehung gar nicht geben *(Harmoniemythen*; vgl. Ferreira, 1980). Daraus wird die Erwartung abgeleitet, dass sich alle konform zu verhalten haben und keine unterschiedlichen Bedürfnisse und Ziele existieren. Diese Vorgabe ist mit Konformitätsdruck und der Bekämpfung von Abweichlern verbunden, was aber schnell zu störenden Verwicklungen führt: Es ist daher sinnvoll, möglichst oft miteinander zu sprechen und dabei einzelne Themen systematisch abzuarbeiten, um einen gemeinsamen Informations- und Diskussionsstand herzustellen.

Wenn sich Menschen unvorbereitet mit Themen konfrontiert sehen oder übergangen fühlen, kann dies erhebliche Probleme bereiten. Vor allem tradierte Kommunikationsmuster und damit verbundene Modellvorstellungen und Erwartungen verursachen oft Schwierigkeiten, vor allem dann, wenn es tabu ist, feste Gewohnheiten überhaupt anzusprechen. Wenn etwas als „selbstverständlich“ oder „normal“ gilt, geschieht dies auf Grundlage von Wertvorstellungen, mit denen sich die Beteiligten identifizieren und die sie nicht problematisiert sehen möchten. Da bei Gesprächen über kommunikative Prozesse *(Metakommunikation)* eine Verletzungsgefahr und ein Blamagerisiko für die Beteiligten besteht, ist ein behutsames Vorgehen anzuraten (Montada/Kals, 2001). Hier hat es sich als günstig erwiesen, die anderen zu fragen, was wie gesagt und getan werden müsste, damit sie optimal zufrieden wären. Auf diese Weise lassen sich die meist unausgesprochenen Modellvorstellungen und Erwartungen über Kommunikation herausarbeiten. Das Abfragen der Optimalvorstellungen hat mehrere Vorteile (Kaiser, 2007; siehe auch Kapitel G4):

- Die Beteiligten erfahren mehr über die individuellen Vorstellungen.
- Die Frage enthält ein positives Beziehungsangebot.

- Das Kränkungsrisiko für die Beteiligten verringert sich, weil ja eine Wunschvorstellung formuliert wird.
- Die Beteiligten erleben ein Modell konstruktiven Umgangs, das den Pluralismus von Modellvorstellungen zulässt.

Funktionale Bedeutungen

Im komplexen Wirkgefüge des Alltags sind uns viele Funktionszusammenhänge ebenso wenig klar wie die Folgen und Auswirkungen unseres Verhaltens (Grawe, 1998). Wer zum Beispiel schlecht zuhören kann oder Gefälligkeiten nicht erwidert, stößt damit andere leicht vor den Kopf und braucht sich nicht über unerwünschte Reaktionen zu wundern. Wenn wir mürrisches Verhalten anderer auffassen, als würde es sich gegen uns richten, ist die Gefahr größer, dass wir uns darüber ärgern, als wenn wir sie nach ihren Belastungen fragen. Auch mittel- und längerfristige Entwicklungen sind zu berücksichtigen: Ungünstige Ernährungs- und Lebensgewohnheiten erhöhen zum Beispiel das Risiko, krank zu werden und früher zu sterben. Daher empfiehlt sich, immer wieder zu prüfen, welche funktionalen Zusammenhänge sich im Alltag ergeben und wie sich diese auf unsere Lebensqualität auswirken. Dabei können bestimmte Suchstrategien *(Heuristiken)* nützlich sein, um Hypothesen zu bilden: Zeitliche Zusammenhänge können, müssen aber nicht auf Bedingungszusammenhänge verweisen. Wenn uns nach dem Genuss einer Speise schlecht wird, kann das ein Hinweis auf eine Salmonellenerkrankung, aber auch Symptom einer Infektion sein, die wir schon vorher hatten. Wichtig ist es auf jeden Fall, Arbeitshypothesen zu entwickeln und mit diesen so pragmatisch umzugehen, dass sie jederzeit verändert oder durch bessere ersetzt werden können. Bei Problemen und Konflikten ist es oft nützlich zu fragen, wer am meisten davon profitiert, dass ein Problem bestehen bleibt, und wer verliert, wenn sich etwas ändert. So lassen sich Zusammenhänge aufspüren, die nicht auf den ersten Blick erkennbar sind.

Wird das Bedingungsgefüge deutlich sichtbar, ist es leichter, zusammen mit den Beteiligten zu überlegen, wie gemeinsame und unterschiedliche Interessen gewahrt werden können. Hier kommt es auch auf unterschiedliche Wertsetzungen an.

Lebensweltliche Bewertungen

Die lebensweltliche Bewertung von Situationen, Ressourcen und Problemen fällt oft sehr unterschiedlich aus und bietet daher Anlass für vielfältige Konflikte (Grawe, 1998). Gemeinsamkeiten bezüglich Werten und Bewertungen, zum Beispiel in weltanschaulichen Fragen, können eine wichtige gemeinsame Basis einerseits für Beziehungen, andererseits für Befürchtungen und Konflikte sein. Unterschiedliche Lebenskonzepte, zum Beispiel über das Zusammenleben in der Familie, über Loyalität, Schuld und Verdienst, sind eng mit dem Selbstbild der Angehörigen verknüpft. Werden solche identitätsnahen Modellvorstellungen und die daraus abgeleiteten Erwartungen und Kriterien enttäuscht, kommt es leicht zu Selbstwertverletzungen und Auseinandersetzungen, was wiederum zu emotionalen Ausbrüchen führen kann.

Aufgrund widersprüchlicher Modellvorstellungen und Ansprüche an uns selbst entstehen schnell Ambivalenzkonflikte (Kaiser, 2007). Wir verhalten und äußern uns dann anderen gegenüber uneindeutig und unberechenbar. Auf diese Weise werden unsere Anliegen leicht übersehen und übergangen. Da viele Menschen in ihrem Leben nicht gerade ermutigt worden sind, ihre Wünsche zu artikulieren und Bewertungen für sich selbst zu klären, können Außenstehende diese oft kaum erkennen. Daher empfiehlt es sich, gerade bei unsicheren Menschen genauer nachzufragen. Wir gewinnen für uns selbst mehr Klarheit, gewinnen Sympathie und vermeiden Missverständnisse. Dabei kann es durchaus passieren, dass Menschen mit niedrigem Selbstwertgefühl auf einen wertschätzenden Umgang indifferent oder gar ablehnend reagieren. Die Hintergründe hierfür liegen meist in unbewusst wirksamen Abwehrschemata, die gegebenenfalls behutsam geklärt werden können. Dazu wäre zunächst der Gesprächsfluss zu entschleunigen. Denn erst dann können Sie fragen, welche Befürchtungen die Beteiligten davon abhalten, sich auf positive Zuwendung oder auf ein Thema einzulassen. Wenn Sie zum Beispiel jemandem ein Kompliment machen, das dieser zurückweist, können Sie sagen: „Es fällt Ihnen schwer, meine Bewunderung anzunehmen?" Manchmal kommt dann die Antwort: „Das ist doch nur Schaumschlägerei!" Höchstwahrscheinlich misstraut Ihnen Ihr Gesprächspartner aufgrund seiner unsicheren Bindungserfahrungen und entsprechender Modellvorstellungen von sich selbst und fühlt sich daher verunsichert, wenn Sie ihn nicht – wie erwartet – abwerten. Dies können Sie direkt weiter erkunden, indem Sie fragen: „Sie nehmen mir nicht ab, dass ich es ehrlich meine?" Wenn Sie weiter achtsam nachfragen, wie Ihr Gegenüber sich selbst und die Situation bewertet, wird immer deutlicher, dass ein Übertragungsproblem vorliegt und Sie nicht an sich selbst zu zweifeln brauchen.

Veränderungsdimension

Die Wünsche und Ziele von Menschen, die an einer Situation beteiligt sind, beziehen sich stets auf Veränderungen gegebener Konstellationen, was leicht Widerstand hervorruft. Um konstruktiv mit solchen *Interessenskonflikten* umgehen zu können, ist zunächst eine Bestandsaufnahme der Ziele und dahinterstehender Anliegen der Beteiligten sinnvoll. Mit einer differenzierten Situationsanalyse lassen sich Problemkonstellationen auf verschiedenen Ebenen ermitteln. Dabei rücken nicht nur die Lebenssituation, sondern auch Modellvorstellungen, gebahnte Erregungsbereitschaften und Schemata der beteiligten Personen ins Blickfeld. Anhand dieser Informationen wird deutlich, was passieren würde, wenn alles so weiterginge wie bisher. So können auch mittel- und längerfristige

Perspektiven eingeschätzt werden. Lösungsorientiert vorzugehen heißt, zusammen zu ermitteln, welche Ziele die Beteiligten gemeinsam haben. Daraus können weitere Vorgehensweisen abgeleitet und letztendlich Lösungen ausgehandelt werden. Sodann ist die Ausgangssituation daraufhin zu untersuchen, welche Ressourcen dafür bereitstehen, welche noch fehlen und welche Hindernisse zu beseitigen sind. Dann erst ist an die Planung des Vorgehens zu denken, wobei prozessuale wie zeitliche Ressourcen und Risiken einzubeziehen sind. Während der Umsetzung ist darauf zu achten, dass der weitere Verlauf sorgfältig beobachtet und die Zieleinhaltung ständig kontrolliert wird, um Rückschläge zu vermeiden (Fisher/Ury, 1984).

8 Selbsthilfegruppen und -verbände

In Selbsthilfegruppen schließen sich Menschen zusammen, die ein gemeinsames Anliegen oder Problem haben und sich beim Umgang damit gegenseitig unterstützen wollen. Anlässe sind zum Beispiel chronische oder seltene Krankheiten oder belastende Situationen (Borgetto, 2004). In den rund 100.000 deutschen Selbsthilfegruppen finden circa 3,5 Millionen Betroffene und ihre Angehörigen eine Plattform, auf der sie Erfahrungen austauschen, sich informieren sowie praktische Hilfe und emotionale Unterstützung erhalten (Kanne, 2005). Die Prinzipien sind „Geteiltes Leid ist halbes Leid" und „Gemeinsam sind wir stärker". Die Betroffenen wissen, wovon sie reden, können vieles nachempfinden und sich daher wirksamer gegenseitig unterstützen als Nichtbetroffene. Hinzu kommt, dass die speziellen Probleme und Lebenslagen oft dazu führen, dass sich Angehörige, Freunde oder Bekannte zurückziehen, wodurch sich die Situation verschärft. Umso wichtiger sind dann Kontakte und der Zusammenhalt zwischen den Betroffenen, die gemeinsam neue soziale Netzwerke bilden. Selbsthilfegruppen arbeiten ohne professionelle Leitung, die Betroffenen organisieren sich selbst (Kanne, 2005).

Selbsthilfe kann und soll Fachleute wie Ärzte oder Therapeuten natürlich nicht ersetzen. Andererseits können und wollen Fachleute nicht Freunde und Bekannte ihrer Patienten sein und deren private Bedürfnisse befriedigen. Die Funktionen von Profis und Selbsthilfegruppen ergänzen sich also aufs Beste. Dass Selbsthilfegruppen sehr wichtig sind, wissen auch Krankenkassen, Sozial- und Gesundheitsbehörden: In jeder größeren Stadt findet sich mittlerweile eine der mehr als 200 Beratungs- und Koordinationsstellen für Selbsthilfegruppen, die Interessenten vermitteln, Selbsthilfegruppen in ihrer Arbeit unterstützen oder die Bildung neuer Gruppen anstoßen. Sie vermitteln oder bieten Räumlichkeiten und Fördermöglichkeiten. Gibt es in den Gruppen Probleme oder interne Konflikte, helfen die Mitarbeiter weiter.

Selbsthilfeförderung durch öffentliche Stellen zählt laut Sozialgesetzbuch zu den freiwilligen Leistungen der öffentlichen Wohlfahrtspflege. Mittlerweile haben sich die Beratungs- und Koordinationsstellen ihrerseits in der Deutschen Arbeitsgemeinschaft Selbsthilfegruppen e. V. und der Nationalen Kontakt- und Informationsstelle zur Anregung und Unterstützung von Selbsthilfegruppen (NAKOS) zusammengeschlossen.

Eine Selbsthilfegruppe gründen kann jeder, der genügend Initiative aufbringt. Voraussetzung ist, dass man bereit ist, sich Zeit zu nehmen, sich mit fremden Menschen zusammenzutun und sich für die gemeinsame Sache zu engagieren. Selbsthilfegruppen oder Gleichgesinnte sind leicht über die örtlichen Kontakt- oder Kooperationsstellen, Lokalzeitungen oder im Internet zu finden. Auch Kliniken, Ärzte, Sozialbehörden oder Wohlfahrtsverbände haben meist Kontaktadressen, manche stellen auch Räume zur Verfügung. Für Selbsthilfeaktivitäten gibt es keine Honorare, die Mitglieder sind alle ehrenamtlich tätig.

Um finanzielle Förderung von Krankenkassen oder Kommunen zu erhalten, muss eine Selbsthilfegruppe mindestens ein Jahr lang bestehen. Unterstützung beispielsweise für Raumkosten, Porti oder Telefon gibt es vor allem für Gruppen, die sich um gesundheitliche und psychische Belange kümmern. Im Zusammenhang mit Krankheiten wie Rheuma oder Suchtproblemen haben Sozial- und Gesundheitsbehörden sowie Krankenkassen ein großes Interesse daran, Kosten zu sparen, indem sie den Selbsthilfegruppen Vor- und Nachsorge überlassen. Die Krankenkassen sind nach § 20 Absatz 4 Sozialgesetzbuch V gehalten, gesundheitsorientierte Selbsthilfegruppen zu fördern. Der Antrag auf Gelder ist bei der örtlichen Krankenkasse zu stellen; welche Voraussetzungen erfüllt sein müssen, kann ebenfalls hier erfragt werden.

Manche Selbsthilfegruppen vertreten die Angelegenheiten ihrer Mitglieder in Form von Öffentlichkeits- und Aufklärungsarbeit sowie politischer Interessenvertretung auf unterschiedlichen Ebenen nach außen. Gut organisierte Gruppen schließen sich oft zu Vereinen, diese wiederum zu national und international agierenden Verbänden zusammen. Zu den bekanntesten Selbsthilfeverbänden gehören die Anonymen Alkoholiker (AA) und die Rheuma-Liga, die weltweit Großartiges im Interesse ihrer Angehörigen und für die Gesundheitsförderung leisten. Die von uns in den 1980er Jahren in Oldenburg i. O. als gemeinnütziger Verein gegründete Beratungs- und Kooperationsstelle für Selbsthilfegruppen bekommt inzwischen nicht nur breite öffentliche Förderung, sondern hat sogar einen Sitz im Sozialausschuss des Stadtparlaments.

Aufgrund des Gesundheitsmodernisierungsgesetzes haben die Dachorganisationen der Selbsthilfeverbände Mitspracherechte in wichtigen Fragen der Gesundheitsversorgung (Reuber, 2004). Sie wirken seit Anfang 2004 im Gemeinsamen Bundesausschuss und seinen Ausschüssen mit. Auf Bundesebene vertreten vor allem die Bundesarbeitsgemeinschaft Selbsthilfe (BAG), die Deutsche Arbeitsgemeinschaft Selbsthilfegruppen e. V. und der Paritätische Wohlfahrtsverband die Interessen der Selbsthilfegruppen.

G Professionelle psychologische Hilfen

Für alle Fragen und Probleme, die im Zusammenhang mit den hier beschriebenen Störungen und Krankheiten entstehen, gibt es spezialisierte Psychologen und andere Experten, die passende Beratung und Behandlung anbieten. Im Folgenden lernen Sie die wichtigsten Formen der Anwendung psychologischer Erkenntnisse bei Fragen des Alltagslebens kennen. Sie erfahren zugleich, mit welchen Anliegen Sie sich am besten wohin wenden und was dabei zu beachten ist. Die professionellen Methoden sind in unterschiedlichen Bereichen oft gleich, aber die Ziele und die Intensität des Vorgehens unterscheiden sich erheblich.

Anliegen	Professionelle Zuständigkeit	Setting	Finanzierung
Psychische Störungen, Lebenskrisen, psychische Belastungen, Optimierung der Lebensqualität	Approbierter Psychotherapeut (Diplom-Psychologe oder Facharzt), psychologische Beratungsstelle	Praxis Öffentliche Beratungsstelle Ambulanz (Universität, Klinik) Psychosomatische Klinik Psychiatrische Klinik Gesundheitsamt	Kasse/privat Oft gratis Kasse/privat Kasse/privat Kasse/privat Gratis
Psychische Störungen, Probleme von/mit Kindern und Jugendlichen	Approbierter Kinder- und Jugendlichen-Psychotherapeut, Kinderpsychiater, Diplom-Psychologe	Öffentliche Erziehungsberatungsstelle Praxis Ambulanz Klinik für Kinder- und Jugendlichen-Psychiatrie	Oft gratis Kasse/privat Kasse/privat Kasse/privat
Soziale Probleme von/mit Kindern und Jugendlichen	Diplom-Psychologe, Diplom-Sozialpädagoge	Öffentliche Erziehungsberatungsstelle Jugendamt Jugendhilfe nach KJHG Sozialpädagogische Familienhilfe	Oft gratis Gratis Gratis Gratis
Paar- und Sexualprobleme	Diplom-Psychologe, approbierter Psychotherapeut	Öffentliche Ehe-/Familien-Beratungsstelle Sexualberatungsstelle Praxis Ambulanz	Oft gratis Gratis/Kasse Kasse/privat Kasse/privat
Paar- und Familienprobleme, Trennung/Scheidung	Familientherapeut (Diplom-Psychologe, Diplom-Sozialpädagoge, Diplom-Sozialarbeiter, approbierter Psychotherapeut)	Öffentliche Ehe-/ Familien-Beratungsstelle Praxis Ambulanz	Oft gratis Privat Privat
Konflikte in Partnerschaft und Familie (Erbschaft, Trennung/Scheidung und andere)	Familientherapeut, Mediator (Diplom-Psychologe, -Pädagoge), Mediator (Rechtsanwalt)	Öffentliche Ehe-/ Familien-Beratungsstelle Kanzlei	Oft gratis Privat
Rhetorik	Rhetoriktrainer (Diplom-Psychologe, Logopäde und andere)	Volkshochschule Bildungseinrichtungen Freiberuflich	Privat Privat Privat
Gesundheitliche Fragen, zum Beispiel Umgang mit chronischer Krankheit oder Schmerz; Behinderung, Ernährung, Fitness, Umstellung der Lebensweise	Diplom-Psychologe, Ärzte, Gesundheitspädagoge und andere	Praxis Kliniken Krankenkassen Selbsthilfegruppen Volkshochschule Bildungseinrichtungen Freiberuflich	Kasse/privat Kasse/privat Gratis Gratis Privat Privat Privat

Jugendberatung	Diplom-Psychologe, Diplom-Pädagoge, Arzt	Öffentliche Psychologische Beratungsstelle Jugendamt Wohlfahrtsverbände	Gratis Gratis Gratis
Suchtberatung	Diplom-Psychologe, Diplom-Pädagoge, Arzt	Öffentliche Psychologische Beratungsstelle Gesundheitsamt Wohlfahrtsverbände	Gratis Gratis Gratis
Altenberatung/ Angehörigenberatung	Diplom-Psychologe, Diplom-Pädagoge, Arzt, Gerontologe, Gesundheitspädagoge	Wohlfahrtsverbände Öffentliche Psychologische Beratungsstelle Selbsthilfegruppen	Gratis Gratis Gratis
Angehörigenberatung/ Familien-Psychoedukation	Familientherapeut, Diplom-Psychologe, Diplom-Pädagoge, Arzt, Gesundheitspädagoge	Wohlfahrtsverbände Öffentliche Psychologische Beratungsstelle Selbsthilfegruppen	Gratis Gratis Gratis
Kompetenztraining (Kommunikation, Selbstsicherheitstraining, Partnerschaft, Selbstmanagement, Stressbewältigung etc.)	Approbierter Psychotherapeut, Diplom-Psychologe, Diplom-Pädagoge, Gesundheitspädagoge	Praxis Öffentliche Psychologische Beratungsstelle Volkshochschule Bildungseinrichtungen Freiberuflich	Kasse/privat Oft gratis Privat Privat Privat
Selbstverwirklichung, Lebensqualität	Approbierter Psychotherapeut Diplom-Psychologe, Diplom-Pädagoge, Gesundheitspädagoge	Praxis Öffentliche Psychologische Beratungsstelle Volkshochschule Bildungseinrichtungen Freiberuflich	Kasse/privat Oft gratis Privat Privat Privat
Fragen beruflicher Eignung, Personalauswahl, Personaleinsatz	Diplom-Psychologe	Arbeitsagentur Freiberuflich	Gratis Privat
Bewerbungstraining, Vorbereitung auf Assessment-Center	Diplom-Psychologe, Diplom-Pädagoge mit Weiterbildung in Arbeits- und Organisationspsychologie	Praxis Öffentliche Psychologische Beratungsstelle Volkshochschule Bildungseinrichtungen Freiberuflich	Privat Oft gratis Privat Privat Privat
Führungstraining, Coaching, Supervision	Approbierter Psychotherapeut, Diplom-Psychologe, Diplom-Pädagoge	Praxis Bildungseinrichtungen Freiberuflich	Privat Privat Privat
Konflikte in Betrieben und Organisationen	Wirtschafts-Mediator (Diplom-Psychologe, -Pädagoge, Rechtsanwalt, Betriebswirt)	Freiberuflich	Privat

Abb. 31: Hinweise für Ratsuchende

1 Psychotherapie zur Gesundheits- und Entwicklungsförderung

Psychotherapie (griechisch *psychotherapeía,* seelische Behandlung, Betreuung) ist die psychologische Beeinflussung des menschlichen Verhaltens und Erlebens sowie der zugrunde liegenden neuropsychischen Strukturen mit wissenschaftlich fundierten Methoden (zum Beispiel Norcross et al., 2006). Je nach Problematik werden unterschiedliche Formen der Psychotherapie angewandt, in deren Rahmen sich der Therapeut mit unbewussten neuropsychischen Vorgängen und Hintergründen auseinandersetzt oder mit dem Patienten dessen Lebenskonzepte, Modellvorstellungen und Empfindungen ergründet. Dabei werden auch der individuelle Entwicklungsverlauf und die körperliche Verfassung, automatisierte Verhaltensgewohnheiten und wichtige Lebenszusammenhänge und Systemkontexte wie Familie oder Arbeitsbedingungen berücksichtigt, um die Ursachen einer Erkrankung, eines Problems oder suboptimaler Lebensqualität zu ermitteln und gegebenenfalls zu verändern (zum Beispiel Grawe, 2004).

Psychotherapie mit ihren hochwirksamen Verfahren und deren Risiken ist rechtlich betrachtet Ausübung von Heilkunde und laut Psychotherapeutengesetz (PsychThG) approbierten Psychologen und Ärzten vorbehalten. Aufgrund des starken Einflusses, der Reichweite, rechtlicher Rahmenbedingungen und wissenschaftlicher Ausrichtung ist Psychotherapie daher von anderen Formen professioneller oder zwischenmenschlicher Beziehung und Hilfe zu unterscheiden. Psychotherapie hat zudem den offiziellen Behandlungsleitlinien der wissenschaftlichen Fachgesellschaften zu folgen, die dem jeweils neuesten Stand der internationalen Forschung entsprechen müssen (AWMF, 2006). Es genügt nicht, eine „Behandlung" ausschließlich auf persönliche oder tradierte Erfahrungen zu begründen, wie dies häufig in der Psycho-Szene und esoterischen Kontexten geschieht (Kaiser, 2007). Beratungsgespräche, zum Beispiel mit Pastoren oder Sozialarbeitern, stellen auch dann keine Psychotherapie dar, wenn punktuell psychotherapeutische Methoden angewendet werden. Auch ärztliche Gespräche, etwa im Rahmen der psychiatrisch-psychosomatischen Grundversorgung, haben eher unterstützenden Charakter oder können bei Patienten die Bereitschaft wecken, sich psychotherapeutisch behandeln zu lassen. Sie können professionelle Psychotherapie aber keinesfalls ersetzen.

Ziele der Psychotherapie

Ziele der Psychotherapie sind Gesundheits- und Entwicklungsförderung, Prävention und Behandlung von seelischen sowie körperlichen Beeinträchtigungen. In allen Fällen geht es zugleich um die Optimierung der Lebensqualität, indem psychische Funktionen und Kompetenzen sowie wesentliche Beziehungen und Systemkontexte verbessert werden (Grawe, 2004). Als Kriterien für eine erfolgreiche Therapie gelten vor allem:

- Zielerreichung in den wesentlichen Problemfeldern, Symptombeseitigung,
- Zufriedenheit des Patienten mit dem Therapieergebnis,
- Mehr Optimismus und Gelassenheit,
- Weniger zwischenmenschliche Probleme,
- Besseres subjektives Wohlbefinden und höhere Lebensqualität.

Erfolgsbedingungen

Wie alle Verfahren, die im Rahmen des Gesundheitswesens eingesetzt werden, haben auch psychotherapeutische Methoden seriöse Nachweise zu erbringen, dass sie *wirksam, unschädlich* und *ökonomisch* sinnvoll sind. Psychotherapie muss zu ihrer

	Systemdimension	Beziehungsdimension	Kommunikation	Bedeutungen	Bewertungs-dimension	Veränderungen
Empathie						
Wertschätzung und Ermutigung						
Motivationale Klärung						
Kompetenz						
Echtheit und Allegianz						
Abstinenz und Neutralität						
Ressourcen-aktivierung						
Problembewältigung und Kompetenz-vermittlung						

Abb. 32: Wirkfaktoren und Wirkdimensionen als Erfolgsprädiktoren für Psychotherapie und Gesundheitsförderung (Kaiser, 2007, 190; siehe auch Kapitel F6)

optimalen Wirksamkeit, Effektivität und Effizienz den Anforderungen, die mit einem erfolgreichen Umgang mit Menschen einhergehen, in besonderem Maß entsprechen (Lambert, 2004; siehe Kapitel F6 und Abb. 32). Die hierfür relevanten Wirkfaktoren und -dimensionen lassen sich als Bedingungen auffassen, für die der Psychotherapeut sorgt, damit sich der Patient am Ende so verhalten und so sein kann, wie er möchte und in der Lage ist, seine Beziehungen sowie äußeren Voraussetzungen entsprechend auszuwählen und zu gestalten (Kaiser, 2007).

Zahlreiche Forschungsgruppen haben in langjährigen Untersuchungen Tausende von Psychotherapiesitzungen und Therapieverläufe untersucht. Dadurch ist bekannt, welche Wirkfaktoren und Wirkdimensionen im therapeutischen Geschehen bei verschiedenen Anliegen beziehungsweise Störungsbildern und Situationen des Patienten kurz- und längerfristig für den Therapieerfolg bedeutsam sind (Grawe, 2004; Norcross et al., 2006; siehe Kapitel F6 und Abb. 32). Orientiert sich der Therapeut oder die Therapeutin an den bewährten Wirkfaktoren und Wirkdimensionen, hilft dies dem Patienten, eine angemessene Verhaltensregulation und günstigere kognitive und emotionale Bewältigungsstrategien zu entwickeln. Dem Patienten werden neue Problemlöse- und Denkstile vermittelt. Auf dieser Grundlage und mithilfe geeigneter Übungen lernt er, anders mit sich und seinen Mitmenschen umzugehen. Auf dieser Grundlage macht er immer mehr Erfahrungen, die seinen Bedürfnissen eher gerecht werden. Das führt dazu, dass sich neue neuronale Netzwerke im Gehirn aufbauen, die sich dann zu neuropsychischen Schemata weiterentwickeln und wiederum veränderte Gewohnheiten und Reaktionsstile begründen.

Eine sorgfältige Psychotherapie analysiert Probleme im Kontext von Beziehungsmustern. Auf dieser Basis können Partner und Familienangehörige, aber auch das soziale Netzwerk bei der therapeutischen Arbeit berücksichtigt werden.

Dies ist wichtig, um negative Einflüsse, die von gestörten Beziehungen oder Angehörigen ausgehen, aufzulösen oder eventuell das Umfeld zu verändern. Bei stärker belasteten Beziehungen in der Partnerschaft, der Familie oder am Arbeitsplatz ist es oft hilfreich, die Beteiligten direkt in die Therapie einzubeziehen (Kaiser, 2007). Zählen belastende Probleme und Strukturen in Partnerschaft oder Familie zu den Hauptgründen der psychischen Beeinträchtigung, steht die Paar- oder Familientherapie sogar im Vordergrund.

Therapieerfolg hängt wesentlich davon ab, ob der Patient bereit ist, aktiv an sich zu arbeiten und mit dem Therapeuten intensiv zu kooperieren. Dies bedeutet, sich oft über viele Sitzungen anstrengenden, zum Teil unangenehmen Themen und Übungen zu stellen. Diese Investitionen werden meist durch ein deutlich verbessertes Wohlbefinden und eine optimierte Lebensqualität belohnt. Doch zu wenig Motivation oder zu starker Widerstand bei den Betroffenen verhindert oft bereits im Vorfeld, dass ihnen geholfen werden kann. Stattdessen nehmen sie langwierige Behandlungen ihrer körperlichen Beschwerden in Kauf und riskieren es, dass ihre psychischen Beschwerden und körperliche Folgewirkungen chronisch werden.

Entscheidend für den Behandlungserfolg ist, dass in einer Psychotherapie möglichst alle Dimensionen, die für die Problematik des Patienten relevant sind, berücksichtigt werden. Hierzu zählt eine professionelle Abklärung des psychischsomatischen Gesundheitszustands, familialer oder betrieblicher Einflüsse *(Systemdimension)*, aber auch der Funktionszusammenhänge zwischen Symptomen und Verhaltensweisen (Norcross et al., 2006; siehe auch Kapitel F6). Meist ermöglicht erst eine *ganzheitliche* Betrachtung der Lebenssituation, dass das Anliegen des Patienten umfassend gewürdigt wird. Eine rein symptomorientierte Behandlung führt meist nicht zum Ziel.

Ein weiterer wichtiger Wirkfaktor ist die Abstinenzhaltung des Therapeuten. Das heißt, er enthält sich eigener Stellungnahmen zu den Inhalten der Probleme und verhält sich allen Beteiligten gegenüber neutral.

Zum Schulenstreit in der Psychotherapie

Die öffentliche Diskussion über Psychotherapie ist immer noch von psychotherapeutischen Schulen mit unterschiedlichen Menschenbildern, theoretischen Annahmen und Methoden geprägt (Lambert, 2004). Tatsächlich werden innerhalb der kassenärztlichen Versorgung in Deutschland derzeit vor allem die auf Sigmund Freud, Carl Gustav Jung und Alfred Adler zurückgehenden psychoanalytischen und die auf empirischer psychologischer Forschung basierenden verhaltens- und gesprächspsychotherapeutischen Verfahren praktiziert. Eine solche schulenorientierte Ausrichtung gilt heute wissenschaftlich als überholt. Viele Therapieverfahren können in Form von Einzeltherapie oder Gruppentherapie eingesetzt werden.

In zahlreichen Studien hat sich gezeigt, dass für den Patienten und seine Fortschritte weniger die angewandten Methoden selbst entscheidend sind, sondern vielmehr die Art und Weise, wie achtsam und sorgfältig diese eingesetzt werden (zum Beispiel Norcross et al., 2006). In erster Linie kommt es auf die Berücksichtigung der forschungsgestützten Wirkfaktoren und Wirkdimensionen an. In einer großen Forschungsübersicht stellte zum Beispiel Bruce E. Wampold (2001) fest, dass etwa 75 Prozent der Patienten erfolgreich behandelt werden. Das Verhalten und die Eigenschaften der Psychotherapeuten, zum Beispiel Sensibilität und Achtsamkeit, erklärten 22 Prozent der Effekte. Die Unterschiede zwischen einzelnen Therapeuten wirkten sich stärker auf den Therapieverlauf aus als die Therapieform. Zudem wichen die verglichenen wissenschaftlich fundierten Therapieformen mehr in ihrer Ökonomie (Effizienz) voneinander ab als in ihrer grundsätzlichen Wirksamkeit. Wenn aber Verhaltens- und Gesprächspsychotherapeuten meist in wesentlich kürzerer Zeit erfolgreich sind als psychoanalytisch orientierte Therapeuten, erspart dies den Patienten Leidenszeit und den Krankenkassen Geld (Grawe et al., 1994; Lambert, 2004; Norcross et al., 2006).

Aus heutiger Sicht sollte der Therapeut diejenigen Methoden und Strategien einsetzen, die sich in der empirischen Forschung als die wirksamsten und ökonomischsten erwiesen haben. Dieses Prinzip ist in der evidenzbasierten Medizin Standard. Hier spricht man auch von einem *allgemeinen* Modell der *Psychotherapie*, das sich – gestützt auf eine ausgearbeitete, empirisch fundierte psychologische Theorie – von den theoretischen Scheuklappen der Therapieschulen befreit hat (Grawe, 1998, 2004). Viele Elemente und Befunde dieses Modells haben wir in den vorangegangenen Kapiteln bereits erörtert.

Psychotherapeutische Methoden und Strategien

Mit spezifischen evidenzbasierten Kommunikationsstrategien, Hinweisen und Übungen verhilft der Psychotherapeut seinen Patienten zu vertiefter beziehungsweise veränderter Problemsicht. Menschen, die sich zum Beispiel nicht genügend von ihren Eltern gelöst haben, geraten leicht unter Stress, wenn Konflikte zwischen ihrer Loyalität zu den Eltern und zum Partner entstehen. Da das neuropsychische Stresssyndrom sehr unangenehm ist, ziehen sie sich innerlich immer mehr zurück, um sich zu entlasten (Vermeidungsverhalten). Dies schafft aber neue Probleme, da sich dadurch die Paarbeziehung verschlechtert. Der Partner, und damit verbunden auch die Erotik, lösen verstärkt Widerwillen aus, weil die neuronal immer stärker gebahnte Reizgeneralisierung die neuropsychischen Stressreaktionen immer früher in Gang setzt. Die betroffene Person neigt dann noch mehr dazu, sich an die Eltern anzulehnen (Vermeidungsverhalten). Solche kindlichen Fluchten schwächen aber das Selbstwertgefühl, was neuen Stress bedeutet. So verstricken sich die Betroffenen mehr und mehr in immer ausweglosere Probleme. An dieser Stelle greift der

Psychotherapeut ein. Mit speziellen Kommunikationsstrategien, Hinweisen und Übungen verhilft er dem Patienten zu vertiefter oder veränderter Problemsicht. Sind die inneren Zusammenhänge und Widersprüchlichkeiten erst einmal aufgedeckt, kann eine Veränderung bei der Beziehungsgestaltung in Angriff genommen werden, die mit einer Veränderung innerer Modelle und neuropsychischer Schemata einhergeht. Für unser oben angeführtes Beispiel heißt das: In der Psychotherapie lernen die Betroffenen, ihre Paarbeziehung klar mit Priorität zu versehen und dort die Befriedigung ihrer Grundbedürfnisse nach Nähe, Lust, Selbstwertgefühl und Orientierung konstruktiv zu artikulieren und zu realisieren. Wie sie diese Forderung für sich selbst ohne Ambivalenz und Schuldgefühle akzeptieren können, muss in empathisch geführten Gesprächen sorgsam geklärt werden. Denn die Betroffenen erwarten ja Widersprüchliches von sich selbst: Sie wollen den Eltern und dem Partner gegenüber gleichermaßen loyal und gleichzeitig emanzipierte und autonome Erwachsene sein. Da dies nicht zu machen ist, entsteht immer mehr Stress und damit Selbstunzufriedenheit. Der Therapeut hilft dem Patienten dabei, realistischere Modellvorstellungen und Erwartungen an die einzelnen Beziehungen zu entwickeln. Ist dies geschafft, erlebt der Betroffene mehr Erfolgserlebnisse, die für das Selbstwertgefühl bedeutsam sind.

Wer als Patient einen Psychotherapeuten konsultiert, darf erwarten, nach dem jeweils neuesten Stand der Erkenntnis behandelt zu werden. Dabei sollten möglichst alle Wirkfaktoren und Wirkdimensionen berücksichtigt und nur evidenzbasierte Methoden angewandt werden (Norcross et al., 2006). Leider kommt es in der Praxis oft vor, dass Therapeuten ihre Behandlung an Kriterien persönlicher Vorlieben ausrichten, was riskant und unökonomisch sein kann. Daher ist es ratsam, auch bei der Auswahl eines Therapeuten kritisch zu sein.

Medikamente

In manchen Fällen führt eine kombinierte psychotherapeutische und medikamentöse Behandlung am schnellsten zum Ziel. Da Medikamente keine Lebensprobleme lösen und die Gefahr psychischer oder gar körperlicher Abhängigkeit besteht, können sie jedoch keine Psychotherapie ersetzen (Strauß et al., 2006). Leider werden Psychopharmaka immer noch viel zu oft und zu großzügig, vor allem von Allgemeinmedizinern und Internisten, verordnet, ohne dass eine begleitende Psychotherapie stattfindet, was häufig Suchtprobleme und hohe Kosten für die Krankenkassen mit sich bringt. Aus diesem Grund dürfen in vielen Ländern Psychopharmaka auch nur noch von Psychiatern verordnet werden.

Wann ist Psychotherapie sinnvoll?

Sie wissen es bereits: Der Mensch ist aufgrund der Konstruktion seines Gehirns oft nicht in der Lage, die Hintergründe seines Verhaltens und Erlebens zu durchschauen. Dies schränkt unseren Entscheidungsspielraum ein und verhindert leicht, dass wir Entwicklungschancen und Möglichkeiten nutzen, unsere Lebensqualität zu optimieren. Je mehr wir über unsere Ressourcen und Anfälligkeiten wissen, die uns selbst, unsere Angehörigen und die Lebenszusammenhänge, in die wir eingebunden sind, kennzeichnen, desto besser können wir erkennen, was gut für uns ist und wo Vorsicht geboten ist. Daher können auch gesunde, glückliche Menschen ohne akute Probleme erheblich profitieren, wenn sie mit psychologischer Hilfe klären, wie sich das erreichte Glück sichern und unerkannte Risiken vermeiden lassen. In solchen Fällen werden psychotherapeutische Verfahren zur *Gesundheits- und Entwicklungsförderung* genutzt. Auch bei wichtigen Übergängen im Lebens- oder Familienzyklus ist es sinnvoll, mit professioneller Unterstützung herauszufinden, welche Risiken sich ergeben. Denn so ist es möglich, rechtzeitig Vorkehrungen zu treffen, um eine möglichst hohe Lebensqualität zu erhalten. Als Ansatzpunkte kommen hier zum Beispiel infrage:

- Partnerwahl: Es ist sinnvoll, wenn sich Menschen bei der Partnerwahl die eigenen Ressourcen und Anfälligkeiten bewusst machen, die aus der Herkunftsfamilie stammen. Denn dann können sie für bessere Prognosen der Beziehung sorgen, indem sie auf Ressourcen und Anfälligkeiten bei einem potenziellen Partner und dessen Herkunftsfamilie achten, vor allem auf familiale Funktionsfähigkeit und individuelle Kompetenzen (siehe Kapitel C3).
- Das Partnerglück lässt sich sichern, indem Paare möglichst schon zu Beginn der Beziehung Ressourcen und Anfälligkeiten aus ihrer Vorgeschichte und ihren Herkunftsfamilien klären und ihre Kommunikation optimieren und damit zum Beispiel für Abgrenzung und familiale Funktionsfähigkeit sorgen, sich nicht in neue Abhängigkeiten begeben und eine ermutigende Dialogkultur aufbauen.
- Psychologische Geburtsvor- und -nachbereitung: Hier geht es vor allem darum, das Kindeswohl während der Schwangerschaft und nach der Geburt zu fördern (siehe Kapitel A4, B1). Zudem wird die Partnerschaft auf die besondere Belastungsprobe im ersten Halbjahr der Neuelternschaft eingestellt, um Beziehungsunzufriedenheit und damit verbundene Risiken zu vermeiden.
- Prävention von Schwiegerkonflikten: Hier gilt es, die systemische Funktionsfähigkeit der Paarbeziehung und der Mehrgenerationenfamilie zu fördern. Kompetenztrainings, zum Beispiel zur Verbesserung des Konfliktmanagements, kommen dem Familienverband wie den Paarbeziehungen in der Familie zugute.
- Pflege einer erotischen Beziehungskultur bei Paaren: Da die erotische Spannung in längeren Beziehungen oft nachlässt oder verschwindet, können von Zeit zu Zeit professionelle Gespräche für Auffrischung sorgen.

- Generationenkonflikte: Unterschiedliche Bedürfnisse und Lebenskonzepte erschweren oft den Umgang der Generationen miteinander. Daraus ergeben sich schnell Konflikte, die das Zusammenleben und die gegenseitige Unterstützung in Mehrgenerationenfamilien behindern.
- Individuelle Bindungs- und Persönlichkeitsstörungen sowie die zugehörigen neuropsychischen Schemata beeinträchtigen die Beziehung zu den Angehörigen und damit die Lebensqualität. Hier lohnen sich die Bemühungen ganz besonders, allerdings ist wegen der unbewussten Problemanteile mehr Aufwand erforderlich.
- Individuelle Kompetenzen sind nur bei sehr wenigen Menschen in allen relevanten Bereichen gleich gut ausgeprägt. Mit professionellen Kompetenztrainings lässt sich die Lebensqualität optimieren.

Psychotherapeutische Methoden werden darüber hinaus bei der *Prävention* (Vorbeugung) gesundheitlicher Störungen genutzt. Zudem kommen sie im Rahmen von *Rehabilitationsmaßnahmen* bei der Wiedereingliederung in den Alltag zum Einsatz. Sie dienen auch dazu, Spätschäden zu vermeiden und die Lebensqualität chronisch Kranker, behinderter oder alter Menschen zu steigern.

Wer akut unter Problemen oder Störungen leidet, sollte möglichst früh professionelle Hilfe in Anspruch nehmen. Denn dann lassen sich stärkere neuronale Bahnungen und andere Fehlentwicklungen sowie Schäden für Partnerschaft und Familie oder berufliche Beziehungen eher vermeiden. Auf diese Weise können Betroffene die Lebensqualität schneller wieder herstellen und optimieren.

Risiken und Nebenwirkungen

Jede professionelle Behandlung hat bekanntlich Risiken und Nebenwirkungen. Als Schädigung ist anzusehen, wenn sich

Patienten aufgrund von Behandlungsfehlern in der Psychotherapie schlechter fühlen und auch weniger gut im Alltag zurechtkommen als vor der Therapie. Manchmal kommt es auch zu unerwünschten Nebenwirkungen: Hat ein Patient zum Beispiel in der Therapie gelernt, sich selbstbewusster durchzusetzen, können Konflikte mit dem Partner oder Angehörigen entstehen, die das nicht hinnehmen wollen. Damit dies vermieden wird, ist die Einbeziehung der Partner und Angehörigen in die Therapie so wichtig. Ein Therapieschaden ist auch gegeben, wenn Verbesserungen ganz ausbleiben oder nur geringfügig oder vorübergehend eintreten, wenn bei qualifizierteren Psychotherapeuten nachhaltige Veränderungen zu erreichen gewesen wären (Märtens/Petzold, 2002). Dies kann zum Beispiel passieren, wenn ein Therapeut Patienten mit Problemen annimmt oder weiter behandelt, obwohl er sich der Situation nicht gewachsen fühlt oder ihm die Erfahrung dafür fehlt. Fehler passieren zudem, wenn Diagnostik und Therapieplanung mangelhaft sind. Nicht selten werden Probleme und Beschwerden (Wirkdimensionen) zu wenig ernst genommen und bei der Behandlung außer Acht gelassen. Auch belastende Einflüsse der Paarbeziehung, der Familie oder des Arbeitsumfeldes werden oftmals zu wenig berücksichtigt. Dies geschieht unter anderem deswegen, weil die Einbeziehung von Bezugspersonen oder des Umfeldes nach den *Gebührenordnungen* (GOP/GOÄ) nur in sehr engen Grenzen honoriert wird und für viele Psychotherapeuten ungewohnt ist.

Gerade Paar- und Familienprobleme können wegen ihres chronischen Verlaufs eine Einzeltherapie stark beeinflussen oder den Fortschritt erschweren. In solchen Fällen sind paar- und familientherapeutische Interventionen angezeigt, die jedoch mangels paar- und familientherapeutischer Kompetenz des Psychotherapeuten häufig unterbleiben oder nicht kompetent genug durchgeführt werden. Die Behandlung von Paar- und Familienproblemen ohne Therapie eines mit einer Krankheitsdiagnose versehenen Angehörigen (Indexpatienten) kann mit den Krankenkassen nicht abgerechnet werden, weil es sich bei Paar- oder Familienproblemen nicht um Krankheiten im Sinne des Gesetzes handelt. Paar- und familientherapeutische Maßnahmen dürfen nur als Teil einer ambulanten/stationären kassenfinanzierten Einzelbehandlung oder privat abgerechnet werden. Sie können aber in einer öffentlichen Beratungsstelle stattfinden, die aus Mitteln des Sozialhaushalts statt von den Krankenkassen finanziert wird. Wegen der unbefriedigenden Vergütung ist es derzeit für Kassen-Psychotherapeuten nicht attraktiv, sich paar- und familientherapeutisch zu engagieren. Dabei ist klar, dass Patienten geschädigt werden, wenn ihnen Therapiemethoden oder Techniken vorenthalten werden, deren besondere Wirksamkeit für ihre spezielle Problematik bekannt ist (zum Beispiel Grawe, 2004; Strauß/Geyer, 2006).

Eine Psychotherapie hat generell geringere Erfolgsaussichten, wenn es nicht gelingt, eine tragfähige therapeutische Beziehung aufzubauen. Da Beziehung immer ein wechselseitiges Geschehen ist, passt nicht jeder Therapeut zu jedem Patienten. Betroffenen wird zwar häufig empfohlen, sich auf ihr Gefühl zu verlassen und sich bei mangelnder Sympathie einen anderen Therapeuten zu suchen. Dies überfordert jedoch die meisten, die ja in besonders belasteten Situationen und meist nach längerer Wartezeit froh sind, überhaupt einen Therapieplatz ergattert zu haben. Die therapeutische Beziehung und der Therapieerfolg stehen auch dann auf dem Spiel, wenn Therapeuten Behandlungsziele oder Vorgehensweisen gegen den Willen eines Patienten durchzusetzen suchen oder mit dessen Widerständen nicht kompetent umgehen (Norcross et al., 2006).

Auch ein anderes Phänomen kann zu Problemen führen: Manchen Psychotherapeuten erscheint es bequemer, mit gewohnten Patienten weiterzuarbeiten, als immer wieder mit neuen zu beginnen, sodass sie ihre Patienten länger als nötig an sich binden. So entstehen leicht neue Abhängigkeiten, die der Weiterentwicklung und Emanzipation entgegenstehen.

Nachteilig ist es für Patienten auch, wenn der Psychotherapeut sich nur auf die Probleme konzentriert und nicht genügend ressourcenorientiert arbeitet (Grawe, 2004; siehe Kapitel F6). Gerade seelisch beeinträchtigte Menschen haben ja ein besonderes Bedürfnis nach Erfolgserlebnissen, die ihr Selbstwertgefühl festigen. Fühlen sie sich zu wenig unterstützt und gar in destruktiver Weise kritisiert, verstärkt dies ihre Probleme möglicherweise noch. Grund für ein solches Verhalten ist nicht selten eine nicht aufgearbeitete eigene psychische Störung des Therapeuten, die zu gravierenden Verstrickungen führen kann. Es gibt Therapeuten, die Patienten dazu benutzen, ihr eigenes Selbstwertgefühl zu stärken, oder sie wirtschaftlich oder gar sexuell ausbeuten. Um dem entgegenzuwirken, ist die berufsbegleitende *Supervision* durch besonders erfahrene Lehrtherapeuten oder Kollegen zur Qualitätssicherung psychotherapeutischer Arbeit wichtig. Dabei stellen Psychotherapeuten regelmäßig ihre Fälle vor und reflektieren mit den Kollegen, ob die Behandlung optimal verläuft. Dies ist am leichtesten möglich, wenn alle Sitzungen lückenlos per Video aufgezeichnet werden, was freilich das Einverständnis der Patienten voraussetzt. Videoaufnahmen haben auch den Vorteil, dass bestimmte Sequenzen mit den Patienten oder zu Supervisionszwecken mit Kollegen immer wieder angesehen werden können, um daraus zu lernen (siehe Kapitel F6). Oftmals trägt schon das Wissen, dass Videoaufnahmen gemacht werden, zu mehr Qualitätsbewusstsein und Gewissenhaftigkeit der Therapeuten im Umgang mit den Patienten bei. Videos können in ihrer Bedeutung für die Qualitätssicherung daher gar nicht hoch genug eingeschätzt werden und sollten als Qualitätsstandard von den Patienten auch eingefordert werden.

Rechtsstellung und Qualifikation von Psychotherapeuten

Psychotherapie mit Erwachsenen dürfen in Deutschland nur Psychologen und Ärzte, mit Kindern und Jugendlichen auch Sozialpädagogen mit einer entsprechenden Zusatzausbildung und anschließender Approbation durchführen. Die Berufsbezeichnung „Psychotherapeut" ist durch das deutsche Psychotherapeutengesetz gesetzlich geschützt, was nicht immer beachtet wird.

„Psychologische Psychotherapeuten" studieren zunächst im Hauptfach Psychologie mit dem Schwerpunkt Klinische Psychologie mit dem Abschluss „Diplom-Psychologe", künftig Master of Science/Psychologie oder Master of Arts/Psychologie (MS/Psychologie beziehungsweise MA/Psychologie) und absolvieren anschließend eine mehrjährige theoretische und praktische Psychotherapieausbildung, bevor sie die staatliche Approbation (Bestallung zur Ausübung der Heilkunde) erhalten. Ärzte studieren zunächst Medizin und bilden sich danach zum „Facharzt für Psychosomatische Medizin und Psychotherapie", zum „Facharzt für Psychiatrie und Psychotherapie" (oft in Kombination mit dem „Facharzt für Neurologie") oder zum „Facharzt für Kinder- und Jugendpsychiatrie und Psychotherapie" weiter. Sie können auch nach einer beliebigen Spezialisierung berufsbegleitend die Zusatzqualifikationen „Psychotherapie" oder „Psychoanalyse" erwerben. Für die Behandlung ernsthafter Störungen reicht die an weniger strenge Bedingungen gebundene *Zusatz*qualifikation „Psychotherapie" allein oft nicht aus.

Kinder- und Jugendlichenpsychotherapeuten absolvieren nach dem Studium der Psychologie oder Pädagogik beziehungsweise Sozialpädagogik eine mehrjährige Zusatzausbildung, an die sich die staatliche Approbation anschließt.

Wer als Patient einen approbierten Psychotherapeuten aufsucht, kann sich damit eines gewissen Qualitätsstandards sicher sein. Am besten ist es, über die Psychotherapeuten, die infrage kommen, Informationen bei Beratungsstellen, Universitätsinstituten für Psychologie oder Selbsthilfegruppen einzuholen. Ärzte- und Psychotherapeutenkammern dürfen über die Qualität von Therapeuten keine Angaben machen; sie geben aber Auskünfte über Spezialisierungen und Tätigkeitsschwerpunkte.

Außerhalb der gesetzlichen Gesundheitsversorgung können auch *Heilpraktiker* Psychotherapie betreiben. Sie benötigen keine akademische Ausbildung und können daher für Kunstfehler nicht haftbar gemacht werden. Für die Zulassung als Heilpraktiker nach dem Heilpraktikergesetz wird vom Gesundheitsamt lediglich überprüft, ob der Bewerber eine „Gefahr für die Volksgesundheit" darstellt. In manchen Bundesländern verlangen die Gesundheitsbehörden eine Vorbereitung an Heilpraktikerschulen. Diese Personen sind dazu verpflichtet, Patienten mit schweren psychischen Störungen an einen approbierten Psychotherapeuten oder eine Klinik zu verweisen. Einen Sonderfall stellen Diplom-Psychologen, Diplom-Pädagogen, Diplom-Sozialpädagogen oder andere Akademiker dar, die nicht die gesetzlichen Voraussetzungen für die Approbation zum Psychotherapeuten erfüllen. Sie können die Zulassung als Heilpraktiker unter bestimmten Voraussetzungen in einem vereinfachten Verfahren erhalten.

In Österreich regelt das Psychotherapiegesetz von 1990 Ausbildung, Berufsbezeichnung, Berufspflichten, den Eintrag in die amtliche Psychotherapeutenliste sowie die Berufsausübung. Zugang zur Ausbildung eröffnet vor allem das Studium einschlägiger Fächer wie Psychologie, Medizin oder Pädagogik. Zudem können Personen „aufgrund besonderer Eignung", die durch ein Gutachten des Psychotherapiebeirats zu belegen ist, zugelassen werden.

In der Schweiz unterliegt die ärztliche Psychotherapie der Verordnung der Schweizerischen Ärztevereinigung FMH. Als Psychotherapeut tätig sein dürfen Ärzte, die den Titel „FMH für Psychiatrie und Psychotherapie" erworben haben. Nichtärztliche Psychotherapeuten unterliegen unterschiedlichen kantonalen Psychotherapieverordnungen. Die Ausübung von Psychotherapie ist zulassungspflichtig. Mittlerweile liegt ein Vorentwurf für ein Bundesgesetz über die Psychologieberufe vor, demzufolge sich nur noch Absolventen einer anerkannten Weiterbildung „Psychotherapeutin“ beziehungsweise „Psychotherapeut“ nennen dürfen.

Finanzierung einer Psychotherapie

Psychotherapie wird in Deutschland im Rahmen der kassenärztlichen Versorgung angeboten und von den Krankenkassen dann bezahlt, wenn die gesetzlichen Voraussetzungen vorliegen (siehe Abb. 31). Nach den Vorschriften des Sozialgesetzbuchs (SGB V) muss eine seelische „Krankheit“ vorliegen, die nach der internationalen Standardklassifikation (ICD-10; siehe Kapitel E) von einem Psychotherapeuten oder Arzt zu diagnostizieren ist, damit die Kosten übernommen werden. Probleme entstehen jedoch häufig, wenn sich Betroffene durch eine solche psychiatrische Diagnose gebrandmarkt fühlen und von Angehörigen stigmatisiert werden. Ohne *offizielle Diagnose* wird aber die Anwendung von Psychotherapie formal als „Gesundheitsförderung“ oder „Beratung“ eingestuft und nicht automatisch von der Krankenkasse bezahlt.

Wie bereits ausgeführt, sind die diagnostischen Kategorien der ICD eigentlich Hilfsmittel zur Verständigung unter Fachleuten und dürf(t)en nicht verabsolutiert werden. Dies geschieht jedoch, wenn von einer Diagnose die Finanzierung abhängig gemacht wird. Die meisten Fachleute verfahren daher im Umgang mit Diagnosen recht diskret und flexibel, sodass Patienten zumeist mit einer Kostenübernahme durch ihre Krankenkasse rechnen können. Maßnahmen zur Gesundheits- und Entwicklungsförderung werden oft sogar von den Krankenkassen selbst oder in direkter Zusammenarbeit mit ihnen angeboten. Das größere Problem für Patienten besteht allerdings darin, überhaupt einen Therapieplatz zu finden, da es viel zu wenig approbierte Psychotherapeuten gibt, die bereit oder berechtigt sind, Kassenpatienten zu behandeln. Dies führt oft zu monatelangen Wartezeiten. In solchen Fällen können Patienten verlangen, einen fachlich geeigneten approbierten Psychotherapeuten ohne Kassenzulassung zulasten der gesetzlichen Krankenversicherung konsultieren zu können (Erstattungsverfahren).

Vor einer endgültigen Kostenübernahme holt die Krankenkasse generell eine gutachtliche Stellungnahme ein. Dabei wird geprüft, inwieweit der Patient intellektuell für eine Psychotherapie geeignet und motivational bereit ist, sich entsprechend zu engagieren. Ernsthafte Behandlungen dauern ja – je nach Komplexität des Anliegens und Zielsetzung – zwischen zehn und 200 Stunden. Mehr als 20 Sitzungen sind oft erforderlich, wenn komplexe (oft unbewusste) Zusammenhänge aufgearbeitet werden müssen. Denn dies erfordert die Bahnung und Stabilisierung neuer Verhaltensmuster und vor allem der zugehörigen neuronalen Netzwerke. Ob eine Psychotherapie angezeigt ist, muss mittels adäquater diagnostischer Methoden geprüft werden; daraufhin ist ein angemessener Behandlungsplan zu erstellen. Hierzu finden mit dem Patienten zunächst einige Probesitzungen statt, nach denen aufgrund eines (anonymisierten) Berichts des Psychotherapeuten ein sachkundiger Gutachter über die Kostenübernahme entscheidet.

2 Psychologische Beratung

Die Themen psychologischer Beratung sind so vielfältig wie die Gegenstände der Psychologie, die Sie in den vorangegangenen Kapiteln bereits kennen gelernt haben. Die Gründe, warum eine psychologische Beratung in Anspruch genommen werden kann, sind mannigfach. Dabei fühlen sich die Ratsuchenden trotz der eventuellen Belastung meist nicht krank; sie erleben die Problematik meist als prinzipiell lösbar. Als Themen kommen infrage:

- Erziehung und Familie,
- Lebenssinn und Lebensqualität,
- Gesundheits- und Entwicklungsförderung, Gesundheitshandeln,
- Gesundheitsberatung, zum Beispiel Umgang mit chronischer Krankheit oder Behinderung,
- Jugendberatung,
- Angehörigenberatung, Familien-Psycho-Edukation,
- Altenberatung, zum Beispiel zum Umgang mit Altern, Lebensführung, Tod und Sterben,
- Suchtberatung,
- Sexualberatung,
- Paar- und Familienberatung,
- Lebensprobleme, zum Beispiel Enttäuschungen oder Trauer,
- Krisen aller Art,
- Motivations- und Entscheidungsprobleme in wichtigen Fragen, zum Beispiel bei der Berufs- oder Partnerwahl,
- Lebens-/Zukunftsplanung,
- Konflikte im privaten und beruflichen Bereich (Mediation, Konfliktmanagement),

- Eignung für schulische, berufliche Tätigkeiten oder bestimmte Aktivitäten, zum Beispiel das Führen von Kraftfahrzeugen oder Flugzeugen,
- Karriereplanung,
- Probleme am Arbeitsplatz, zum Beispiel Mobbing,
- Lernen und Arbeiten, zum Beispiel Konzentrationsprobleme, Zeitmanagement,
- Kommunikation mit anderen Menschen,
- Führung von Mitarbeitern,
- Personalentwicklung und Auswahl von Mitarbeitern,
- Organisationsentwicklung,
- Beratung von Selbsthilfegruppen.

Das übergeordnete Ziel psychologischer Beratung ist immer *Hilfe zur Selbsthilfe.* Hierzu zählt im privaten Bereich die Steigerung der Lebensqualität. Ansonsten geht es darum, Beziehungen und die systemische Funktionsfähigkeit von sozialen Systemen wie Familien, Betrieben, Organisationen oder Selbsthilfegruppen zu optimieren.

Besondere Bedeutung hat im Gesundheits- und Sozialwesen die Beratung von Angehörigen chronisch Kranker oder Pflegebedürftiger, die durch die Betreuung eines schwierigen Angehörigen, mit dem sie vielleicht sogar zusammenleben, oft sehr belastet sind. Sie benötigen Anleitung und Unterstützung. Hierfür gibt es ausgefeilte eigene Konzepte *(Angehörigenarbeit, Familien-Psycho-Edukation*; Bäuml/Pitschel-Walz, 2002). Psychologische Beratung wird häufig mit Dienstleistungen anderer Berufsgruppen kombiniert oder durch Selbsthilfeaktivitäten der Betroffenen ergänzt.

Informationen und Beratung über psychologische Hilfen	**Erreichbar über**
Psychotherapeutenkammer des Bundes oder des jeweiligen Bundeslandes	www.psych-info.de www.bptk.de
Ärztekammer des Bundes oder des jeweiligen Bundeslandes	www.bundesaerztekammer.de
Psychologische Institute/Abteilungen der Hochschulen und Universitäten Deutsche Gesellschaft für Psychologie (DGPs)	Örtliches Telefonbuch oder www.dgps.de
Beratungsstellen für Selbsthilfegruppen	www.nakos.de/site/
Psychologische Beratungsstellen	Örtliches Telefonbuch
Verbraucherberatungsstellen	Örtliches Telefonbuch
Berufsverband deutscher Psychologen (BDP): • Sektion Arbeits- und Organisationspsychologie • Sektion Klinische Psychologie	www.bdp-verband.org

Abb. 33: Informationen und Beratung über Möglichkeiten psychologischer Hilfe

Methoden

Psychologische Beratung beschäftigt sich mit der wissenschaftlich fundierten Entwicklung, Durchführung und Evaluation von Interventionsmaßnahmen vor allem durch Absolventen eines wissenschaftlichen Studiengangs mit Psychologie als Hauptfach (meist Diplom-Psychologen, künftig Master of Science oder Master of Arts (MS/Psychologie beziehungsweise MA/Psychologie). Sie stellt eine Interventionsform dar, für die dieselben Wirkfaktoren und Wirkdimensionen gelten wie für Psychotherapie (siehe Abb. 32). Da psychologische Beratung darüber hinaus weitere Instrumente einsetzen kann, ist ihr Leistungsspektrum sehr viel breiter.

In den meisten Fällen ist als Erstes zu klären, welche Anliegen die Betroffenen haben und welche Motive und Motivationen sie daran hindern, ihre Ziele zu verwirklichen. Da Motivationslagen meist sehr komplex und auch für die Betroffenen selbst oft nicht durchschaubar sind, werden auch hier zunächst die individuellen Ziele mit psychologischen Methoden aufbereitet. Darauf folgen dann – je nach Bedarf – weitere psychologische Maßnahmen wie Psychodiagnostik (Interviews, Tests), Trainingsmaßnahmen, bei denen Kompetenzen vermittelt werden, oder psychologische Übungen wie Entspannungstechniken oder Rollenspiele und die Vermittlung spezieller Verfahren wie Problemlösestrategien (Nestmann et al., 2004). Je nach Anwendungsbereich wird hier auch von Coaching (persönliche Optimierung vor allem von Führungskräften) oder Supervision (Beratung von professionellen Helfern bei beruflichen oder Teamproblemen) gesprochen.

Psychologische Beratung ist wegen ihrer förderlichen Effekte meist nicht nur in Hinblick auf den eigentlichen Beratungsanlass sehr hilfreich, sondern wirkt noch weiter: Sie kann Gesundheit und Wohlbefinden nachhaltig verbessern, da sie Entwicklungsprozesse in Gang setzt, die sich günstig auf die Lebensqualität auswirken. Zum Beispiel ist es möglich, dass Gesundheitshandeln und Selbstmanagement gestärkt oder die Ärger- und Stressanfälligkeit gesenkt werden (siehe Kapitel G1, F). Zahlreiche empirische Studien haben gezeigt, dass sich so die Gesundheit fördern und die Lebenserwartung erhöhen lässt. In Stresssituationen und bei belastenden Lebensbedingungen trägt eine frühzeitig einsetzende Krisenintervention oder ein funktionierendes Konfliktmanagement dazu bei, Nachteile für Gesundheit und Lebenserwartung zu vermeiden und die Lebensqualität schneller wiederherzustellen (Hurrelmann et al., 2004).

Finanzierung

Wie Abbildung 31 zeigt, hängt die Finanzierung psychologischer Beratung weniger von der Tätigkeit, sondern vielmehr vom institutionellen Rahmen ab, in dem sie stattfindet. Öffentliche psychologische Beratungsstellen, die sich den Lebensproblemen von Erwachsenen, Paaren, Familien, Jugendlichen und alten Menschen widmen, werden von Kommunen, Landkreisen, Kirchen und Wohlfahrtsverbänden finanziert. Sie können ihre Leistungen meistens (fast) gratis anbieten. Ähnlich ist es bei der Arbeitsagentur sowie den Beratungsstellen der Krankenkassen oder der Gesundheitsämter. Findet psychologische Beratung in medizinischen oder psychotherapeutischen Einrichtungen oder im Verlauf derartiger Behandlungen statt, ist sie Teil der Krankenbehandlung und wird auf diese Weise finanziert. Ansonsten sind die Leistungen von demjenigen zu zahlen, der die Leistung in Auftrag gibt.

Rechtsstellung und Qualifikation psychologischer Berater

Seriöse psychologische Berater und Beraterinnen sind zumeist Diplom-Psychologen, die nach ihrem fünfjährigen Studium eine drei- bis vierjährige Weiterbildung absolviert haben. Da psychologische Beratung in Deutschland nicht gesetzlich geschützt ist, kann sich allerdings jede und jeder „Psychologischer Berater" oder „Psychologische Beraterin" nennen, auch ohne ein wissenschaftliches Studium absolviert zu haben. Daher tummeln sich auf diesem Psycho-Markt sehr viele Scharlatane und Halbgebildete, die zum Teil erheblichen Schaden anrichten, für den sie kaum haftbar zu machen sind (siehe Risiken und Nebenwirkungen von Psychotherapie; Kapitel G1). Es gibt auch viele zweifelhafte Aus- und Weiterbildungsangebote, zum Beispiel von Heilpraktikerschulen, die versprechen, auch ohne wissenschaftliches Studium für psychologische Beratung zu qualifizieren. Leider nehmen die zuständigen Behörden ihre Kontrollaufgaben in diesem Bereich oft gar nicht oder höchst mangelhaft wahr. Hier ist deshalb größte Vorsicht geboten. Zur Orientierung haben wir in den Abbildungen 31 und 32 zusammengestellt, welche Experten für welche Anliegen zuständig sind. Abbildung 33 zeigt Ihnen, wie Sie sie erreichen können.

Risiken und Nebenwirkungen

Psychologische Methoden können, ähnlich wie medizinische Eingriffe oder Medikamente, aufgrund unbewusst wirksamer Mechanismen Effekte auslösen, die für Nichtfachleute kaum absehbar sind. Da der Ratsuchende weder weiß noch spürt, wie diese Mechanismen wirken, sollte er sich nur Experten anvertrauen, die wissen, in welchen Fällen welche Verfahren einzusetzen sind und was bei eventuellen Zwischenfällen zu tun ist. So sollten erlebnisaktivierende Verfahren, zum Beispiel Hypnose oder Familienaufstellungen, *nur* von Diplom-Psychologen oder approbierten Psychotherapeuten im Rahmen einer sorgfältig geplanten Beratung oder Psychotherapie durchgeführt werden. Auf gar keinen Fall aber dürfen solche psychologischen Übungen im Rahmen von Wochenendseminaren oder Freizeitkursen eingesetzt werden, ohne dass eine sorgsame professionelle Vor- und Nachbereitung stattfindet. Der häufig zu findende Hinweis von Scharlatanen, ihre Klienten seien selbstverantwortliche mündige Menschen, die wissen, was sie tun, muss als zynische Verleugnung professioneller Verantwortung bezeichnet werden, da kein Laie die Risiken und unbewussten Wirkmechanismen psychotherapeutischer Verfahren einschätzen kann.

Wer die Dienste eines selbsternannten oder ungenügend qualifizierten „psychologischen Beraters" in Anspruch nimmt, riskiert, seine Gesundheit oder seine Beziehungen zu schädigen. Ein Dilettant kann den Patienten in einer psychischen Krise nicht nur nicht auffangen, sondern re-traumatisiert ihn womöglich, wenn er zweifelhafte pseudowissenschaftliche Verfahren einsetzt oder psychologische Verfahren nicht ausreichend beherrscht. So können Betroffene zu Kurzschlusshandlungen oder gar in den Selbstmord getrieben werden. Die Opfer solcher Machenschaften müssen nicht selten durch Psychotherapeuten auf Kosten der Allgemeinheit langwierig behandelt werden. Besonders tragisch ist, wenn von Dilettanten geschädigte Klienten so verängstigt sind, dass sie sich dann auch auf seriöse Psychotherapie nicht mehr einlassen und ihnen so der Zugang zu wirklicher Hilfe versperrt bleibt.

3 Psychodiagnostik

Psychische Merkmale und Funktionen können mithilfe psychodiagnostischer Verfahren erfasst, gemessen und beurteilt werden. Um Entscheidungen und daraus abgeleitete Vorgehensweisen zu begründen, zu kontrollieren und zu optimieren, werden entsprechende Informationen systematisch gesammelt und aufbereitet (Jäger/Petermann, 1999). Hierzu werden die Probanden oder Patienten systematisch befragt und beobachtet sowie mit psychologischen Tests untersucht. Bei der Auswertung werden die gesammelten Informationen verdichtet und bewertet. Dabei wird auf das *Fachwissen* aus der psychologischen Forschung und daraus abgeleitete Vergleichswerte (Standards), Regeln und Perspektiven zurückgegriffen, um Diagnosen oder Prognosen zu erstellen. Hauptkriterien sind zum einen statistische Normen, zum anderen inhaltliche Zielgrößen. Der statistische Durchschnitt oder die so genannte Normalverteilung in der Gesamtbevölkerung werden herangezogen, wenn man wissen will, wie sich eine Person im Vergleich dazu darstellt.

Ein Beispiel dafür ist der *Intelligenzquotient* (IQ): Durch die Untersuchung von Stichproben von vielen tausend Probanden, die für die Gesamtbevölkerung repräsentativ sind, ist bekannt, wie viel Prozent von ihnen in welcher Weise bei bestimmten Intelligenztests abschneiden. Erreicht eine Person den IQ-Wert 100, entspricht dies der Durchschnittsleistung der zum Vergleich ausgewählten Personengruppe. Erreicht sie einen IQ von 110, entspricht dies zum Beispiel der Durchschnittsleistung von Studenten. Auf diese Weise können Ressourcen und Anfälligkeiten von Probanden oder Patienten genauer beurteilt und mit den Merkmalen anderer Menschen verglichen werden. Entscheidungen zum Beispiel über die Schul- oder Berufstauglichkeit lassen sich so auf eine rationale Grundlage stellen.

Zur Bewertung werden nicht nur repräsentative Stichproben, etwa aus einer Alters- oder Berufsgruppe, sondern auch relevante Merkmale von Situationen, Konstellationen und sozialen Systemen herangezogen (Amelang/Schmidt-Atzert, 2006). Daraus ergibt sich zum Beispiel, dass ein Schulanfänger ein gewisses sprachliches Verständnis, ein Pilot genügend Reaktionsschnelligkeit oder ein Kellner ein gutes Kurzzeitgedächtnis braucht.

Diagnostischer Prozess

Psychologische Diagnostik stellt einen Prozess mit mehreren Stadien dar. Zunächst klärt der Untersucher die Fragestellung und die zu erfüllenden Ziele.

1. Der Untersucher ermittelt die relevanten Wissensbestände und ordnet die fragliche Problematik darin ein. Zur Situationsanalyse gehört es auch herauszufinden, welche anderen Personen und Systeme beteiligt sind sowie welche stabilen Merkmale sie aufweisen und in welcher Verfassung sie sich befinden (Problemanalyse; siehe Kapitel A2).
2. Auf der Grundlage seiner Arbeitshypothesen werden vom Untersucher weitere Informationen erhoben und die immer weiter verdichteten Hypothesen mithilfe von Tests und anderen Methoden überprüft.
3. Anhand der gegebenen Kriterien wird der Befund (Diagnose) festgelegt und dem Probanden oder Patienten mitgeteilt.
4. Anhand des weiteren Verlaufs der persönlichen oder Leistungsentwicklung wird überprüft, wie tragfähig die diagnostische Entscheidung, zum Beispiel über Schulfähigkeit oder Berufstauglichkeit, war oder ob sie eventuell abgewandelt werden muss (Evaluation).

Anwendungsgebiete

Überall, wo psychologisches Wissen zur Entscheidungsbildung herangezogen wird, werden psychodiagnostische Erhebungen und Beurteilungen durchgeführt. Daher haben die einzelnen Teilgebiete der Psychologie ihre eigenen diagnostischen Verfahren entwickelt.

- In der Entwicklungs- und Pädagogischen Psychologie werden Fragen der menschlichen Begabung und Intelligenz (IQ-Tests), Entwicklung (zum Beispiel Entwicklungsstand) und Bildungsfähigkeit (zum Beispiel Schulfähigkeit) untersucht.
- In der Klinischen Psychologie werden psychosoziale Probleme analysiert sowie psychische Störungen anhand diagnostischer Klassifikationen (zum Beispiel ICD-10) und neuropsychologischer Kriterien sowie Persönlichkeitseigenschaften diagnostiziert, um therapeutische und Rehabilitationsmaßnahmen festzulegen.
- In der Arbeits- und Organisationspsychologie werden zu Zwecken der Personalauswahl oder Mitarbeiterplatzierung, zur Belastungsanalyse und betrieblichen Gesundheitsförderung psychologische Untersuchungen durchgeführt.
- In der Verkehrspsychologie werden Menschen auf ihre Fahr- oder Flugtauglichkeit untersucht.
- In der Rechtspsychologie wird zum Beispiel die Glaubwürdigkeit von Zeugenaussagen oder die Schuldfähigkeit von Straftätern beurteilt.

Qualitätskriterien

Da diagnostische Urteile für zum Teil weit reichende Entscheidungen oder zu Forschungszwecken herangezogen werden, ist die Qualität der diagnostischen Instrumente wichtig (Amelang/Schmidt-Atzert, 2006). Nur mit geeigneten Methoden lassen sich aussagefähige Daten erheben und Befunde ermitteln. Die Gütekriterien psychodiagnostischer Verfahren sind vor allem Validität und Reliabilität.

- Validität (Gültigkeit): Reaktionsschnelligkeit zum Beispiel kann nur mit einem Verfahren gemessen werden, das die Zeit misst, die jemand braucht, um auf einen Reiz in klar erfassbarer Weise zu reagieren, zum Beispiel auf einen Knopf zu drücken. Eine Selbsteinschätzung des Probanden wäre keine adäquate Erhebung dieses Merkmals, sondern würde vielleicht den Grad der Selbstüber-/-unterschätzung ermitteln, wenn die Selbstbeschreibung mit einer Reaktionszeitmessung verglichen würde. Daher wird die Validität diagnostischer Verfahren in eigenen wissenschaftlichen Untersuchungen überprüft. Hierzu werden die Befunde, die mit dem zu prüfenden Instrument erzielt wurden, mit denen bereits bewährter Instrumente verglichen, und zwar an einer genügend großen Zahl von Personen, die bezüglich ihrer relevanten Merkmale für die Zielgruppe repräsentativ sind, oder es werden wichtige inhaltliche Kriterien wie den bei bestimmten Geschwindigkeiten benötigten Bremsweg herangezogen. Ginge es zum Beispiel darum, einen Test zur Messung der Reaktionsgeschwindigkeit von Berufspiloten zu entwickeln, würde man eine Stichprobe der Reaktionszeiten von Piloten mit bereits bewährten und mit dem neuen Verfahren untersuchen. Anschließend würde überprüft, inwieweit die Befunde der beiden Verfahren übereinstimmen.
- Reliabilität (Zuverlässigkeit): Als zuverlässig gilt ein Verfahren, wenn es das zu untersuchende Merkmal verlässlich erfasst. Dies wäre der Fall, wenn das Verfahren bei der gleichen Merkmalsausprägung zu unterschiedlichen Zeiten oder mit unterschiedlichen Anwendern vergleichbare Ergebnisse liefert. Dies steht infrage, wenn die Rahmenbedingungen einer Messung nicht vergleichbar sind, also währenddessen zum Beispiel der Geräuschpegel oder die Stress-

belastung variiert. Daher müssen bei psychodiagnostischen Untersuchungen immer dieselben Bedingungen eingehalten werden, damit die Ergebnisse nicht verfälscht werden. Bei Befragungen etwa neigen die Probanden zu falschen Antworten, wenn sie sich schämen, etwas Peinliches zuzugeben, oder wenn sie bestimmte Erwartungen erfüllen wollen (sozial erwünschte Antworten). Daher enthalten manche Tests spezielle Fragen, die derartige Neigungen aufspüren.

Voraussetzung für eine gute Validität und Reliabilität ist die *Fassbarkeit* der zu prüfenden Merkmale. Wirklich messen lassen sich nur solche Kennzeichen, die exakt überprüfbar sind, zum Beispiel Temperatur oder Reaktionszeit. Merkmale, die nicht direkt beobachtet werden können – so genannte Konstrukte, zum Beispiel Persönlichkeitseigenschaften – können nur aus beobachtetem Verhalten oder aus Selbstaussagen erschlossen werden. Dadurch entstehen Unschärfen, die durch Kontrollerhebungen ausgeglichen werden sollen.

Da bei komplexeren Fragen, zum Beispiel, wenn es um die berufliche oder Schuleignung geht, vielfältige Faktoren eine Rolle spielen, kann es hier auch keine einfachen psychodiagnostischen Instrumente geben. Daher müssen Fachleute Batterien von Untersuchungsverfahren zusammenstellen, die im Verbund geeignet sind, alle Merkmale zu prüfen, die für eine Fragestellung wichtig sind. Bei Berufs- oder Schuleignung zählen dazu etwa Intelligenz, fachliche Interessen oder Konzentrationsleistung. Auch Batterien psychodiagnostischer Verfahren werden in eigenen Forschungsprojekten auf ihre Eignung untersucht. Dabei wird in Langzeitstudien geprüft, inwieweit die diagnostischen Aussagen sich später durch den beruflichen oder schulischen Erfolg bestätigen.

Leichter als abstrakte Merkmale wie Intelligenz oder emotionale Irritierbarkeit lassen sich Kompetenzen testen, die nötig sind, um eine konkrete Aufgabe zu bewältigen (siehe Kapitel A9): So kann man die Leistungsfähigkeit eines Kraftfahrers oder Piloten durch Fahr- oder Flugprüfungen testen, bei denen die Probanden in praktischen Prüfungen – zum Beispiel im Simulator – bestimmte Kriterien erfüllen müssen. Hierzu zählen etwa Nacht- oder Bergfahrten, Starts und Landungen bei Nebel oder das Verhalten bei Ausfall eines Triebwerks. Verhaltenstests oder Arbeitsproben, wie die gerade beschriebenen, sind unter anderem bei Prüfungen im Bildungswesen oder im Sport, aber auch bei der Personalauswahl üblich.

Personalauswahl und Bewerbungsverfahren

Wer sich heute vor allem bei größeren Unternehmen oder Organisationen bewirbt, sollte sich darauf einstellen, mit psychodiagnostischen Prozeduren konfrontiert zu werden, die komplexer und meist zuverlässiger und objektiver sind als herkömmliche Auswahlgespräche. Häufig werden mehrere Bewerber zu *Assessment-Centern* eingeladen. Das sind zum Teil mehrtägige Veranstaltungen, bei denen die Qualifikationen und Merkmale, die für das Anforderungsprofil der zu besetzenden Stelle wichtig sind, geprüft werden (Schuler, 1996, 2002). Bestandteile dieser Veranstaltungen sind meist strukturierte Interviews zur beruflichen Vorgeschichte und zu Zukunftserwartungen, Arbeitsproben für die wichtigsten Aufgaben, Postkorb-Übung, um zu sehen, wie typischerweise mit den Aufgaben umgegangen wird, Intelligenz- und Persönlichkeitstests, Belastungstests, Rollenspiele und Gruppensimulationen, in denen die Kompetenzen hinsichtlich konstruktiver Kommunikation, Verhandlungsführung oder Konfliktmanagement geprüft werden. Bei der Personalauswahl lässt man die Bewerber oft simulierte Konflikt- oder Verkaufsgespräche, Verhandlungen oder Entscheidungsszenarien gestalten und filmt sie dabei. So stellt sich meist schnell heraus, welcher Bewerber die Anforderungen am besten erfüllt. Dabei ist natürlich auch Stressresistenz gefragt. Schließlich wollen die Unternehmen ja Mitarbeiter einstellen, die starke Nerven, also eine gute Stressmanagement-Kompetenz besitzen (siehe Kapitel F3). Stressresistenz lässt sich darüber hinaus mit eigenen Verfahren überprüfen.

Vorbereitung auf Bewerbungsverfahren

Wenn Sie Ihre Chancen im Berufsleben verbessern wollen, können und sollten Sie sich auf Bewerbungsverfahren gezielt vorbereiten. Dies ist vonseiten der Arbeitgeber ausdrücklich erwünscht, weil dies für Engagement und Kompetenz spricht. Im Vorfeld ist es sinnvoll, sich zunächst um optimale fachliche Kompetenz zu bemühen und sich immer auf dem neuesten Stand zu halten. Lesen Sie hierfür regelmäßig die einschlägigen Fachzeitschriften und besuchen Sie gegebenenfalls Tagungen und Fortbildungsveranstaltungen. Fachzeitschriften sind meist auch im Internet verfügbar. Bei Fachverbänden und Berufsorganisationen erhalten Sie ebenfalls wertvolle Hinweise auf fachliche Neuerungen, vor allem aber erfahren Sie mehr über berufliche Entwicklungsperspektiven und interessante Stellenausschreibungen.

In Verbänden und auf Tagungen können Sie zwanglos Kontakte knüpfen und so allmählich ein Netzwerk bilden, das Ihnen den Zugang zu Informationen und neuen Kontakten erleichtert. Wie Sie Ihre diesbezügliche Kompetenz optimieren können, ist in Kapitel F beschrieben (siehe auch Kühnhanss, 2005; Duden, 2006). In professionellen Kommunikationstrainings und Rhetorikschulungen, die kostengünstig von Volkshochschulen, Universitäten und anderen Bildungseinrichtungen angeboten werden, können Sie zudem Ihre sozialen Kompetenzen stärken. In speziellen Bewerbertrainings, die ebenfalls von den erwähnten Einrichtungen angeboten werden, können Sie lernen, wie Sie sich erfolgreich bewerben und im Rahmen von Auswahlverfahren eine gute Figur abgeben (siehe auch Kühnhanss, 2005). Weitere Hinweise unterschiedlichster Art finden Sie auch im Internet mit dem Suchwort „bewerben“, zum Beispiel unter www.thieme.de.

4 Konfliktmanagement und Mediation

Bei Konflikten, die zu eskalieren drohen und möglicherweise in eine gerichtliche Auseinandersetzung münden, kann die Hilfe eines Mediators sinnvoll sein. Aufgabe einer Mediation ist es, die Parteien dabei zu unterstützen, eigenverantwortlich eine tragfähige Vereinbarung auszuhandeln, von der alle Beteiligten profitieren können. Dabei soll es keine Verlierer geben *(Win-win-Prinzip)*. Um eine befriedigende Lösung nicht zu gefährden, wird die Schuldfrage – anders als im Gerichtsverfahren – ausgeklammert. Der Mediator hilft den Beteiligten, die Positionen der anderen Seite genauer kennen zu lernen, weil nur genaue Kenntnis der gegnerischen Sichtweisen differenzierte Entscheidungen erlaubt (siehe A2). Gründe, einen Mediator einzuschalten, sind unter anderem:

- Flexibles und unbürokratisches Verfahren,
- Erhalt einer kooperativen Beziehung,
- Vermeidung von Gesichtsverlusten,
- Vermeidung/Reduktion von Gerichts- und Anwaltskosten,
- Einvernehmliche und kostengünstige Regelung von Vermögensfragen bei Erbschaft oder Scheidung,
- Einvernehmliche Umgangsregelungen für die Kinder bei Trennung oder Scheidung der Eltern,
- Berücksichtigung von Interessen, die bei Gericht außen vor blieben,
- Diskretion.

Grundlagen

Mediation basiert wesentlich auf den Erkenntnissen und Strategien der Klinischen Psychologie sowie der Konflikt- und Kommunikationspsychologie (Kaiser, 2000). Mediatoren (sollten) versuchen, Konfliktparteien gemäß den Wirkfaktoren und Wirkdimensionen zu helfen, sodass sie ihre Probleme eigenständig und zu beiderseitigem Vorteil lösen können. Hierfür haben sich eine Reihe von Traditionen und Regeln entwickelt, die besonders durch das *Harvard-Modell* bekannt geworden sind (vgl. Fisher/Ury, 1984). Mediation setzt voraus, dass es bereits einen manifesten Konflikt gibt und die Konfliktparteien bereit sind, sich von einem neutralen Konfliktmanager bei der Lösung ihres Problems helfen zu lassen (Montada/Kals, 2001). Ein Mediator fungiert dabei *weder* als Schiedsrichter noch als Schlichter. Er selbst trifft keine Entscheidungen, sondern hält sich an die Abstinenzregel und nimmt zu den Inhalten des Konflikts nicht Stellung.

Schiedsleute und Schlichter fällen in vielen Bereichen, zum Beispiel bei Nachbarschaftskonflikten, einen *Schiedsspruch*, gegen den dann gerichtliche Revision möglich ist. Mediation dagegen will die Parteien befähigen, selber eine Lösung zu finden, damit es keine Verlierer gibt. Rechtliche Beratung holen sich die Parteien gegebenenfalls bei ihren Rechtsanwälten ein, während Mediatoren den Parteien helfen, in konstruktiver Weise miteinander zu verhandeln. Am Ende soll eine Vereinbarung stehen, mit der beide Seiten gut leben können. Grundlagen einer professionellen Mediation sind

- die für Diplom-Psychologen oder Rechtsanwälte ohnehin obligatorische Schweigepflicht,
- die freiwillige Teilnahme der Parteien,
- Ergebnisoffenheit des Verfahrens ohne Vorbedingungen,
- Neutralität/Allparteilichkeit gegenüber den Sichtweisen aller Beteiligten. Allparteilich heißt, dass der Mediator den Parteien abwechselnd behilflich ist, ihre Standpunke zu artikulieren.

Verfahren und Strategien

Da Mediation eine Beratungsmethode ist, stammen die damit verbundenen Verfahren und Strategien im Wesentlichen aus der Klinischen Psychologie beziehungsweise Psychotherapie. Die Herkunft der Methoden ist den Nutzern vielfach nicht bewusst und wird oft nicht ausgewiesen. Da auch Klienten von Mediatoren einen Anspruch auf bestmögliche Arbeit nach neuesten wissenschaftlichen Erkenntnissen haben, dürfen die Wirkfaktoren und Wirkdimensionen aus der Beratungs- und Therapieforschung nicht unberücksichtigt bleiben (vgl. Norcross et al., 2006; siehe Abb. 31). Um die Konfliktparteien wieder ins Gespräch miteinander zu bringen, muss die Kommunikation so gesteuert werden, dass sie konstruktiv verlaufen kann. Dabei ist es wichtig, dass die Konfliktparteien entsprechend den Wirkfaktoren und Wirkdimensionen (siehe Abb. 32; Kapitel F6, G1) angeleitet werden und zum Beispiel lernen, Person und Verhalten voneinander zu trennen. Zudem ist es hilfreich, wenn sie ihre eigenen Anteile an der Interaktion, zum Beispiel Modellvorstellungen, Erwartungen oder Wahrnehmungsperspektiven, erkennen (Montada/Kals, 2001; siehe Kapitel F6). Meist wird das bekannte *Problemlöseschema* aus der Denkpsychologie herangezogen (siehe Kapitel A2):

1. Problem- und Auftragsklärung: Zunächst wird das Problem geklärt. Im Zusammenhang damit erhalten die beteiligten Parteien Informationen über das Mediationsverfahren sowie über die Kosten und Modalitäten. Darüber wird eine Mediationsvereinbarung geschlossen. Bei emotional aufgeladenen Konflikten geht der Mediator empathisch auf die Befindlichkeiten und Wahrnehmungen der Ratsuchenden ein und sorgt – gegebenenfalls in Einzelgesprächen mit jeder Partei – für emotionale Entlastung und Klärung. Unter Umständen ist sogar eine Überweisung an einen Psychotherapeuten anzuraten. Dies kann angesichts oft schon lang anhaltender schwerer Belastungen der Klienten

helfen, Rachewünsche zu reduzieren und damit Eskalationen zu vermeiden.

2. Situationsanalyse: Der Mediator erkundet mit den Parteien die Sichtweisen und Standpunkte aller Beteiligten und differenziert deren Positionen und Interessen. Dabei ist es besonders wichtig, die *hinter* den Streitpositionen stehenden Anliegen herauszuarbeiten. Bei Ex-Partnern, die sich um das Umgangsrecht mit den Kindern streiten, kommt dann zum Beispiel das Kindeswohl als gemeinsames Anliegen zur Sprache. Erst wenn die Kontrahenten erkannt haben, dass sie trotz aller Gegensätze auch *gemeinsame* Interessen haben, können sie lernen, ohne Gesichtsverlust in diesem Sinne zu kooperieren. Hierzu gehört stets der konstruktive Umgang mit destruktivem Verhalten der Gegenseite, was Herausforderungen eigener Art mit sich bringt.
   So können die Beteiligten erfahren, dass es nicht ehrenrührig noch abträglich ist, auf destruktives Verhalten souverän zu reagieren und sich einer Konflikteskalation zu verweigern. Häufig fehlen den Parteien sowohl Phantasie als auch soziale Kompetenz, um mit der Uneinsichtigkeit und dem destruktiven Verhalten der Gegenseite umzugehen. Sichtbar wird bei der Analyse auch, warum ein Problem aufrechterhalten wird und welche Vorteile mit den beklagten alten Zuständen zusammenhängen. Damit wird der Weg für neue Sicht- und Vorgehensweisen frei. Um zu vermeiden, dass sich eine Partei rechtlich benachteiligt fühlt, sollten bei wichtigeren Konflikten die Anwälte der Parteien in die Mediation einbezogen werden. Aus Gründen der Neutralität dürfen auch Mediatoren, die gleichzeitig Anwalt sind, die Parteien nicht im Detail juristisch beraten.
3. Brainstorming (Reaktionssammlung): Dabei werden erst einmal unterschiedliche Lösungsoptionen entwickelt und gesammelt.

4. Bewertung der Vorschläge anhand der zu erwartenden Konsequenzen und Entscheidung: Auf Konsensbasis stimmen die Parteien der Lösung mit den geringsten mittel- und längerfristigen Nachteilen und den meisten mittel- und längerfristigen Vorteilen für beide Seiten zu.
5. Vertragsabschluss: Unter Anleitung des Mediators erarbeiten die Parteien eine schriftliche Vereinbarung über die Bedingungen und Schritte zur Beilegung des Konflikts, die gegebenenfalls notariell oder gerichtlich beglaubigt werden kann. Im Vertrag sind Festlegungen sinnvoll, die eine *längerfristige Erfolgskontrolle* erlauben, um zu prüfen, ob die Abmachungen tatsächlich eingehalten werden. Viele Kontrahenten sind nicht in der Lage, Erfolg auf sozialverträgliche Weise zu überprüfen, ohne neue Konflikte zu entfachen.

Nachteile

Der Nachteil des Mediationsmodells liegt in seinem begrenzten Anwendungsspektrum (Kaiser, 2000): Bei Konflikten im Alltag kommt es häufig vor, dass höchstens eine Partei erkennt, dass eine Mediation sinnvoll sein könnte. Die anderen Beteiligten beharren aber hartnäckig auf ihren Standpunkten und lehnen eine Mediation ab. Dies ist immer dann der Fall, wenn eine Partei sich im Recht fühlt – auch ohne juristische Grundlage – oder aus einer schwachen Position heraus fürchtet, Terrain und/oder das Gesicht zu verlieren. Unter Umständen kann bei niedrigem Streitwert ein Gerichtsverfahren auch billiger sein als ein professioneller Mediator, der stundenweise bezahlt wird. In vielen Fällen haben wir mit systemischer Einzelmediation sehr gute Erfahrungen gemacht.

Einzelmediation

In der Einzelmediation wird eine Konfliktpartei mit professionellen psychotherapeutischen Methoden nach den Prinzipien der Wirkfaktoren und Wirkdimensionen befähigt, selbst von unzuträglichen Positionen abzurücken und ihren meist starken Widerstand gegen eine Lösung aufzugeben. Sodann wird sie angeleitet, die mediationsresistente Gegenseite mit psychologischem Know-how friedlich zu stimmen (Kaiser, 2000). Ziel ist immer eine für alle Beteiligten zuträgliche Problemlösung nach dem Win-win-Prinzip.

Wenn überforderte Gegner gar nicht einlenken wollen, lässt sich eine Verhaltensänderung oft nur erreichen, wenn man sie nicht bekämpft, sondern ihnen auf anderen Gebieten den Rücken stärkt. Sie können dann eher nachgeben, ohne einen (weiteren) Gesichtsverlust zu riskieren. Dies ist häufig durch respektvolles und einfühlsames Verhalten möglich, mit dem sich ihr Vertrauen gewinnen lässt. Dann kann die Gegenseite entdecken, welche Probleme sich aus der Situation auch für sie selbst ergeben. Wer den Betreffenden dann noch die Angst vor Selbstwertbeschädigung nehmen kann, ist einen großen Schritt weiter. Hierzu kann es zweckmäßig sein, hinzunehmen, dass das Gegenüber die Einigung als eigenes Verdienst ausgibt. Derlei wiederum können Kontrahenten aber aus Prestigedenken oft nur schwer akzeptieren (vgl. Gracian, 1978). Zudem sollten solche Kompetenzen trainiert werden, die geeignet sind, die Einhaltung der Absprachen diplomatisch zu überwachen und gegebenenfalls einzufordern. Hierzu gehört die richtige Wahl des Zeitpunkts, einfühlsames Vorgehen bei Beanstandungen, ohne aber das Anliegen aus den Augen zu verlieren, sowie die Fähigkeit, konstruktiv auf Abwehr oder gar Zurückweisung durch die Gegenseite zu reagieren.

Anwendungsgebiete von Mediation

Aufgrund der Zunahme von Scheidungen seit 1980 wurde nach Alternativen zur Konfliktregelung im gerichtlichen Scheidungsprozess gesucht (siehe Kapitel C6). Daraus haben sich weitere Tätigkeitsfelder ergeben, zum Beispiel Familienmediation bei Erbschaftsauseinandersetzungen, Schulmediation, vor allem zur Vermeidung von Gewaltproblemen in Schulen, Wirtschaftsmediation zur Beilegung betrieblicher Konflikte sowie Umweltmediation zur Regelung von Streitigkeiten zwischen Bürgerinitiativen und Behörden (Montada/Kals, 2001). Mittlerweile werden Mediationsverfahren in vielen anderen Konfliktfeldern angewandt, zum Beispiel bei Nachfolgeregelungen in Unternehmen, Mobbing, Nachbarschaftskonflikten oder im Täter-Opfer-Ausgleich.

Bei betrieblichen oder familiären Konflikten ist Mediation oft die einzige Alternative zur gerichtlichen Auseinandersetzung. Auch Gerichte bedienen sich in manchen Fällen mediativer Vorgehensweisen, um schneller zu konstruktiven Regelungen *(Vergleich)* zu kommen und sich dabei selbst zu entlasten.

Kosten

Mediation in Alltagsfragen erfordert – je nach Komplexität des Falles – zwischen einer und zehn Sitzungen. Mediation mithilfe eines stundenweise honorierten Mediators ist bei komplexeren Problemen meist kostengünstiger als die streitige Austragung mithilfe von Rechtsanwälten und Gerichten, wo der Streitwert die Höhe der Gebühr bestimmt. Bei geringem Streitwert und weniger wichtigen persönlichen Beziehungen zwischen den Parteien kann aber ein Gerichtsverfahren billiger sein. Bringt die Mediation keine Konfliktregelung, fallen die Kosten des Gerichtsverfahrens und eventueller Folgeprozesse zusätzlich an. Es ist also wichtig, vorab die Erfolgsaussichten zu prüfen.

Schlussbemerkung

Bei unserem Rundgang durch verschiedene Bereiche der Psychologie haben Sie gesehen, wie unterschiedliche psychische Mechanismen ineinandergreifen, welche bewusst und welche nur indirekt steuerbar sind, welche Bedeutung Umweltfaktoren sowie soziale Systeme und Beziehungen für das persönliche Befinden und Verhalten haben. Dabei ist auch der Stellenwert psychischer Faktoren für Gesundheit und Wohlbefinden sowie für die Qualität des Lebens insgesamt deutlich geworden. Auch wenn wir viele Umstände unseres individuellen und sozialen Lebens nicht (direkt) beeinflussen können, so liegt es doch an uns, wie wir damit umgehen: Mithilfe der beschriebenen Analysestrategien können Sie Bedingungsgefüge ermitteln, denen Sie im Privatleben und im Arbeitsleben ausgesetzt sind. So können Sie Ansatzpunkte für Veränderung und Vorgehensweisen zu Ihrem Schutz und Vorteil finden. Immer wieder ist der besondere Stellenwert von inneren Modellen und neuropsychischen Schemata deutlich geworden, die unser Handeln und Erleben ganz erheblich prägen. Gerade diese für normale Alltagsmenschen nicht leicht erkennbaren psychischen Steuerungselemente lassen sich mithilfe der beschriebenen psychologischen Strategien optimieren, indem Sie Situationen, Beziehungen und Konstellationen stärker nutzen oder so verändern, dass Sie angenehmere und förderliche Sinneserfahrungen machen, um Ihre Grundbedürfnisse besser zu befriedigen.

Nun ist es an Ihnen, die bestehenden Ressourcen zu nutzen, um Ihre Lebensqualität zu optimieren. Wenn Sie mit Ihren Bemühungen im Selbstversuch nicht genügend Fortschritte machen, lassen Sie sich von Fachleuten unterstützen. Wir sind

Ihnen bei der Suche gerne behilflich. Schreiben Sie an peter.kaiser@uni-vechta.de oder corinna.onnen-isemann@online.de.

Verzeichnis der Abbildungen

Literatur

Ainsworth, M. D. S., Blehar, M. S., Water, S. & Wall, S. (1978): Patterns of attachment: A Psychological study of strange situation. Hillsdale: N.J. Erlbaum

Albertz, H. (1986). Auf der Flucht. Zeitmagazin, 2, 4-13.

Amato, P. R. (2000): The consequences of divorce for adults and children. Journal of Marriage and the Family, 62, 1269–1287.

Amato, P. R.; Rogers, S. J. (1997): A Longitudinal Study of Marital Problems and Subsequent Divorce. Journal of Marriage and the Familiy, 59, 612–624.

Ambady, N.; Rosenthal, R. (1992): Thin slices of expressive behavior as predictors of interpersonal consequences: A meta-analysis. Psychological Bulletin, 111, 256-274.

Amelang, M. (Hg.) (1995): Partnerwahl und Partnerschaft: Formen und Grundlagen partnerschaftlicher Beziehungen. Göttingen.

Amelang, M., Schmidt-Atzert, L. (2006): Psychologische Diagnostik und Intervention. Heidelberg.

Amelang, M.; Bartussek, D. (2006): Differentielle Psychologie und Persönlichkeitsforschung. Stuttgart.

Amendt, G. (2005): Scheidungsväter. Bremen.

Andorka, R. (2001): Einführung in die soziologische Gesellschaftsanalyse. Opladen.

Antonovsky, A. (1987): Unraveling the mystery of health. How people manage stress and stay well. San Francisco.

Antonovsky, A. (1993): Gesundheitsforschung vs. Krankheitsforschung. In: Franke, A.; Broda, M. (Hg.): Psychosomatische Gesundheit. Tübingen, 3–14.

Antonovsky, A. (1997): Salutogenese. Zur Entmystifizierung der Gesundheit. Tübingen.

Argyle, M. (1979): Körpersprache und Kommunikation. Paderborn

Argyle, M.; Henderson, M. (1986): Die Anatomie menschlicher Beziehungen: Spielregeln des Zusammenlebens. Paderborn.

Asendorpf, J. B. (2004): Psychologie der Persönlichkeit. 3., überarbeitete und aktualisierte Auflage, Berlin.

Atkins, D. C.; Yi, J.; Baucom, D. H.; Christensen, A. (2005): Infidelity in Couples Seeking Marital Therapy. Journal of Family Psychology. 2005 Sep Vol 19 (3), 470–473.

Auhagen, A. E. (1993): Freundschaft unter Erwachsenen. In: Auhagen, A. E., von Salisch, M. (Hg.): Zwischenmenschliche Beziehungen. Göttingen, 215–234.

AWMF – Arbeitsgemeinschaft der Wissenschaftlichen Medizinischen Fachgesellschaften (2006): Leitlinien der Deutschen Gesellschaft für Psychiatrie, Psychotherapie und Nervenheilkunde (DGPPN): www.uni-duesseldorf.de/WWW/AWMF/ll-na/038-012.htm.> 5.5.2007.

AWMF – Arbeitsgemeinschaft der Wissenschaftlichen Medizinischen Fachgesellschaften (2006): Leitlinien der Deutschen Gesellschaft für Kinder- und Jugendpsychiatrie und -psychotherapie zu Vernachlässigung, Misshandlung, sexuellem Missbrauch. www.uni-duesseldorf.de/AWMF/ll/028–034.htm. > 5.5.2007.

Baadte, C. (2006): Bindung und Impression-Management: Beeinflusst der individuelle Bindungsstil das Selbstdarstellungsverhalten in sozialen Situationen? Gruppendynamik und Organisationsberatung, 2006, 37 (2), 139–154.

Backhaus, K. (2004): Persönlichkeit als Forschungsgegenstand der Psychologie. Eine Einführung in das Big Five-Persönlichkeitsmodell. www.psyreon.de/content/e479/e480/Publikationen/persoenlichkeit.pdf > 27.6.2007

Baltes, M.; Montada, L. (Hg.) (1996): Produktives Leben im Alter. Frankfurt/Main.

Baltes, P. B. (2003): Das hohe Alter – Mehr Bürde als Würde? MaxPlanckForschung, 2/2003, 14-19.

Baltes, P. B.; Staudinger, U. (1996): Weisheit als Gegenstand psychologischer Forschung. Psychologische Rundschau, 47, 57–77.

Bandura, A. (1977): Self-efficacy: Toward a unifying theory of behavioral change. Psychological Review, 84, 191–215.

Bauer, J. (2002): Das Gedächtnis des Körpers. Wie Beziehungen und Lebensstile unsere Gene steuern. Frankfurt/Main.

Baumann, U.; Hecht, C.; Baumeister, R. (1991): Meanings of life. New York.

Baumeister, R. (1991): Meanings of life. New York: Guilford Publications.

Bäuml, J., Pitschel-Walz, G. (2002): Psychoedukative Gruppen für Angehörige bei Schizophrenen Psychosen. In: Sulz, S. K. D.; Heekerens, H. -P. (Hg.): Familien in Therapie. München, CIP-Medien, 335-380.

BDY – Berufsverband der Yogalehrenden in Deutschland (Hg.) (2006): Der Weg des Yoga. Petersberg.

Becker, K.; Schmidt, M. H. (2003): Bedingen abnorme psychosoziale Umstände längere Verweildauern in einer kinder- und jugendpsychiatrischen Klinik? Kindheit und Entwicklung, 12, 3, 175–183.

Becker, P.; Bös, K.; Mohr, A.; Tittlbach, S.; Woll, A. (2000): Eine Längsschnittstudie zur Überprüfung biopsychosozialer Modellvorstellungen zur habituellen Gesundheit. Zeitschrift für Gesundheitspsychologie, 3, 94–110.

Beier, K. M.; Bosinski, H. A. G.; Hartmann, U.; Loewit, K. (2001): Sexualmedizin. München.

Bell, P. A.; Greene, T. C.; Fisher, J. D.; Baum, A. (1996): Environmental Psychology. Fort Worth.

Belschner, W.; Kaiser, P. (1991): Darstellung eines Mehrebenenmodells primärer Prävention. In: Filipp, S.-H. (Hg.): Kritische Lebensereignisse. München, 174, 197.

Berendt, U.; Höbel, R.; Kloth, M. (2006): Gemeinsam für den Stadtteil. Kooperation von Freier Wohlfahrtspflege und Kommunen zur Stabilisierung benachteiligter Quartiere. Landesarbeitsgemeinschaft der Öffentlichen und Freien Wohlfahrtspflege in Nordrhein-Westfalen. Bochum. www.inwis.de/htm/start/images/gemeinsam-stadtteil.pdf.> 7.5.2007

Bergmann, J. (1998): Geheimhaltung und Verrat in der Klatschkommunikation. In: Spitznagel, A. (Hg.): Geheimnisse und Geheimhaltung. Göttingen, 139–148.

Bierhoff, H.-W.; Grau, I. (1996): Zur Vorhersage der Trennung in romantischen Beziehungen. Zeitschrift für Differentielle und Diagnostische Psychologie, 1996, 17 (4), 251–261.

Bleske, A. L.; Shackelford, T. K. (2001): Poaching, promiscuity, and deceit: Combatting mating rivalry in same-sex friendships. In: Personal Relationships, 8, 132-143.

Bodenmann, G. (2004): Verhaltenstherapie mit Paaren. Ein modernes Handbuch für die psychologische Beratung und Behandlung. Bern.

Bojanovsky, J. J. (1986): Verwitwete: Ihre gesundheitlichen und sozialen Probleme. Weinheim.

Borgetto, B. (2004): Selbsthilfe und Gesundheit. Analysen, Forschungsergebnisse und Perspektiven in der Schweiz und in Deutschland. Bern.

Boszormenyi-Nagy, I.; Spark, G. M. (1982): Unsichtbare Bindungen. Stuttgart.

Botwin, M. D.; Buss, D. M.; Shackelford, T. K. (1997): Personality and mate preferences; Five factors in mate selection and marital satisfaction. Journal of Personality, 65, 107–136.

Bowlby, J. (1991): Das Glück und die Trauer. Herstellung und Lösung affektiver Bindungen. Stuttgart.

Brennan, K. A.; Clark, C. L.; Shaver, P. R. (1998): Self-report measurement of adult attachment: An integrative overview. In: Rholes, W. S.; Simpson, J. A. (Hg.): Attachment theory and close relationships. New York, 46–76.

Brenner, H.; Weyerer, S.; Steinhagen-Thiessen, E. (2002): Epidemiologie der Erkrankungen und Funktionseinschränkungen im hohen Alter. In: Deutscher Bundestag (Hg.): Vierter Bericht zur Lage der älteren Generation in der Bundesrepublik Deutschland: Risiken, Lebensqualität und Versorgung Hochaltriger – unter besonderer Berücksichtigung demenzieller Erkrankungen und Stellungnahme der Bundesregierung. Bundestagsdrucksache 14/8822. 18.4.2002. Berlin, 130–158.

Brisch, K.-H.; Hellbrügge, T. (Hg.) (2005): Kinder ohne Bindung: Deprivation, Adoption und Psychotherapie. Stuttgart.

Brown, J. D. (1993): Motivational conflict and the self: The double-bind of low self-esteem. In: Baumeister, R. F. (Hg.): Self-esteem: The puzzle of low self-regard. New York, 117–130.

Brüggemann, K. (2006): Feinfühligkeitstraining und interaktionsorientierte Eltern-Kind-Interventionen in der Frühgeborenen-Nachsorge. Frühförderung interdisziplinär, 25, 92–99.

Buber, M. (1979a): Das dialogische Prinzip. Heidelberg.

Buber, M. (1979b): Ich und Du. Heidelberg.

Bühler-Ilieva, E. (2006): Einen Mausklick von mir entfernt. Auf der Suche nach Liebesbeziehungen im Internet. Marburg.

Bundesanstalt für Arbeitsschutz und Arbeitsmedizin BAA (Hg.) (2005): Wenn aus Kollegen Feinde werden ... Der

Ratgeber zum Umgang mit Mobbing. Dortmund: Bundesanstalt für Arbeitsschutz und Arbeitsmedizin. http://www.ergo-online.de/site.aspx?url=html/service/buecher_broschueren/psychische_belastungen_stres.htm > 3.5.2007

Bundesinstitut für Bevölkerungsforschung BIB (2005): Europäische Bevölkerungsstudie. www.bib-demographie. de/pressemitt_ppasbrosch.pdf > 3.5.2007

Bundesministerium für Familie, Senioren, Frauen und Jugend (BMFSFJ) (2001): Elfter Kinder- und Jugendbericht. Bericht über die Lebenssituation junger Menschen und die Leistungen der Kinder- und Jugendhilfe in Deutschland. www.bmfsfj.de > 7.5.2007

Bundesministerium für soziale Sicherheit und Generationen (BMSSG) (Hg.) (2001): Die Patchwork-Familie oder Der Die Das Stief …? Ein Ratgeber für Familien und solche, die es noch werden wollen. Wien.

Busch, F. W.; Scholz, W.-D. (Hg.) (2006): Familienvorstellungen zwischen Fortschrittlichkeit und Beharrung. Ergebnisse einer empirischen Untersuchung von Ehe- und Familienvorstellungen Jugendlicher im internationalen Vergleich. Würzburg.

Buss, D. (2004): Evolutionäre Psychologie. München.

Bussfeld, P. (2006): Alzheimer – Demenz –Ursachen. www.netdoktor.de/krankheiten/fakta/demenz.htm > 7.5.2007.

Cicero, A., Kuderna, J. (2001): Clevere Antworten auf dumme Sprüche. Killerphrasen kunstvoll kontern. Junfermann.

Cohn, D. A.; Silver, D. H.; Cowan, C. P.; et al. (1992): Working models of childhood attachment and couple relationships. Journal of Family Issues, 13, 432-449.

Davies, W. (2002): Nur nicht aufregen! Über Ärger, Wut und Reizbarkeit. Bern.

Der Mobbing-Report – Eine Repräsentativstudie für die Bundesrepublik Deutschland. Hg. Bundesanstalt für Arbeitsschutz und Arbeitsmedizin BAA (2002). Berlin.

DESTATIS – Statistisches Bundesamt (2003): Statistisches Jahrbuch für die Bundesrepublik Deutschland 2002. Wiesbaden.

DESTATIS – Statistisches Bundesamt (2005): Ehescheidungen 1985 bis 2004.

DESTATIS – Statistisches Bundesamt (2005): Leben in Deutschland – Ergebnisse des Mikrozensus 2005. www.destatis.de. > 7.5.2007

DESTATIS – Statistisches Bundesamt (2006a): Anteil von Frühgeborenen an den Geburten. www.destatis.de. > 7.5.2007

DESTATIS – Statistisches Bundesamt (2006b): Ehescheidungen: Deutschland, Jahr, Ehedauer. Statistik rechtkräftiger Urteile in Ehesachen. www.genesis.destatis.de/genesis/online/dErgebnisstabelle_vol,jsessionid=11399BACC4891F9267920c.tc1?operation=ergebnisTabelle_Download&option=html&dialoglevel=08. > 7.05.2007

DESTATIS – Statistisches Bundesamt (2006c): Höchste Lebenserwartung in Baden-Württemberg. Pressemitteilung vom 15.2.2006. www.destatis.de/presse/deutsch/pm2006/p0610022.htm. > 7.5.2007

Deutsche Gesellschaft für Suizidprävention (2006): Informationen. www.suizidprophylaxe.de/Ohne%20Java/Infos_Suizidalitaet/informationen_ueber_den_suizidohne.htm > 7.5.2007

Deutsches Zentrum für Altersfragen (DZA) (2002): Alterssurvey, www.dza.de/download/Taetigkeiten.pdf#search=%22Alterssurvey%22. > 7.5.2007

Die Zeit (2006): Lebenserwartung. Was zählen schon die paar Jahre ..., Ausgabe 16 vom 12.4.2006, www.zeit.de/2006/16/Kasten-Sterbetafel. > 7.5.2007

Diewald, M. (1986): Sozialkontakte und Hilfeleistungen in informellen Netzwerken. In: Glatzer, W.; Berger-Schmitt, R. (Hg.): Haushaltsproduktion und Netzwerkhilfe. Die alltäglichen Leistungen der Familien und Haushalte. Frankfurt/ Main, 51–84.

Donabedian, A. (1980): Explorations in quality assessment and monitoring. Vol. 1: The definition of quality approaches to its assessment. Ann Arbor.

Dörner, D. (1989): Die Logik des Misslingens: Strategisches Denken in komplexen Situationen. Reinbek.

Dreher, E.; Dreher, M. (1985): Entwicklungsaufgaben im Jugendalter: Bedeutsamkeit und Bewältigungskonzepte. In: Liepmann, D.; Stiksrud, A. (Hg.): Entwicklungsaufgaben und Bewältigungsprobleme in der Adoleszenz. Göttingen, 56–70.

Eilles-Matthiessen, C.; el Hage, N.; Janssen, S.; Osterholz, A. (2002): Schlüsselqualifikationen in Personalauswahl und Personalentwicklung. Ein Arbeitsbuch für die Praxis. Bern.

Eitmann, J. (2002): Netzwerkanalyse im Wohnbereich. Egozentrierte Netzwerkkarten als umweltpsychologisches Erhebungsinstrument. Forschungsbericht aus der Abteilung Psychologie im Institut für Sozialwissenschaften der Technischen Universität Berlin, Nr. 2002-1. www.psydok.sulb.uni-saarland.de/volltexte/2004/334/pdf/ber200201.pdf. > 7.5.2007.

Engel, G. L. (1976): Psychisches Verhalten in Gesundheit und Krankheit. Bern: Huber.

Epstein, S. (1993): Implications of cognitive-experiential self theory for personality and developmental psychology. In: Funder, D. C.; Parke, R. C.; Tomlinson-Keasey, C.; Widaman, K.: Studying lives through time: Personality and development. Washington D. C., 399–438.

Erikson, E. H. (1973): Identität und Lebenszyklus. Frankfurt/ Main.

Essler, W. K.; Mamat, U. (2005): Die Philosophie des Buddhismus. Darmstadt.

Esslinger, A. S., Heppner, H. J. (2006): Lebensqualität im Alter vor dem Hintergrund knapper Ressourcen im Gesundheitswesen. Zeitschrift für Gerontopsychologie & -psychiatrie 19, No. 1, 39–44.

Faust, V. (2006): Schizoaffektive Störungen. www.psychosoziale-gesundheit.net/psychiatrie/schizo_aff.html. > 7.5.2007

Fehr, B. (1996): Friendship Processes. Sage Series on Close Relationships. New York.

Ferreira, A. (1980): Familienmythen. In: Watzlawick, P.; Weakland, J. H. (Hg.): Interaktion. Bern, 85-93.

Fiedler, P. (2003): Integrative Psychotherapie bei Persönlichkeitsstörungen. Göttingen: Hogrefe

Fisher, R.; Ury, W. (1984): Das Harvard-Konzept: Sachgerecht verhandeln – erfolgreich verhandeln. Frankfurt/Main.

Fooken, I. (2006): Späte (Ent-)Scheidung – vermeidbare Krise oder Chance auf Weiterentwicklung? In: BAGSO: BAGSO-Nachrichten 1/2006. Unter: www.bagso.de/fileadmin/Aktuell/BN2006Heft1.pdf. > 7.5.2007

Franz, M.; Lieberz, K.; Schepank, H.; Schmitz, N. (1999): Wenn der Vater fehlt. Epidemiologische Befunde zur Bedeutung früher Abwesenheit für die psychische Gesundheit im späteren Leben. Zeitschrift für psychosomatische Medizin und Psychotherapie, 45, 113–127.

Freund, A. M. & Baltes, P. B. (2002): Life-management strategies of selection, optimization, and compensation: Measurement by self-report and construct validity. Journal of Personality & Social Psychology, 82, 642-662

Frey, K.; Hojjat, M. (1998): Are love styles related to sexual styles? The Journal of Sex Research, 35, 265–271.

Friese, K.; Plath, C.; Briese, V. (Hg.) (2000): Frühgeburt und Frühgeborenes. Eine interdisziplinäre Aufgabe. Berlin.

Fthenakis, W. E. (1998): Intergenerative familiale Beziehungen nach Scheidung und Wiederheirat aus der Sicht der Großeltern. Zeitschrift für Soziologie der Erziehung und Sozialisation, 18, 2, 152–167.

Funke. J. (Hg.) (2006): Denken und Problemlösen. Enzyklopädie der Psychologie: Kognition, Band 8. Göttingen.

Gendlin, E. T. (1998a): Focusing. Technik der Selbsthilfe bei der Lösung persönlicher Probleme. Reinbek.

Gendlin, E. T. (1998b): Focusing-orientierte Psychotherapie. Ein Handbuch der erlebensbezogenen Methode. München.

Gendlin, E. T. (2004): Introduction to Thinking At the Edge. The Folio, Vol. 19, No. 1, 2004 www.focusing.org/tae-intro.html > 7.5.2007

Gerris, R. M.; Semon Dubas, J.; Jannsens, J. M. A. M.; Vermulst, A. A. (2000): Dynamische Beziehungen zwischen der Persönlichkeit von Eltern und Jugendlichen und ihren Familiensubsystemen. In: Schneewind, K. A. (Hg.): Familienpsychologie im Aufwind. Göttingen, 151–176.

Gilmartin, B. (1977): Jealousy among the swingers. In: Clanton, G.; Smith, L. G. (Hg.): Jealousy. Englewood Cliffs, 152–158.

Givens, D. B. (1978): The non-verbal basis of attraction: Flirtation, courtship and seduction. Psychiatry, 41, 346–351.

Glatzer, W.; Zapf, W. (Hg.) (1984): Lebensqualität in der Bundesrepublik: objektive Lebensbedingungen und subjektives Wohlbefinden. Frankfurt/Main.

Gloger-Tippelt, G. (2002): Der Beitrag der Bindungsforschung zur Klinischen Entwicklungspsychologie der Familie. In: Rollett, B.; Werneck, H. (Hg.): Klinische Entwicklungspsychologie der Familie. Göttingen, 118–141.

Goffman, E. (2003): Wir alle spielen Theater. Die Selbstdarstellung im Alltag. München.

Goia, Silvia (2005): Gebildete Eltern – aufgeschlossene Kinder? Soziale Integration von Kindern in ihrem Freundeskreis. In: Alt, C. (Hg.): Kinderleben – Aufwachsen zwischen Familie, Freunden und Institutionen, Band 1: Aufwachsen in Familien. Wiesbaden, 99–122.

Goldfried, M. R.; D'Zurilla, T. J. (1969): A behavioral-analytical model for assessing competence. In: Spielberger, C. D. (Hg.): Current topics in clinical and community psychology, I. New York, 181–196.

Goldstein, B. (2002): Wahrnehmungspsychologie. Heidelberg.

Gottman, J. M. (1994): What Predicts Divorce? The Relationship Between Marital Process and Marital Outcomes. New Jersey.

Gottman, J. M. (1998): Psychology and the study of marital processes. Annual Review of Psychology, 49, 169–197.

Gottman, J. M.; Silver, N. (2002): Die 7 Geheimnisse der glücklichen Ehe. München.

Gould, T. (2000): The Lifestyle: A Look at the Erotic Rites of Swingers. Richmond Hill, Ontario.

Gracian, B. (1601-1658; dt. 1978): Handorakel und Kunst der Weltklugheit. Stuttgart.

Grammer, K. (1993): Signale der Liebe. Die biologischen Gesetze der Partnerschaft. Hamburg.

Grawe, K. (1994): Psychotherapie ohne Grenzen – von den Therapieschulen zur Allgemeinen Psychotherapie. Verhaltenstherapie und Psychosoziale Praxis, 26, 3, 357–370.

Grawe, K. (1998): Psychologische Therapie. Göttingen.

Grawe, K. (2004): Neuropsychotherapie. Göttingen.

Greber, A. (2004): Persönlichkeitsfaktoren und Soziale Kompetenzen als Prädiktoren für die Qualität und Anzahl von Freundschaften im Erwachsenenalter. Dissertation. Innsbruck.

Gutbeistimme (2005). Sprechen ist tönendes Ausatmen. www.gutbeistimme.de/stimmtonlagenundihrewirkung.htm > 20.03.07

Hacker, W. (2005): Allgemeine Arbeitspsychologie: Psychische Regulation von Arbeitstätigkeiten. Bern.

Hahlweg, K.; Dürr, H.; Dose, M.; Müller, U. (2006): Familienbetreuung schizophrener Patienten. Göttingen.

Harloff, H. J.; Hinding, B. (1993): Interaktionsmöglichkeiten in der Wohnsiedlung. Die freie Wohnungswirtschaft, 6, 172–177.

Harloff, H. J.; Christiaanse, K. W.; Zillich, K.; Wendorf, G. (1998): Die Bedeutung von Wohngruppen für die Bildung nachhaltiger Konsummuster. Forschungsantrag. Berlin.

Hauch, M. (2000): Intimität wagen. Paartherapie bei sexuellen Problemen. In: Kaiser, P. (Hg.): Partnerschaft und Paartherapie. Göttingen, 305–322.

Havighurst, R. J. (1982): Developmental tasks and education. New York.

Heekerens, H.-P.; Ohling, M. (2006): Familien-Psychoedukation als Rückfallprophylaxe bei Schizophrenie: Wirkung und Wirkungsweise. Psychotherapie, 11, 1, 26–37.

Hehl, F.-J. (2002): Von der Herkunftsfamilie zur Paartherapie. Heidelberg.

Hehl, F.-J.; Priester, G. (1998): Trennt sich eine Frau vom Mann wegen ihrer früheren Beziehungen in der Herkunftsfamilie? System Familie, 11, 80–86.

Heigl, P. R. (1991): Sprechen Sie sicher. Sprechtechnik und aktives Redetraining (mit Kassetten). Offenbach: Jünger

Heim, C.; Newport, D. J.; Heit, S.; Graham, J.; Wilcox, M.; Bonsal, R. (2000): Pituitary-adrenal and automatic responses to stress in women after sexual and physical abuse in childhood. Journal of the American Medical Association, 284, 592–597.

Helmert, U.; Voges, W.; Sommer, T. (2002): Soziale Einflussfaktoren für die Mortalität von männlichen Krankenversicherten in den Jahren 1989 bis 2000. Gesundheitswesen 64: 3–10.

Hendrick, S. S.; Hendrick, C. H. (1995): Gender differences and similarities in sex and love. Personal Relationships, 2, 55–65.

Heyl, V. (2004): Freundschaften im mittleren und höheren Erwachsenenalter: Der lange Arm frühkindlicher Erfahrungen. Zeitschrift für Gerontologie und Geriatrie, 2004, 37 (5), 357–359.

Hinsch, R., Pfingsten, U. (1998): Gruppentraining sozialer Kompetenzen. Weinheim.

Hochschild, A. R. (2006): Keine Zeit. Wenn die Firma zum Zuhause wird und zu Hause nur Arbeit wartet, 2. Auflage. Wiesbaden.

Hochschild, A. R.; Machung, A. (1989): The second shift. New York.

Hoff, E.-H. (2002): Frühes Erwachsenenalter: Arbeitsbiographie und Persönlichkeitsentwicklung. In: Oerter, R.; Montada, L. (Hg.): Entwicklungspsychologie. Weinheim, 423–438.

Hofmann, A. (2006): EMDR. Therapie posttraumatischer Belastungssyndrome. Stuttgart.

Hollingshead, A. B. (1950): Cultural factors in the selection of marriage mates. American Sociological Review, 15, 619–627.

Höpflinger, F.; Perrig-Chiello, P. (2001): Mittleres Erwachsenenalter im gesellschaftlichen Wandel. www.mypage.bluewin.ch/hoepf/fhtop/fhmidage1.html. > 7.5.2007

Horwitz, A. V.; White, H. R.; Howell-White, S. (1996): Becoming married and mental health: A longitudinal study of a cohort of young adults. Journal of Marriage and the Family, 58, 895–907.

Howes, C. (1999): Attachment relationships in the context of multiple caregivers. In: Cassidy, J.; Shaver, P. (Hg.): Handbook of attachment. Theory, research, and clinical adaptations. New York, 671–687.

Hurrelmann, K.; Klotz, T.; Haisch, J. (Hg.) (2004): Lehrbuch Prävention und Gesundheitsförderung. Bern.

International Classification of Diseases (ICD) (2006): http://www.who.int/classifications/icd/en/index.html.> 4.5.2007

Jacobi, F.; Hoyer, J.; Wittchen, H.-U. (2004): Seelische Gesundheit in Ost und West: Analysen auf der Grundlage des Bundesgesundheitssurveys. Zeitschrift für Klinische Psychologie und Psychotherapie, 33, 4, 251–260.

Jäger, R. S., Petermann, F. (Hg.) (1999): Psychologische Diagnostik – ein Lehrbuch. Weinheim.

John, O. (2005): Big Five-based studies from Dr. Oliver John's group at UC Berkeley. www.personalitylab.org. > 7.5.2007

Joswig, H. (2006): Phasen und Stufen in der kindlichen Entwicklung.www.familienhandbuch.de/cmain/f_Aktuelles/a_Kindliche_Entwicklung/s_910.html > 7.5.2007

Jungmann, J. (2000): Geschwisterbeziehungen bei Adoptivkindern. In: Klosinski, G. (Hg.): Verschwistert mit Leib und Seele. Geschwisterbeziehungen gestern – heute – morgen. Tübingen, 195–208.

Kaiser, P. (1982): Kompetenz als erlernbare Fähigkeit zur Analyse und Bewältigung von Lebenssituationen auf mehreren Ebenen. Oldenburg.

Kaiser, P. (1989): Familienerinnerungen. Zur Psychologie der Mehrgenerationenfamilie. Heidelberg.

Kaiser, P. (1992): Gesundheit im Systemkontext. Forum Gesundheitswissenschaften, Supplement 1, 94–123.

Kaiser, P. (1993): Systemische Mehrebenenanalysen im Sozial- und Gesundheitswesen. In: Kaiser, P. (Hg.): Psychologik helfender Institutionen. Zu einer besseren Nutzerfreundlichkeit der Organisationen im Sozial- und Gesundheitswesen. Heidelberg.

Kaiser, P. (1995): Strukturelle Besonderheiten und Probleme von Pflegefamilien. In: Textor, M. R.; Warndorf, P. (Hg.): Familienpflege. Forschung, Vermittlung, Beratung. Freiburg, 67–78.

Kaiser, P. (1996): Familiale Gesundheits- und Entwicklungsförderung. In: Busch, F. W.; Nave-Herz, R. (Hg.): Ehe und Familie in Krisensituationen. Oldenburg, 137–172.

Kaiser, P. (Hg.) (2000): Partnerschaft und Paartherapie. Göttingen.

Kaiser, P. (2002): Einführung in die Paar- und Familienpsychologie. In: Sulz, S. K. D.; Heekerens, H.-P. (Hg.): Familien in Therapie. München, 5–38.

Kaiser, P. (2003): Transgenerationale Interaktionen und Partnerschaft. In: Grau, I.; Bierhoff, H.-W. (Hg.): Sozialpsychologie der Partnerschaft. Berlin, 111–136.

Kaiser, P. (2003a): Paartherapie in der psychotherapeutischen Praxis. Psychotherapeuten FORUM, Praxis und Wissenschaft, 6, 5–11.

Kaiser, P. (2006): Mehrgenerationen-Familie und neuropsychische Schemata. Therapeutische Dimensionen und Wirkfaktoren. Göttingen.

Kalicki, B. (2003): Attribution in Partnerschaften. In: Grau, I.; Bierhoff, H.-W. (Hg.): Sozialpsychologie der Partnerschaft. Berlin, 377–404.

Kanne, V. (2005): Gemeinsam sind wir stark. In Selbsthilfegruppen Unterstützung finden. www.zdf.de/ZDFde/inhalt/10/0,1872,2296586,00.html > 20.03.07

Katz, A. M.; Hill, R. (1958): Residential propinquity and marital selection: A review of theory, method and fact. Marriage and the Family Living, 20, 386–401.

Katz, D.; Kahn, R. L. (1978): The social psychology of organizations. New York.

Kelly, G. A. (1986): Die Psychologie der persönlichen Konstrukte. Frankfurt/Main.

Kemmler-Drews, R.; Sewerin, C. (1989): Familiale Hintergründe von Ehescheidungen – eine empirische Untersuchung. Diplomarbeit. Oldenburg.

Kirchler, E.; Rodler, C.; Hölzl, E.; Meier, K. (2000): Liebe, Geld und Alltag. Göttingen.

Klages, H. (1985): Wertorientierungen im Wandel – Rückblick, Gegenwartsanalyse, Prognose. Frankfurt/Main.

Klein, T. (1996): Mortalität in Deutschland – Aktuelle Entwicklungen und soziale Unterschiede. In: Zapf, W.; Schupp, J.; Habich, R. (Hg.): Lebenslagen im Wandel: Sozialberichterstattung im Längsschnitt. Frankfurt/Main, New York, 366–377.

Knoll, M. (1997): Sporttreiben und Gesundheit – Eine kritische Analyse vorliegender Befunde. Schorndorf.

Koch, R. (1998): Das 80/20-Prinzip. Mehr Erfolg mit weniger Aufwand. Frankfurt/Main, New York.

König, R. (1976): Handbuch der empirischen Sozialforschung. Frankfurt/Main.

Kowner, R. (1995): The effect of physical attractiveness comparison on choice of partners. Journal of Social Psychology, 135, 153–165.

Krähenbühl, V.; Jellouschek, H.; Kohaus-Jellouschek, M. (2001): Stief-Familien. Freiburg.

Kraml, S. (2004): Zusammenhang zwischen Freundschaft und Vertrauen, Bindung, Selbstkonzept, Selbstöffnung und Austauschorientierung. Wien.

Kranz, F.; Ishai, A. (2006): Face Perception Is Modulated by Sexual Preference. Current Biology 16, 63–68. www.currentbiology.com/search/results?yearfrom=1974&hits=10&TOC=curbio&sort=date&hitsfrom=1&titleabstract=&author1=Kranz&volume=16&firstpage=63&sendit=Quick+Search. > 7.5.2007

Kreppner, K. (1989): Linking infant development in context research to the investigation of life span family development. In: Kreppner, K.; Lerner, R. (Hg.): Family systems and life span development. Hillsdale, 33–64.

Kühnhanss, C. (2005): BeWerben ist Werben. Frankfurt.

Künemund, H.; Motel, A. (2000): Verbreitung, Motivation und Entwicklungsperspektiven privater intergenerationeller Hilfeleistungen und Transfers. In: Kohli, M.; Szydlik, M. (Hg.): Generationen in Familie und Gesellschaft, 122–137.

Kürsteiner, P. (1999): Reden, vortragen, überzeugen. Weinheim.

Laireiter, A.-R., Lager, C. (2006): Soziales Netzwerk, soziale Unterstützung und soziale Kompetenz bei Kindern. Zeitschrift für Entwicklungspsychologie und Pädagogische Psychologie Vol. 38, No. 2, 69–78.

Lambert, M. J. (Hg.) (2004): Bergin and Garfield's handbook of psychotherapy and behavior change. New York.

Lamprecht, F. (Hg.) (2006): Praxisbuch EMDR. Stuttgart.

Lasalle, E. (1995): Zen-Meditation für Christen. 2. Auflage, Bern.

Lawlor, D. A.; Taylor, M., Bedford, C.; Ebrahim, S. (2002): Is housework good for health? Levels of physical activity and factors associated with activity in elderly women. Results from the British Women's Heart and Health Study. Journal of Epidemiology and Community Health, 56, 473–478.

Lazarus, R. S. (1991): Stress und Stressbewältigung – ein Paradigma. In: Filipp, S.-H. (Hg.): Kritische Lebensereignisse. München, 198–232.

LeDoux, J. (2003): Das Netz der Persönlichkeit. Wie unser Selbst entsteht. Düsseldorf.

Lee, J. A. (1976): The colors of love. Englewood Cliffs.

Lee, N.-O. (2005): Transgenerationale Beziehungsmuster in Familien. Dissertation. Oldenburg.

Lesch, C. P.; Bengel, D.; Heils, A. M.; Sabol, S. Z.; Greenberg, B. D.; Petri, S. (1996): Association of anxiety-related traits with a polymorphism in the serotonin transporter gene regulatory region. Science, 274, 1627–1531.

LMZ (Landesmedienzentrum Baden-Württemberg) (2004). Medi@Culture-Online. Now how. www.mediaculture-online.de/Sprechen.326.0.html > 20.03.07

Luhmann, N. (2006): Soziale Systeme. Grundriss einer allgemeinen Theorie. 12. Aufl., Frankfurt/Main.

Mackenbach, J. P.; Bos, V., Andersen, O. et al. (2003): Widening socioeconomic inequalities in mortality in six Western European countries. Intern Journal of Epidemiology, 32, 830–837.

Märtens, M.; Petzold, H. (Hg.) (2002): Therapieschäden. Risiken und Nebenwirkungen von Psychotherapie. Mainz: Matthias-Grünewald-Verlag, 40-59.

Markowitsch, H. (2002). Dem Gedächtnis auf der Spur. Darmstadt.

Mayer, K. C. (2006): Panikstörungen und andere Angststörungen. www.neuro24.de/angstst_rungen.htm. > 7.5.2007

Mayer, K. U., P. B. Baltes (Hg.) (1996): Die Berliner Altersstudie. Berlin: Akademie Verlag

McCrae, R. R.; Costa, P. T. (1999): A five factor theory of personality. In: Pervin, L.; John, O. P. (Hg.): Handbook of personality. New York, 139–153.

McGoldrick, M.; Gerson, R. (2002): Genogramme in der Familienberatung. Bern.

McKenna, K. Y. A.; Buffardi, L.; Seidman, G. (2005): Selbstdarstellung gegenüber Freunden und Fremden im Netz. In: Renner, K.-H.; Schütz, A.; Machilek, F. (Hg.): Internet und

Persönlichkeit. Differentiell-psychologische und diagnostische Aspekte der Internetnutzung. Göttingen, 175–188.

Mees, U.; Rohde-Höft, C. (2000): Liebe, Verliebtsein und Zuneigung: Gemeinsamkeiten und Unterschiede. In: Otto, J. H.; Euler, H. A.; Mandl, H. (Hg.): Emotionspsychologie. Ein Handbuch in Schlüsselbegriffen. München.

Mees, U.; Schmitt, A. (2000): Liebe, Sexualität und Eifersucht. In: Kaiser, P. (Hg.): Partnerschaft und Paartherapie. Göttingen, 53–75.

Merod, R. (2005): Psychische Gesundheit, Persönlichkeitsstil und Persönlichkeitsstörung. In: Merod, R. (Hg.): Behandlung von Persönlichkeitsstörungen. Ein schulenübergreifendes Handbuch. Tübingen, 21–52.

Merten, J. (1996): Affekte und die Regulation nonverbalen interaktiven Verhaltens. Bern.

Meyer, S.; Schulze, E. (1992): Von Liebe sprach damals keiner: Familienalltag in der Nachkriegszeit. München.

Meyer, B.; Pilkonis, P. A.; Proietti, J. M.; Heape, C. L.; Egan, M. (2001): Attachment styles, personality disorders, and response to treatment. Journal of Personality Disorders, 15, 371-389.

Miller, J. G. (1995): Living systems. New York.

Montada, L., Kals, E. (2001): Mediation. Weinheim.

Morris, J. S.; Frith, C. D.; Perret, I. D.; Rowland, D.; Young, W.; Calder, A. J. et al. (1996): A differential neural response in the human amygdala to fearful and happy facial expressions. Nature, 383, 812–815.

Morris, J. S.; Öhmann, A.; Dolan, R. J. (1999): Conscious and unconscious emotional learning in the human amygdala. Nature, 393, 467–470.

Murdock, G. P. (1949): Social Structure. New York.

Murstein, B. I.; Tuerkheimer, A. (1998): Gender differences in love, sex, and motivation for sex. Psychological Reports, 82, 435–450.

Nave-Herz, R. (2004): Ehe- und Familiensoziologie. Weinheim.

Nave-Herz, R. (Hg.) (2002): Familie und Gesellschaft. Würzburg.

Nave-Herz, R., Onnen-Isemann, C. (2007): Die Familie. In: Joas, H. (Hg.): Textbuch Soziologie. 4. überarb. Auflage, Frankfurt/Main.

Nestmann, F. (2005): Haarige Helfer, gefiederte Gefährten und schuppige Freunde. In: Gruppendynamik und Organisationsberatung, 36 (4), 443-469.

Nestmann, F., Engel, F., Sickendiek, U. (Hg.) (2004): Das Handbuch der Beratung. Band 1 und 2. Tübingen.

Neuberger, O. (1999): Miteinander arbeiten, miteinander reden! München.

Neyer, F. J.; Asendorpf, J. B. (2001): Personality-relationship transaction in young adulthood. Journal of Personality and Social Psychology, 81, 1190–1204.

Norcross, J. C. (Hg.) (2002): Psychotherapy relationships that work. New York.

Norcross, J. C.; Beutler, L. E.; Levant, R. F. (Eds.) (2006): Evidence-based practices in mental health: Debate and dialogue on the fundamental questions. Washington D. C. American Psychological Association.

Norcross, J. C.; Beutler, L. E.; Levant, R. F. (Hg.) (2006): Evidence-based practices in mental health: Debate and dialogue on the fundamental questions. Washington D. C.

Oerter, R.; Montada, L. (Hg.) (2002): Entwicklungspsychologie. Weinheim.

Oeter, K.; Wilken, M. (1981): Psychosoziale Entstehungsbedingungen unerwünschter Schwangerschaften. Stuttgart.

Onnen-Isemann, C. (2000): „Wenn der Familienbildungsprozess stockt ... Eine empirische Studie über Stress und Coping-Strategien reproduktionsmedizinisch behandelter Partner“, Heidelberg

Onnen-Isemann, C. (2000a): Kinderlosigkeit früher und heute: Moderne Lösung durch Reproduktionsmedizin? In: Kaiser, P. (Hg.): Partnerschaft und Paartherapie. Göttingen, 219–254.

Onnen-Isemann, C.; Rösch, G. M. (Hg.) (2005): Schwestern – Zur Dynamik einer lebenslangen Beziehung. Frankfurt/ Main.

Onnen-Isemann, C. (2006): Deutsche Perspektive: Kinderlosigkeit – französische Perspektive: Elternschaft? Familienpolitik und Fertilitätsunterschiede in Frankreich und Deutschland. In: Auth, D.; Holland-Cunz, B. (Hg.): Grenzen der Bevölkerungspolitik. Opladen, 161–176.

Onnen-Isemann, C.; Rösch, G. M. (2006): „Schwesterherz – Schwesterschmerz“, Heidelberg.

Oswald, W. D. (Hg.) (1998): Gedächtnistraining. Ein Programm für Seniorengruppen. Göttingen.

Papastefanou, C. (2002): Die Erweiterung der Familienbeziehungen und die Geschwisterbeziehung. In: Hofer, M.; Klein-Allermann, E.; Noack, P. (Hg.): Familienbeziehungen. Eltern und Kinder in der Entwicklung. Göttingen, 192–215.

Parsons, T. (1960): Structure and Process in Modern Societies. Glencoe.

Payk, T. (2003): Ich-Störungen. Übersicht der Grundbegriffe. www.thieme.de/viamedici/lernen/spickzettel/psy_ichstoerung.html. > 7.5.2007

Payk, T. (2003a): Checkliste Psychiatrie und Psychotherapie. Stuttgart.

Pearlin, L. I.; Lieberman, M. A. (1979): Social sources of emotional distress, Community Mental Health, 1, 217-248.

Perper, T. (1985): Sex signals: The biology of love. Philadelphia.

Petermann, F.; Niebank, K.; Scheithauer, H. (2004): Entwicklungswissenschaft. Entwicklungspsychologie – Genetik – Neuropsychologie. Berlin.

Petermann, U.; Petermann, F. (2002): Biopsychosoziale Perspektiven der Entwicklungspsychopathologie. In: Rollett, B.; Werneck, H. (Hg.): Klinische Entwicklungspsychologie der Familie. Göttingen, 46–68.

Piaget, J. (1969): Das Erwachen der Intelligenz beim Kinde. Stuttgart.

Pikler, E. (1997): Lasst mir Zeit. Die selbstständige Bewegungsentwicklung des Kindes bis zum freien Gehen. München.

Pines, A.; Friedman, A. (1998): Gender differences in romantic jealousy. Journal of Social Psychology, 138, 54–71.

Pöhm, M. (2000): Nicht auf den Mund gefallen. So werden Sie schlagfertig und erfolgreicher. Frankfurt.

Prenzel, M. (2005): „Nicht schlauer, nur älter". Warum Sitzenbleiben nicht hilft. Und was die Schulen besser macht. Ein Gespräch mit dem Leiter der deutschen Pisa-Studie. *Die Zeit* vom 10.11.2005, Nr. 46.

Rahn, E.; Mahnkopf, A. (2005): Lehrbuch Psychiatrie für Studium und Beruf. 3. Auflage, Bonn.

Rathsmann-Sponsel, I.; Sponsel, R. (2004): Gibt es *diese* Krise in der Lebensmitte des Mannes? Internet-Publikation für Allgemeine und Integrative Psychotherapie: www.sgipt.org/gipt/entw/midlc0.htm. > 7.5.2007

Reinders, H. (2005): Jugend. Werte. Zukunft. Wertvorstellungen, Zukunftsperspektiven und soziales Engagement im Jugendalter. Schriftenreihe der Landesstiftung Baden-Württemberg, Nr. 14. Stuttgart. www.ew2.uni-mannheim.de/reinders/pdf/Reinders-2005-Jugend-Werte-Zukunft.pdf > 20.03.07

Reinshagen, A. (2006): Demenz. www.netdoktor.de/krankheiten/fakta/demenz.htm. > 7.5.2007

Retzer, A. (2006): Freundschaft – Der dritte Weg zwischen Liebe und Partnerschaft? Familiendynamik, 31 (2), 130–151.

Reuber, D. (2004): Selbsthilfe in Deutschland. www.zdf.de/ZDFde/inhalt/11/0,1872,2197163,00.html > 7.5.2007

Rheinberg, F. (2004): Motivation. Stuttgart.

Robert Koch-Institut (Hg.) (2006a): Sterblichkeit nach ausgewählten Todesursachen. www.gbe-bund.de/gbe10/ergebnisse.prc_tab?fid=825&suchstring=&query_id=&sprache=D&fund_typ=TXT&methode=&vt=&verwandte=1&page_ret=0&seite=1&p_sprachkz=D&p_uid=gast&p_lfd_nr=7&p_news=&p_aid=87693308&hlp_nr=1&p_janein=J. > 7.5.2007

Robert Koch-Institut (Hg.) (2006b): Gesundheit in Deutschland. Gesundheitsberichterstattung des Bundes. Berlin. www.gbe-bund.de/gbe10/owards.prc_show_pdf?p_id=9965&p_sprache=D&p_uid=gast&p_aid=81479434&p_lfd_nr=4. > 7.5.2007

Roney, J. R.; Hanson, K. N.; Durante, K. M.; Maestripieri, D. (2006): Reading men's faces: women's mate attractiveness judgments track men's testosterone and interest in infants. Proceedings of the Royal Society of London B, 273, 2169–2175.

Rosenstiel, L. v.; Regnet, E.; Dombusch, M. (Hg.). (1998): Führung von Mitarbeitern. Handbuch für erfolgreiches Personalmanagement. Stuttgart: Schäffer.

Rowe, D. (1997): Genetik und Sozialisation. Weinheim.

Rutter, M. (1987): Psychosocial resilience and protective mechanisms. American Journal of Orthopsychiatry, 57, 316–331.

Saarni, C. (2002): Die Entwicklung von emotionaler Kompetenz in Beziehungen. In: von Salisch, M. (Hg.): Emotionale

Kompetenz entwickeln. Grundlagen in Kindheit und Jugend. Stuttgart, 3–30.

Sachse, R. (2002): Klärungsorientierte Psychotherapie. Göttingen.

Sareen, J.; Jacobi, F. et al. (2006): Disability and Poor Quality of Life Associated With Comorbid Anxiety Disorders and Physical Conditions. Archives of Internal Medicin, 166, 2109–2116.

Schäfer, H. (2003): Vom Symptom zum Dialog – Mehrgenerationenperspektive und Umgang mit Übertragung und Gegenübertragung in der psychoanalytischen Familientherapie. In: Gerlach, A.; Schlösser, A.-M.; Springer, A. (Hg.): Psychoanalyse mit und ohne Couch: Haltung und Methode. Gießen, 32–47.

Schaie, K. W. (1995): Adult intellectual development: The Seattle Longitudinal Study. New York

Scheithauer, H.; Petermann, F.; Niebank, K. (2002): Frühkindliche Risiko- und Schutzbedingungen: Der familiäre Kontext aus entwicklungspsychopathologischer Sicht. In: Rollett, B.; Werneck, H. (Hg.): Klinische Entwicklungspsychologie der Familie. Göttingen, 69–97.

Schepank, H. (1987): Psychogene Erkrankungen der Stadtbevölkerung. Berlin.

Schepank, H. (1996): Zwillingsschicksale. Stuttgart.

Schinkel, A. (2004): Verlust der Freiheit. Die Entzauberung des romantischen Freundschaftsbegriffs in den modernen Sozialwissenschaften. Beitrag zur Tagung „Verwandtschaft und Freundschaft. Begriffsbildung und methodische Zugänge in den verschiedenen Wissenschaften“ des Projektverbundes „Freundschaft und Verwandtschaft” 12. bis 14.2.2004 in Berlin. www.google.com/search?q=cache:iok1cbTbAtMJ:www.eth.mpg.de/events/archive/pdf/1076500213–04.pdf+Freundschaft+Psychologie&hl=de&gl=de&ct=clnk&cd=5. > 7.5.2007

Schipperges, H.; Vescovi, G.; Geue, B.; Schlemmer, J. (1988): Die Regelkreise der Lebensführung. Köln.

Schmidt, G. (1996): Paartherapie bei sexuellen Funktionsstörungen. In: Sigusch, V. (Hrsg.). Sexuelle Störungen und ihre Behandlung. Stuttgart, 139–163.

Schmidt, K.-H. (1996): Wahrgenommenes Vorgesetztenverhalten, Fehlzeiten und Fluktuation. Zeitschrift für Arbeits- und Organisationspsychologie, 2, 54–62.

Schmidt-Denter, U. (2005): Soziale Beziehungen im Lebenslauf. Lehrbuch der sozialen Entwicklung. Weinheim.

Schmidt-Denter, U.; Beelmann, W. (1995): Familiäre Beziehungen nach der Trennung und Scheidung: Veränderungsprozesse bei Müttern, Vätern und Kindern. Forschungsbericht. Köln.

Schneewind, K. A. (2002): Familienentwicklung. In: Oerter, R., Montada, L. (Hg.): Entwicklungspsychologie. Weinheim, 128-166.

Schneewind, K. A. (2005): Family Life and Professional Work: Conflict and Synergy. Abschlussbericht. München. www.eu-project-famwork.org/> 7.5.2007

Schneewind, K. A. (2006): Familienpsychologie. Stuttgart.

Schraeder-Naef, R. (1994): Rationeller Lernen lernen. Weinheim.

Schreyögg, A. (2005): Work-life-balance. www.schreyoegg.de/content/view/88/33/> 7.5.2007

Schuchard, M.; Speck, A. (1997): Mutterbilder – Ansichtssache. Heidelberg.

Schuler, H. (1996): Psychologische Personalauswahl. Einführung in die Berufseignungsdiagnostik. Göttingen.

Schuler, H. (Hg.) (2004): Organisationspsychologie I und II (Enzyklopädie der Psychologie Band 3 und 4). Göttingen.

Schultz, J. H. (1936): Das Autogene Training (konzentrative Selbstentspannung): Versuch einer klinisch-praktischen Darstellung. Stuttgart.

Schulz von Thun, F. (2005): Miteinander reden, 3 Bände. Reinbek.

Schütz, A. (2000). Psychologie des Selbstwertgefühls: von Selbstakzeptanz bis Arroganz. Stuttgart.

Schütz, A. (2003): Selbstwertgefühl – je mehr, desto besser? Weinheim.

Schwarzer, R. (2004): Psychologie des Gesundheitsverhaltens. Eine Einführung in die Gesundheitspsychologie Göttingen.

Scott, W. A.; Scott, R.; McCabe, M. (1991): Family relationships and children's personality: A cross-cultural, cross-source comparison. British Journal of Social Psychology, 30, 1–20.

Seiwert, L. J. (2006): Das neue Einmaleins des Zeitmanagement. München.

Solga, H.; Wimbauer, C. (Hg.) (2005): „Wenn zwei das Gleiche tun …" Ideal und Realität sozialer (Un-)Gleichheit in Dual Career Couples. Leverkusen.

Sommerkorn, I. N.; Liebsch, K. (2002): Erwerbstätige Mütter zwsichen Beruf und Familie: Mehr Kontinuität als Wandel. In: Nave-Herz, R. (Hg.): Kontinuität und Wandel der Familie in Deutschland. Stuttgart, 99–130.

Spitzer, M. (2002): Lernen. Gehirnforschung und die Schule des Lebens. Heidelberg.

Stiehler, S. (2005): Der Freund als Helfer – eine vernachlässigte Ressource. Gruppendynamik und Organisationsberatung, 36 (4), 385–408.

Stöckli, G. (2005): Beliebtheit jenseits der Geschlechtergrenze. Ein Vergleich zwischen ausschließlich gleichgeschlechtlich beliebten und gleich- und andersgeschlechtlich beliebten zehnjährigen Kindern. Zeitschrift für Soziologie der Erziehung und Sozialisation, 2005, 25 (3), 297–314.

Strauß, B.; Geyer, M. (Hg.) (2006): Grenzen psychotherapeutischen Handelns. Göttingen.

Strauß, B.; Hohagen, F.; Caspar, F. (Hg.) (2006): Lehrbuch Psychotherapie. Göttingen.

Suzuki, S. (2002): Zen-Geist, Anfänger-Geist. 11. Auflage, Berlin.

Swann, W. B. (1990): To be adored or to be known. The interplay of self-enhancement and self-verification. In: Sorrentino, R. M.; Higgins, E. T. (Hg.): Motivation and cognition. New York, 408–448.

Swann, W. B.; Hixon, J. G.; Stein-Serroussi, A.; Gilbert, D. T. (1990): The fleeting gleam of praise: Cognitive processes underlying behavioral reactions to self-relevant feedback. Journal of Personality and Social Psychology, 59, 17–26.

Szydlik, M. (2000): Lebenslange Solidarität? Opladen.

Szydlik, M. (2002): Wenn sich Generationen auseinanderleben. Zeitschrift für Soziologie der Erziehung und Sozialisation, 22, 4, 362–373.

Tausch, R. (1998): Erziehungspsychologie. Göttingen.

Techniker Krankenkasse (TKK) (2004): Gesundheitsreport 2004. Hamburg.

Tellegen, A.; Lyken, D. T.; Bouchard, T. J.; Wilcox, K. J.; Segal, N. L.; Rich, S. (1988): Personality similarity in twins reared apart and together. Journal of Personality and Social Psychology, 54, 1031–1039.

Textor, M. R. (2004): Stieffamilien. www.familienhandbuch.de/cmain/f_Aktuelles/a_Teilfamilien/s_286.html. > 7.5.2007

Textor, M. R. (2006): Phasen des Familienzyklus nach Auszug der Kinder. www.familienhandbuch.de/cmain/f_Aktuelles/a_Elternschaft/s_277.html. > 7.5.2007

Textor, M. R. (2006a): Stieffamilie leben. www.familienhandbuch.de/cmain/f_Aktuelles/a_Teilfamilien/s_674.html. > 7.5.2007

Therborn, G. (2004): Between Sex and Power. Family in the world, 1900–2000. London/New York.

Thomä, H.; Kächele, H. (2006): Lehrbuch der psychoanalytischen Therapie, 3 Bände. Berlin.

Toman, W. (1979): Familienkonstellationen. Ihr Einfluss auf den Menschen. München.

Tramitz, C. (2002): Irren ist männlich. Weibliche Körpersprache und ihre Wirkung auf Männer. München.

Ulich, D.; Kienbaum, J.; Volland, C. (2002): Empathie mit anderen entwickeln. Wie entwickelt sich Mitgefühl? In: von Salisch, M. (Hg.): Emotionale Kompetenz entwickeln. Grundlagen in Kindheit und Jugend. Stuttgart, 111–134.

Ulrich, R. S.; Simmons, R. F.; Losito, B. D.; Fiorito, E.; Miles, M. A.; Zelson, M. (1991): Stress recovery during exposure to natural and urban environments. Journal of Environmental Psychology, 11, 202–230.

United Nations Organization (UNO) (1948): Allgemeine Erklärung der Menschenrechte der Vereinten Nationen vom 10.12.1948. www.unhchr.ch/udhr/lang/ger.htm. > 7.5.2007

Vaitl, D.; Petermann, F. (1994): Handbuch der Entspannungsverfahren, 2 Bände. Weinheim.

van Ijzendoorn, M. H. (1995): Adult attachment representations, parental responsiveness, and infant attachment: A meta-analysis on the predicting validity of the Adult Attachment Interview. Psychological Bulletin, 117, 387–403.

von Rosenstiel, L.; Regnet, E.; Dombusch, M. (Hg.) (1998): Führung von Mitarbeitern. Handbuch für erfolgreiches Personalmanagement. Stuttgart.

von Salisch, M. (2005): Streit unter Freunden. Was tun Schulkinder, wenn sie sich über andere ärgern? In: Alt, C. (Hg.):

Kinderleben – Aufwachsen zwischen Familie, Freunden und Institutionen, Band 2. Wiesbaden, 63–82.

von Sydow, K.; Ullmeyer, M. (2001): Paarbeziehung und Bindung: Eine Meta-Inhaltsanalyse von 63 Studien. Psychotherapie, Psychosomatik und Medizinische Psychologie, 51, 186–188.

von Sydow, K.; Ullmeyer, M.; Happ, N. (2001): Sexual activity during pregnancy and after childbirth: Results from the Sexual Preferences Questionnaire (SPQ): Journal of Psychosomatic Obstetrics and Gynecology, 22, 29–40.

von Weizsäcker, V. (1968): Der Gestaltkreis. Stuttgart.

Wagner, P.; Brehm, W. (2004): Körperlich-sportliche Aktivität und Gesundheit. In: Beckmann, J.; Kellmann, M. (Hg.): Enzyklopädie der Psychologie, Band D/V/2. Anwendungen der Sportpsychologie. Göttingen.

Wagner, P.; Singer, R.; Woll, A.; Tittlbach, S.; Bös, K. (2004): Der Zusammenhang von habitueller körperlicher Aktivität und Gesundheit: Dargestellt an zwei Feldstudien. Zeitschrift für Gesundheitspsychologie, 12, 4, 139–147.

Waltz, M. (1985): Die Bedeutung der Familie für die Bewältigung des Myokardinfarktes. In: Badura, B.; Bauer, J.; Kaufhold, G.; Lehmann, H.; Pfaff, H.; Schott, T.; Waltz, M. (Hg.): Leben mit dem Herzinfarkt – eine sozialepidemiologische Studie. Oldenburg, 315–368.

Wampold, B. E. (2001): The great psychotherapy debate: models, methods and findings. Mahwah.

Watzlawick, P.; Weakland, J. H.; Fish, R. (1974): Lösungen. Bern.

Wehner, K. (2005): Wozu Kinder Freunde brauchen. Gruppendynamik und Organisationsberatung, 36 (4), 409–426.

Weinert, A. (2004): Lehrbuch der Organisationspsychologie. München.

Weiser Cornell, A. (1999): Der Stimme des Körpers folgen. Anleitungen und Übungen zur Selbsterfahrung. Reinbek.

Wendler, J., Seidner, W., Eysholdt U. (2005): Lehrbuch der Phoniatrie und Pädaudiologie. 4., völlig überarbeitete Auflage. Stuttgart, New York 2005 .

Werner, E. E. (2000): Protective factors and individual resilience. In: Shonkoff, J. P.; Meisels, S. J. (Hg.): Handbook of early childhood intervention. Cambridge, 115–132.

White, R. (1978): The enterprise of living. A view of personal growth. New York.

WHO (1986): Ottawa Charter for Health Promotion. International Conference on Health Promotion. The move towards a new public health. Ottawa, Ontario, Canada, S 17–21.

WHO (2002): The World Health Report 2002. Reducing Risk, Promoting Healthy Life. Genf.

WHO (2005): Europäischer Gesundheitsbericht 2005. www.who.dk. > 7.5.2007

WHO (2006): International Classification of Deseases (ICD-10): DIMDI – ICD-10 – WHO-Ausgabe, Version 2006. www.dimdi.de/dynamic/de/suche.html. > 7.5.2007

Wieland, R.; Krajewski, J.; Memmou, M. (2004): Arbeitsgestaltung, Persönlichkeit und Arbeitszufriedenheit. www.komfor.uni-wuppertal.de/Docs/
Fischer_AZ_Wieland_202004_24_06_Korr.pdf. > 7.5.2007

Williams, M. A.; Mattingley, J. B. (2006): Do angry men get noticed? Current Biology, 16, R402–R404. www.current-biology.com/search/results?yearfrom=1974&hits=10&TOC=curbio&sort=date&hitsfrom=1&titleabstract=&author1=Williams&volume=16&firstpage=402&sendit=Quick+Search. > 7.5.2007

Willis, J.; Todorov, A. (2006): First Impressions: Making Up Your Mind After a 100-Ms Exposure to a Face. Psychological Science 17 (7), 592–598.

Wilson, K. L.; Charker, J.; Lizzio, A.; Halford, K.; Kimlin, S. (2005): Assessing How Much Couples Work at Their Relationship: The Behavioral Self-Regulation for Effective Relationships Scale. Journal of Family Psychology, 19 (3), 385–393.

Wolmerath, M. (2000): Mobbing im Betrieb. Rechtsansprüche und deren Durchsetzbarkeit. Baden-Baden: Nomos.

Wustmann, C. (2006): Resilienz. www.ifp-bayern.de/cmain/a_Bildungsplan_Materialien/s_140.> 7.5.2007

www.destatis.de/themen/d/thm_bevoelk.php. > 7.5.2007

Yager, J. (2002): When Friendship Hurts – How to Deal with Friends Who Betray, Abandon, or Wound You. New York.

Zapf, D. (1999): Mobbing in Organisationen. Zeitschrift für Arbeits- und Organisationspsychologie, 43, 1-25.

Zapf, W. (1984): Individuelle Wohlfahrt: Lebensbedingungen und wahrgenommene Lebensqualität. In: Glatzer, W.; Zapf, W. (Hg.): Lebensqualität in der Bundesrepublik: Objektive Lebensbedingungen und subjektives Wohlbefinden. Berlin, 13–26.

STICHWORTVERZEICHNIS

T